Schulreform 1946 in der Sowjetischen Besatzungszone Deutschlands

GESELLSCHAFT UND ERZIEHUNG HISTORISCHE UND SYSTEMATISCHE PERSPEKTIVEN

Herausgegeben von
Dieter Kirchhöfer und Christa Uhlig

Mitbegründet von Bodo Friedrich †

Band 17

PETER LANG
EDITION

Gerhard Banse / Dieter Kirchhöfer / Christa Uhlig (Hrsg.)

Schulreform 1946 in der Sowjetischen Besatzungszone Deutschlands

PETER LANG
EDITION

Bibliografische Information der Deutschen Nationalbibliothek
Die Deutsche Nationalbibliothek verzeichnet diese Publikation in der Deutschen Nationalbibliografie; detaillierte bibliografische Daten sind im Internet über http://dnb.d-nb.de abrufbar.

Diese Publikation wurde von der Leibniz-Sozietät der Wissenschaften zu Berlin e.V. gefördert.

ISSN 1862-037X
ISBN 978-3-631-72134-6 (Print)
E-ISBN 978-3-631-72135-3 (E-PDF)
E-ISBN 978-3-631-72136-0 (EPUB)
E-ISBN 978-3-631-72137-7 (MOBI)
DOI 10.3726/b11036

Peter Lang Edition ist ein Imprint der Peter Lang GmbH.

Peter Lang – Frankfurt am Main • Bern • Bruxelles • New York • Oxford • Warszawa • Wien

Diese Publikation wurde begutachtet.

www.peterlang.com

Inhalt

Editorial

Dem Jahr 1946 kommt in der Schul- und Bildungsgeschichte in Deutschland eine besondere Bedeutung zu. In historisch kurzer Frist, ein Jahr nach dem Sieg der Alliierten über das nationalsozialistische Gewaltsystem und der dadurch möglich gewordenen Beendigung des verheerenden Zweiten Weltkrieges, wurden in der sowjetisch besetzten Zone Deutschlands gesetzliche Grundlagen und Rahmenbedingungen für eine Schulreform geschaffen, wie sie von demokratischen Reformbewegungen in der Geschichte oft gefordert worden, aber letztendlich immer wieder an divergierenden gesellschaftlichen und machtpolitischen Interessenlagen gescheitert waren. In einer Zeit größter geistig-moralischer Zerrüttung und existentieller Not setzte ein politisches Bündnis unterschiedlicher Provenienz, unterstützt durch die Besatzungspolitik, auf die Macht von Erziehung und Bildung, um Deutschland erneut einen Weg zu Zivilisation und Demokratie zu eröffnen. In ihren Kernforderungen, einer aktiven Erziehung zu Demokratie und Völkerverständigung und der Durchsetzung des Rechts auf Bildung für alle Heranwachsenden, entsprach die Schulreform den Vorstellungen der Alliierten über eine Neuordnung Deutschlands.

Dieses Ereignis nahm die Leibniz-Sozietät der Wissenschaften zu Berlin e. V. 70 Jahre später zum Anlass, um Fragen der Schul- und Bildungsentwicklung zum Thema einer ihrer wissenschaftlichen Veranstaltungen zu machen. Auf einer Tagung am 13. Oktober 2016, deren Beiträge – ergänzt um einige weitere Texte – hier in Band 17 der Reihe „Gesellschaft und Erziehung" vorgestellt werden, wurde versucht, Ziele und Inhalte der 1946er Reform in ihrer geschichtlichen Bedeutung zu begreifen, sie in Beziehung zur widerspruchsreichen Schulgeschichte vornehmlich in der DDR zu setzen und nach Anregungspotentialen für gegenwärtige Bildungsdiskussionen zu fragen. Dabei erwies sich die Interdisziplinarität der Leibniz-Sozietät als ein Vorzug, der erlaubte, Probleme der Schulreform in einem breiten Rahmen und aus unterschiedlichen wissenschaftlichen Perspektiven zu diskutieren. Darauf wie auch auf das Inspirierende in Leibniz' Gedanken über die Bildung des Menschen verweist der Präsident der Leibniz-Sozietät *Gerhard Banse* in seinen Eröffnungsworten. In einem *ersten* Schwerpunkt werden sodann Fragen der *Schulreform in rechtlichen und allgemeinhistorischen Zusammenhängen* erörtert. *Hermann Klenner* analysiert die ‚alte' und nach wie vor aktuelle Forderung nach gleichem Recht auf Bildung für alle Menschen sowohl in ihren historischen als auch in ihren gegenwärtigen internationalen und nationalen Dimensionen und im Spannungsverhältnis von Vision, Deklaration und Realisation. *Günter*

Benser trägt mit der Betrachtung von äußeren und inneren gesellschaftspolitischen Bedingungen, die eine Umgestaltung des Erziehungswesens erst möglich und zugleich notwendig machten, zur historischen Kontextualisierung der 1946er Schulreform bei. Im Focus eines *zweiten,* schulgeschichtlich orientierten Themenblocks stehen *Ziele, Inhalte* und die *gesetzgeberische Umsetzung der Schulreform.* Detailliert, faktenreich und quellengestützt zeichnet *Gert Geißler* den Schulgesetzgebungsprozess in der Sowjetischen Besatzungszone und in Groß-Berlin nach. Ein von ihm ausgewähltes und kommentiertes, bislang unveröffentlichtes Dokument gewährt zudem Einblicke in damalige Such- und Entscheidungsprozesse. *Christa Uhlig* zeigt, wie das Schulgesetz 1946 öffentlich kommuniziert und in der deutschen Bildungsgeschichte verortet wurde. *Werner Naumanns* autobiografischer Blick auf Lehrersein und Lehrerbildung in der DDR lässt die 1946 eröffneten Chancen, zugleich aber auch neue Schwierigkeiten bei der Umsetzung der Reform erkennen. Ein *dritter* Schwerpunkt umfasst Beiträge, die, ausgehend von der 1946 angedachten Schulreform, verschiedenen *Aspekten ihrer Entwicklungs-, Realisierungs-* oder auch *Umdeutungsgeschichte* nachgehen. *Ursula Schröter* problematisiert den pädagogischen und gesellschaftlichen Umgang mit der Geschlechterfrage in der DDR, *Dieter Kirchhöfer* hinterfragt die nach 1945/46 erzählte Geschichte der Schulreform und *Marina Kreisel* untersucht die nachhaltige Bedeutung des ersten Lehrplans für Deutsch. Kontrastreich zu den bildungs- und schulgeschichtlichen Entwicklungsoptionen in der SBZ und der DDR stellt *Dietrich Hoffmann* die andersgearteten bildungspolitischen Intentionen in den westlichen Besatzungszonen und der BRD dar und lässt einmal mehr deutlich werden, wie erkenntnisreich historisch-vergleichende Analysen sein können. Die meisten der 1946 erhobenen Forderungen markierten Grundfragen des Bildungsdenkens und schulpolitischer Interessenkonflikte, die sich mit dem Ende der DDR weder erledigt noch ihre Gegenwärtigkeit und Allgemeinheit eingebüßt haben. Das gilt für die Idee einer Gemeinschaftsschule ebenso wie für die Trennung von Schule und Religion, den Anspruch der Wissenschaftlichkeit oder das Verhältnis von Individuum und Gemeinschaft, wie *Franz Prüß* gegenwartskritisch und zukunftsorientiert zu zeigen vermag. Die Notwendigkeit einer fundierten Bildungsdebatte in Deutschland ist dann auch Grundtenor der Schlussbemerkungen von *Herbert Hörz.* Zwei als Faksimile abgedruckte Dokumente aus dem Jahr 1946 – das *Gesetz zur Demokratisierung der deutschen Schule* und ein Text der Philosophin *Liselotte Richter* über *Leibniz und die Pädagogik* – ergänzen den Tagungsband.

Es gehört nicht zu den schlechtesten Resultaten einer Tagung, wenn sich Anschlussfragen aufhäufen und Lücken, auch Forschungslücken, spürbar werden. Probleme der Neuausrichtung des pädagogischen Denkens in Ost und West nach Nationalsozialismus und Krieg einschließlich ihrer wechselseitigen Wahrnehmung und Folgen zählen ebenso dazu wie Optionen und Hindernisse einer gesamtdeutschen Schulreform, Einflussmöglichkeiten und Einflussverluste demokratischer Reformkonzepte oder die Wissenschaftsorientierung schulischer Allgemeinbildung. Vieles noch ließe sich, trotz einer schon jetzt überflutenden Publikationsfülle zur Schul- und Bildungsgeschichte der DDR, fragend ergänzen, und noch längst ist nicht alles erzählt bzw. in seinen Zusammenhängen erforscht. Eine Perspektive zu stärken, die Geschichte nicht allein von ihrem Ende her, sondern gleichermaßen an den Möglichkeiten ihres Anfangs prüft, war eine Intention der Tagung. Sie zog damit zugleich einen Bogen zu früheren Veranstaltungen der Leibniz-Sozietät, die mit Robert Alt, Max Gustav Lange und Ernst Hadermann Akteure der Schulreform in den Blick gerückt hatten (Bde. 1, 3 und 4 der Reihe „Gesellschaft und Erziehung"). Mit der Fokussierung auf das turbulente Schulreformjahr 1946 will auch der vorliegende Band dazu beitragen, Wissen über Gewolltes, Geleistetes, Nichtgeleistetes und Unabgegoltenes dieser Anfangszeit für die Gegenwart verfügbar zu machen.

Es versteht sich von selbst, dass die Autorinnen und Autoren dieses Bandes ungeachtet ihres *gemeinsamen Interesses* am Thema *in Inhalt, Stil und Form eigenen Sichtweisen* folgen.

Ihnen allen gebührt Dank für ihre engagierte Mitarbeit. Der Leibniz-Sozietät der Wissenschaften zu Berlin e. V. ist für wissenschaftliche Diskursmöglichkeiten und finanzielle Unterstützung zu danken, dem Peter Lang Verlag für die bewährte Begleitung und Herstellung der Reihe.

Die Herausgeber

Gerhard Banse

Eröffnung durch den Präsidenten der Leibniz-Sozietät der Wissenschaften zu Berlin e. V.

Meine sehr geehrten Damen und Herren, liebe Mitglieder und Freunde der Leibniz-Sozietät, ich begrüße Sie ganz herzlich zur heutigen ganztägigen Plenarveranstaltung, die in Form der Tagung „Bildung und Gesellschaft" durchgeführt wird. Dabei wird es vor allem um die Reformprozesse zur Demokratisierung der Schule in der Sowjetischen Besatzungszone gehen, die im Jahr 1946 eine Rechtsgrundlage erhielten.

Das Potsdamer Abkommen vom 2. August 1945 hatte in Punkt 7 seiner Politischen Grundsätze festgelegt:

> „Das Erziehungswesen in Deutschland muss so überwacht werden, daß die nazistischen und militaristischen Lehren völlig entfernt werden und eine erfolgreiche Entwicklung der demokratischen Ideen möglich gemacht wird."[1]

Auf dieser Grundlage und vor dem unmittelbaren Hintergrund der Erfahrung von Faschismus und Krieg wurde mit diesen Reformprozessen ein grundlegender Wandel der Bildung und Erziehung der heranwachsenden Generation angestrebt.

Das Bemühen um eine Veränderung des deutschen Schulwesens brachte Vertreter und Vertreterinnen unterschiedlicher politisch-pädagogischer Richtungen zusammen, die durch den Gedanken geeint waren, im Anschluss an die Schulreformbestrebungen in der Weimarer Republik sowie im Kontext von Re-Education-Überlegungen der Alliierten und verschiedener pädagogischer Exilgruppierungen das Bildungswesen von Grund auf strukturell wie inhaltlich zu reformieren. Dieses Ziel und seine konzeptionellen Grundlagen, die Methoden zur Zielerreichung sowie das auf diesem Weg Erreichte – und damit gleichzeitig auch das nicht oder noch nicht Erreichte – sind die zentralen thematischen Bereiche der heutigen Tagung.

Der Bezug auf das Jahr 1946 bietet mir indes noch einen anderen Anknüpfungspunkt: Wir haben in diesem Jahr durch zahlreiche Aktivitäten den Namensgeber unserer Gelehrtengesellschaft, *Gottfried Wilhelm Leibniz*, geehrt. Anlass

---

1 http://www.documentarchiv.de/in/1945/potsdamer-abkommen.html [12.10.2016].

war bzw. ist sein Todestag, der sich in diesem Jahr (am 14. November) zum dreihundertsten Mal jährt.

Im uns heute interessierenden Jahr 1946 nun jährte sich der Geburtstag von *Leibniz* zum dreihundertsten Mal, was damals vielleicht nicht die Aufmerksamkeit erhielt wie der Todestag in diesem Jahr. Unser Mitglied *Christa Uhlig* hat mich jedoch auf einen Beitrag der ersten deutschen Professorin für Philosophie und der ersten Professorin für Theologie, der an der Berliner Universität, der späteren Humboldt-Universität, tätigen *Liselotte Richter* aufmerksam gemacht, der im zweiten Heft der 1946 gegründeten Zeitschrift „pädagogik" mit dem Titel „Leibniz und die pädagogik" erschienen ist (vgl. Richter 1946). In diesem Text werden ähnliche Gedanken entwickelt, wie sie Herr *Hans Poser* in unserem ersten Leibniz-Vortrag im Januar 2016 zur Prinzenerziehung dargelegt hat. Ich habe diesen Beitrag mit Gewinn gelesen. Vielleicht wäre ein Nachdruck im „Protokollband" der heutigen Tagung möglich.

Bevor ich aus diesem Text zitiere und damit die Brücke zur heutigen Tagung herstelle, sei mir eine generelle Anmerkung gestattet: Wie es scheint, ist die Zeitschrift „pädagogik" bereits Ausdruck eines bestimmten Reformwillens auch formaler Art, denn Zitate werden nicht nachgewiesen und bestimmte, damals noch gültige Rechtschreibregeln werden bewusst negiert: Außer am Satzanfang und bei Eigennamen werden alle Substantive klein geschrieben. Das erinnert sehr an die englische Sprache, wurde aber in der deutschen Sprache – trotz mannigfacher sogenannter „Rechtschreibreformen" – nicht verbindlich. Allerdings findet sich dieser Modus sehr häufig in studentischen Arbeiten wieder, aber zumeist wohl nicht bewusst. …

Doch zurück zum Beitrag von *Liselotte Richter*. Sie schreibt:

> „Der 300. geburtstag von Leibniz kann nicht anlaß zu lediglich rückwärts gewendeten historischen betrachtungen sein. Er wäre nicht der universalste denker des neuzeitlichen Europa, wenn sein werk uns nicht etwas zu sagen hätte für die brennenden fragen unserer gegenwart. Unter ihnen steht das problem der erziehung obenan, denn sie hat die aufgabe, den neuen menschen zu formen, die lehren zu ziehen aus den verhängnisvollen fehlern der vergangenheit und deren wiederholung für die zukunft unmöglich zu machen. Für Leibniz trat die erziehung in gleicher weise in den mittelpunkt seiner geistigen bemühungen. […] Könnten wir Leibniz heute um sein urteil befragen über die pädagogik der verflossenen ära, so würde er mit seinen eigenen worten von 1697 erwidern: ‚Es ist ein altes wort, daß die schulen des staates pflanzstätten seien; aber nie behandelte ein gärtner die jungen pflänzchen so nachlässig, wie wir jene zarten, für gut und böse gleich empfänglichen sprossen!'" (Richter 1946, S. 80)

Liselotte Richter verweist auf den *Leibniz*'schen Grundsatz des „commune bonum", des „allgemeinen Wohls" – und das war auch Ziel der Reformbestrebungen zur

Demokratisierung des Schulwesens in Deutschland im Jahr 1946. Damit sind wir wieder bei der heutigen Tagung und ihrem umfangreichen Programm.

Ich bedanke mich bei den Initiatoren und Organisatoren der heutigen Veranstaltung, dem Arbeitskreis Pädagogik der Leibniz-Sozietät, insbesondere bei dessen Mitgliedern *Christa Uhlig* und *Dieter Kirchhöfer*, und wünsche uns eine ergebnisreiche Tagung.

Literatur

Richter, Liselotte: Leibniz und die pädagogik. In: pädagogik, Jg. 1 (1946), Nr. 2, S. 80–84 (als Faksimile im Anhang dieses Bandes).

Hermann Klenner

Das Recht auf Bildung als Menschen-, Völker- und Bürgerrecht. Ein Überblick

Wir sollten vor allem erzogen werden,
überall das Bestehende als das Vollkommene
zu respektieren, die Meinung des Lehrers
als unfehlbar, das Wort des Vaters als
unwidersprechlich, die Einrichtungen des
Staates als die absolut und in alle Ewigkeit
Gültigen.
Stefan Zweig, 1944. [1]

So sah sie aus, die schöne neue Welt,
die sich auf Dorf und Republik ausgedehnt
hatte. Genormt, bespaßt und verwaltet –
eine Bürgerherde.
Juli Zeh, 2016. [2]

I

Um die Spezifik des Rechts auf Bildung innerhalb der Erziehungsgeschichte und -gegenwart zu verdeutlichen, sei unorthodox begonnen: Von Martin Luther ist aus dem Jahre 1530 überliefert „Ein Sermon odder Predigt, das man solle Kinder zur Schulen halten", und darin heißt es gegen Ende: „Ich halt aber, das auch die oberkeit hie schuldig sey, die unterthanen zu zwingen, jhre kinder zur schulen zu halten", da man – in dieser Reihenfolge! – Prediger, Juristen, Ärzte und Schulmeister nicht entbehren könne.[3] Eindeutiger noch: Preußens *Allgemeines Landrecht* von 1794 verpflichtete im § 125 des Siebenten Titels von Teil II alle Gutsherrschaften, „für eine gute und christliche Erziehung der Kinder ihrer Unterthanen zu sorgen", und § 46 des Zwölften Titels von Teil II schrieb vor, dass der Schulunterricht solange fortgesetzt werden müsse, „bis ein Kind, nach dem Befunde seines Seelsorgers, die einem jeden vernünftigen Menschen seines Standes nothwendigen Kenntnisse gefaßt hat".[4]

---

1 Stefan Zweig, *Die Welt von gestern*, Berlin 1981, S. 50.

2 Juli Zeh, *Unterleuten*, München 2016, S. 108.

3 Martin Luther, *Werke* (Kritische Gesamtausgabe), Bd. 30, Weimar 1909, S. 526–588; vgl. auch: Luther, *Taschenausgabe,* Bd. 5 (Christ und Gesellschaft), Berlin 1982, S. 205–234: „Offener Brief an die Ratsherren aller Städte Deutschlands, christliche Schulen einzurichten und zu unterhalten" [1524].

4 *Allgemeines Landrecht für die Preußischen Staaten*, Berlin 1806, Bd. 3, S. 341; Bd. 4, S. 187.

Gewiss gehören Normativtexte dieser Art, seien es die eines Kirchenmannes oder die eines Gesetzgebers, zur deutschen Erziehungsvergangenheit, und sie hätten in dem umfangreichen DDR-Band von *Quellen zur Geschichte der Erziehung* (9. Auflage, Berlin 1980) ihren Platz finden können. Aber mit dem Recht auf Bildung haben sie nichts zu tun oder höchstens insofern, als sie zu Unterscheidungen anregen, die das Wesen des Rechts auf Bildung zu erfassen erleichtern.[5]

Um es auf den Punkt zu bringen: beim Recht auf Bildung stehen Gesellschaft und Staat in der Pflicht gegenüber dem berechtigten Menschen; bei der Erziehung handelt es sich hingegen um des Menschen, vor allem des Kindes, Führung und Formung durch Gesellschaft und Staat nach dessen jeweiligem Recht. Bei dem einen ist der Mensch, ob jung oder alt, vor allem ein seine Bildung in Form seiner körperlichen und geistigen Entwicklung beanspruchendes Subjekt, beim anderen hingegen ist er vor allem Objekt des durch die jeweilige Obrigkeit verpflichteten und dadurch berechtigten Erziehers. Unbildung ist bekanntlich ein Mittel der Macht von Herrschenden, *Recht auf Bildung* ist folglich ein Emanzipationsbegriff, *Erziehung* nicht unbedingt.

II

In den ersten beiden sich als Menschenrechte präsentierenden Bürgerrechtskatalogen mit einer bis in die Gegenwart nachweisbaren internationaler Ausstrahlungskraft findet sich – überraschend vielleicht für manche Illusionisten – kein Recht auf Bildung.

Die auch noch in die gegenwärtige Verfassung des US-Bundesstaates Virginia von 1971 eingefügte *Virginia Bill of Rights* vom 12. Juni 1776 berief sich in ihrem Anfangsartikel darauf, dass alle Menschen, da sie sie von Natur aus gleichermaßen

5 Vgl. im Übrigen: Dieter Lenzen (ed.), *Enzyklopädie Erziehungswissenschaft*, Bd. 5, Stuttgart 1984, S. 549–553; Hans-Joachim Laabs (u. a.), *Pädagogisches Wörterbuch*, Berlin 1987, S. 57 ff., 108 ff., 147 f., 315 f.; Gunnar Winkler (ed.), *Lexikon der Sozialpolitik*, Berlin 1987, S. 315; Arnd Pollmann (ed.), *Menschenrechte: Ein interdisziplinäres Handbuch*, Stuttgart 2012, S. 289–292; H. Klappenbach/W. Steinitz (ed.), *Wörterbuch der deutschen Gegenwartssprache*, Berlin 1964–1977, Bd. 1, S. 608, Bd. 2, S. 1155; Friedrich Kluge, *Etymologisches Wörterbuch der deutschen Sprache*, Berlin 2002, S. 123, 258; *Historisch-kritisches Wörterbuch des Marxismus*, Hamburg 1994 ff., Bd. 2, S. 246–254, Bd. 3, S. 831–839; *Heumanns Handlexikon zu den Quellen des römischen Rechts*, Graz 1958, S. 161 ff., (ducere, dux, educare, educere). In dem von Winfried Böhm herausgegebenen *Wörterbuch der Pädagogik*, Stuttgart 2005, sowie in dem von Gary Sykes edierten *Handbook of Education Policy Research*, New York 2009, wird „Recht auf Bildung“ ausgespart.

frei und unabhängig seien, angeborene Rechte besitzen („that all men are by nature equally free and independent and have certain inherent rights").[6] Und die auch noch der gegenwärtig geltenden Verfassung Frankreichs von 1958 angehangene *Déclaration des droits de l'homme et du citoyen* vom 26. August 1789 behauptete in der Präambel und ihrem ersten Artikel, dass die Unkenntnis und die Verachtung der natürlichen, unveräußerlichen und geheiligten Menschenrechte das soziale Unglück wie die Verdorbenheit der Regierungen verursachen, während doch die Menschen frei und gleich an Rechten geboren werden, und es auch bleiben („les hommes naissent et demeurent libres et égaux en droits").[7] Es war übrigens Lafayette, der als Franzose und General am Unabhängigkeitskrieg der Amerikaner teilgenommen, und der, zurückgekehrt, nicht nur an seinem Haus eine Tafel mit Virginias Rights-Declaration angebracht sondern am 11. Juli 1789 auch den Entwurf einer Menschen- und Bürgerrechtserklärung in die verfassunggebende Nationalversammlung Frankreichs eingebracht hatte.

Dass die schließlich 1776 wie 1789 revolutionär durchgesetzten Rechte als *Menschen*rechte firmierten, also mit einem Geltungsanspruch für alle Menschen formuliert waren („all men … have inherent rights"; „les hommes naissant … en droits"), legitimierte gewiss die angestrebte und dann auch erreichte Legalität dieser Rechte als Bürgerrechte; doch darf sie, historisch wie juristisch gesehen, nicht allzu wörtlich genommen werden. Der aus Virginia stammende Thomas Jefferson, eigentlicher Autor der *Declaration of Independence of the thirteen united States of America* vom 4. Juli 1776, in der es vielversprechend geheißen hatte, „that all men are created equal, that they are endowed by their Creator with certain unalienable Rights",[8] und der 1789 als Botschafter seines Landes in Paris die dortigen Menschen- und Bürgerrechtsaktivisten beriet, war selbst ein Sklavenhalter und bei seinem Tod, 1826, hatte sich die Zahl seiner Sklaven gegenüber 1776 verdoppelt, und selbst in seinem Testament verfügte er – anders als Washington – deren Freilassung nicht. Und als vier Monate, nachdem in Paris die Nationalversamm-

6 „Virginia Bill of Rights", in: Gerhard Commichau (ed.), *Die Entwicklung der Menschen- und Bürgerrechte* [Quellensammlung], Göttingen 1997, S. 70; deutsch in: Wolfgang Heidelmeyer (ed.), *Die Menschenrechte* (Dokumente), Paderborn 1977, S. 54.

7 „Déclaration des droits de l'homme et du citoyen", in: Federico Mayor (ed.), *La Conquête des Droits de L'Homme: Textes Fondamentaux*, Paris 1988, S. 59; deutsch in: Adolf Kimmel (ed.), *Verfassungen der EU-Mitgliedstaaten*, München 2005, S. 191.

8 „The Declaration of Independence" (4. Juli 1776), in: Bernard Schwartz (ed.), *The Bill of Rights: A Documentary History*, Bd. 1, New York 1971, S. 251; deutsch in: Herbert Schambeck (ed.), *Dokumente zur Geschichte der Vereinigten Staaten von Amerika*, Berlin 1993, S. 114.

lung „unter dem Schutz des höchsten Wesens" die Menschen- und Bürgerrechtserklärung mit der Forderung versehen hatte, dass sie auch von der gesetzgebenden Gewalt zu respektieren sei, wurde von eben dieser Nationalversammlung als der nunmehr gesetzgebenden Gewalt das Stimmrecht bei Parlamentswahlen nur der „Aristokratie des Geldes", und nur insoweit diese männlich war, zugebilligt. So entpuppten sich die angeblich unveräußerlichen gleichen *Menschen*rechte für alle noch in ihrem Geburtsjahr als *Klassen-* wie als *Männer*rechte. Die *bürgerliche* Gesellschaft war eben eine *Bourgeois*gesellschaft.[9]

Nicht etwa soll deren Fortschrittlichkeit bestritten werden. Schließlich besiegelte sie die vollständige Vernichtung des Feudalwesens, besonderes der Leibeigenschaft, die Beseitigung der Binnenzölle und der Zünfte, die Nationalisierung der Kirchenländereien, die Gewährung der Bürgerrechte an die Juden, die Annullierung der Adelstitel, die Entsorgung des Königtums, usw., usf.. Zwar finden sich in diesen ersten durch Klassenkämpfe in geltendes Recht verwandelten Menschenrechtserklärungen *politische* Rechte: Freiheit, Gleichheit, Eigentum (Brüderlichkeit kam erst 1848 wenigstens in den Verfassungs*text*), Gesetzlichkeit und Gewaltentrennung; nicht aber waren *soziale* Rechte vorgesehen, weder ein Recht auf Arbeit, noch auf einen erträglichen Lebensstandard, noch eben auch auf Bildung.

Jedoch hatte man nicht lange zu warten, bis sich die realen Gegensätze und Widersprüche innerhalb eines siegreichen, sich als bürgerliche Gesellschaft firmierenden Kapitalismus, wenn auch nicht in Rechts*normen*, so doch in Rechts*forderungen* bemerkbar machten. Die Organisatorin des Frauenclubs „Société populaire des femmes" Olympe de Gouges lieferte bereits 1791 mit der in genau siebzehn ausformulierten Artikeln einer „Déclaration des droits de la Femme et de la Citoyenne" den Gegenentwurf zu den auch im Original siebzehn Artikeln der offiziellen Erklärung der Menschen- und Bürgerrechte.[10] Und Mary Wollstonecraft initiierte ein Jahr danach mit ihrer sofort ins Deutsche übersetzten Streitschrift „A Vindication of the Rights of Woman" den neuzeitlichen, nicht männerfeindlich sondern menschenfreundlich gemeinten Feminismus,[11] den sie zuvor schon mit einer scharfen Kritik an den Eigentumsverhältnissen gepaart

---

9 Vgl. H. Klenner, *Kritik am Recht*, Berlin 2016, S. 393–400: „Nach-Denken über Frankreichs Menschenrechte der Bürger von 1789".

10 Olympe Marie de Gouges, „Erklärung der Rechte der Frau und Bürgerin" [1791], in: Hannelore Schröder (ed.), *Die Frau ist frei geboren: Texte zur Frauenemanzipation*, Bd. 1, München 1979, S. 36–40.

11 Mary Wollstonecraft, *A Vindication of the Rights of Woman* [1792], London 1994; deutsch: *Rettung der Rechte des Weibes*, Schnepfenthal 1793/94; ibid., *Eine Verteidigung der Rechte der Frau*, Leipzig 1989.

hatte: „the demon of property has ever been at hand to encroach on the sacred rights of men",[12] weshalb sie – nicht zu Unrecht – als „founding mother of utopian socialism" geehrt worden ist.[13]

III

Was nun das Nichtvorhandensein eines Rechts auf Bildung in Frankreichs erster Erklärung der Menschen- und Bürgerrechte vom August 1789 betrifft – mit ihr wurde die erste Revolutionsverfassung vom September 1791 eingeleitet, sie erhielt dadurch Gesetzeskraft –, so blieb diese „Lücke" nicht unbemerkt. Im Gegenteil: Der bedeutende Mathematiker, Philosoph und revolutionäre Republikaner Marquis de Condorcet, Mitglied der Wissenschaftsakademien Frankreichs (und Preußens, aus der ihn 1794 König Friedrich Wilhelm II. verstieß) hatte es gleich zu Beginn seines im April 1792 der in Paris tagenden Gesetzgebenden Versammlung unterbreiteten Berichts über die Allgemeine Organisation des Öffentlichen Unterrichtswesens als Gebot der Gerechtigkeit („devoir de justice") bezeichnet, dass man, um die durch das Gesetz zuerkannte politische Gleichheit zu einer tatsächlichen, zu einer „égalité de fait", zu machen, allen Menschen die Gelegenheit verschaffen müsse, ihre Talente zu entfalten, damit sie die Fähigkeiten zur Ausübung sozialer Funktionen erwerben können, zu denen berufen zu werden, sie das *Recht* haben.[14] Dass Condorcet in sein Recht auf Bildung auch die „éducation des femmes" einbezog, hatte sich bereits aus seinem im Juli 1790 im *Journal de la société de 1789* publizierten Artikel „Über die Zulassung der Frauen zum Bürgerrecht" ergeben, in dem er die Gleichberechtigung von Mann und Frau damit begründete, dass die Ursache des unterschiedlichen gesellschaftlichen Verhaltens von Mann und Frau nicht in deren Natur, sondern in ihrer sozialen Existenz und ihrer Erziehung liege.[15] Und

---

12 Wollstonecraft, *Verteidigung der Menschenrechte* [1790], Freiburg 1996, S. 18/19 (deutsch/englisch).

13 So: Claire Tomalin, *The Life and Death of Mary Wollstonecraft*, New York 1983, S. 166.

14 Condorcet, *Rapport sur l'organisation générale de l'instruction publique présenté à l'assemblèe nationale législative*, Paris 1883, S. 1: „…et par là établir entre les citoyens une égalité de fait, et rendre réelle l'égalité politique reconnue par la loi" (deutsch in: *Erziehungsprogramme der Französischen Revolution: Mirabeau, Condorcet, Lepeletier*, herausgegeben von Robert Alt, Berlin 1949, S. 63).

15 Vgl. Condorcet, *Freiheit, Revolution, Verfassung: Kleine politische Schriften*, Berlin 2010, S. 110; vgl. auch Condorcets *Entwurf einer historischen Darstellung der Fortschritte des menschlichen Geistes* [1794], Frankfurt 1976, S. 203: „ein gut geleiteter Unterricht gleicht die natürliche Ungleichheit in den Anlagen aus".

seinen 1793 der Nationalversammlung eingereichten Verfassungsentwurf leitete Condorcet mit einer Erklärung der natürlichen, bürgerlichen und politischen Menschenrechte ein, in der es im Artikel 23 hieß: da die Bildung ein Bedürfnis aller sei, schulde die Gesellschaft sie all ihren Mitgliedern gleichermaßen („l'instruction est le besoin de tous, et la société la doit également à tous ses membres").[16] In zunächst wörtlicher Übereinstimmung mit Condorcet hieß es dann im Art. 22 der (nie in Kraft getretenen) Jakobiner-Verfassung vom Juni 1793, dass die Gesellschaft allen Bürgern die Bildung zugänglich machen soll, da sie für alle ein Bedürfnis sei („L'instruction est le besoin de tous. La société doit favoriser de tout son pouvoir les progrès de la raison publique, et mettre l'instruction à la portée de tous les citoyens").[17]

IV

In der europäischen Arbeiterbewegung hat die jakobinische Menschen- und Bürgerrechtserklärung mit ihrem gleichen Recht auf Bildung für alle in der gleichheitskommunistischen Interpretation durch Babeuf eine hervorragende Rolle gespielt. Ein Jahr vor seiner Hinrichtung durch die Justiz des siegreichen Bürgertums hatte dieser Babeuf die Herrschenden nicht nur wegen des Privateigentums und des sich daraus ergebenden Reichtum/Armut-Gegensatzes, sondern auch wegen ihrer Bildungspolitik angeklagt: Auf Bildung hat jeder ein Anrecht, eure Erziehungsweise zielt aber von jeher darauf, dem Menschen das äußerste Elend zur Gewohnheit zu machen, und seine Begriffswelt habt ihr so gestaltet, dass er nicht einmal ahnt, dass ihr kein Recht hattet, so zu handeln.[18] Es war die plebejische Égalité, die in einem mit Beweisen versehenen 15-Artikel-Katalog

---

16 Condorcet, „Projet de Déclaration des Droits naturels, civils et politiques des hommes", in seinen *Œuvres*, Bd. 12, Paris 1847, S. 421; deutsch in: Condorcet, *Freiheit, Revolution, Verfassung. Kleine politische Schriften*, Berlin 2010, S. 216. Vgl. auch: Bertold Langer, *Die Entwicklung eines gesellschaftstheoretisch fundierten Bildungsbegriffs bei Condorcet, Hegel und Marx*, München 1976, S. 71–141.

17 „Déclaration des droits de l'homme et du citoyen de l'an I", in: *La Conquête des Droits de L'Homme. Textes fondamentaux*, Paris 1988, S. 73; deutsch bei: Walter Grab (ed.), *Die Französische Revolution: Eine Dokumentation*, München 1989, S. 203. Vgl. auch den von Robespierre am 13. Juli 1793 dem Konvent unterbreiteten Nationalen Erziehungsplan des (ermordeten!) Michel Lepeletier, der Bildung und Erziehung als *Pflicht* des Staates und *Recht* des Kindes konzipierte, in: Robespierre, *Ausgewählte Texte*, Hamburg 1989, S. 434–499, bes. S. 484.

18 Babeuf, *Textes choisis*, Paris 1950, deutsch in seinen *Ausgewählten Schriften*, Berlin 1956, S. 54–56.

von Babeuf aus dem Jahre 1796, den 1828/30 sein überlebender Verschwörer Filippo Buonarotti veröffentlichte, und der nun den geheimbündlerischen Zusammenschlüssen einer noch unfertigen Klasse Orientierungshilfe bot; in seinen Artikeln 7 und 9 wurde gefordert, dass es weder Arme noch Reiche geben und niemand einen anderen um die für sein Glück unerlässliche Bildung bringen dürfe.[19] Ein vertrauter Mitstreiter Buonarottis, Charles-Antoine Teste, war es wiederum, der zwischen den beiden Lyoner Arbeiteraufständen von 1830 und 1834 die von Robespierre in seiner Konventsrede vom April 1793 vorgeschlagene Menschenrechtserklärung und die exakt zwei Monate später der Jakobinerverfassung einverleibte Menschen- und Bürgerrechtserklärung zu einer neuen *Déclaration des droits de l'homme et du citoyen* kompilierte. Deren deutschsprachige Fassung mit ihren 53 Artikeln verbreiteten die nach französischem Vorbild gegründeten deutschen revolutionären Geheimgesellschaften 1834 illegal als Flugblatt.[20] Sein Inhalt wurde zum Programm verschiedener radikaldemokratischer Zusammenschlüsse deutscher Emigranten in Paris. Auch der *Bund der Geächteten* (1834/35) wie der *Bund der Gerechtigkeit* (1838), die Vorgängerorganisationen des *Bundes der Kommunisten*, beriefen sich im jeweiligen Artikel 3 ihrer Statuten auf diese Menschen- und Bürgerrechtserklärung.[21] Deren Artikel 19 lautete: „Die Gesellschaft ist einem jeden ihrer Mitglieder Erziehung und Unterricht schuldig". Genau das entspricht der Spezifik des Rechtes auf Bildung innerhalb der Erziehungsgeschichte.

Dass das Bildungsmonopol der Reichen gebrochen und das Recht auf Bildung für jeden Menschen durchgesetzt werden muss, wenn es zu einer sozialistisch/kommunistischen Gesellschaft kommt, die ihres Namens auch wert ist, gehörte – beginnend mit den von Friedrich Engels stammenden *Grundsätzen des Kommunismus* von 1847: „Erziehung sämtlicher Kinder ... in Nationalanstalten und auf Nationalkosten" (MEW 4/373), bis hin zu Marxens Forderung, „Regierung und Kirche gleichmäßig von jedem Einfluss auf die Schule auszuschließen" (MEW

19 Filippo Buonarotti, „Analyse der Lehre Babeufs, in: Joachim Höppner/Waltraud Seidel-Höppner (ed.), *Von Babeuf bis Blanqui*, Bd. 1, S. 221–229, Bd. 2: *Texte*, Leipzig 1975, S. 92–101, besonders S. 99.

20 Diese in Staatsarchiven überlieferte „Erklärung der Menschen- und Bürgerrechte" von 1834 ist abgedruckt im Dokumentenanhang bei: Hermann Klenner, *Marxismus und* Menschenrechte, Berlin 1982, S. 257–262.

21 Vgl. „Statuten des Bundes der Geächteten" und „Statuten des Bundes der Gerechtigkeit", abgedruckt in: *Der Bund der Kommunisten: Dokumente und Materialien*, Bd. 1, Berlin 1983, S. 93, 975, 994, 1166; vgl. auch: Waltraud Seidel-Höppner, *Wilhelm Weitling: Eine politische Biographie*, Bd. 1, Frankfurt 2014, S. 94–113, 405–424.

19/30) – zu den zentralen Anliegen von Marx/Engels, auf das hier nicht eingegangen zu werden braucht, da die Quellenlage gesichert vorliegt.[22]

In der bolschewistischen Verfassung der Russischen Sozialistischen Föderativen Sowjet-Republik von 1918 lautete der Artikel 17 ihrer *Deklaration der Rechte des werktätigen und ausgebeuteten Volkes*: Um den Werktätigen den tatsächlichen Zugang zum Wissen zu sichern, macht es die RSFSR sich zu ihrer Aufgabe, den Arbeitern und der armen Bauernschaft eine vollständige, allseitige und unentgeltliche Bildung zu gewähren. Die SU-Verfassung von 1936 konkretisierte in ihrem Artikel 121 das Recht auf Bildung, indem es durch allgemeine Achtjahresschulpflicht, Entwicklung einer allgemeinen Mittelschulbildung, berufstechnischer Ausbildung, des Fach- und Hochschulwesens, des Abend- und Fernunterrichts, durch ein System staatlicher Stipendien und durch Unterricht in der Muttersprache gewährleistet wird.[23] – Von Menschenrechten war in diesen beiden Verfassungen bewusst die Rede nicht, von Klassen- und Bürgerrechten wohl.

V

Der Sieg der Alliierten über den Nazifaschismus ermöglichte auch die Ausmerzung des auf Imperialismus und Angriffskriege, auf Chauvinismus und Rassismus, auf Menschenverachtung und Menschenvernichtung zielenden Erziehungssystems der herrschenden Klasse in Deutschland.[24] Dazu hieß es im Potsdamer Abkommen der Siegermächte vom 2. August 1945 (unter III A, 7):

---

22 Vgl. Marx/Engels, *Über Erziehung und Bildung*, Berlin 1961; Marx/Engels, *Werke: Sachregister*, Berlin 1989, S. 121.

23 Verfassung der Russischen Sozialistischen Föderativen Sowjet-Republik (1918), in: Bodo Dennewitz (ed.), *Die Verfassungen der modernen Staaten*, Bd. 1, Hamburg 1947, S. 167; Verfassung der Union der Sozialistischen Sowjetrepubliken (1936), in: ibid., S. 121. Vgl. auch: W[olfgang] Leonhardt, „Das Schulwesen in der Sowjetunion", in: *Das Recht auf Bildung im sozialistischen Staat*, Berlin, Verlag Tägliche Rundschau, 1949, S. 3–15.

24 Zum Folgenden: Karl-Heinz Schöneburg (ed.), *Geschichte des Staates und des Rechts der DDR: Dokumente 1945–1949*, Berlin 1984, S. 27, 71 und besonders S. 208–223: „Die staatliche Leitung der Bildungsreform"; Gottfried Handel/R. Köhler (ed.), *Dokumente der Sowjetischen Militäradministration zum Hoch- und Fachschulwesen*, Berlin 1975; Erwin Marquardt, *Das Gesetz über die demokratische Schulreform*, Berlin 1976; Karl-Heinz Günther/F. Hofmann/G. Hohendorf/H. König/H. Schuffenhauer (ed.), *Quellen zur Geschichte der Erziehung* (Achte Auflage), Berlin 1978, S. 513–539, besonders S. 518: „Das Gesetz zur Demokratisierung der deutschen Schule"; Helene Fiedler (ed.), *Allen Kindern das gleiche Recht auf Bildung: Dokumente und Materialien zur demokratischen Schulreform* (1945–1978), Berlin 1981.

„Das Erziehungswesen in Deutschland muss so überwacht werden, dass die nazistischen und militaristischen Lehren völlig entfernt werden und eine erfolgreiche Entwicklung demokratischer Ideen möglich gemacht wird." In der sowjetischen Besatzungszone wurde daraufhin der Befehl Nr. 40 der SMAD vom 25. August 1945 über die Vorbereitung der Schulen auf den Schulbetrieb erlassen; drei Wochen zuvor schon hatte die Provinzialverwaltung Sachsen eine Verordnung zur Säuberung der Schulen und zum Schulbeginn erlassen; der Entwurf eines Statuts einer Verwaltung für Volksbildung in der SBZ wurde von der SMAD nicht bestätigt; es erfolgte ein Aufruf der beiden Arbeiterparteien zu einer demokratischen Schulreform vom 18. Oktober 1945; der Befehl Nr. 110 der SMAD vom 22. Oktober 1945 räumte den Provinzialverwaltungen und Verwaltungen der Länder in der sowjetischen Besatzungszone Deutschlands das Recht ein, Gesetze und Verordnungen mit Gesetzeskraft zu erlassen, und der Befehl Nr. 162 der SMAD vom 6. Dezember 1945 regelte die Vorbereitung der Lehrer für die Volksschule. Auf dieser Grundlage wurde in der Provinz Sachsen am 22. Mai 1946 eine Verordnung, in Mecklenburg-Vorpommern am 23. Mai 1946, im Land Sachsen am 31. Mai 1946, in der Provinz Mark Brandenburg am 31. Mai 1946 sowie im Land Thüringen am 2. Juni 1946 je ein Gesetz zur Demokratisierung der deutschen Schule erlassen. Diese fast gleichlautenden gesetzlichen Bestimmungen, in deren Präambeln „allen Jugendlichen, Mädchen und Jungen, Stadt- und Landkindern, ohne Unterschied des Vermögens ihrer Eltern das gleiche Recht auf Bildung und seine Verwirklichung entsprechend ihren Anlagen und Fähigkeiten garantiert" wurde, sind in einigen Publikationen, geschuldet auch einer kontrafaktischen Allüre von Erziehungshistorikern, zu einem einzigen – so nicht existierenden – „Gesetz zur Demokratisierung der deutschen Schule" zusammengefasst worden.

Die am 19. September 1946 von der SED vorgeschlagenen „Grundrechte des deutschen Volkes" enthielten im Artikel 15 das gleiche Recht auf Bildung für alle Staatsbürger, und in dem am 14. November 1946 ebenfalls von der SED für die Diskussion vorgeschlagenen Entwurf einer Verfassung für ganz Deutschland lautete Art. 27: „Jeder Bürger hat das gleiche Recht auf Bildung. Sie wird ihm durch öffentliche Einrichtungen gewährleistet.[25]

Die im Winter 1946/47 angenommenen Verfassungen der Länder in der Sowjetischen Besatzungszone (Brandenburg, Mecklenburg, Sachsen, Sachsen-Anhalt

25 Otto Grotewohl, *Deutsche Verfassungspläne*, Berlin 1947, S. 85–112: „Entwurf einer Verfassung für die Deutsche Demokratische Republik" (Art. 27: „Jeder Bürger hat das gleiche Recht auf Bildung. Sie wird ihm durch öffentliche Einrichtungen gewährleistet".

und Thüringen) enthielten alle das Bürgerrecht auf Bildung ebenso die DDR-Verfassungen von 1949 und 1968/74.[26]

VI

Um auf die internationale Ebene überzugehen: In der Charta der Vereinten Nationen vom 26. Juni 1945, dem Grundlagendokument des heutigen Völkerrechts, das Ende des opferreichsten Krieges der Weltgeschichte und den Beginn eines (beabsichtigten) Weltfriedens markierend, ist der Zusammenhang zwischen dem Selbstbestimmungsrecht der Völker und dem Selbstbestimmungsrecht des Menschen, also der Zusammenhang zwischen Volkssouveränität und Menschenrechten unübersehbar. Beide zu bewahren, zählt von Beginn an zu den Zielen der Vereinten Nationen. So will es die UN-Charta in ihrem Artikel 1. Und ihr Artikel 55 verdeutlicht den besonderen Zusammenhang zwischen Friedenserhaltung und *sozialen* Menschenrechten, zu denen ja das Recht auf Bildung gehört: Um jenen Zustand der Stabilität herbeizuführen, heißt es da, der erforderlich ist, damit zwischen den Nationen friedliche Beziehungen herrschen, fördern die Vereinten Nationen die Voraussetzungen für den *sozialen* Fortschritt und die Zusammenarbeit auf den Gebieten der Kultur und der Erziehung („educational co-operation").[27]

Als die gemäß UN-Charta-Artikel 68 eingesetzte Kommission unter dem Vorsitz von Eleanor Roosevelt, der Witwe des Verstorbenen US-Präsidenten Franklin Delano Roosevelt, 1947 daran ging, unter den komplizierten Bedingungen des mit aller Schärfe beginnenden Kalten Krieges eine Allgemeine Menschenrechts-

---

26 Erich Fischer (ed.), *Verfassungen deutscher Länder und Staaten: Von 1816 bis zur Gegenwart*, Berlin 1989, S. 274–335 und 469–540: Verfassung des Landes Thüringen vom 20. Dezember 1946 (Art. 69: „Jeder Bürger hat das gleiche Recht auf Bildung); Verfassung der Provinz Sachsen-Anhalt vom 10. Januar 1947 (Art. 20: „Jeder Bürger hat das gleiche Recht auf Bildung"); Verfassung des Landes Mecklenburg vom 16. Januar 1947 (Art. 18: „Alle Bürger haben das gleiche Recht auf Bildung"); Verfassung für die Mark Brandenburg vom 6. Februar 1947 (Art. 58: „Jeder hat das gleiche Recht auf Bildung"); Verfassung des Landes Sachsen vom 28. Februar 1947 (Art. 20: „Alle Bürger haben gleiches Recht auf Bildung"); Verfassung der DDR vom 7. Oktober 1949 (Art. 35: „Jeder Bürger hat das gleiche Recht auf Bildung und auf freie Wahl seines Berufes"); Verfassung der DDR vom 6. April 1968 / 7. Oktober 1974 (Art. 25: „Jeder Bürger hat das gleiche Recht auf Bildung. Die Bildungsstätten stehen jedermann offen.")

27 "Charter of the United Nations / Charta der Vereinten Nationen" (engl./deutsch), in: Christian Tomuschat/Christian Walter (ed.), *Völkerrecht: Textsammlung*, Baden-Baden 2016, S. 15–48.

erklärung auszuarbeiten, gab es zwar unter ihren Mitgliedern, etwa dem Juristenprofessor John Humphrey aus Kanada, dem französischen Verfassungsrechtler René Cassin, dem griechisch-orthodoxen Libanesen Charles Malik, dem chinesischen Diplomaten Peng-chun Chang oder dem sowjetischen Diplomaten Alexej Pawlow gegensätzliche Meinungen über ihren Inhalt und vor allem ihre Verwirklichung, aber in keinem Entwurfsstadium, beginnend mit einem Vierhundert-Seiten-Dokument bis hin zur endgültigen, dann der UN-Generalversammlung vorgelegten und von ihr im Dezember 1948 ohne Gegenstimmen mit 48 Stimmen bei 8 Stimmenthaltungen auch so beschlossenen *Universal Declaration of Human Rights* mit ihren 30 Artikeln, fehlt unter den aufgelisteten Menschenrechten jedenfalls nicht das Recht auf Bildung![28]

(Nicht zu den Ruhmestaten der Sowjetunion gehört allerdings, sich bei der Abstimmung in der UN-Generalversammlung über die Menschenrechtsdeklaration der Stimme enthalten zu haben, zumal sie sich damit in ein Boot mit Saudi-Arabien und dem Apartheid-Regime Südafrikas setzte.[29] Auch wenn es von der UN besser gewesen wäre, nicht nur eine *Declaration*, sondern zugleich auch eine *Convention* nebst *Implementation* zu beschließen, wie es ursprünglich die zuerst eingesetzte Arbeitsgruppe auch vorgeschlagen hatte – eine Deklaration ist immerhin ein Anfang. Dass das Abstimmungsverhalten der Sowjetunion Wasser auf die Mühlen von Pseudo-Marxisten leitete, die das Wort „Menschenrechte" dem Illusionsvokabular zuschlugen und nur „Klassenrechte" gelten ließen, hat auch dazu geführt, dass 1964 die erste Menschenrechtsmonographie von HK nur unter dem Titel „Grundrechte" erscheinen durfte; im Anhang allerdings konnte der Menschenrechts-Text der UN abgedruckt und im Inhalt auch verwendet werden. Und das DDR-Komitee für Menschenrechte hatte es schwer, seiner Obrigkeit begreiflich zu machen, dass seine innerstaatliche Funktion die wichtigere ist. Übrigens hat es auch auf der „anderen" Seite Irritationen gegeben: Der Präsident der *US American Bar Association*, Frank E. Holman, machte sich über die UN-Menschenrechtserklärung von 1948 lustig, *saying that it would „promote state socialism, if not communism, throughout the world"*.[30])

---

28 Vgl. Mary A. Glendon, *A World Made New: Eleanor Roosevelt and the Universal Declaration of Human Rights*, New York 2001, S. 271–314. Das Recht auf Bildung ist in den verschiedenen Entwürfen in den Artikeln 36, 41, 31, 27, 23 und schließlich 26 geregelt.

29 Vgl. Bernhard Graefrath, *Die Vereinten Nationen und die Menschenrechte*, Berlin 1956, S. 67–84.

30 Brian Urquhart, „ Mrs. Roosevelt's Revolution", in: *The New York Review of Books*, April 26, 2001, p. 34.

Eindeutig ist der Wortlaut von Artikel 26 der *Allgemeinen Erklärung der Menschenrechte*, wie sie am 10. Dezember 1948 von den *Vereinten Nationen* angenommen wurde (und deren Titel besser mit *Universelle* Erklärung der Menschenrechte hätte übersetzt werden sollen): Jeder Mensch hat das Recht auf Bildung; der Unterricht muss wenigstens in den Elementar- und Grundschulen unentgeltlich sein; der Elementarunterricht ist obligatorisch; fachlicher und beruflicher Unterricht soll allgemein zugänglich sein; die höheren Studien sollen allen nach Maßgabe ihrer Fähigkeiten und Leistungen in gleicher Weise offen stehen; die Ausbildung soll die volle Entfaltung der menschlichen Persönlichkeit und die Stärkung der Achtung der Menschenrechte und Grundfreiheiten zum Ziel haben; in erster Linie haben die Eltern das Recht, die Art der ihren Kindern zuteil werdenden Bildung zu bestimmen.

Allerdings darf, wer mit dieser *Allgemeinen Erklärung der Menschenrechte* argumentiert, ihren juristischen Stellenwert nicht übersehen. Gelegentlich wird der Inhalt dieser *UN-Declaration* – im Unterschied zu einem keinerlei Abweichungen erlaubenden *jus cogens* – als *soft law* charakterisiert. Es ist weniger als das. Die Artikel dieser Deklaration enthalten nämlich nicht Rechts*normen*, sondern Rechts*forderungen*. Mit ihr darf man (leider!) nicht *de lege lata*, sondern nur *de lege ferenda* argumentieren. Zielt sie doch, laut Präambel, auf ihre universelle und tatsächliche Verwirklichung durch künftige innerstaatliche wie internationale Maßnahmen („…to promote respect for these rights and by progressive measures, national and international, to secure their universal and effective observance…") Wohl kann man mit den in ihren Artikeln enthaltenen Anforderungen vorhandene oder vorgesehene Legalitäten legitimieren oder auch illegitimieren. Aber sie *verpflichten* keinen Staat zu einem bestimmten Verhalten gegenüber einem anderen Staat, und schon gar nicht enthalten sie einklagbare Bürgerrechte. Die Generalversammlung der Vereinten Nationen bezeichnete in ihrer Resolution 217 A (III), mit der sie die *Universal Declaration of Human Rights* annahm, ihren Inhalt als „common standard of achievement for all peoples and all nations" (in der für BRD, DDR, Schweiz und Österreich üblichen Übersetzung: „als das von allen Völkern und Nationen zu erreichende Ideal"). Idealitäten sollte man nicht mit Realitäten verwechseln. Es handelt sich, im englisch/amerikanischen Rechtsverständnis, so auch Eleanor Roosevelt persönlich, um „rights without legal obligation". Mit dieser Zuordnung soll nicht etwa einer Geringschätzung der Menschenrechtserklärung das Wort geredet werden. Wenn auch „nur" *Declaration*, so hat sie doch das Startsignal zu einer *Convention* mit völkerrechtlicher Verbindlichkeit gegeben und jedenfalls geholfen, geltende Gesetze wie Gesetzesvorhaben allüberall auf der Welt zu rechtfertigen oder zu verwerfen; sie hat Maßstäbe für jede internationale Kodifikation wie für alle nationalen Grundrechtskataloge gesetzt, hinter die eigentlich nicht mehr zurückgegangen werden darf.[31] Auch nicht, was das Recht auf Bildung anlangt.

VII

In seinem ersten Kapitel beginnt das seit dem 3. Oktober 1990 für das ganze deutsche Volk geltende *Grundgesetz für die Bundesrepublik Deutschland* vom 23. Mai 1949 mit einer Auflistung von *Grundrechten*. In deren erstem Artikel wird behauptet, dass sich das „Deutsche Volk zu unverletzlichen und unveräußerlichen Menschenrechten als Grundlage jeder menschlichen Gemeinschaft, des Friedens und der Gerechtigkeit in der Welt bekennt". Nicht zu übersehen ist die bis ins Wörtliche reichende Übereinstimmung dieses Grundgesetz-Artikels 1 (Absatz II) von 1949 mit dem ersten Präambelsatz der mit der UNO-Resolution A/217 (III) angenommenen *Universal Declaration of Human Rights* der Vereinten Nationen vom 10. Dezember 1948, in der die „inalienable rights" als „the foundation of freedom, justice and peace in the world" charakterisiert werden.[32] Diese Übereinstimmung, so wurde, wohl zutreffend, vermutet,[33] sollte der Welt signalisieren, dass die Deutschen – nicht als Angehörige einer Ethnie, sondern in ihrer Gesamtheit als Staatsbürger (vgl. Grundgesetz-Artikel 116) – sich anzupassen bereit seien, indem sie die von den Vereinten Nationen als „common standard of achievement for all peoples and all nations" bezeichnete Auffassung übernehmen und das für Recht halten, was die anderen für Recht gehalten haben und halten.

Tatsächlich gibt es jedoch einen fundamentalen Unterschied: Laut BRD-Grundgesetz-Artikel 1, Absatz II bekennt sich zwar das *Volk der* Deutschen zu den *Menschen*rechten, der *Staat* der Deutschen aber, so sagt es BRD-Grundgesetz-Artikel 1, Absatz III, ist nur an die *Grund*rechte gebunden. Das macht einen

---

31 So das ausgewogene Urteil von Norman Paech/Gerhard Stuby, *Völkerrecht und Machtpolitik in den internationalen Beziehungen*, Hamburg 2013, S. 654–663, die auch, S. 663–669, die weitere Vorgehensweise der UN erörtern und überzeugend bewerten.

32 „Universal Declaration of Human Rights" (1948), abgedruckt im *Yearbook of the United Nations 1948–49*, New York 1950, S. 535 ff., ferner bei Ian Brownlie (ed.), *Basic Documents on Human Rights*, Oxford 1981, S. 21–27; deutsch bei Christian Tomuschat/Christian Walter (ed.), *Völkerrecht*, Baden-Baden 2016, S. 125–128, bei Helmuth Stoecker (ed.), *Handbuch der Verträge*, Berlin 1968, S. 462–466, sowie in: *Völkerrecht: Dokumente*, Bd. 1, Berlin 1980, S. 224–227.

33 Gerd Roellecke, „Die Legitimation des Grundgesetzes", in: Winfried Brugger (ed.), *Legitimation des Grundgesetzes*, Baden-Baden 1996, S. 420. Vgl. auch: Christian Dommarius, *Das Grundgesetz: Eine Biographie*, Berlin 2009.

signifikanten Unterschied: Während nämlich die Vereinten Nationen in ihrer *Universal Declaration of Human Rights* von 1948 neben den *politischen* Rechten des Menschen (seinem Recht auf Freiheit, Gleichheit vor dem Gesetz, Eigentum, Gedanken- und Gewissensfreiheit, auf Versammlungs- und Vereinigungsfreiheit) gleichberechtigt auch die *sozialen* Rechte des Menschen (seinem Recht auf Arbeit, auf soziale Sicherheit, auf Teilnahme am kulturellen Leben der Gemeinschaft sowie in ihrem Artikel 26 eben auch das Recht auf Bildung) zu den für alle Menschen unveräußerlichen Rechten zählen, wird man unter den im BRD-Grundgesetz in den Artikeln 2 bis 19 aufgelisteten Grundrechten genau diese Rechte vergeblich suchen. Glaubens-, Gewissens-, Meinungs-, Versammlungs-, Vereinigungs- und vor allem Eigentumsfreiheit binden als unmittelbar geltendes Recht die Legislative, die Exekutive und die Judikative. Und zwar justiziabel, denn für sie gilt infolge von GG-Artikel 19 III die Rechtswegegarantie: „Wird jemand durch die öffentliche Gewalt in seinen Rechten verletzt, so steht ihm der Rechtsweg offen. Soweit eine andere Zuständigkeit nicht begründet ist, ist der ordentliche Rechtsweg gegeben".[34]

Wie die anderen sozialen Menschenrechte ist also auch das Recht auf Bildung in der Bundesrepublik Deutschland kein ihrem geltenden *Grundgesetz* für würdig befundenes Grundrecht geworden, kein justiziables Menschen- und Bürgerrecht. Ein dem internationalen *right to education, droit à l'éducation* entsprechendes bundesrepublikanisches Verfassungsrecht auf Bildung gibt es bis zum heutigen Tage nicht! Gewiss kann man aus den GG-Artikeln 2 und 12 („Jeder hat das Recht auf freie Entfaltung seiner Persönlichkeit"; „Alle Deutschen haben das Recht, Beruf und Ausbildungsstätte frei zu wählen") die Verpflichtung des Staates ableiten, ein differenziertes Bildungssystem zu gewährleisten, aber es bleibt den Gesetzgebern in den Bundesländern überlassen, ob sie sich beispielsweise für ein gegliedertes Schulsystem oder für Gemeinschaftsschulen entscheiden. Aus dem Spannungsverhältnis zwischen den GG-Artikeln 7 und 6 („Das gesamte Schulwesen steht unter der Aufsicht des Staates"; „Pflege und Erziehung der Kinder sind das natürliche Recht der Eltern") ergibt sich keine eindeutige, abgrenzbare Bildungsverantwortung.

Gewiss gehört nicht nur die *Rechts*staatlichkeit, sondern auch die *Sozial*staatlichkeit zu den beanspruchten Attributen der BRD (vgl. GG-Artikel 20 I, 23 I, 28 I, 79 III).[35] Während aber das *Rechtsstaats*prinzip aufgegliedert, eindeutig

34 Vgl. Horst Dreier (ed.), *Grundgesetz: Kommentar*, Bd. 1, Tübingen 1998, S. 1133–1164.

35 Vgl. Ernst Benda/Werner Maihofer/Hans-Joachim Vogel (ed.), *Handbuch des Verfassungsrechts*, Berlin 1994, S. 719–797: „Der soziale Rechtsstaat"; Rodolfo Arango,

und folgenreich geregelt ist, bleibt das *Sozialstaats*prinzip unspezifiziert, und es lassen sich aus ihm auch keine mit der Rechtswegegarantie ausgestatteten sozialen Grundrechte ableiten. Nicht das Recht auf Arbeit etwa und eben auch nicht das Recht auf Bildung. Das Bundesverfassungsgericht hat zwar das grundgesetzliche Sozialstaatsprinzip als einen Gestaltungsauftrag an den Staat gedeutet, soziale Gerechtigkeit herzustellen, hat aber gleichzeitig festgestellt, dass es infolge seiner Unbestimmtheit normalerweise keine unmittelbaren Handlungsanweisungen enthält, die durch die Gerichte ohne eine gesetzliche Grundlage in einfache Urteile umgesetzt werden könnten; deshalb sei seine Umsetzung in erster Linie eine Aufgabe nicht der Gerichte, sondern des Gesetzgebers.[36]

Summa summarum: Die Bundesrepublik Deutschland unterbietet seit ihrer Existenz bis zum heutigen Tag den von den Vereinten Nationen als für alle Völker und Staaten geltenden Anspruch an verfassungsrechtlich als Menschen- und Bürgerrechte zu regelnde Grundrechte.

VIII

Es hat fast zwanzig Jahre gedauert, bis sich die Vereinten Nationen durchgerungen hatten, ihre gewiss nicht bedeutungslose, jedoch (wie sub VI erörtert) völkerrechtlich unverbindliche *Universal Declaration of Human Rights* mit völkerrechtlich verbindlichen universellen Menschenrechtsregelungen zu krönen. Während die Sowjetunion mit den anderen sozialistischen und den sogenannten Entwicklungsländern einen *einheitlichen* Menschenrechtspakt bevorzugten, wollten die USA solch einen Pakt auf die politischen Rechte beschränken, also auf die Aufnahme von sozialen Rechten verzichten. Indiens Vermittlungsvorschlag, die Menschenrechte in zwei gegenständlich verschiedene Pakte aufzuteilen, da die sozialen Rechte auch eines anderen Realisierungssystems bedürften als die politischen Rechte, erwiesen sich als erfolgreich. Und tatsächlich besteht ja auch ein Unterschied zwischen den politischen und den sozialen Grundrechten. Die ersteren *verbieten* dem Staat, in die Freiheitssphäre des Bürgers einzugreifen, während die anderen dem Staat *gebieten*, die materiellen Voraussetzungen für die Freiheit der Bürger zu schaffen; die einen verlangen ein Unterlassen des Staates, die anderen sein Tun. Jedenfalls hat die Generalversammlung der Vereinten Nationen schlussendlich im Dezember 1966 zwei gegenständlich und realisierungsmethodisch unterscheidbare Menschenrechtspakte verabschiedet, allerdings auch deren Ge-

Der Begriff der sozialen Grundrechte, Baden-Baden 2001, S. 252; Hans M. Heinig, *Der Sozialstaat im Dienste der Freiheit*, Tübingen 2008.

36 Vgl. BVerfGE 1/105; 65/193; 69/314; 70/288; 71/80; 75/359; 82/80.

meinsamkeit dadurch betont, dass sie die (längeren) Präambeln beider wie deren jeweiligen Artikel 1 wortgleich formulierten. So erscheinen der „Internationale Pakt über bürgerliche und politische Rechte“ und der „Internationale Pakt über wirtschaftliche, soziale und kulturelle Rechte“ als unterscheidbare Teile eines eigentlich einheitlichen Ganzen.[37]

Nachdem jeweils die 35. Ratifikationsurkunde beim Generalsekretär der Vereinten Nationen hinterlegt worden war, sind beide Menschenrechtspakte 1976 in Kraft getreten und damit verbindliches Völkerrecht geworden – wohlgemerkt für die ratifiziert habenden Staaten! Und für die anderen nicht. So haben die USA den *Internationalen Pakt über wirtschaftliche, soziale und kulturelle Rechte* zwar unter Carter signiert, aber bis heute und für die absehbare Zukunft nicht ratifiziert, sind also nicht an dessen Bestimmungen gebunden.[38] Die BRD hatte beide Pakte bereits 1973 (mit einigen Vorbehalten) ratifiziert, sich also gegenüber den anderen Staaten, die ebenfalls ratifiziert haben, zu dessen Verwirklichung verpflichtet.

Im Artikel 13 des *Internationalen Paktes über wirtschaftliche, soziale und kulturelle Rechte* von 1966/1976 – es ist sein längster Artikel – heißt es: „The State Parties to the present Covenant recognize the right of everyone to education / Die Vertragsstaaten erkennen das Recht eines jeden auf Bildung an“. Und daran schließen sich folgende Blickwinkel an:

1) Die Bildung muss: a) auf die volle Entfaltung der menschlichen Persönlichkeit und des Bewusstseins ihrer Würde gerichtet sein; b) die Achtung vor den Menschenrechten und den Grundfreiheiten stärken; c) es jedermann ermöglichen, eine nützliche Rolle in einer freien Gesellschaft zu spielen; d) Verständnis, Toleranz und Freundschaft unter allen Völkern und allen rassischen, ethnischen und religiösen Gruppen fördern; e) die Tätigkeit der Vereinten Nationen zur Erhaltung des Friedens unterstützen.
2) Im Hinblick auf die volle Verwirklichung des Rechts auf Bildung a) muss der Grundschulunterricht für jedermann Pflicht und unentgeltlich zugänglich sein; b) müssen die verschiedenen Formen des höheren Schulwesens einschließlich des höheren Fach- und Berufsschulwesens auf jede geeignete Weise, insbeson-

37 „International Covenant on Civil and Political Rights“ sowie “International Covenant on Economic, Social, and Cultural Rights“, in: Ian Brownlie (ed.), *Basic Documents on Human Rights*, Oxford 1981, S. 118–145; deutsch bei: Christian Tomuschat/Christian Walter (ed.), *Völkerrecht*, Baden-Baden 2016, S. 185–209.

38 Vgl. M. Piccard, „The US’ Failure to Ratify the International Covenant on Economic, Social and Cultural Rights“, in: *St. Mary’s Law Review on Minority Issues*, vol. 13 no 2, p. 232–272.

dere durch allmähliche Einführung der Unentgeltlichkeit, allgemein verfügbar und jedermann zugänglich gemacht werden; c) muss der Hochschulunterricht auf jede geeignete Weise, insbesondere durch allmähliche Einführung der Unentgeltlichkeit jedermann gleichermaßen entsprechend seinen Fähigkeiten zugänglich gemacht werden; d) eine grundlegende Bildung für Personen, die eine Grundschule nicht besucht oder nicht beendet haben, ist so weit wie möglich zu fördern oder zu vertiefen; e) die Entwicklung eines Schulsystems ist auf allen Stufen voranzutreiben, ein angemessenes Stipendiensystem einzurichten und die wirtschaftliche Lage der Lehrerschaft fortlaufend zu verbessern.

3) Die Freiheit der Eltern ist zu achten, für ihre Kinder andere als öffentliche Schulen zu wählen, die den vom Staat gegebenenfalls festgesetzten oder gebilligten bildungspolitischen Mindestnormen entsprechen, sowie religiöse und sittliche Erziehung ihrer Kinder in Übereinstimmung mit ihren eigenen Überzeugungen sicherzustellen.
4) Die Freiheit natürlicher oder juristischer Personen darf nicht beeinträchtigt werden, Bildungseinrichtungen zu schaffen und zu leiten, sofern die unter 1) niedergelegten Grundsätze beachtet werden und die in solchen Einrichtungen vermittelte Bildung den vom Staat festgesetzten Mindestnormen entspricht.

In den Artikeln 16 bis 25 des *Internationalen Paktes über wirtschaftliche, soziale und kulturelle Rechte* wird dessen Inhalt, also auch das Recht auf Bildung, implementiert: a) Die Vertragsstaaten verpflichten sich, Berichte über die von ihnen getroffenen Maßnahmen und über die dabei erzielten Fortschritte vorzulegen, und zwar abschnittsweise nach Maßgabe eines vom Wirtschafts- und Sozialrat aufzustellenden Programms; b) der Wirtschafts- und Sozialrat ist berechtigt diese Staatenberichte über die Menschenrechte, also auch über das Recht auf Bildung, dem Menschenrechtsrat der Vereinten Nationen zur Prüfung und allgemeinen Empfehlung zu übermitteln, sowie von Zeit zu Zeit der Generalversammlung der Vereinten Nationen Berichte mit Empfehlungen vorlegen.

Die BRD hat sich zu einer Verwirklichung des *Internationalen Pakts über wirtschaftliche, soziale und kulturelle Rechte* und damit auch des Rechts auf Bildung gegenüber den anderen Ratifikationsstaaten verpflichtet. Das aber hat bis jetzt nicht dazu geführt, diesem Recht auf Bildung einen gleichberechtigten Platz im *Grundgesetz* einzuräumen, ihm also innerstaatliche Geltung zu verschaffen. Das parteiübergreifende „Kuratorium für einen demokratisch verfassten Bund deutscher Länder“ hatte – da doch das bisher geltende *Grundgesetz* 1949 als „Provisorium“ für eine Übergangszeit (vgl. GG-Art. 146) angelegt war – am 18. Mai 1991 unter Berücksichtigung des Verfassungsentwurfs des „Zentralen Runden Tisches der DDR“ einen „Verfassungsentwurf für den Bund Deutscher Länder“

vorgelegt, der „natürlich" (in seinem Artikel 7) das Recht jedes Menschen auf Bildung vorsah.[39] Und was hätte eigentlich jetzt, da alle Messen gesungen waren, näher gelegen, als das Sozialstaatsprinzip der GG-Artikel 20, 23 und 28 durch einen kleinen Katalog sozialer Grundrechte zu konkretisieren? Vorausgesetzt natürlich, dass man es gewollt hätte!

Es hat übrigens einen bis zu einem Gesetzentwurf gediehenen konkreten Versuch gegeben, soziale Grundrechte dem BRD-Grundgesetz zu implantieren.[40] Dieser Gesetzentwurf sah soziale Grundrechte als eine elementare Voraussetzung dafür an, dass alle Mitglieder der Gesellschaft verfassungsrechtlich gesichert ein menschenwürdiges Leben in einer sozial gerechten Gesellschaft führen können. Was das Recht auf Bildung anlangt, so lief dieser Vorschlag darauf hinaus, dem bisher geltenden Grundgesetz einen Artikel 3e folgenden Inhalts einzufügen: „Jede Bürgerin und jeder Bürger hat das Recht auf Bildung. Das Recht auf Bildung umfasst die Allgemeinbildung, Berufsausbildung, Hochschulbildung und berufliche Fortbildung. Der Staat ist verpflichtet, für die Verwirklichung dieses Rechts insbesondere durch Schaffung öffentlicher Aus- und Weiterbildungseinrichtungen, durch Förderung beruflicher Ausbildungssysteme und eines qualifizierten Weiterbildungssystems zu sorgen. [...] Jede Bürgerin und jeder Bürger hat das Recht auf Chancengleichheit beim Zugang zu den öffentlichen Bildungseinrichtungen, unabhängig von seiner wirtschaftlichen und sozialen Lage sowie seiner politischen oder religiösen Anschauung. Begabte, sozial Benachteiligte und behinderte Bürgerinnen und Bürger sind besonders zu fördern". Muss ergänzt werden, dass dieser Entwurf, abgesehen von seinem Inhalt, schon wegen seiner Einreicher keine Chance hatte?

IX

Europäisches Zwischenspiel zum Recht auf Bildung: Die von den Regierungen der Mitgliedstaaten des Europarates am 4. November 1950 unterzeichnete, in englischer und französischer Sprache abgefasste [Europäische] *Konvention zum*

39 Vgl. Hermann Klenner, „Zum Entwurf des ‚Kuratoriums für einen demokratisch verfassten Bund Deutscher Länder", in: *Verfassung statt Grundgesetz*, Bonn 1991, S. 33–40; im Anhang, S. 147–239, findet sich der Text des Verfassungsentwurfes.

40 Vgl. Deutscher Bundestag, 14. Wahlperiode, Drucksache 14/ 21. 08. 2000: Gesetzentwurf der Abgeordneten Dr. Evelyn Kenzler, Monika Balt, Maritta Böttcher, Klaus Grehn, Barbara Höll, Ulla Jelpke, Dr. Heidi Knake Werner, Heidemarie Lüth, Rosel Neuhäuser, Dr. Ilja Seifert, Dr. Gregor Gysi und die Fraktion der PDS: „Entwurf eines Gesetzes zur Konkretisierung des Sozialstaatsprinzips durch soziale Grundrechte".

Schutze der Menschenrechte und Grundfreiheiten, der vom deutschen Bundestag zugestimmt wurde, wodurch sie am 7. August 1952 auch in der BRD Gesetzeskraft erhielt, enthält lediglich die *politischen* und keine *sozialen* Menschenrechte, also auch kein Recht auf Bildung, obwohl sie doch, wie es in ihrer Präambel heißt, „in Anbetracht der Allgemeinen Erklärung der Menschenrechte, die am 10. Dezember 1948 von der Generalversammlung der Vereinten Nationen verkündet worden ist", vereinbart wurde, deren Anspruch auf Universalität der Menschenrechte sie also verfehlt.

Allerdings wird in einem *Zusatzprotokoll* zur Europäischen Menschenrechtskonvention vom 20. März 1952, das für die BRD am 13. Februar 1957 in Kraft getreten ist, als den Haupttext ergänzend im Artikel 2 formuliert: „Niemandem darf das Recht auf Bildung verwehrt werden. Der Staat hat bei der Ausübung der von ihm auf dem Gebiet der Erziehung und des Unterrichts übernommenen Aufgaben das Recht der Eltern zu achten, die Erziehung und den Unterricht entsprechend ihren eigenen religiösen und weltanschaulichen Überzeugungen sicherzustellen".[41]

Die lediglich für ihre Unterzeichnerstaaten, darunter die BRD, verbindliche *Europäische Sozialcharta* vom 18. Oktober 1961 regelt, wie auch ihr Zusatzprotokoll vom 5. Mai 1988, überfälligerweise und mit zwei wichtigen Ausnahmen, das Recht auf Arbeit. Hier finden sich, allerdings nur teilweise als Verpflichtung, teilweise als bloßes Staats*ziel* formuliert unter anderem das Recht auf gerechte, sichere und gesunde Arbeitsbedingungen, auf Berufsberatung, das Recht von Behinderten auf berufliche Ausbildung und soziale Eingliederung sowie das Recht der Mütter [von Vätern keine Rede!] und der Kinder auf sozialen Schutz. Immerhin wird das Recht auf Bildung, dem in einer *Sozial*charta eigentlich eine ausführliche Behandlung gebührt, wenigstens im Teil II, Ziffer 7, 10 und 15 berücksichtigt: Das Mindestalter für die „Zulassung zu einer Beschäftigung" ist auf 15 Jahre festzusetzen, „vorbehaltlich von Ausnahmen für Kinder, die mit

41 Die [Europäische] „Konvention zum Schutze der Menschenrechte und Grundfreiheiten" vom 4. November 1950 sowie das „Zusatzprotokoll zur Konvention zum Schutze der Menschenrechte und Grundfreiheiten" vom 20 März 1952 in der Fassung der Bekanntmachung vom 22. Oktober 2010, sind abgedruckt bei Horst Dreier (ed.), *Grundgesetz: Textausgabe mit sämtlichen Änderungen und weiteren Texten zum deutschen und europäischen Verfassungsrecht*, Tübingen 2014, S. 477–502, sowie bei Christian Tomuschat/Christian Walter (ed.), *Völkerrecht: Textsammlung*, Baden-Baden 2016, S. 135–156. Vgl. auch: Helle Stefek, *Das Recht auf Bildung in der Europäischen Gemeinschaft*, Hamburg 2006, S. 48–64, sowie Jens Meyer-Ladewig (ed.), *Europäische Menschenrechtskonvention: Handkommentar*, Baden-Baden 2016.

bestimmten leichten Arbeiten beschäftigt werden, welche weder ihre Gesundheit noch ihre Moral noch ihre Erziehung gefährden"; auch ist die Beschäftigung Schulpflichtiger mit Arbeiten zu verbieten, die verhindern würden, dass sie aus ihrer Schulausbildung den vollen Nutzen ziehen. Um das Recht auf berufliche Ausbildung zu gewährleisten, soll ferner die fachliche und berufliche Ausbildung aller Personen, einschließlich der Behinderten, auch ein System der Lehrlingsausbildung für junge Menschen beiderlei Geschlechts gewährleistet sowie Möglichkeiten für den Zugang zu Technischen Hochschulen und Universitäten geschaffen werden, und zwar „nach alleiniger Maßgabe der persönlichen Eignung"; dabei sollen, „beispielsweise", Gebühren und Kosten herabgesetzt oder abgeschafft und in geeigneten Fällen finanzielle Hilfe gewährt werden. Geeignete Maßnahmen sollen getroffen werden, um jedermann „das Recht auf geeignete Möglichkeiten der Berufsausbildung" und den körperlich, geistig oder seelisch Behinderten ihr „Recht auf berufliche Ausbildung und soziale Eingliederung" zu sichern.[42]

In der *Charta der Grundrechte der Europäischen Union*, die am 7. Dezember 2000 vom Europäischen Parlament, vom Europäischen Rat und von der Europäischen Kommission feierlich proklamiert wurde, wird im Artikel 14 das Recht auf Bildung wie folgt formuliert: „Jede Person hat das Recht auf Bildung sowie auf Zugang zur beruflichen Ausbildung und Weiterbildung. Dieses Recht umfasst die Möglichkeit, unentgeltlich am Pflichtschulunterricht teilzunehmen. Die Freiheit zur Gründung von Lehranstalten unter Achtung der demokratischen Grundsätze sowie das Recht der Eltern, die Erziehung und den Unterricht ihrer Kinder entsprechend ihren eigenen religiösen, weltanschaulichen und erzieherischen Überzeugungen sicherzustellen, werden nach den einzelstaatlichen Gesetzen geachtet, welche ihre Ausübung regeln".[43] Die bildungsrechtlichen Auswirkungen dieses Artikels 14 sind arg limitiert, denn, wie sich aus Artikel 51 der EU-Grundrechts-Charta ergibt, gilt sie für „die Organe, Einrichtungen und sonstigen Stellen der Union unter Wahrung des Subsidiaritätsprinzips und für die Mitgliedstaaten

---

42 „Europäische Sozialcharta" vom 18. Oktober 1961, mit Zusatzprotokoll abgedruckt in: Bruno Simma/Ulrich Fastenrath (ed.), *Menschenrechte: Ihr internationaler Schutz*, München 2010, S. 556–580.

43 „Charta der Grundrechte der Europäischen Union" vom 7. Dezember 2000 in der Fassung der Bekanntmachung vom 30. März 2010, abgedruckt bei Horst Dreier (Anm. 41), S. 558–575. Vgl. auch: Elmar Brok/Jo Leinen (ed.), *Vertrag von Lissabon* [über die Europäische Union] vom 13. 12. 2007, in Kraft seit dem 1. Dezember 2009, Bonn 2008, sowie: Jürgen Meyer (ed.), *Charta der Grundrechte der Europäischen Union*, Baden-Baden 2014.

ausschließlich bei der Durchführung des Rechts der Union". Da die EU für den Sachbereich „Bildung" keinerlei Kompetenzen verfügt, bleibt die autonome Regelungsbefugnis der Mitgliedstaaten im Bereich des Bildungsrechts durch die EU-Charta unberührt.

X

Auch wenn das Recht auf Bildung sich nicht auf das Recht von Menschen im Kindesalter beschränkt (wie zuweilen fehlgedeutet wird), spielt das Recht auf Bildung für die Heranwachsenden eine besondere Rolle.

1) Die Generalversammlung der Vereinten Nationen hatte jedenfalls einstimmig am 20. November 1959 eine *Declaration of the Rights of the Child* angenommen und in ihr natürlich das Recht des Kindes auf Bildung nicht übergangen. In ihrer Präambel bezeichnet diese Prinzipien-Deklaration als ihr Ziel: dem Kind eine glückliche Kindheit zu ermöglichen („...that he may have a happy childhood..."). Ihr siebenter Grundsatz enthält folgende bildungsrechtliche Bestimmung: Das Kind hat Anspruch auf unentgeltlichen Pflichtunterricht, zumindest in der Volksschule; die ihm zuteil werdende Erziehung soll seine Allgemeinbildung (*general culture*) fördern und ihm auf der Grundlage von Chancengleichheit ermöglichen, seine Fähigkeiten, sein eigenes Urteilsvermögen, seinen Sinn für moralische und soziale Verantwortung zu entwickeln und ein nützliches Glied der Gesellschaft zu werden; das Beste des Kindes soll der Leitgedanke für alle sein, die für seine Erziehung und Anleitung verantwortlich sind; diese Verantwortung liegt zuallererst bei den Eltern; das Kind soll viele Gelegenheiten zu Spiel und Erholung haben, die den gleichen Erziehungszielen dienen; Gesellschaft und Behörden sollen den Genuss dieses Anspruchs fördern.[44]

Wie die universelle UN-Menschenrechts-*Declaration* vom 10. Dezember 1948 begründete aber auch die UN-*Declaration* über die Rechte des Kindes von 1959 weder völkerrechtliche Verpflichtungen für die Staaten noch verbindliche Rechte für deren Bürger und Bewohner. Sie erwies sich jedoch als ein wichtiger Schritt auf dem Weg zu zwei wenigstens völkerrechtlich verbindlichen *Conventions* im Kinderrechts- wie im Bildungsbereich:

2) Bereits ein Jahr danach, am 14. Dezember 1960, nahm die Generalkonferenz der Organisation der Vereinten Nationen für Erziehung, Wissenschaft und Kultur (UNESCO) ein *Übereinkommen gegen Diskriminierung im Unterrichtswesen*

---

44 "Declaration of the Rights of the Child" vom 20. November 1959, in: Ian Brownlie (ed.), *Basic Documents on Human Rights*, Oxford 1981, S. 108–110.

an, die am 22. Mai 1962 in Kraft trat und in der BRD seit dem 17. Oktober 1968 gilt (BGBl. 1968 II, S. 387), ergänzt durch ein *Protokoll über die Errichtung einer Schlichtungs- und Vermittlungskommission* vom 14. Dezember 1960, in Kraft und für die BRD geltend seit dem 24. Oktober 1968 (BGBl 1968 II, S. 403).[45]

Der Ausdruck „Diskriminierung" soll in diesem Übereinkommen jegliche auf Rasse, Hautfarbe, Geschlecht, Sprache, Religion, politischer oder sonstiger Überzeugung, nationaler oder sozialer Herkunft, wirtschaftlicher Verhältnisse oder der Geburt beruhende Unterscheidung, Ausschließung, Beschränkung oder Bevorzugung erfassen, die den Zweck oder die Wirkung hat, die Gleichbehandlung auf dem Gebiet des Unterrichtswesens aufzuheben oder zu beeinträchtigen; intendierte Diskriminierung ist verboten, faktische Diskriminierung soll abgebaut werden. Der Ausdruck „Unterricht" bezieht sich auf sämtliche Arten und Stufen und umfasst den Zugang zum Unterricht, dessen Niveau und Qualität sowie die Bedingungen, unter denen er erteilt wird. Hingegen gilt nicht als Diskriminierung, wenn für Schüler der beiden Geschlechter oder aus religiösen oder sprachlichen Gründen getrennte Unterrichtssysteme unterhalten werden, wenn diese inhaltlich gleichwertig sind.

Ferner verpflichten sich die Vertragsstaaten unter anderem, Schulpflicht und Schulgeldfreiheit für den Volksschulunterricht einzuführen; Unterrichtsmöglichkeit in weiterführenden Schulen allgemein bereitzustellen und allen zugänglich zu machen; den Hochschulunterricht auf der Grundlage der Gleichberechtigung allen nach Maßgabe ihrer individuellen Fähigkeiten zugänglich zu machen; die Ausbildung zum Lehrerberuf ohne Diskriminierung zu gewährleisten; ausländischen Staatsangehörigen, die in ihrem Hoheitsgebiet ansässig sind, denselben Zugang zum Unterricht wie ihren eigenen Staatsangehörigen zu gewähren.

Die Vertragsstaaten verpflichten sich, alle erforderlichen Maßnahmen zu ergreifen, damit die Erziehung darauf ausgerichtet wird, die menschliche Persönlichkeit voll zu entfalten, die Achtung vor den Menschenrechten und Grundfreiheiten zu stärken, Verständnis, Duldsamkeit und Freundschaft zwischen allen Völkern, allen rassischen oder religiösen Gruppen zu pflegen und die Tätigkeit der Vereinten Nationen zur Wahrung des Friedens zu fördern.

---

45 „Übereinkommen gegen Diskriminierung im Unterrichtswesen" vom 14. Dezember 1960 sowie „Protokoll über die Errichtung einer Schlichtungs- und Vermittlungskommission zu Beilegung möglicher Streitigkeiten zwischen den Vertragsstaaten des Übereinkommens gegen Diskriminierung im Unterrichtswesen", in: Christian Tomuschat (ed.), *Menschenrechte* [Dokumente], Bonn 1992, S. 105–118. Vgl. Ralf Poscher (ed.), *Das Recht auf Bildung*, Baden-Baden 2009, S. 19–34.

Die Vertragsstaaten kommen überein, die Freiheit der Eltern zu achten, für ihre Kinder andere als die behördlich unterhaltenen Unterrichtsanstalten zu wählen und den Angehörigen nationaler Minderheiten das Recht zuzuerkennen, ihre eigne Erziehungsarbeit zu leisten, doch darf das Unterrichtsniveau nicht niedriger sein als das allgemeine Niveau.

3) Und wenn es auch gedauert hat, so wurde dreißig Jahre nach der Annahme der *Declaration of the Rights of the Child* schließlich doch durch Resolution 44/25 von der UN-Generalversammlung am 5. Dezember 1989 ein *Übereinkommen über die Rechte des Kindes* angenommen, die bereits am 2. September 1990 in Kraft trat und inzwischen von nahezu allen Staaten ratifiziert wurde, lediglich zwei afrikanische Staaten sowie die USA haben bisher eine Ratifikation verweigert.

Für die BRD gilt dieses Übereinkommen vom 20. November 1989 seit dem 5. April 1992 (BGBl. 1992 II, S. 122), allerdings mit der betrüblichen Zusatzerklärung „dass das Übereinkommen innerstaatlich keine unmittelbare Anwendung findet", und dass das Recht der BRD unbeschränkt bleibt, „Unterschiede zwischen Inländern und Ausländern zu machen". Das „Zusatzprotokoll zu dem Übereinkommen über die Rechte des Kindes, betreffend die Beteiligung von Kindern an bewaffneten Konflikten" vom 25. Mai 2000, in Kraft seit dem 12. Februar 2002, ist von der BRD ratifiziert worden (BGBl. 2004 II, S. 1355) ebenso wie das „Fakultativprotokoll zu dem Übereinkommen über die Rechte des Kindes, betreffend Kinderhandel, Kinderprostitution und Kinderpornographie" vom 25. Mai 2000, in Kraft seit 18. Januar 2002 (BGBl 2008 II, S. 1222).[46]

Für Kinder – Kind ist (laut Artikel 1 dieses *Übereinkommens*) jeder Mensch, der das 18. Lebensjahr noch nicht vollendet hat – ist das Recht auf Bildung in den Artikeln 28 und 29 ausführlich wie sonst nirgendwo geregelt.

Im Art. 28 des Kinderrechts-*Übereinkommens* heißt es: Um die Verwirklichung des Rechts auf Bildung auf der Grundlage der Chancengleichheit fortschreitend zu erreichen, werden die Vertragsstaaten insbesondere

a) den Besuch der Grundschule für alle zur Pflicht und unentgeltlich machen [nach dem Berliner Schulgesetz, § 41, unterliegen auch in Berlin wohnende Flüchtlingskinder der allgemeinen Schulpflicht];

46 „Übereinkommen über die Rechte des Kindes" vom 20. November 1989, mit den beiden Ergänzungsprotokollen und der Verfahrensordnung des Ausschusses über die Rechte des Kindes sind abgedruckt bei: Bruno Simma/Ulrich Fastenrath (ed.), *Menschenrechte*, München 2010, S. 415–449; vgl. Ralf Poscher/Johannes Rux/Thomas Langer, *Das Recht auf Bildung*, Baden-Baden 2009, besonders S. 49–66, 83–106.

b) die Entwicklung verschiedener Formen der weiterführenden Schulen allgemeinbildender und berufsbildender Art fördern, sie allen Kindern verfügbar und zugänglich machen und geeignete Maßnahmen wie die Einführung der Unentgeltlichkeit und die Bereitstellung finanzieller Unterstützung bei Bedürftigkeit treffen;
c) allen Kindern entsprechend ihren Fähigkeiten den Zugang zu den Hochschulen mit allen geeigneten Mitteln ermöglichen;
d) allen Kindern Bildungs- und Berufsberatung verfügbar und zugänglich machen;
e) Maßnahmen treffen, die den regelmäßigen Schulbesuch fördern und den Anteil der vorzeitigen Schulabgänger verringern;
f) geeignete Maßnahmen treffen, um sicherzustellen, dass die Disziplin in der Schule in einer der Menschenwürde des Kindes entsprechenden Weise gewahrt wird;
g) die internationale Zusammenarbeit im Bildungswesen fördern, insbesondere um zur Beseitigung von Unwissenheit und Analphabetentum in der Welt beizutragen und den Zugang zu wissenschaftlichen und technischen Kenntnissen und modernen Unterrichtsmethoden zu erleichtern, wobei die Bedürfnisse der Entwicklungsländer besonders zu berücksichtigen sind.

Im Art. 29 des Kinderrechts-*Übereinkommens* heißt es: die Vertragsstaaten stimmen darin überein, dass die Bildung des Kindes darauf gerichtet sein muss,

a) die Persönlichkeit, die Begabung und die geistigen und körperlichen Fähigkeiten des Kindes voll zur Entfaltung zu bringen;
b) dem Kind Achtung vor den Menschenrechten und Grundfreiheiten und den in der Charta der Vereinten Nationen verankerten Grundsätzen zu vermitteln;
c) dem Kind Achtung vor seinen Eltern, seiner kulturellen Identität, seiner Sprache und seinen kulturellen Werten, den nationalen Werten des Landes, in dem es lebt, und gegebenenfalls des Landes aus dem es stammt, sowie vor anderen Kulturen als der eigenen zu vermitteln;
d) das Kind auf ein verantwortungsbewusstes Leben in einer freien Gesellschaft im Geiste der Verständigung, des Friedens, der Toleranz, der Gleichberechtigung der Geschlechter und der Freundschaft zwischen allen Völkern und ethnischen, nationalen und religiösen Gruppen sowie zu Ureinwohnern vorzubereiten;
e) dem Kind Achtung vor der natürlichen Umwelt zu vermitteln.

In den Artikeln 42 bis 45 des Kinderrechts-*Übereinkommens* wird dessen Inhalt implementiert: a) die Vertragsstaaten verpflichten sich, die vereinbarten Grundsätze, also auch die über das Recht auf Bildung, allgemein bekannt zu machen; b) ein zu bildender Ausschuss von achtzehn Sachverständigen wird die von den Vertragsstaaten erzielten Fortschritte bei der Erfüllung ihrer sich aus dem Übereinkommen ergebenden Verpflichtungen prüfen; c) die Vertragsstaaten verpflichten sich, dem Ausschuss über die von ihnen zur Verwirklichung ihrer sich aus diesem Übereinkommen ergebenden Maßnahmen zu berichten.

XI

Insbesondere für das Recht auf Bildung ist die Erkenntnis von existentieller Bedeutung, dass dieses Menschenrecht im Verhältnis zu den anderen Menschenrechten nicht neben-, sondern gleichrangig ist. Als menschenrechtswidrig ist der immer wieder zu hörende Einwand zu bewerten, dass die *sozialen* Grundrechte, zu denen das Recht auf Bildung doch gehört, nur auf Kosten der *politischen* Grundrechte, allen voran dem Recht auf persönliche Freiheit, zu haben seien, oder dass es, so bei der Ausarbeitung des Grundgesetzes im Parlamentarischen Rat der spätere Bundespräsident Theodor Heuss, „leichtfertig und hoffährtig" sei, die sozialrechtliche Struktur der Zukunft in die künftige Verfassung hineinzuschreiben.[47]

Im genauen Gegensatz zu diesen, wenn man an die Bildungsnotwendigkeit eines jeden Menschen denkt, menschenverachtenden Äußerungen bekräftigte der im September 2005 in New York zusammengetretene Weltgipfel in Gestalt der Staats- und Regierungs-Chefs aller Länder in seiner von der UN-Generalversammlung verabschiedeten Abschlusserklärung, dass „alle Menschenrechte allgemein gültig, unteilbar und miteinander verknüpft sind und einander bedingen und sich gegenseitig verstärken und dass alle Menschenrechte in gerechter und gleicher Weise, auf derselben Grundlage und mit demselben Nachdruck behandelt werden müssen".[48]

Die in nahezu zweihundert Staaten vereinten *United Nations* haben unter Einbeziehung des Erziehungs- und Bildungsbereichs die Menschen- und Bürgerrechte nicht nur deklariert und konveniert, sondern auch implementiert und institutionalisiert.

47 Zitiert von Helle Stefek, *Das Recht auf Bildung in der Europäischen Gemeinschaft*, Hamburg 2006, S. 123.

48 UN-GA Resolution 60/1 (ohne förmliche Abstimmung angenommen), Ziffer 121; deutsch in: Christian Tomuschat/Christian Walter (ed.), *Völkerrecht: Textsammlung*, Baden-Baden 2016, S. 129–131.

1) Die Generalversammlung der Vereinten Nationen hat in ihrer Resolution 48/141 vom 20. Dezember 1993 das Amt eines *UN-High Commissioner for Human Rights* (Hoher Kommissar für die Menschenrechte) geschaffen.[49] In der Resolution heißt es (unter 3b), dass sich der dem Generalsekretär der Vereinten Nationen direkt unterstellte Hohe Kommissar „von der Erkenntnis leiten lassen muss, dass alle Menschenrechte – gleichviel, ob es sich um bürgerliche, kulturelle, politische, soziale oder wirtschaftliche Rechte handelt – allgemeingültig, unteilbar, einander bedingend und miteinander verknüpft sind und dass, obschon die Bedeutung nationaler und regionaler Besonderheiten und unterschiedlicher historischer, kultureller und religiöser Vorbedingungen zu berücksichtigen ist, die Staaten gleichwohl die Pflicht haben, unabhängig von ihrem jeweiligen politischen, wirtschaftlichen und kulturellen System alle Menschenrechte und Grundfreiheiten zu fördern und zu schützen“. Dem Hohen Kommissar, als dem „hauptverantwortlichen Amtsträger der Vereinten Nationen für die UN-Menschenrechtsaktivitäten“ wurde unter anderem (sub 4a und 4e der Resolution) die Aufgabe übertragen, „die effektive Ausübung aller bürgerlichen, kulturellen, politischen, sozialen und wirtschaftlichen Rechte durch alle zu fördern und zu schützen“ und „die einschlägigen Bildungs- und Aufklärungsprogramme der Vereinten Nationen auf dem Gebiete der Menschenrechte zu koordinieren“.

2) Die Generalversammlung der Vereinten Nationen hat in ihrer Resolution 60/251 vom 15. März 2006 beschlossen, als Ersatz für die bisherige *Commission on Human Rights* (UN-Menschenrechtskommission) einen *Human Rights Council* (UN-Menschenrechtsrat) zu etablieren.[50] Als ein zwischenstaatliches Nebenorgan der UN-Generalversammlung wird dieser aus 47 Mitgliedern (13 aus Afrika, 13 aus Asien, 6 aus Osteuropa, 8 aus Lateinamerika und Karibik, 7 aus Westeuropa, USA u. a.) bestehende Menschenrechtsrat „für die Förderung der allgemeinen Achtung des Schutzes aller Menschenrechte und Grundfreiheiten für alle, ohne irgendeinen Unterschied und auf faire und gleiche Weise verantwortlich sein“; dabei soll er sich unter anderem „mit Situationen von Verletzungen der Menschenrechte, namentlich groben und systematischen Verletzungen, befas-

49 Resolution zur Schaffung des Postens eines „Hoher Kommissars für die Förderung und den Schutz aller Menschenrechte“ vom 20. Dezember 1993, abgedruckt in: Bruno Simma/Ulrich Fastenrath (ed.), *Menschenrechte: Ihr internationaler Schutz*, München 2010, S. 26–29.

50 Resolution zur Einrichtung eines „Menschenrechtsrats“ vom 15. März 2006 sowie der Resolution des Menschenrechtsrats zur Errichtung der „Institutionen“, abgedruckt bei Bruno Simma/Ulrich Fastenrath (ed.), *Menschenrechte: Ihr internationaler Schutz*, München 2010, S. 30–56.

sen und diesbezügliche Empfehlungen abgeben"; weiterhin ist er beauftragt, „die Menschenrechtsbildung und -erziehung sowie die Bereitstellung von Beratenden Diensten zu fördern".

Dieser inzwischen gebildete und sich am 16. Juni 2006 in Genf konstituierende UN-Menschenrechtsrat hat mit einer eigenen, von der UN-Generalversammlung nachträglich gebilligten Resolution 5/1 vom 18. Juni 2007 unter Ziffer 1 bis 128 seine Grundsätze, Ziele und Modalitäten festgelegt, die er bei der Überprüfung der Menschenrechtssituation in den verschiedenen Ländern beachten wird; die Ergebnisse der Überprüfungen, an denen das überprüfte Land in vollem Umfang zu beteiligen ist, werden in der Form eines Berichts festgehalten; eine darauf folgende Überprüfung soll sich auf die Umsetzung des vorhergehenden Ergebnisses konzentrieren und beschließen, ob und wann Folgemaßnahmen erforderlich sind; „nachdem der Menschenrechtsrat alle Möglichkeiten ausgeschöpft hat, um einen Staat zur Zusammenarbeit mit dem Mechanismus der allgemeinen regelmäßigen Überprüfung zu bewegen, wird er in Fällen beharrlicher Verweigerung der Zusammenarbeit in geeigneter Weise vorgehen". Ferner hat der UN-Menschenrechtsrat ein Beschwerdeverfahren eingerichtet, um durchgängige Muster von schweren und zuverlässig bestätigten Verletzungen sämtlicher Menschenrechte und Grundfreiheiten (also auch des Rechts auf Bildung!) unabhängig davon zu behandeln, in welchem Teil der Welt und unter welchen Umständen sie sich ereignen; im Rahmen dieses Verfahrens ist eine „Mitteilung" über eine Verletzung von Menschenrechten und Grundfreiheiten zulässig, wenn a) sie nicht offensichtlich politisch motiviert ist, b) ihr Gegenstand mit der Charta der Vereinten Nationen und deren Allgemeiner Menschrechtserklärung vereinbar ist, c) sie von einer Person eingereicht wird, die Opfer einer Menschenrechtsverletzung zu sein beansprucht, d) sie nicht ausschließlich auf von Massenmedien verbreiteten Meldung beruht, e) die innerstaatlichen Rechtsbehelfe erschöpft sind.

3) Als wirkungsvoller für das Recht auf Bildung könnte sich eine zeitlich nach dem *High Commissioner for Human Rights* (Hoher Kommissar für Menschenrechte) und dem *Human Rights Council* (Menschenrechtsrat) etablierte Institution erweisen: Die Vereinten Nationen haben ein *Committee on Economic, Social and Cultural Rights* (Ausschuss für wirtschaftliche, soziale und kulturelle Rechte) ins Leben gerufen. Gebildet wurde dieser Ausschuss im Ergebnis einer Verwirklichung des von der UN-Generalversammlung am 10. Dezember 2008 beschlossenen „Optional Protocol to the International Covenant on Economic, Social and Cultural Rights", das einen solchen Ausschuss speziell für die wirtschaftlichen, sozialen

und kulturellen Rechte vorsah.[51] Gedacht ist dieser „Ausschuss“ als verschärfende Implementierung des *Internationalen Paktes über wirtschaftliche, soziale und kulturelle Rechte* von 1966/1976: Jeder Vertragsstaat des „Paktes“, der auch Vertragspartei des „Protokolls“ wird, anerkennt die Zuständigkeit dieses „Ausschusses“ für die Entgegennahme von Mitteilungen („communications“); solche Mitteilungen können von Einzelpersonen eingereicht werden, die der Hoheitsgewalt eines Vertragsstaates unterstehen und behaupten, Opfer einer Verletzung eines der im Pakt niedergelegten wirtschaftlichen, sozialen und kulturellen Rechte durch diesen Vertragsstaat zu sein. Der Ausschuss prüft die Mittelungen, berät über sie, gibt Empfehlungen, kontrolliert deren Umsetzung, und der Vertragsstaat nimmt die Auffassungen des Ausschusses gebührend in Erwägung (Art. 9: „The State Party shall give due consideration to the views of the Committee, together with its recommendations, if any…“). Ein Vertragsstaat dieses Protokolls kann zusätzlich erklären, dass er die Zuständigkeit dieses „Ausschusses“ zur Entgegennahme und Prüfung von „Mitteilungen“ anerkennt, in denen ein Vertragsstaat geltend macht, ein anderer Vertragsstaat komme seinen Verpflichtungen aus dem „Pakt“ nicht nach. Der „Ausschuss“ nimmt in seinem Jahresbericht eine Zusammenfassung seiner Tätigkeit nach diesem Protokoll auf, und der Vertragsstaat verpflichtet sich, den „Pakt“ und dieses „Protokoll“ weithin bekannt zu machen. Das *Optional Protocol to the International Covenant on Economic, Social and Cultural Rights* ist seit dem 5. Mai 2013 in Kraft. Damit ist wenigstens die *Möglichkeit* von Individualbeschwerden wegen einer Verletzung des Rechts auf Bildung eröffnet. Sowohl die *Gesellschaft zum Schutz von Bürgerrecht und Menschenwürde* (GBM) als auch die *Eberhard-Schulz-Stiftung für soziale Menschenrechte und Partizipation* (u. a. Heinz Dietrich, Norman Paech, Werner Ruf, Rita Süssmuth, Udo Steinbach), das *Deutsche Institut für Menschenrechte* und das *Forum Menschenrechte* haben die Bundesregierung aufgefordert, das *Optional Protocol* zu signieren und zu ratifizieren. Das ist bisher nicht geschehen, obwohl die gegenwärtige deutsche Bundesregierung im Gegensatz zu der Auffassung ihrer Vorgängerin gegenüber der Menschenrechtskommission erklärte: „The Government of Germany believes that, as a matter of principle, the availability of individual complaints procedures is an apt way of strenghtening the legal status of those involved as well as their awareness of their rights“.[52]

51 UN: A/RES 63/117; deutsch bei: Bruno Simma/Ulrich Fastenrath (ed.), *Menschenrechte: Ihr internationaler Schutz*, München 2010, S. 110–117.

52 Ausführlich wiedergegeben in der für den ganzen Themenbereich wichtigen Studie von Jakob Schneider, *Die Justizialität wirtschaftlicher, sozialer und kultureller Rechte*, Berlin 2004, S. 16.

4) Von nahezu ausschließlicher Bedeutung für das Recht auf Bildung ist eine weitere UN-Institution: der *Special Rappporteur on the Right to Education*. Etabliert wurde dieses Amt eines Sonderberichterstatters der Vereinten Nationen zum Recht auf Bildung durch Resolution 1998/33 der UN-Menschenrechtskommission vom 17. April 1998; als deren Nachfolger hat der UN-Menschenrechtsrat am 12. Juni 2008 mit einer Resolution 8/4 das Amt des UN-Sonderberichterstatters für das Recht auf Bildung gebilligt und erweitert.

Das von ausgewiesenen Experten ehrenamtlich (bei Erstattung der Reisekosten) auszuführende Amt eines UN-Sonderberichterstatters ist mit vielfachen, auf den jeweiligen Bildungs- und Erziehungsbereich bezogenen Befugnissen und Verpflichtungen ausgestattet. Dazu gehören unter anderem: Länderbesuche vorzunehmen; mit Regierungen einen konstruktiven Dialog zu führen; mit Nichtregierungsorganisationen Verbindung aufzunehmen; Individualbeschwerden nachzugehen; dem UN-Menschenrechtsrat wie der UN-Generalversammlung Jahresberichte vorzulegen.

Bei der Berichterstattung des *UN-Special Rappporteur on the Right to Education* – 1998–2004: Katarina Tomasevski (Kroatien); 2004–2010: Vernor Muñoz Villalobos (Costa Rica); 2010–2016: Kishore Singh (Indien), seit 2016: Koumbou Boly Bavri (Burkina Faso) – haben sich die vom *UN-Committee on Economic, Social and Cultural Rights* (UN-Ausschuss für wirtschaftliche, soziale und kulturelle Rechte) herausgearbeiteten vier Strukturelemente des Rechts auf Bildung bewährt, nämlich zu unterscheiden zwischen:

a) der availability (Verfügbarkeit): flächendeckendes öffentliches Schulangebot qualifizierter Lehrer;
b) der accesibility (Zugänglichkeit): physischen, ökonomischen u. diskriminierungsfreier Zugang zum Schulsystem;
c) der acceptability (Annehmbarkeit): Gesundheits-, Sicherheits- und Qualitätsstandards der Unterrichtsangebote;
d) der adaptability (Anpassungsfähigkeit): Flexibilität des Schulsystems zur Anpassung an soziale Veränderungen.[53]

Zu einem kleinen Skandal entwickelten sich allerdings die Folgen der Mission des UN-Sonderberichterstatters zum Recht auf Bildung Vernor Muñoz Villalobos vom 13.-23. Februar 2006 in Deutschland. Der *UN-Special Rappporteur*

53 Vgl. die Details bei: Overwien (Anm. 54), S. 42–50, mit weiteren Literaturhinweisen, sowie: Mona Motakef, *Das Recht auf Bildung und der Schutz vor Diskriminierung*, Berlin 2006, S. 17; Ralf Poscher, *Das Recht auf Bildung: Völkerrechtliche Grundlagen und innerstaatliche Umsetzung*, Baden-Baden 2009, S. 35–106.

verarbeitete seinen sorgfältig vorbereiteten, erfahrungsreich gestalteten, beim Bundesministerium für Bildung und Forschung beginnenden und dort auch endenden Besuch zu einem offiziellen Bericht. Den hatte er zunächst vertraulich der deutschen Bundesregierung mitgeteilt, woraufhin die deutsche Kultusministerkonferenz den Autor zu einer Änderung seines Textes zu bewegen versuchte, wozu dieser wiederum keinen Anlass sah. Die öffentliche, bis in den Bundestag reichende Resonanz war unqualifiziert, überwiegend negativ bis aggressiv. Man sprach von einem UNO-Querulanten aus Lateinamerika, der es gewagt habe, das Land Humboldts zu verunglimpfen. In seinem Bericht hatte der *UN-Special Rapporteur* vor allem den wachsenden Föderalismus im deutschen Erziehungssystem kritisiert und dessen negative Auswirkungen auf Kinder von Armen, Migranten und Behinderten; er hatte eine Verstärkung der demokratischen Schulkultur angeregt sowie eine systematische Sprachausbildung für Migranten gefordert: „Germany does not have a unified educational system; … the multitrack school-system could lead to a form of discrimination;… there is a high co-relation between social / migrant background of students and educational achievements;… poor and migrant – as well as children with disabilities – are negatively affected by the classification system;…it is necessary to take action to overcome social disparities and to ensure equitable and equal educational opportunities to every child, especially those who are part of a marginalized sector of the population".[54]

Die für das Bildungssystem in Deutschland Verantwortlichen wie die in und unter ihm Lebenden hätten gut daran getan, die Einschätzungen von Vernor Muñoz Villalobos, seines Zeichens Jurist, Pädagoge und Philosoph und nun gewesener *UN-Special Rapporteur on the Right to Education,* so ernst zu nehmen, wie sie es verdienen. Allerdings wäre ihre Verwirklichung mit bloßen Meinungsveränderungen nicht zu haben gewesen, Gesellschaftsveränderungen waren und sind geboten. Im Juni 2009 fand übrigens in Oldenburg eine Veranstaltung zum Thema: „Bildung ist ein Recht und keine Ware" statt. Hauptredner war Vernor Muñoz Villalobos (www.munoz.uri-text.de). Hätte er nicht eine der gegenwärtigen Universitätspraktiken als Beispiel für eine Vermarktung von Bildung heranziehen können, denn Professoren danach zu bewerten, wie viel Finanzmittel sie

54 Vgl. Report of the Special Rapporteur on the Right to Education, in: UN/GA/HRC/4/ 29/ Add 3, 9 March 2007, sowie Bernd Overwien/Annedore Prengel (ed.), *Recht auf Bildung: Zum Besuch des Sonderberichterstatters der Vereinten Nationen in Deutschland*, Opladen 2007, S. 21–33, 51–60. Vgl. auch: Katarina Tomasevski, *The State of the Right to Education Worldwide,* Copenhagen 2006; Ina Sylvester (ed.), *Bildung – Recht – Chancen: Rahmenbedingungen, empirische Analysen und internationale Perspektiven,* Münster 2009.

von Kapitalisten einzuwerben verstehen, heißt doch nichts anderes, als den Staat von seiner ureigenen Verpflichtung zu entlasten, das Recht auf Bildung an den Universitäten zu gewährleisten?

XII

Der voranstehende, das Recht auf Bildung als Menschen-, Völker- und Bürgerrecht betreffende Überblick begann unorthodox. Möge er nun orthodox enden, und orthodoxer, als Leibniz ins Gedankenspiel zu bringen, geht nicht.

Des Gründungsheros unserer Sozietät Zukunftskonzeption einer Gesellschaft des Gemeinwohls (*bonum commune*) antizipiert wie sein Gerechtigkeitsverständnis als Nächstenliebe des Weisen (*caritas sapientis*) vergesellschaftete Verhältnisse zwischen gleichberechtigten Menschen, denen jede Form von Diskriminierung fremd ist, und denen die Bildung des/der einen die Bildung des/der anderen voraussetzt und bedingt.[55] Darüber nachzudenken ist in der Weltgesellschaft von Heute, die durch Kriege allüberall, durch Flüchtlingsströme, die den Charakter von Völkerwanderungen angenommen haben, durch Analphabetismus allüberall, durch Massenarmut einerseits und Reichtumskonzentration in den Händen von Macht- und Gewalthabern andererseits charakterisiert ist, mehr als nur möglich. Gewiss, das tatsächliche Verhalten von Menschen und das ihnen durch Recht und Gesetz vorgeschriebene Verhalten waren immer schon nicht deckungsgleich. Nirgends und nie. Aber es gibt Gesellschaftsverhältnisse, in denen der Unterschied zwischen Sollen und Sein fundamentaler Art dergestalt ist, dass es weder mit einer Deklaration von Rechten noch mit deren Konvention samt Implementierung getan ist. Exakt so steht es mit dem Recht auf Bildung in der Welt von heute.

Nichts sei gegen die gegenwärtigen zwischen- wie innerstaatlichen Entwicklungstendenzen des Rechts auf Bildung gesagt. Dieses Recht ist nicht mit bloßer „Ideologie" gleichzusetzen, als lediglich „falsches Bewusstsein" abzufertigen oder auch nur in seiner Bedeutung kleinzureden. Sich aber auf die Propagierung seines Inhalts zu beschränken, reicht so wenig wie eine innerhalb des Bildungsrechts

---

55 Zu Leibnizens Konzeption eines bestverfassten Gemeinwesens (*optima res publica*) im Sinne eines Ideal-, Vernunft- und Erziehungsstaates (*Empire de la raison*) vgl. Hans-Peter Schneider, „Leibniz", in: Michael Stolleis (ed.), *Staatsdenker im 17. und 18. Jahrhundert*, Frankfurt 1987, S. 218–222; Hans Heinz Holz, „Leibniz und das bonum commune", in: *Sitzungsberichte der Leibniz-Sozietät der Wissenschaften zu Berlin*, Bd. 13, 1996, Heft 5, S. 5–25, sowie Hermann Klenner, „Leibnizens Denkschriften…", in: *Sitzungsberichte der Leibniz-Sozietät der Wissenschaften zu Berlin*, Bd. 110, Jahrgang 2011, S. 41–106.

verbleibende, auf seine Weiterentwicklung zielende Kritik. So nötig diese ist, so bleiben innersystemare Kritiker als Gegenläufer des Systems zugleich dessen Mitläufer.

Das Bildungselend in unsrer Welt, betrachtet man sie als ein Ganzes, ist mit einer so gutgemeinten wie erforderlichen Weiterentwicklung des Rechts auf Bildung nicht aus dieser Welt zu schaffen.

XIII

Bibliographie

Rechtsquellen

Brownlie, Ian (ed.): *Basic Documents on Human Rights.* Oxford 1981.

Classen, Claus-Dieter (ed.): *Europa-Recht.* München 2015.

Deisenhofer, August (ed.): *Jugendrecht.* München 2016.

Dreier, Horst (ed.): *Grundgesetz* [der BRD]. Tübingen 2014.

Di Fabio, Udo (ed.): *Grundgesetz* [der BRD]. Tübingen 2016.

Joyce, James A. (ed.): *Human Rights: International Documents*, Bd. 1–3. Alphen 1978.

Kimmel, Adolf (ed.): *Verfassungen der EU-Mitgliedstaaten.* München 2005.

Mayor, Federico (ed.): *La* Conquête *des Droits de L'Homme: Textes fondamentaux.* Paris 1988.

Münch, Ingo v. (ed.): *Die Verträge zur Einheit Deutschlands.* München 1992.

Pestalozza, Christian (ed.): *Verfassungen der deutschen Bundesländer.* München 2009.

Ramsauer, Ulrich (ed.): *Bundesausbildungsförderungsgesetz.* München 2013.

Randelzhofer, Albrecht (ed.): *Völkerrechtliche Verträge.* München 2010.

Schulin, Bertram (ed.): *Sozialgesetzbuch.* München 2005.

Schwartmann, Rolf (ed): *Völker- und Europarecht* [Textsammlung]. Heidelberg 2015.

Simma, Bruno/Fastenrath, Ulrich (ed.): *Menschenrechte: Ihr internationaler Schutz.* München 2010.

Tomuschat, Christian/Walter, Christian (ed.): *Völkerrecht: Textsammlung.* Baden-Baden 2016.

Tomuschat, Christian (ed.): *Menschenrechte: Dokumente.* Bonn 2002.

Vertrag von Lissabon (über die Europäische Union von 2007). Bonn 2008.

Völkerrecht (Dokumente von 1883 bis 1979), Bd. 1–3. Berlin 1980.

Literatur

Alt, Robert: *Das Bildungsmonopol.* Berlin 1978.

Avenarius, Hermann: *Schulrechtskunde.* Neuwied 2007.

Bourdieu, Pièrre: *Die Illusion der Chancengleichheit.* Stuttgart 1971.

Burson, Bruce: *Human Rights and the Refugee Definition.* Leiden 2016.

Cowden, Mhairi: *Children's Rights.* New York 2016.

Dahrendorf, Ralf: *Bildung ist Bürgerrecht.* Hamburg 1968.

Dessecker, Axel: *Menschenrechte hinter Gittern.* Berlin 2016.

Dohmes-Ockenfels, Daniela: *Die Rechte auf Arbeit und Bildung der Asylbewerber in der EU.* Berlin 1998.

Fischer, Dietlind (ed.): *Zur Gerechtigkeit im Bildungssystem.* Münster 2006.

Förster, Pascal: *Das Recht auf Bildung in den Landesverfassungen.* München 2016.

Gaudry, Roger (ed.): *The Right to Education.* Paris 1978.

Gori, Gisella: *Towards an EU Right to Education.* The Hague 2001.

Hammerstein, Notker (ed.): *Handbuch der deutschen Bildungsgeschichte*, Bd. 1–6. München 1996–1998.

Heimbach-Steins, Marianne: *Das Menschenrecht auf Bildung und seine Umsetzung in Deutschland.* Bielefeld 2007.

Heuer, Uwe-Jens (ed.): *Die Rechtsordnung der DDR.* Baden-Baden 1995.

Hsu, Yue-dian: *Zum Grundrecht auf Bildung im Grundgesetz.* Berlin 2000.

Köhler, Peter A.: *Sozialpolitische und sozialrechtliche Aktivitäten der Vereinten Nationen.* Baden-Baden 1987.

Kunze, Axel B.: *Bildung als Freiheitsrecht.* Berlin 2012.

Mahgoub, Khadeia E.: *The International Law on the Right of the Child to Survival and Development.* Cambridge 2016.

Motakef, Mona: *Das Menschenrecht auf Bildung und der Schutz vor Diskriminierung.* Berlin 2006.

Nast, Manfred: *Das Recht des Menschen auf Bildung.* Berlin 1978.

Overwien, Bernd/Prengel, Annedore (ed.): *Recht auf Bildung.* Opladen 2007.

Pollmann, Arnd (ed.): *Menschenrechte: ein internationales Handbuch.* Stuttgart 2012.

Paech, Norman/Stuby, Gerhard: *Völkerrecht und Machtpolitik.* Hamburg 2013.

Poppe, Eberhard: *Mensch und Bildung in der DDR.* Berlin 1965.

Poscher, Ralf (ed.): *Das Recht auf Bildung.* Baden-Baden 2009.

Schneider, Jakob: *Die Justiziabilität wirtschaftlicher, sozialer und kultureller Menschenrechte.* Berlin 2004.

Stefek, Helle: *Das Recht auf Bildung in der Europäischen Gemeinschaft.* Hamburg 2006.

Sylvester, Ina (ed.): *Bildung – Recht – Chancen.* Münster 2009.

Todres, Jonathan: *Human Rights in Children's Literature.* Oxford 2016.

Urbatsch, Katja: *Ausgebremst. Warum das Recht auf Bildung nicht für alle gilt.* München 2011.

Wojtyczek, Krzysztof (ed.): *Social Rights as Fundamental Rights.* The Hague 2016.

Günter Benser

Äußere und innere historische Umstände für eine tiefgreifende und nachhaltige Umgestaltung des Schul- und Bildungswesens nach 1945 in der SBZ

Der in der Sowjetischen Besatzungszone Deutschlands 1945/1946 eingeleitete Wandel im Schulwesen und im Bildungssystem generell stellte in meiner Sicht den bedeutendsten Umbruch im Bildungswesen seit Einführung der allgemeinen Schulpflicht dar. Und da erhebt sich die Frage, welche äußeren und inneren Voraussetzungen und Bedingungen solch eine Erneuerung von Schule und Bildung überhaupt ermöglichten, auf die Schulreformer seit Jahrzehnten mit mäßigem Erfolg schon hingearbeitet hatten. Nun aber hieß es im Aufruf der Lehrergewerkschaft vom 21. August 1945: „*Lehrer und Erzieher:* Unsere große Stunde ist gekommen!“[1]

Bei einer Suche nach den historischen Umständen und Ursachen stoßen wir auf ein Ensemble von äußeren und inneren Konstellationen:

Äußere Bedingungen

Die weltpolitischen Auswirkungen, die mit der historischen Zäsur 1945 verbunden sind, waren enorm. Mit dem Sieg der Antihitlerkoalition über das faschistische Großdeutsche Reich und das militaristische japanische Kaiserreich waren in der internationalen Arena weitreichende Veränderungen eingetreten: Eine auf das zeitweilige Atombombenmonopol gestützte Vormachtstellung der USA, eine durch den Krieg stark in Mitleidenschaft gezogene, aber auf dem Höhepunkt ihres internationalen Ansehens stehende UdSSR. Zwei sich eröffnende Wege internationaler Politik – die Überleitung der Antihitlerkoalition in eine kooperative, auf gegenseitige Respektierung gegensätzlicher Gesellschaftssysteme beruhende Nachkriegsordnung, die sich in der Gründung der Organisation der Vereinten Nationen manifestierte, oder der Rückfall in alte Konfrontationen der Zwischenkriegszeit, eskalierend zum Kalten Krieg, der in Krisenzeiten auch in einen heißen Krieg umschlagen konnte. Wir wissen, wie diese Entscheidung ausgegangen ist und dass

---

1 Zit. nach: *Allen Kindern das gleiche Recht auf Bildung. Dokumente zur demokratischen Schulreform.* Red. u. Ltg. v. Helene Fiedler. Dietz Verlag: Berlin 1981, S. 52.

keine ernstzunehmende politische Bewegung und keine Regierung in Europa der Parteinahme für die eine oder die andere Seite auszuweichen vermochte.[2]

Welche mittelbaren oder unmittelbaren Folgen ergaben sich daraus für eine Bildungsreform auf deutschem Boden?

Beginnen wir mit der ausschlaggebenden äußeren Komponente, denn mit der bedingungslosen Kapitulation Deutschlands waren die oberste Regierungsgewalt an die alliierten Sieger- und Besatzungsmächte übergegangen und mithin in letzter Instanz die Entscheidungsbefugnisse für alle Angelegenheiten und Bereiche.

Zu den verpflichtenden Festlegungen des zwischen den Siegermächten vereinbarten Potsdamer Abkommens (genauer: „Mitteilung über die Berliner Konferenz der drei Mächte. 2. August 1945") gehörte auch die Überwachung des deutschen Erziehungswesens. Wie es hieß, muss das Bildungswesen in Deutschland so kontrolliert werden „daß nazistische und militaristische Doktrinen völlig ausgemerzt werden und eine erfolgreiche Entwicklung demokratischer Ideen möglich gemacht wird"[3]. Entsprechend erließ der Alliierte Kontrollrat mehrere Befehle und Direktiven, mit denen Weisungen ergingen, die sowohl die Inhalte als auch das Personal des deutschen Schul- und Bildungswesens betrafen.

Befehl Nr. 4 vom 13. Mai 1946 ordnete an, alle nazistischen und militaristischen Schriften aus den Schulen zu entfernen.[4] Die Direktive Nr. 32 vom 26. Juni 1946 verlangte, all jene Personen aus den Lehranstalten zu entlassen, die militaristische, nationalsozialistische oder antidemokratische Lehren vertreten, begünstigen oder dulden.[5] Die Direktive Nr. 54 vom 25. Juni 1947 verpflichtete die Schulen, „bürgerliches Verantwortungsgefühl" zu vermitteln und Lehrpläne aufzustellen, die Verständnis und Achtung gegenüber anderen Nationen zum Ziele haben.[6]

---

2 Vgl. hierzu Benser, Günter: *1945 – eine historische Zäsur*. In: Holze, Rainer/Voigt, Marga (Hrsg.): *1945 – Eine „Stunde Null" in den Köpfen? Zur geistigen Situation in Deutschland nach der Befreiung vom Faschismus* (=Zwischen Revolution und Kapitulation. Forum Perspektiven der Geschichte, hrsg. v. Marga Voigt u. Reiner Zilkenat, Bd. 2). edition bodoni: o. O. (Buskow) 2016, S. 29–46.

3 *Die Potsdamer (Berliner) Konferenz der höchsten Repräsentanten der drei Alliierten Mächte – UdSSR, USA und Großbritannien (17. Juli – 2. August 1945). Dokumentensammlung* (=Die Sowjetunion auf internationalen Konferenzen während des Großen Vaterländischen Krieges 1941 bis 1945; Bd. 6). Verlag Progreß/Staatsverlag der DDR: Moskau/Berlin 1986, S. 405.

4 *Deutschland-Jahrbuch 1949*, Essen 1949, S. 349.

5 Vgl. Bittel, Karl (Hrsg.): *Alliierter Kontrollrat und Außenministerkonferenzen. Kleine Dokumentensammlung*. Kongress-Verlag: Berlin 1959, S. 120.

6 *Amtsblatt der Alliierten Kommandatura*. Das Neue Berlin: Berlin, Nr. 9, September 1947, S. 9.

Diese Tatsachen belegen vor allem Dreierlei.

1. Die Alliierten waren sich bewusst, dass es nicht genügte, die politisch Verantwortlichen zur Rechenschaft zu ziehen, sondern dass neben den materiellen Grundlagen, den institutionellen Strukturen auch die geistigen Quellen deutscher Kriegs-, Expansions- und Vernichtungspolitik beseitigt werden mussten.
2. Die alliierte Kooperation hat trotz mancherlei Reibungen zunächst durchaus funktioniert. Es gab keinen nahtlosen und alternativlosen Übergang vom zweiten Weltkrieg in den Kalten Krieg.
3. Gerade das Feld der geistigen Umerziehung der Deutschen gehörte zu jenen Bereichen, in denen die alliierte Zusammenarbeit am längsten erfolgte, ganz anders zum Beispiel als in der Reparationsfrage.

Waren die Besatzungsmächte gemeinsam für Deutschland als Ganzes zuständig, so besaß doch jede in ihrer eigenen Zone ein hohes Maß an Handlungsfreiheit. Das heißt, sie deuteten und füllten die gemeinsam erlassenen Direktiven so aus, wie dies ihren eigenen Vorstellungen und Interessen sowie den in ihren eigenen Staaten praktizierten Mustern entsprach. Auf Wandlungen in der Besatzungspolitik kann hier nicht eingegangen werden. Die Ausgangslage war jedoch ziemlich eindeutig.

In den ursprünglichen *us-amerikanischen*, zu Lebzeiten des Präsidenten Franklin D. Roosevelt entstandenen Direktiven wurden eine strafende Behandlung der Deutschen mit einem strikten Fraternisierungsverbot und eine weitgehende Liquidierung der Wurzeln und Strukturen des Hitlerfaschismus einschließlich seiner ideologischen Quellen angewiesen. Der Präsident des Erziehungsrates der USA, George F. Fock, legte einen Bericht über das Erziehungswesen in Deutschland vor, in dem er betonte, dass die Alliierten die Umerziehung des deutschen Volkes als eine Verpflichtung gegenüber der Welt ansehen, da „nur in einem demokratischen Deutschland, in dem sowohl der Pangermanismus wie der Militarismus und der Faschismus besiegt waren, eine Sicherheit gegen weitere Angriffe gegeben war“[7]. Drastischer ließ sich der Stellenwert des Erziehungs- und Bildungswesens kaum formulieren.

Die *britische* Besatzungsmacht verfolgte generell einen an die USA angelehnten Kurs, aber gerade im Bereich von Schule und Bildung mit mehr Spielraum für die neuen deutschen Verwaltungen. Wesentliche Impulse erhielt die britische Politik

---

7 *Der gegenwärtige Stand der Erziehung in Deutschland. Bericht der amerikanischen Erziehungskommission.* In: Veröffentlichungen der Deutschen Pädagogischen Arbeitsstelle Nr. 1, München o. J. S. 12/13.

der re-education durch den polnischen Kulturhistoriker und Pädagogen Bogdan Suchodolski. In einer vermutlich noch im britischen Exil verfassten Schrift ging dieser davon aus, dass die Umerziehung des deutschen Volkes nur dann erfolgreich sein könnte, wenn ökonomische, politische und soziale Reformen auf der einen, Erziehungsreformen auf der anderen Seite gleichzeitig, aufeinander abgestimmt und sich gegenseitig unterstützend durchgeführt würden.[8] Das sei ein lang andauernder Prozess.

Davon unterschied sich deutlich das die öffentliche Meinung stark beeinflussende Konzept von Sir Robert Vansittard.[9] Dieser deutete das Streben der deutschen Machthaber nach Weltherrschaft psychologisch und historisch aus einem durch und durch negativen deutschen Volkscharakter, zu dessen Merkmalen Neid, Selbstmitleid, Grausamkeit, Wort- und Vertragsbrüchigkeit gehörten. Hitler war demzufolge nur das Produkt der deutschen Verhältnisse. Deshalb müsste der Beitrag der Alliierten zur Umerziehung der Deutschen vorwiegend ein destruktiver sein: strikte Unterdrückung der Lehren des Militarismus und des Rassismus, besonders in der Frühphase der Besatzungszeit harter Zwang gegen die gesamte Bevölkerung, denn auf die Minderheit deutscher Antifaschisten solle man keine großen Hoffnungen setzen.

Auch deutsche Emigranten blieben von Vansittards Argumentation nicht unbeeindruckt.[10] Selbst deutsche Kommunisten in England beurteilten die Revitalisierungspotentiale der deutschen Arbeiterbewegung pessimistischer als ihre Genossen, die in Mexiko Asyl gefunden hatten. Das fand seine Widerspieglung in einer in der Zeitschrift „Freies Deutschland – Alemania Libre" geführten Auseinandersetzung zwischen Paul Merker und Wilhelm Koenen.[11]

---

8 So sind seine Ansichten wiedergegeben in: Pakschies, Günter: *Umerziehung in der britischen Zone 1945–1949*. Böhlau Verlag: Köln/Wien 1984, S. 2. Die Darstellung der britischen re-education stützt sich auf diese Studie.

9 Vansittard war diplomatischer Chefberater der Regierung Churchill und übte seit 1940 durch Rundfunkansprachen, Propagandaschriften und Reden im Oberhaus starken Einfluss auf die britische Öffentlichkeit. Seine populärste Schrift *Black Record* erreichte allein im Jahre 1941 14 Auflagen. Vgl. Pakschies, S. 25.

10 Vgl. Adam, Ursula: *„Wege zum neuen Deutschland" – Eine Debatte deutscher Emigranten in Großbritannien*. In: Kühnl, Reinhard/Spoo, Eckart (Hrsg.): *Was aus Deutschland werden sollte. Konzepte des Widerstands, des Exils und der Alliierten*. Distel Verlag: Heilbronn 1995, S. 148.

11 Vgl. *Freies Deutschland – Alemania Libre*, Nr. 6 vom Mai 1945, Nr. 10 (Beilage) vom September 1945. Dazu Benser, Günter: *Die KPD im Jahre der Befreiung. Vorbereitung und Aufbau der legalen kommunistischen Massenpartei (Jahreswende 1944/1945 bis Herbst 1945)*. Dietz Verlag: Berlin 1985, S. 55–57.

In der Praxis folgte die re-education der britischen Besatzungsbehörden jedoch Vansittards Empfehlungen nicht. Abweichend von den Planungsdokumenten setzten diese eher auf die Unterstützung der Initiativen deutscher demokratischer Minderheiten. Sie ergriffen restriktive Maßnahmen zur Liquidierung der materiellen und strukturellen Grundlagen der nazistischen Ideologie, allerdings ohne selbst wirksame eigene konstruktive Maßnahmen der re-education zu ergreifen.

Die erst später dem Potsdamer Abkommen beigetretenen Franzosen seien hier vernachlässigt. Ohne auf einzelne Schritte und Maßnahmen westalliierter Besatzungspraxis und deren Wandel einzugehen, können wir festhalten, dass die Ausrottung des faschistischen Ungeistes zweifellos zu ihren Kriegszielen und zu den Prämissen ihrer Besatzungspolitik gehörte, wobei dem Schul- und Bildungswesen ein hoher Stellenwert beigemessen wurde.

In noch stärkerem Maße gilt das für die *sowjetische* Besatzungsmacht. Sie ordnete mit Befehl Nr. 40 der Sowjetischen Militäradministration in Deutschland (SMAD) vom 25. August die Wiedereröffnung der Schulen zum 1. Oktober 1945 an. An die Deutsche Zentralverwaltung für Volksbildung erging die Weisung, zur Vorbereitung des Schulbetriebes „alle Maßnahmen zu treffen, um die völlige Ausmerzung nazistischer, militaristischer, Rassen- und anderen reaktionären Theorien sowie aller Elemente theoretischer und praktischer Kriegsvorbereitung aus dem Unterricht und der Erziehung zu gewährleisten“[12]. Neue Lehrpläne und Lehrbücher sollten ausgearbeitet werden. Nicht nazistisch belastete Lehrkräfte waren zu reaktivieren, neue, antifaschistisch-demokratische Lehrkräfte auszubilden. Im Unterschied zu den anderen Besatzungsmächten griff die SMAD auch in die Strukturen des Schulwesens ein, indem sie die Eröffnung privater allgemeiner Schulen und Berufsschulen verbot.[13]

Aus dem grundsätzlichen alliierten Konsens über die geistige Umerziehung der deutschen Bevölkerung und die Erziehung und Bildung der heranwachsenden Generation resultierten zumindest drei Momente, welche die Umgestaltung des deutschen Schulwesens im Allgemeinen und die Bildungsreform in der Sowjetischen Besatzungszone im Besonderen begünstigten.

1. Die alliierten Siegermächte hatten mit der Zerschlagung des faschistischen Großdeutschen Reiches und seiner konstitutiven Strukturen den Weg für

---

12 *Um ein antifaschistisch-demokratisches Deutschland. Dokumente aus den Jahren 1945–1949*, hrsg. v. Ministerium für Auswärtige Angelegenheiten der DDR u. Ministerium für Auswärtige Angelegenheiten der UdSSR. Staatsverlag der DDR: Berlin 1968, S. 128.

13 Vgl. ebenda.

einen Neubeginn freigemacht. Damit waren nicht blitzartig alle tradierten Einrichtungen und Instrumente des Bildungswesens außer Kraft gesetzt, aber jener Machtapparat, dem sie bislang gedient und der sie gesteuert hatte, war hinweggefegt.

2. Zu erklärten gemeinsamen Kriegszielen und zu den alliierten Abkommen über Deutschland gehörte die Ausrottung der faschistisch-militaristisch-rassistischen Ideologie. Die Siegermächte bestanden übereinstimmend darauf, dass Bildung und Erziehung der Jugend mit neuen antifaschistischen, antimilitaristischen, antirassistischen, demokratischen Inhalten zu erfolgen hat.
3. Sie verfügten mit unterschiedlicher Konsequenz, dass das deutsche Schulwesen von neuem Personal dominiert sein muss. Das galt für die unmittelbar Lehrenden und mehr noch für die schulpolitischen Verantwortungsträger.

Zum Sieg über die Militärmaschine Hitlerdeutschlands und seiner Verbündeten hatte die europäische Resistance einen herausragenden Beitrag geleistet. Trugen diese nationalen Befreiungsbewegungen jeweils spezifische Züge, so einte sie neben der Gegnerschaft zu den faschistischen Okkupanten die Überzeugung, dass es nach dem Sieg kein einfaches Zurück zu den Verhältnissen und Strukturen der Vorkriegszeit geben dürfe. Denn zwischen den Defiziten der Staatsordnungen der Vorkriegszeit, dem Vordringen des Faschismus beziehungsweise faschistoider Regime, den wiederholten Kapitulationen vor Hitlers Gewaltpolitik und der Kollaboration bestimmter Eliten mit den deutschen Okkupanten bestand ein Zusammenhang. Das führte bis in bürgerliche und militärische Kreise hinein zu der Überlegung, dass lediglich im politischen Raum vorzunehmende Umwälzungen nicht genügen, sondern dass auch über die sozialökonomischen Verhältnisse und die geistige Erneuerung nachzudenken ist. Exemplarisch sei hier auf das Košicer Regierungsprogramm der Nationalen Front der Tschechen und Slowaken verwiesen.[14] Eine der Forderungen lautete: Säuberung der Presse und Ausmerzen faschistischer Ideologien aus Volksbildung und Kultur.

Zu den Ergebnissen des Sieges der Antihitlerkoalition gehörte ein spürbarer Linksruck in ganz Europa und weiten Teilen der Welt. Der christdemokratische Gewerkschaftspolitiker, Vorsitzender der CDU in der Sowjetischen Besatzungszone und späterer Bonner Minister für Gesamtdeutsche Fragen Jakob Kaiser, sprach damals vom „allgemeinen sozialistischen Zug der Zeit“[15]. Die Grün-

---

14 Vgl. *ČSSR – Staat, Demokratie, Leitung. Dokumente*, ausgew., bearb. u. eingel. v. Wolfgang Lungwitz. Staatsverlag der DDR: Berlin 1979, S. 80–98.

15 Bucher, Peter: *Nachkriegsdeutschland 1945–1949. Quellen zum politischen Denken der Deutschen im 19. u. 20. Jahrhundert* (=Freiherr von Stein-Gedächtnisausgabe, Bd. X). Wissenschaftliche Buchgesellschaft: Darmstadt 1990, S. 2 u. 4.

dung weltumspannender, für einige Jahre die politisch-ideologischen Gegensätze überbrückender und erfolgversprechend agierender Organisationen wie des Weltgewerkschaftsbundes, des Weltbundes der Demokratischen Jugend, der Internationalen Demokratischen Frauenföderation und des Internationalen Studentenbundes bestätigten diesen Trend.

Signifikantes Resultat dieses Zeitgeistes war die Tatsache, dass in Großbritannien bei den ersten Nachkriegswahlen Premier Winston Churchill, der doch geradezu die Personifizierung britischen Widerstandsgeistes und britischer Kampfbereitschaft gegen Hitlers Aggression gewesen war, seinem Herausforderer von der Labourparty Clement Attlee unterlag. Dieser war mit einem Programm von Nationalisierungen und sozialen Reformen angetreten, von dem sich die Mehrheit der Wähler eine sozialistische Perspektive des dritten Weges für die britische Insel versprach. Aufschlussreich ist hier der Briefwechsel ungarischer Sozialdemokraten mit britischen Labourpolitikern. Diese ungarischen Sozialisten setzten nicht zuletzt deshalb große Hoffnungen in Erfolge der Labour Party, weil diese auch die Liberalisierung einer nicht mehr von außen bedrohten, isolierten UdSSR und das Zusammenwirken zweier sozialistischer Zentren ermöglichen könnten.[16]

Wenn die deutschen Antifaschisten zunächst auch überwiegend international isoliert waren, so bot ihnen dieser Linkstrend dennoch Rückhalt, begünstigte er antifaschistisch-demokratische Veränderungen, nicht zuletzt auf dem Gebiet des geistig-kulturellen Lebens und der Bildung. Ungeachtet der Widrigkeiten und schier übermächtigen Schwierigkeiten des Neubeginns, ergab sich ohne Zweifel in vieler Hinsicht eine so bis dahin nie vorhandene günstige Situation für die Umsetzung jener Bestrebungen, die fortschrittliche deutsche Pädagogen und ihnen nahestehende Politiker schon lange verfochten.

Ging es den alliierten Besatzungsmächten vorwiegend um die *Inhalte* und die *Vermittlung* von Bildung und das dazu befähigte Personal, so verfolgten deutsche Antifaschisten vor allem aus dem linken Lager dringlich ein drittes Ziel – den *Zugang* zur Bildung durch eine Reform der Schulstruktur. Dabei stützten sie sich auch auf praktische Erfahrungen der UdSSR beim Brechen des Bildungsprivilegs.

Innere Voraussetzungen

Damit sind wir bei den inneren historischen Voraussetzungen einer grundlegenden Umgestaltung des Schul- und Bildungswesens. Es gab in Deutschland verschiedene Gruppierungen und organisierte Kräfte, die nicht nur bereit,

---

16 Vgl. Jemnitz, János: *Some Reflections on a Great Historical Chance*. In: *The Forward March on the Left and the Problems of its Progress 1945–1948*. Budapest 2001. S. 47 ff. Vgl. auch den Dokumentenanhang dieser Publikation.

sondern auch darauf vorbereitet waren, die gegebene Chance zu grundlegenden Reformen des Schul- und Bildungswesens zu nutzen. Dies war umso wichtiger, da die junge Generation in besonderem Maße der menschenverachtenden rassistischen, chauvinistischen und militaristischen Indoktrination der Nazis ausgesetzt und dieser weithin erlegen war.

Die Größe der Aufgabe ergab sich nicht nur aus der totalen Inanspruchnahme und totalitären Gleichschaltung des Bildungswesens im Geiste des Faschismus und Militarismus. Es musste mit reaktionären Traditionen und Institutionen gebrochen werden, die älter waren als der Hitlerfaschismus und dessen Machteroberung wesentlich mit ermöglicht hatten. Es war ja nicht so, dass die Nazis bei ihrer Regierungsübernahme überall in intakte demokratische Institutionen einbrechen und diese völlig umkrempeln mussten. In allen Bereichen der deutschen Gesellschaft wirkte eine reaktionär-chauvinistische, völkisch-rassistische Grundströmung. Deren sich zunächst eher als konservativ verstehende Vertreter hatten keine hohe Hemmschwelle zu überwinden, um in die NS-Organisationen einzutreten oder sich zumindest mit dem neuen Regime zu arrangieren. Das gilt nicht zuletzt auch für das Bildungs- und Schulwesen. Nahezu Dreiviertel der Lehrerschaft wurden Mitglieder der NSDAP und ihrer Gliederungen.[17] Da nicht nur weite Kreise des Mittel- und Kleinbürgertums den Naziparolen erlagen, sondern dem NS-Regime auch der Einbruch in beträchtliche Teile der Arbeiterbevölkerung gelang[18], standen den Schulreformern nicht nur der alte Lehrkörper, sondern nicht selten auch die Elternschaft gegenüber.

Wer als Hitlergegner über die Zukunft Deutschlands nachdachte, kam nicht umhin, die Neuorientierung von Bildung und Erziehung in seine Überlegungen einzubeziehen. Generell müssen wir allerdings feststellen, dass in den Nach-Hitler-Konzepten der deutschen Widerstandsbewegung Bildung und Schule nicht den Stellenwert besaßen wie die politischen und sozialökonomischen Forderungen. Arno Klönne schätzte ein: „Das Interesse an erziehungs- und bildungspolitischen Überlegungen war insgesamt im Widerstand und im Exil nicht sonderlich stark, was verständlich ist; allerdings gehörten hervorragende Vertreter der pädagogischen Reformbewegung aus der Zeit der Weimarer Republik

17 Vgl. *Allen Kindern das gleiche Recht auf Bildung*, S. 8.

18 Vgl. Schneider, Michael: *Unterm Hakenkreuz. Arbeiter und Arbeiterbewegung 1933 bis 1939*; ders.: *In der Kriegsgesellschaft. Arbeiter und Arbeiterbewegung 1933 bis 1939* (=Geschichte der Arbeiter und der Arbeiterbewegung in Deutschland seit dem Ende des 18. Jahrhunderts, hrsg. v. G. A. Ritter, Bd. 12 u. 13). J. H. W. Dietz Nachf.: Bonn 1999, 2014.

zur deutschen antinazistischen Opposition nach 1933…“[19] Dabei machte er die Einschränkung, dass Vertretern des >>erwachsenen<< Widerstands das Verständnis für die antinazistischen Jugendkulturen gefehlt habe, wie sie sich etwa bei den sogenannten Edelweißpiraten oder der Swing-Jugend entwickelten.[20]

Dass anstelle des faschistischen Ungeistes andere weltanschauliche Überzeugungen und ein anderes Menschenbild treten mussten, war Gemeingut aller Richtungen der Widerstandsbewegung. Aber nicht alle ihrer Vertreter leiteten daraus auch einschneidende praktische schulpolitische Konsequenzen ab.

So verharrte zum Beispiel der Kreisauer Kreis, der auf anderen Feldern weitreichende Überlegungen entwickelte, in einem begrenzten konservativ-bürgerlichen Bildungskonzept. Wenn in grundlegenden Dokumenten das Schulwesen überhaupt thematisiert wurde, so fast immer in der Dreieinigkeit Kirche – Familie – Schule. In dem strategischen Dokument „Grundsätze für die Neuordnung“ vom 9. August 1943 wurde die staatliche Schule als „eine christliche Schule mit Religionsunterricht als Pflichtfach für die Angehörigen beider Konfessionen“[21] charakterisiert. Hier finden sich weder Aussagen zur konsequenten strukturellen und personellen Entnazifizierung der Schulen noch Forderungen nach der Brechung des Bildungsprivilegs. Vorschläge, die auf Weltlichkeit der Schule und Einschränkung der Bildungsprivilegien abzielten, wie sie zum Beispiel von Theodor Steltzer erhoben wurden, fanden keine Akzeptanz.[22]

Gravierende Impulse kamen fast ausschließlich von Vertretern der Arbeiterparteien. Seit in den „Forderungen der Kommunistischen Partei in Deutschland“ des Jahres 1848 die „allgemeine, unentgeltliche Volkserziehung“[23] verlangt worden war, fehlte in keinem Programm der marxistisch orientierten deutschen Arbeiterbewegung diese zunehmend konkretisierte Forderung. Und die Novemberrevolution wurde nicht zuletzt auch als Chance begriffen, solche Ziele zu

---

19 Klönne, Arno: *Hinweise zu bildungs- und erziehungspolitischen Vorstellungen im Exil, im Widerstand und bei den Alliierten.* In: Kühnl/Spoo (Hrsg.): *Was aus Deutschland werden sollte*, S. 205/206.

20 Vgl. ebenda.

21 Brakelmann, Günter: *Der Kreisauer Kreis. Chronologie, Kurzbiographien und Texte aus dem Widerstand* (=Schriftenreihe der Forschungsgemeinschaft 20. Juli 1944 e. V., Bd. 3). LIT: Münster 2003, S. 310.

22 Vgl. ebenda, S. 207/208. Theodor Steltzer war in der Weimarer Republik Landrat in Rendsburg. Als Stabsoffizier nahm er Verbindung zum Kreisauer Kreis auf. Er wurde zum Tode verurteilt, das Urteil wurde jedoch nicht vollstreckt. Im Juni 1945 gehört er zu den Mitbegründern der CDU in Berlin.

23 *Dokumente zur Geschichte der SED*, Bd. 1: 1847 bis 1945, Red. u. Ltg. v. Eckard Müller. Dietz Verlag: Berlin 1981, S. 54.

verwirklichen, was allerdings mit der Weimarer Verfassung und der Schulgesetzgebung der Weimarer Republik allenfalls ansatzweise gelang. Mithin handelte es sich beim schul- und bildungspolitischen Aufbruch der Jahre 1945/1946 auch um das Unabgegoltene der deutschen Novemberrevolution.

Dabei standen sich Kommunisten und Sozialdemokraten auf keinem Gebiet so nahe wie auf dem der Bildungspolitik. Davon zeugte der am 18. Oktober 1945 erlassene Aufruf beider Parteien zur demokratischen Schulreform[24] und mehr noch der in der Viersektorenstadt Berlin – trotz der im Gefolge des Zusammenschlusses von KPD und SPD eingetretenen Irritationen und Verfeindungen – durch gemeinsames Bemühen errungene Erfolg bei der Ausarbeitung und Einführung des Gesamtberliner Einheitsschulgesetzes im Jahre 1948.[25] Die Konzentration auf die Konzepte der Arbeiterparteien ist deshalb gerechtfertigt, zumal diese im Osten Deutschlands auch tatsächlich zum Tragen kamen.

Diese formulierten bildungs- und erziehungspolitische Ziele nicht nur mit Bezug auf sozialistische Theorien und Programmatiken, sondern auch unter Berufung auf das humanistische Erbe, anknüpfend an die Aufklärung und die klassische deutsche Literatur und Pädagogik. Hierzu gibt es einen bedenkenswerten Befund von Arno Klönne, der generell auch auf den kommunistischen und sozialdemokratischen Widerstand zutrifft: „Das >>pädagogische Verbrechen<< Hitler-Deutschlands, so wurde unterstellt, sei wesentlich in der Verdrängung der >>humanistischen<< Linie der deutschen Bildungstradition und in der Einführung einer primitiven >>Boxer-Pädagogik<< zu sehen, nach Hitler sei also die >>Rückkehr zu Goethe<<, zum >>Wahren, Guten, Schönen<< zum Programm zu erheben. Hier war völlig verkannt, daß Schule und Staatsjugend unter dem NS sehr wohl ein deutsch-idealistisches Bildungsverständnis weiterführten (die Hitler-Jugend z. B. feierte Goethe), freilich eingebaut in ein pädagogisches Konzept, das solcherart Überlieferung mit ganz anderen Elementen kombinierte."[26]

Kritikwürdig erscheint indes weniger die Bezugnahme deutscher Hitlergegner auf die deutsche Aufklärung und die klassische deutsche Literatur, als die Tatsache, dass demgegenüber – vor allem in den Überlegungen der KPD-Führung – die bewusste Besinnung und ausdrückliche Berufung auf die künstlerische und literarische Moderne unterblieb.[27] Dabei hatten sich doch bedeutende Vertreter dieser

---

24 Vgl. *Allen Kindern das gleiche Recht auf Bildung*, S. 63–68.

25 Vgl. hierzu den Beitrag von Gert Geißler in diesem Band.

26 Klönne, Arno: *Hinweise zu bildungs- und erziehungspolitischen Vorstellungen*, S. 205.

27 Vgl. Dietrich, Gerd: *Der Klassikkult in der DDR*. In: DDR und Arbeiterbewegung. Kolloquium anläßlich des 70. Geburtstages von Prof. Dr. Günter Benser. Diskussionsbeiträge (=Pankower Vorträge H. 34). Helle Panke: Berlin 2001. S. 19–24.

Richtung in der KPD organisiert oder mit den Kommunisten sympathisiert. Dies wird sich wohl nur durch die Übernahme der unter J.W. Stalin erfolgten, vor allem von A. Shdanow verfochtenen dogmatisch-patriotischen Neuausrichtung der sowjetischen Kulturpolitik unter Ausschaltung und Verfolgung internationalistischer kritischer Intellektueller erklären lassen. In der DDR wurde der Tiefpunkt erreicht mit der Entschließung 5. Tagung des Zentralkomitees der SED vom 17. März 1951 „Der Kampf gegen den Formalismus in Kunst und Literatur, für eine fortschrittliche deutsche Kultur".[28]

Im sozialdemokratischen Exil prägten zunächst vor allem linkssozialistische Kräfte die Konzepte einer neuen Bildungspolitik und Pädagogik. Sie hielten mit dem Sieg über den Hitlerfaschismus die Zeit für eine grundlegende Neugestaltung des Bildungswesens für gekommen, wobei der Schule eine bisher nicht gekannte gesellschaftliche Rolle zugewiesen werden sollte. Vor allem die Reformpädagogin und Vertreterin des Internationalen Sozialistischen Kampfbundes Minna Specht legte für die Beratungen in der Union deutscher sozialistischer Organisationen in Großbritannien Papiere mit Forderungen vor, die Empfehlungen enthielten, die über eine bloße Entnazifizierung weit hinausgingen. Hier seien nur stichwortartig einige genannt[29]:

- Unentgeltliche Einheitsschule ohne Religion und Kircheneinfluss, offen für alle, unabhängig von den wirtschaftlichen Verhältnissen der Eltern;
- Allgemeine Schulpflicht vom 3. bis zum 16. Lebensjahr; vom 3. bis 6. Jahr Kleinkinderschule;
- Zugang zur Hochschule nur nach Befähigung, kein zwingendes Abitur;
- Verbot körperlicher Strafen;
- Erziehungsämter, besetzt mit politisch zuverlässigen Lehrern, Eltern, Ärzten, Psychologen, Technikern, Arbeitern;
- Lehrer-Eltern-Schüler-Räte, die Verbindungen zu ihrem Umfeld pflegen.

Alles zielte darauf ab, neue Aufgaben und Inhalte von Bildung und Erziehung zu verwirklichen, und zwar

---

28 *Dokumente der Sozialistischen Einheitspartei Deutschlands. Beschlüsse und Erklärungen des Zentralkomitees sowie seines Politbüros und seines Sekretariats,* Bd. III. Dietz Verlag: Berlin 1952, S. 431–446.

29 Vgl. *Programmatische Richtlinien auf dem Gebiet der* Erziehungspolitik, 13. November 1944. In: Eiber, Ludwig: *Die Sozialdemokratie in der Emigration. Die „Union deutscher sozialistischer Organisationen in Großbritannien" 1941–1946 und ihre Mitglieder. Protokolle, Erklärungen, Materialien* (=Archiv für Sozialgeschichte – Beiheft 19), Bonn 1998, S. 223–227, 245–249.

- Schulung im selbständigen naturwissenschaftlich-technischen Denken und Arbeiten und die Schulung im selbständigen sozialwissenschaftlich-humanistischen Denken und Gestalten;
- Entwicklung der schöpferischen Fähigkeiten, theoretische und praktische Probleme zu sehen und selbständig zu lösen;
- Übung in der Selbstverwaltung kleinerer und größerer Arbeitsgemeinschaften und die Gewöhnung an kameradschaftliches Zusammenarbeiten;
- Bildung von zuverlässigen Charakteren, die sich der Verantwortung gegenüber der eigenen und gegenüber der Würde anderer Persönlichkeiten bewusst sind.

Als die Union deutscher sozialistischer Organisationen in Großbritannien im November 1944 die bisherigen Entwürfe und Diskussionen in „Programmatischen Richtlinien auf dem Gebiet der Erziehungspolitik“[30] zusammenfasste, war von solch radikaldemokratischen Vorstößen nicht mehr viel übrig: Natürlich die unentgeltliche Einheitsschule mit allgemeiner Schulpflicht und Vorschuleinrichtungen. Die Brechung des Bildungsprivilegs war nun deutlich zaghafter formuliert, die personelle und inhaltliche Säuberung der Schule vom Erbe des Faschismus fehlte. Statt antinazistisch und antirassistisch war nun von antitotalitär und antidogmatisch die Rede. Die in Richtung Selbstverwaltung, Verbindung von Schule und Gesellschaft zielenden Vorschläge waren auf der Strecke geblieben.

Betrachten wir die von kommunistischer Seite eingebrachten bildungs- und schulpolitischen Konzepte, wie sie vor allem im Aktionsprogramm des Blocks der kämpferischen Demokratie Ende 1944 ihren Niederschlag fanden[31], so zeigt sich ein hoher Grad an Übereinstimmung mit den Überlegungen linker Sozialdemokraten. Auch hier wurde dem Bildungs- und Schulwesen ein außerordentlich hoher Rang beigemessen. Johannes R. Becher, der in die Beratungen der Moskauer Parteiführung der KPD gerade für die geistige Erneuerung Deutschlands wesentliche Gedanken einspeiste, räumte den Schulen und Lehrern einen herausragenden Stellenwert ein. Für ihn handelte es sich um „ein nationales Befreiungs- und Aufbauwerk größten Stils auf ideologisch-moralischem Gebiet“[32]. Er sah drei Gruppen in der besonderen Verantwortung – an erster Stelle die Lehrer, und zwar „vom Dorfschullehrer bis zum Hochschulprofessor. Kein Dorf, das geistig wieder aufleben kann ohne den Lehrer. Die besonders schwierige Situation unter

30 Vgl. ebenda, S. 369–372.

31 Vgl. Erler, Peter/Laude, Horst/Wilke, Manfred (Hrsg.): *>Nach Hitler kommen wir< Dokumente zur Programmatik der Moskauer KPD-Führung 1944/45 für Nachkriegsdeutschland.* Akademie Verlag: Berlin 1994, S. 300–303.

32 Ebenda, S. 234.

der deutschen Jugend kann ohne die Gewinnung der Lehrer nicht gemeistert werden."[33] An zweiter Stelle nannte er die Pfarrer und die Geistlichkeit, an dritter Stelle Literatur im weitesten Sinne (Film, Presse, Radio, Theater eingeschlossen). Erstaunlicherweise also nicht die politischen Parteien.

Die Forderungen, in denen Sozialdemokraten und Kommunisten übereinstimmten oder sich sehr nahekamen, betrafen vor allem:

- die Säuberung des Schulwesens von allen faschistischen und anderen reaktionären Strukturen, Kräften und Inhalten;
- die weltliche Einheitsschule, in der die Trennung von Staat und Kirche konsequent umgesetzt war;
- die Vereinheitlichung des gesamten Bildungswesens und die Orientierung auf ein durchlässiges Bildungssystem von der Vorschulerziehung bis zur Universität;
- die besonders von den Kommunisten betonte „reichseinheitliche" Regelung des Bildungswesens, der Strukturen, der Lehrstoffe und Lernmittel, der Lehrerausbildung[34];
- die Beseitigung der ökonomisch und sozial determinierten Bildungsprivilegien alter Eliten und die Förderung der bisher benachteiligten Kinder der arbeitenden Bevölkerung;
- die Einbeziehung außerschulischer Bildungs- und Erziehungselemente und praktischer Tätigkeiten;
- das Verbot körperlicher Züchtigung und entehrender Strafen;
- die Mitbeteiligung und Mithilfe der Eltern.

Auch im Schulaufbau und den Ausbildungsstufen herrschte ein hohes Maß an Übereinstimmung. Nicht thematisiert war die Geschlechterfrage, das Verhältnis zwischen Jungen und Mädchen und dessen Konsequenzen für die Gestaltung von Schulstrukturen und Unterricht.

Obwohl im Ansatz enthalten, trat bei der KPD die demokratische Orientierung auf Selbstbestimmung der Schulen und zu einem gewissen Grade auch der Schüler nicht gleichermaßen prononciert hervor wie bei den linken Sozialdemokraten. Anders als die Sozialdemokraten – und das erklärt sich auch aus der Nähe zum Nationalkomitee „Freies Deutschland", in dessen Strukturen ja auch Perspektiven des Bildungswesens erörtert wurden – betonte die Führung der KPD nicht nur soziale und humanistische Inhalte, sie hob auch das Nationale hervor. Sie forderte

33 Ebenda, S. 235.

34 Vgl. ebenda, S. 301/302.

„Pflege eines wahrhaft demokratisch-freiheitlichen und fortschrittlichen Geistes zur Wiederherstellung der Ehre der Nation“[35].

Spielte der soziale Auftrag und die soziale Verantwortung der Schule bei Kommunisten wie Sozialdemokraten eine wesentliche Rolle, so blieb zunächst die Orientierung am sozialistischen „Endziel“ beider Parteien ausgespart.[36]

Bemerkenswert ist, dass sowohl in Texten von Minna Specht als auch in Briefen Hermann Dunckers – also von linkssozialistischer wie von kommunistischer Seite – dem Individuum, der Schülerpersönlichkeit eine zentrale Rolle zugewiesen wurde, wie sonst kaum. Erstrebenswert war für Minna Specht „die Heranbildung zuverlässiger Charaktere, die Erziehung zu selbständigem Denken und Gestalten, die Entwicklung schöpferischer Fähigkeiten, die Gewöhnung an Gemeinschaftsleben und die Übung in der Selbstverwaltung.“[37] Sie traf sich in ihren Überlegungen mit dem in die USA emigrierten Kommunisten Hermann Duncker, der in einem Brief an seine Frau Käte folgende Erziehungsziele für die nachfaschistische Zeit formulierte: „1. Erziehung zur *Entwicklung* der möglichen *Leistungen* eines jeden. 2. Erziehung zur *inneren Harmonie* eines jeden. 3. Erziehung zur gegenseitigen *Toleranz.* 4. Erziehung zur *Freiheit* (keine Tolerierung der Intoleranz). 5. Erziehung zur *Menschlichkeit.* Alles in allem: Erziehung zur *sozialeingestellten Persönlichkeit.*“ Man könne „keinen Gegensatz zwischen richtiger Sozialerziehung und gesunder Individualerziehung aufzeigen“[38]. Mit dieser Betonung der Individualität hob er sich allerdings von vielen seiner Genossen ab. Diese Einsichten verdienen deshalb unsere Aufmerksamkeit, weil in der DDR das Spannungsverhältnis zwischen Gemeinschaftserziehung und Individualität von Führungskräften verdrängt wurde.

Doch zurück zur Ausgangssituation. Wir würden den realen Gegebenheiten und der Größe der Aufgabe nicht gerecht, wenn wir nur die inhaltlichen und strukturellen Herausforderungen ins Blickfeld nähmen. Schule und Bildung sind

---

35 Ebenda, S. 300.

36 Die KPD nahm hierauf erst in ihrer Kulturtagung vom Februar 1946 Bezug. Vgl. *Stenographische Niederschrift. Erste Zentrale Kulturtagung der Kommunistischen Partei Deutschlands 3. bis 5. Februar 1946 zu Berlin.* In: Benser, Günter/Krusch, Hans-Joachim (Hrsg.): *Dokumente der kommunistischen Bewegung in Deutschland, Reihe 1945/1946, Bd. 5: Protokoll des 15. Parteitages der KPD 19./20. April 1946.* K.G. Saur: München/New Providence/London/Paris 1996, S. 421.

37 Vgl. Eiber, Ludwig: *Die Sozialdemokratie in der Emigration*, S. 369.

38 Deutschland, Heinz (Hrsg.): *Käte und Hermann Duncker: Ein Tagebuch in Briefen (1894.1953* (= Geschichte des Kommunismus und Linkssozialismus, hrsg. v. Klaus Kinner, Bd. XX). Karl Dietz Verlag: Berlin 2016, S. 517.

selbstverständlich immer an materielle Voraussetzungen gebunden und werden wesentlich durch die sozialpolitischen Verhältnisse bestimmt. Deshalb sei zumindest andeutungsweise darauf verwiesen, dass wir über ein durch Kriegshandlungen stark zerstörtes Land sprechen, wenngleich es nicht überall so aussah, wie in der Innenstadt von Berlin oder Dresden. Und es waren nicht nur die materiellen, sondern auch die geistigen Trümmer hinwegzuräumen, die der Faschismus hinterlassen hatte – in einer überwiegend zutiefst verunsicherten, die eigene Mitverantwortung für die nationale Katastrophe verkennenden Bevölkerung.

Die Ströme von Flüchtlingen, Vertriebenen und Umgesiedelten, die Ausgebombten, die Eingliederung der in Städten und Gemeinden neu hinzugekommenen schulpflichtigen Kinder und Jugendlichen wäre selbst für ein intaktes Bildungswesen nicht leicht zu bewältigen gewesen. Und natürlich drückten viele Menschen existentielle Sorgen und Nöte des bloßen Überlebens: die Nahrung für den morgigen Tag, ein Dach über den Kopf, die drohende Gefahr von Seuchen, die Härten der Besatzung, die Sorge um die vermissten oder kriegsgefangenen Väter, Brüder und Söhne. Da rangierte die Wiederaufnahme des Schulbetriebes und die Ausbildung der Kinder zunächst nicht an vorderster Stelle. Es bedurfte also des außerordentlichen Engagements der in den neugebildeten Verwaltungen aller Ebenen für die Volksbildung verantwortlichen Kräfte, um dringend notwendige Sofortmaßnahmen mit perspektivischen Entscheidungen zu verbinden.

Denn alle Programme, Direktiven und Gesetze mussten bloße Deklarationen bleiben, wenn es nicht gelang, die Schlüsselpositionen im Bildungswesen mit hochmotivierten tatkräftigen Antifaschisten zu besetzen und den Unterricht an den Schulen in die Hände von Lehrern zu legen, die sich die neuen bildungspolitischen Ziele und Aufgaben zu eigen machten. Das erforderte den Einsatz eigens hierfür geworbener Neulehrer, die sich das Rüstzeug für ihre neue Tätigkeit hart erarbeiten mussten und sich gegen viele Widerstände und Aversionen durchzusetzen hatten. Wer die unter Verantwortung Anton Ackermanns erlassenen Rundschreiben des Zentralsekretariats der KPD zur Gewinnung von Neulehrern liest, gewinnt einen Eindruck, welch hohe Hürden hier zu überwinden waren.[39]

Generell lässt sich sagen:

Die schul- und bildungspolitischen Konzepte der Arbeiterbewegung knüpften an die positiven Elemente der Weimarer Verfassung an und suchten deren Halbheiten und die Mängel in der Umsetzung zu überwinden. Sie räumten der Liqui-

---

39 Vgl. Benser, Günter/Krusch, Hans-Joachim (Hrsg.): *Dokumente zur Geschichte der kommunistischen Bewegung in Deutschland, Reihe 1945/1946, Bd. 3: Protokoll der Reichsberatung der KPD.* K.G. Saur: München/New Providence/London/Paris 1995, S. 282–384, 425/426, 461–464.

dierung aller strukturellen, inhaltlichen und personellen Hinterlassenschaften des Hitlerfaschismus im Bildungswesen einen zentralen Platz ein. Dabei stießen sie auch in bildungspolitisches Neuland vor, insbesondere räumten sie der sozialen Komponente einen hohen Stellenwert ein, mit dem Ziele der Beseitigung des Bildungsprivilegs und der Förderung der bisher Unterprivilegierten. Trafen sie sich in ihren politischen Anliegen in hohem Maße mit den Auflagen der alliierten Siegermächte, so gingen sie in ihren sozialen Anliegen weit darüber hinaus.

Literatur

Gedruckte Quellen

Allen Kindern das gleiche Recht auf Bildung. Dokumente zur demokratischen Schulreform. Red. u. Ltg. v. Helene Fiedler. Dietz Verlag: Berlin 1981.

Amtsblatt der Alliierten Kommandatura, Nr. 9. Das Neue Berlin: Berlin, September 1947.

Benser, Günter/Krusch, Hans-Joachim (Hrsg.): *Dokumente der kommunistischen Bewegung in Deutschland,* Reihe 1945/1946, Bd. 1–5. K.G. Saur: München/New Providence/London/Paris 1993–1996.

Bittel, Karl (Hrsg.): *Alliierter Kontrollrat und Außenministerkonferenzen. Kleine Dokumentensammlung.* Kongress-Verlag: Berlin 1959.

Brakelmann, Günter: *Der Kreisauer Kreis. Chronologie, Kurzbiographien und Texte aus dem Widerstand* (=Schriftenreihe der Forschungsgemeinschaft 20. Juli 1944 e. V. Bd. 3). LIT: Münster 2003.

Bucher, Peter: *Nachkriegsdeutschland 1945–1949. Quellen zum politischen Denken der Deutschen im 19. u. 20. Jahrhundert* (=Freiherr von Stein-Gedächtnisausgabe, Bd. X). Wissenschaftliche Buch-Gesellschaft: Darmstadt 1990.

ČSSR – Staat, Demokratie, Leitung. Dokumente, ausgew., bearb. u. eingel. v. Wolfgang Lungwitz, Staatsverlag der DDR: Berlin 1979.

Der gegenwärtige Stand der Erziehung in Deutschland. Bericht der amerikanischen Erziehungskommission. In: Veröffentlichungen der Deutschen Pädagogischen Arbeitsstelle Nr. 1, München o. J.

Deutschland, Heinz (Hrsg.): *Käte und Hermann Duncker: Ein Tagebuch in Briefen (1894–1953* (= Geschichte des Kommunismus und Linkssozialismus, hrsg. v. Klaus Kinner, Bd. XX). Karl Dietz Verlag: Berlin 2016.

Deutschland-Jahrbuch 1949. Westverlag: Essen 1949.

Die Potsdamer (Berliner) Konferenz der höchsten Repräsentanten der drei Alliierten Mächte – UdSSR, USA und Großbritannien (17. Juli-2. August 1945). Dokumen-

tensammlung (=Die Sowjetunion auf internationalen Konferenzen während des Großen Vaterländischen Krieges 1941 bis 1945; Bd. 6). Verlag Progreß/Staatsverlag der DDR: Moskau/Berlin 1986.

Dokumente der Sozialistischen Einheitspartei Deutschlands. Beschlüsse und Erklärungen des Zentralkomitees sowie seines Politbüros und seines Sekretariats, Bd. III. Dietz Verlag: Berlin 1952.

Dokumente zur Geschichte der SED, Bd. 1: 1847 bis 1945, Red. u. Ltg. v. Eckard Müller. Dietz Verlag: Berlin 1981; Bd. 2: 1945 bis 1971, Red. u. Ltg. v. Günter Benser. Dietz Verlag: Berlin 1989.

Eiber, Ludwig: *Die Sozialdemokratie in der Emigration. Die „Union deutscher sozialistischer Organisationen in Großbritannien" 1941–1946 und ihre Mitglieder. Protokolle, Erklärungen, Materialien* (=Archiv für Sozialgeschichte – Beiheft 19). J. H. W. Dietz Nachf.: Bonn 1998.

Erler, Peter/Laude, Horst/Wilke, Manfred (Hrsg.): >*Nach Hitler kommen wir*< *Dokumente zur Programmatik der Moskauer KPD-Führung 1944/45 für Nachkriegsdeutschland*. Akademie Verlag: Berlin 1994.

Freies Deutschland – Alemania Libre, Nr. 6 vom Mai 1945, Nr. 10 (Beilage) vom September 1945.

Um ein antifaschistisch-demokratisches Deutschland. Dokumente aus den Jahren 1945–1949, hrsg. v. Ministerium für Auswärtige Angelegenheiten der DDR u. Ministerium für Auswärtige Angelegenheiten der UdSSR. Staatsverlag der DDR: Berlin 1968.

Erinnerungen

Die ersten Jahre. Erinnerungen an die revolutionären Umgestaltungen. Dietz Verlag: Berlin 1979. [Fritz Rücker]

... *einer neuen Zeit Beginn. Erinnerungen an die Anfänge unserer Kulturrevolution 1945–1949*. Aufbau Verlag: Berlin/Weimar 1981. [Marianne Lange]

Vereint sind wir alles. Erinnerungen an die Gründung der SED. M.e. Vorw. v. Walter Ulbricht. Dietz Verlag: Berlin 1971. [Paul Wandel, Heinrich Deiters]

Darstellungen

Autorenkollektiv u. Ltg. v. Badstübner, Rolf: *Deutsche Geschichte Bd. 9: Die antifaschistisch-demokratische Umwälzung, der Kampf gegen die Spaltung Deutschlands und die Entstehung der DDR von 1945 bis 1949*. VEB Deutscher Verlag der Wissenschaften: Berlin 1989.

Benser, Günter: *1945 – eine historische Zäsur*. In: R. Holze/M. Voigt (Hrsg.): 1945 – Eine „Stunde Null" in den Köpfen? Zur geistigen Situation in Deutschland nach der Befreiung vom Faschismus (=Zwischen Revolution und Kapitulation. Forum Perspektiven der Geschichte, hrsg. v. M. Voigt u. R. Zilkenat, Bd. 2). edition bodoni: o. O. 2016.

Benser, Günter: *Die KPD im Jahre der Befreiung. Vorbereitung und Aufbau der legalen kommunistischen Massenpartei (Jahreswende 1944/1945 bis Herbst 1945*). Dietz Verlag: Berlin 1985.

Burrichter, Clemens/Nakath, Detlef/Stephan, Gerd-Rüdiger: *Deutsche Zeitgeschichte von 1945 bis 2000. Gesellschaft – Staat – Politik. Ein Handbuch*. Karl Dietz Verlag: Berlin 2006.

DDR und Arbeiterbewegung. Kolloquium anläßlich des 70. Geburtstages von Prof. Dr. Günter Benser. Diskussionsbeiträge (=Pankower Vorträge H. 34). Helle Panke: Berlin 2001.

Günther, Karl-Heinz/Uhlig, Gottfried: *Geschichte der Schule in der Deutschen Demokratischen Republik 1945 bis 1971*. Verlag Volk und Wissen: Berlin 1974.

Jemnitz, János: *Some Reflections on a Great Historical Chance. In: The Forward March on the Left and the Problems of its Progress 1945–1948*. Budapest 2001.

Kühnl, Reinhard/Spoo, Eckart (Hrsg.): *Was aus Deutschland werden sollte. Konzepte des Widerstands, des Exils und der Alliierten*. Distel Verlag: Heilbronn 1995.

Laschitza, Horst: *Kämpferische Demokratie gegen Faschismus. Die programmatische Vorbereitung auf die antifaschistisch-demokratische Umwälzung in Deutschland durch die Parteiführung der KPD*. Deutscher Militärverlag: Berlin 1969.

Pakschies, Günter: *Umerziehung in der britischen Zone 1945–1949*. Böhlau Verlag: Köln/Wien 1984.

Schneider, Michael: *Unterm Hakenkreuz. Arbeiter und Arbeiterbewegung 1933 bis 1939*; ders.: *In der Kriegsgesellschaft. Arbeiter und Arbeiterbewegung 1933 bis 1939* (=Geschichte der Arbeiter und der Arbeiterbewegung in Deutschland seit dem Ende des 18. Jahrhunderts, hrsg. v. G. A. Ritter, Bd. 12 u. 13). J. H. W. Dietz Nachf.: Bonn 1999 u. 2014.

Gert Geißler

Das „Gesetz zur Demokratisierung der deutschen Schule“ in der Sowjetischen Besatzungszone Deutschlands

Administrative Verfahren und Entscheidungsprozesse

Zonenübergreifendes Reformklima

Mit der bedingungslosen Kapitulation stand das deutsche Bildungswesen zur Disposition der Siegermächte, eine Situation, wie sie noch nie zuvor bestanden hatte. Die anstehenden, in der politischen Intention bald deutlich unterscheidbaren Gestaltungsprozesse waren in allen vier Besatzungszonen und in Groß-Berlin ohne Hilfe jener Deutschen, die in der NS-Zeit als politische Gegner gemaßregelt oder verfolgt worden waren, nicht zu leisten. Allerdings beurteilten diese die Reformbedürftigkeit der deutschen Schule je nach ihrer politischen Herkunft aus der Zeit vor 1933 durchaus unterschiedlich.

Was die Westzonen anbelangte, kam eine Schulreform, die über die ab 1920 für alle Schulkinder geltende „Grundschule“[1] von vierjähriger Dauer hinausführt, hier nur partiell und zeitweise zustande. Vertreter einer solchen Reform waren in Bayern[2], in Nordrhein-Westfalen[3] und in den südwestdeutschen Ländern[4] nur kurzzeitig im Amt. Hingegen bleibt das schulreformerische Klima der ersten Nachkriegsmonate auch nach den Landtagswahlen von 1946/47[5] in

1 Jung, Johannes et al. (Hrsg.): *Die zweigeteilte Geschichte der Grundschule 1945 bis 1990. Ausgewählte und kommentierte Quellentexte zur Entwicklung in Ost- und Westdeutschland.* Münster 2011.

2 Müller, Winfried: *Schulpolitik in Bayern im Spannungsfeld von Kultusbürokratie und Besatzungsmacht 1945 bis 1949.* München 1995

3 Eich, Klaus-Peter: *Schulpolitik in Nordrhein-Westfalen 1945–1954.* Düsseldorf 1987; Heumann, Günter: *Die Entwicklung des allgemeinbildenden Schulwesens in Nordrhein-Westfalen (1945/46 bis 1958).* Frankfurt/M. 1989; Lohbeck, Lucas: *Das höhere Schulwesen in Nordrhein-Westfalen. 1945/46 bis 1958.* Frankfurt/M. 2004.

4 Joos, Kurt Ludwig: *Schwieriger Aufbau. Gymnasium und Schulorganisation des deutschen Südwestens in den ersten drei Jahrzehnten nach dem Zweiten Weltkrieg.* Stuttgart 2012.

5 Ritter, Gerhard A./Niehuss, Merith: *Wahlen in der Bundesrepublik Deutschland. Bundestags- und Landtagswahlen 1946–1987.* München 1987.

Hessen[6], Niedersachsen[7] und Württemberg-Baden[8], mehr noch in Bremen[9], Hamburg[10] und Schleswig-Holstein[11] zunächst noch weitgehend erhalten. So konnte in Hamburg (1949) und Schleswig-Holstein (1948) und 1947 zuallererst in Bremen eine sechsjährige Grundschule schulgesetzlich verankert werden.

Jedoch waren solche Reformen mit den Wahlerfolgen des konservativen Lagers in der ersten Hälfte der 1950er Jahre später nicht mehr zu behaupten. Einmal wieder in Gang gebracht, zeigte sich die auf der vierjährigen Grundschule aufbauende Bildungsorganisation als wirkungsmächtig. Ihr entsprach das überkommene Bildungsverhalten von Eltern ebenso wie die schultypenbezogene Ausbildung der Lehrer und die jeweilige schulfachliche Kompetenz in der Bildungsverwaltung. Mit der Ausprägung des Ost-West-Gegensatzes erlahmte auch das Interesse westalliierter Besatzungspolitik an einer Strukturreform.

---

6 Fedler, Patricia: *Anfänge der staatlichen Kulturpolitik in Hessen nach dem Zweiten Weltkrieg 1945 bis 1955. Schule, Erwachsenenbildung, Kunst und Theater im Spannungsfeld zwischen amerikanischer Reeducationspolitik und deutscher Kulturtradition.* Wiesbaden 1993; Führ, Christoph: *Schulpolitik in Hessen 1945 bis 1996.* In: Führ, Christoph: *Bildungsgeschichte und Bildungspolitik. Aufsätze und Vorträge.* Frankfurt/M. 1997, S. 219–236; Kropat, Wolf-Arno: *Amerikanische oder deutsche Schulreform? Die hessische Schulpolitik unter Kultusminister Erwin Stein von 1947 bis 1951.* In: Nassauische Annalen. Jahrbuch des Vereins für Nassauische Altertumskunde und Geschichtsforschung. 112(2001), S. 541–568; Kropat, Wolf-Arno: *Entnazifizierung. Mitbestimmung. Schulgeldfreiheit. Hessische Landtagsdebatten 1947–1950. Eine Dokumentation.* Wiesbaden 2004.

7 Heinemann, Manfred: *Zur Wissenschafts- und Bildungslandschaft Niedersachsens von 1945 bis in die 50er Jahre.* In: Weisbrod, B. (Hrsg.): *Von der Währungsreform zum Wirtschaftswunder. Wiederaufbau in Niedersachsen.* Hannover 1998, S. 77–95; Cloer, Ernst: *Bildungspolitik und universitäre Pädagogik in der Geburtsstunde des Landes Niedersachsen 1945–1948. Vergewisserung über schon vergessene Anfänge.* In: Overesch, M. (Hrsg.): *Zeitenwende. Umbruch und Aufbruch nach dem Zweiten Weltkrieg.* Hannover 1986, S. 85–111.

8 Winkeler, Rolf: *Schulpolitik in Württemberg-Hohenzollern 1945 bis 1952. Eine Analyse der Auseinandersetzungen um die Schule zwischen Parteien, Verbänden und französischer Besatzungsmacht.* Stuttgart 1971; Braun, Birgit: *Umerziehung in der amerikanischen Besatzungszone. Die Schul- und Bildungspolitik in Württemberg-Baden von 1945 bis 1949.* Münster 2004.

9 Faltus, Hermann: *Kulturentwicklung und Volksbildung in Bremen 1945 bis 1980.* Bremen 1986.

10 Lemke, Dietrich: *Schulpolitik in Hamburg von 1945 bis 2004 oder: Die verpasste Reform.* Hamburg 2005.

11 Lutzebäck, Rolf: *Die Bildungspolitik der britischen Militärregierung im Spannungsfeld zwischen „education" und „reeducation" in ihrer Besatzungszone, insbesondere in Schleswig-Holstein und Hamburg in den Jahren 1945 bis 1947.* Frankfurt/M. [u. a.] 1990.

Kommunistische Schulreformvorstellungen im Frühjahr 1945

Gemessen an den Gegebenheiten der Weimarer Zeit am weitesten gingen die Reformvorhaben in der Sowjetischen Besatzungszone (SBZ). Noch vor Kriegsende hatten deutsche Exil-Kommunisten in Moskau und im Zusammenhang damit auch im „Nationalkomitee Freies Deutschland“ (NKFD)[12] aktive deutsche Kriegsgefangene Überlegungen zu Schulfragen entwickelt. Zwar hatten deutsche kommunistische Exilgruppen teilweise, so in Großbritannien[13], schon früher mit schulpolitischen Überlegungen begonnen, jedoch ist die Planung des Moskauer Exils[14], der Führungsgruppe der deutschen Kommunisten, weit dezidierter, durch die Verbindung mit den sowjetischen politischen und militärischen Stellen informierter, zudem parteihierarchisch ausschlaggebend. Sie schloss über verschiedene Arbeits- und Beratungsphasen hinweg auch die Schulfragen ein, deren Behandlung entsprechend der militärischen Lageentwicklung und den zu erwartenden Ausgangsbedingungen politischer Tätigkeit in Deutschland präzisiert wurde. Schließlich traten in der Planung im Grundsatz klar umrissene Konturen einer künftigen Schule hervor.

Die von der kommunistischen Parteiführung und begleitend im NKFD entwickelten Vorstellungen waren kurz vor Abflug der „Gruppe Ulbricht“[15] am 27. April 1945 im Moskauer Exil eingehender in einem Vortrag[16] des promovierten Juristen und NKFD-Mitbegründers Lothar Bolz[17] erläutert worden. Er hielt fest, dass bei der bevorstehenden Umgestaltung des Schulsystems zu berück-

---

12 Bruchhäuser, Hanns-Peter: *Heinrich Abel. Eine deutsche Karriere*. Magdeburg 2009; auch Schütte, Friedhelm (Hrsg.): *Verdunkelung einer Lichtgestalt. Heinrich Abel und die „Schattenexistenz“ der Berufspädagogik*. Frankfurt/M. 2012.

13 Geißler, Gert: *Hans Siebert – Zur erziehungsgeschichtlichen Spur eines emigrierten politischen Pädagogen*. In: Zeitschrift für Pädagogik. Weinheim und Basel 40 (1994) 05, S. 781–799.

14 Zu dieser u. a. Erler, Peter: *Heerschau und Einsatzplan. Ein Dokument zur Kaderpolitik der KPD aus dem Jahre 1944*. In: Schroeder, Klaus (Hrsg.): Geschichte und Transformation des SED-Staates. Beiträge und Analysen. Berlin 1994; Erler, Peter/Laude, Horst/Schroeder, Klaus: *»Nach Hitler kommen wir!« Dokumente zur Programmatik der Moskauer KPD-Führung 1944/45 für Nachkriegsdeutschland*. Berlin 1994.

15 Keiderling, Gerhard (Hrsg.): *„Gruppe Ulbricht“ in Berlin. April bis Juni 1945. Von den Vorbereitungen im Sommer 1944 bis zur Wiedergründung der KPD im Juni 1945. Mit einem Geleitwort von Wolfgang Leonhardt. Eine Dokumentation*. Berlin 1993.

16 Siehe Bundesarchiv Berlin (BAB), SAPMO, NY 4036, Bl. 42–55, *Zur Schaffung eines neuen deutschen Schulwesens. Vortrag von Lothar Bolz, 27. April 1945*.

17 Zu diesem auch Erler, Peter/Laude, Horst/Schroeder, Klaus: *„Nach Hitler kommen wir!“* ..., S. 329.

sichtigen und zum Teil zu verwenden sei, was man in Deutschland vorfinden werde. Dieses Schulsystem sei für den Aufbau der demokratischen Einheitsschule insofern verwendbar, als es mit den ersten für alle gemeinsamen vier Klassen der Volksschule den Anknüpfungspunkt für die künftige einheitliche „Unterstufe" besitze. Aus den vier oberen Klassen der Volksschule ließe sich die künftige, systematisch mit Lehrstoff – das bedeutete insbesondere die Aufnahme einer lebenden Fremdsprache und einen weitergeführten mathematischen und naturwissenschaftlichen Unterricht – aufzufüllende „Mittelstufe" entwickeln. Daraus ergäbe sich eine Grundschule von nunmehr acht- statt vierjähriger Dauer[18], von der der Übergang in eine berufliche Schule oder in die zum Studium führende „Oberschule" möglich sei. Zu prüfen wäre auch, ob die Grundschuldauer um ein Jahr verlängert werden könne, sodass sich nach Verwirklichung eines 9. Volksschuljahrs[19] „eine 12-klassige Einheitsschule" mit neunjährigem Pflichtbesuch

18 Eine achtjährige allgemeine Grundschule mit anschließender vierjähriger „Pflichtoberschule" (Berufsschule, Fortbildungsschule, wissenschaftliche Oberschule) war in der Weimarer Zeit namentlich von der „Arbeitsgemeinschaft sozialdemokratischer Lehrer" vertreten worden. Ansonsten traten die Sozialdemokraten in ihrer Programmatik für die Beseitigung von Bildungsprivilegien ein. Sie forderten mit dem „Deutschen Lehrerverein", dem „Allgemeinen Deutschen Lehrerinnenverein" und der „Gewerkschaft deutscher Volksschullehrer und -lehrerinnen" eine sechs-, möglichst aber achtjährige Grundschule. Im Sinne einer einheitlichen Schulorganisation war an „Brücken und Übergänge" zwischen Grundschule und höherer Schule gedacht. Schule und Kirche sollten getrennt werden. Wie überhaupt im politisch linken Lager war die Unentgeltlichkeit des Unterrichts, die Unentgeltlichkeit der Lehr- und Lernmittel sowie die wirtschaftliche Versorgung der Lernenden in Aussicht gestellt. Die KPD verfocht bei unterschiedlichen Angaben zur zeitlichen Ausdehnung der einzelnen Stufen eine Bildungsorganisation, die von der obligatorischen Spielschule (Kindergarten), über die Grundschule und die anschließenden Fachschulen (Berufsschule) zur mit Eingangsprüfung erreichbaren Hochschule führen sollte. Die höheren Schulen, auch die verschiedenen Formen der Mittelschule, fanden auf kommunistischer Seite nur insofern Anerkennung, als sie künftig in das System der Berufs- bzw. Fachschule eingliedert werden sollten. Die Zahl der Hochschulzulassungen sollte jährlich gemäß dem Bedarf an akademisch geschulten Kräften vom Staate festgelegt werden. (siehe zu den einzelnen Positionen *Parteiprogramme — Programme kirchlicher Gruppen. Zusammengestellt vom Arbeitsausschuß der Schulpolitischen Hauptstelle des Deutschen Lehrervereins*. Berlin 1926, hier S. 33 f.)

19 Ohne dass inhaltliche Vorgaben bestanden, empfahl die spätere „Zentralverwaltung für Volksbildung" nach Kriegsende die vorläufige Einführung eines 9. Schuljahrs, da „die Jungens und Mädels noch einer gewissen Überarbeitung" bedürften und genügend Arbeitsplätze noch nicht zur Verfügung stünden. Jedoch sei in dieser Frage „alles

ergäbe[20,] und die drei Oberklassen der „Oberschule" könnten der Ausgangspunkt für die künftige Oberstufe[21] sein.[22] Und dass das Schulwesen „über das ganze Reich einheitlich geordnet", von der „Kirche vollkommen getrennt", jede religiöse Unterweisung „innerhalb der Unterrichtszeit und der Schulräume" ebenso verboten sein sollte wie jede Art von Privatschulen waren bei alledem, auch wenn sie nicht erwähnt wurden, feststehende Positionen der Kommunistischen Partei Deutschland (KPD) schon aus den 1920er Jahren.

Erste Festlegungen in der Sowjetischen Besatzungszone

Nach Kriegsende veranlasste die Sowjetische Militäradministration in Deutschland (SMAD)[23] mit Befehl Nr. 17 vom 27. Juli 1945 die Gründung von Zentralverwaltungen. Das betraf auch die sodann im früheren Ministerial-

auf eigene Verantwortung aus den lokalen Verhältnissen heraus" zu geschehen (BAB, SAPMO, DY 30, IV 2/905/49, *Bericht über die Tagung der Schulaufsichtsbeamten des Bundeslandes Sachsen am 19. und 20. Oktober 1945, Referat Paul Wandel*, Bl. 137).

20 Siehe auch Uhlig, Christa: *Zur Erarbeitung der bildungspolitischen Programmatik für Nachkriegsdeutschland in der UdSSR. Konzepte und Personen.* In: Tenorth, Heinz-Elmar (Hrsg.): *Kindheit, Jugend und Bildungsarbeit im Wandel. Ergebnisse der Transformationsforschung* In: *Zeitschrift für Pädagogik*, 37. Beiheft. Berlin 1997, S. 411–432; Geißler, Gert: *Exilkonzepte zur strukturellen Umgestaltung des Schulwesens im Nachkriegsdeutschland – ein Überblick.* In: Kirchhöfer, Dieter/Uhlig, Christa (Hrsg.): *Ernst Hadermann. Bildungsdenken zwischen Tradition und Neubeginn.* Frankfurt/M. [u. a.] 2008, S. 17–27.

21 Die „Oberstufe" erschien im Vortrag von Bolz, der ein an die Volksschule anschließendes „Technikum" nur beiläufig erwähnte, als mit der Oberschule identisch, tatsächlich dürfte sie, wie wenig später in Berlin die das Exilprogramm aufnehmende Planung zeigte, dreigliedrig gedacht gewesen sein: Berufsschule, Fachschule und die wissenschaftliche Oberschule mit zwei Zweigen.

22 (BAB), SAPMO, NY 4036, Bl. 42–55, Vortrag von Lothar Bolz …, Bl. 48 ff. Für die Oberstufe rechnete Bolz damit, dass diese aufgrund „der Not" zuerst und hauptsächlich „im Wege des Fernunterrichts" würde organisiert werden müssen. In der KPD-Planung fiel das nach 1938 noch als „Sonderform" bestehende Gymnasium fort, vorgesehen war lediglich ein „sprachlicher Zweig" in der einheitlichen Oberschule. Siehe *Materialien zur Abhandlung von Lothar Gläser: Die Rolle der sowjetischen Pädagogik beim Aufbau der deutschen demokratischen Schule und bei der Entwicklung der pädagogischen Wissenschaft auf dem Gebiet der heutigen Deutschen Demokratischen Republik (1945 bis 1949).* Teil I. In: Jahrbuch für Erziehungs- und Schulgeschichte. Berlin (Ost) 1970, S. 175–183, hier S. 181.

23 Zu den Kontexten Foitzik, Jan (Red.): *SMAD-Handbuch. Die Sowjetische Militäradministration in Deutschland 1945–1949.* München 2009; auch Nikitin, Pjotr I.: *Zwischen Dogma und gesundem Menschenverstand. Wie ich die Universitäten der deutschen Besatzungszone „sowjetisierte".* Berlin 1997.

gebäude Wilhelmstr. 69[24] tätige „Deutsche Zentralverwaltung für Volksbildung" (DZfV).[25] Zwar nicht mit Weisungsrecht ausgestattet, wurde es ihre Aufgabe, in Abstimmung mit der Besatzungsmacht die Arbeit der fünf Länder- bzw. Provinzialverwaltungen[26] im Bildungssektor zu koordinieren[27] und so auf diesem Gebiet eine grundsätzlich übereinstimmende Entwicklung in der SBZ absichern zu helfen. Erfolgversprechend war dieses Vorhaben, indem in der Regel Kommunisten die bildungspolitischen Schlüsselpositionen übernahmen und als Fachexperten weithin Sozialdemokraten sonstige Aufgabenbereiche in den neuen Bildungsverwaltungen übernahmen. Zum Präsidenten der DZfV, die Mitte 1946 unter den deutschlandpolitisch mittlerweile gegebenen Umständen die Bezeichnung Deutsche Verwaltung für Volksbildung (DVfV) erhielt, wurde Paul Wandel[28] bestimmt.

---

24 Siehe Geißler, Gert/Blask, Falk/Scholze, Thomas: *Schule: Streng vertraulich! Die Volksbildung der DDR in Dokumenten*. Berlin 1996, S. 45 ff.

25 Siehe u.a. Welsh, Helga: *Deutsche Zentralverwaltung für Volksbildung (DVfV)*. In: Broszat, Manfred/Weber, Hermann (Hrsg.): *SBZ-Handbuch. Staatliche Verwaltung, Parteien, gesellschaftliche Organisationen und ihre Führungskräfte in der Sowjetischen Besatzungszone Deutschlands 1945 bis 1949*. München 1990, S. 229–238.

26 Bis zu den ersten Landtagswahlen im Herbst 1946 galt in der SBZ für die vormaligen preußischen Landesteile weiterhin die Bezeichnung Provinz. Das betraf die (Mark) Brandenburg und Sachsen-(Anhalt).

27 Die Gesetzeshoheit und die administrativen Rechte lagen, sofern ihre Inanspruchnahme nicht in Widerspruch stand „zu den Gesetzen und Befehlen des Kontrollrats oder den Befehlen der Sowjetischen Militärverwaltung", bei den Ländern und Provinzen der SBZ. Die von der Zentralverwaltung ausgearbeiteten Richtlinien waren für die Landes- und Provinzialverwaltungen bzw. seit Oktober 1946 für die Landesregierungen und Landtage de jure nicht bindend, sondern lediglich Rechtsplanung.

28 Wandel, Paul (16.2.1905–3.6.1995), geb. in Mannheim, Volks- und Berufsschule, danach zwei Semester Ingenieurschule, 1919 Sozialistische Arbeiterjugend (SAJ), 1923 Kommunistischer Jugendverband (KJVD), dessen Bezirkssekretär in Baden, 1926 KPD, Vorsitzender der KPD-Fraktion im Stadtparlament Mannheim, bis 1929 als Maschinentechniker tätig, danach Parteiangestellter, 1931 Absolvent der Internationalen Lenin-Schule der Komintern in Moskau, 1933 bis 1945 KPdSU, Tätigkeit im Apparat der Komintern (politischer Sekretär von W. Pieck) und ab 1942 als Dozent an der Kominternschule, ab Februar 1944 als Mitglied der Arbeitskommission beim Politbüro des ZK der KPD zur Erarbeitung eines Aktionsprogramms für die Zeit nach dem Sturz Hitlers, mit der Konstituierung der DZfV deren Präsident; seit 1946 Mitglied des Parteivorstandes bzw. des Zentralkomitees der Sozialistischen Einheitspartei Deutschlands (SED). Oktober 1949 bis August 1952 Minister für Volksbildung der DDR.

Neben der von den Besatzungsmächten in allen Zonen aufgenommenen „Entnazifizierung", die als größte akademische bzw. staatlich besoldete Berufsgruppe massiv die Lehrerschaft betraf, erfolgte die erste nachhaltige schulpolitische Weichenstellung in der SBZ bereits wenige Wochen nach Kriegsende mit dem SMAD-Befehl Nr. 40 vom 25. August 1945. Er verlangte, Privatschulen in öffentliche Einrichtungen zu verwandeln und verbot jede Neugründung allgemeinbildender und fachlicher Privatschulen.[29] Schon deshalb, nicht allein aus Gründen herkömmlicher sozialistischer Programmatik, wird es später im „Gesetz zur Demokratisierung der deutschen Schule" heißen, dass die schulische Erziehung der Jugend ausschließlich Angelegenheit des Staates sei.

Von nicht minderer Bedeutung war der SMAD-Befehl auch insofern, als er zum 1. Oktober 1945 die Wiederaufnahme[30] des Schulbetriebs vorsah. Das gab Gelegenheit zum zügigen Neuaufbau der Schulverwaltung, zur zügigen personellen Neurekrutierung in der Lehrerschaft sowie zum Beginn einer an neue Inhalte und Ziele gebundenen Erziehung und Bildung. Was man jetzt nicht tue, werde

---

29 Siehe *Dokumente zur Geschichte des Schulwesens in der Deutschen Demokratischen Republik.* Teil 1: 1945–1955. Ausgewählt von Gottfried Uhlig. Eingeleitet von Karl-Heinz Günther. Berlin (Ost) 1970, S. 182. Während das Prinzip der Staatlichkeit für die allgemeinbildenden Schulen ausnahmslos durchgesetzt wurde, gab es Einschränkungen bei den Vorschuleinrichtungen und Heimen, indem die Existenz bereits bestehender kirchlicher Bildungs- und Erziehungseinrichtungen bestätigt wurde. In einigen Fällen bestanden berufs- und fachbildende Privat-Institute vorläufig weiter, indem das Privatschulverbot nur auf die Beschulung von Minderjährigen im schulpflichtigen Alter bezogen wurde. Einige Privateinrichtungen bestanden im Sonderschulbereich, so die mit der Medizinischen Fakultät der Universität Jena verbundene Trüpersche Anstalt in Jena. Generell gestattet blieb der Privatunterricht in Form von Lehrgängen und von Einzelunterricht (Nachhilfestunden, Musik-, Sport-, Tanzlehrgänge u. ä.). Das Abhalten dieses Unterrichts war genehmigungspflichtig.

30 Für das im Oktober angelaufene Schuljahr 1945/46 einigten sich die Schulvertreter der Länder und Provinzen Anfang November 1945 darauf, eine Aufnahme in die unterste Klasse der höheren Schule nicht zu untersagen, aber auch nicht zu empfehlen. Im folgenden Schuljahr sollten keine Einschulungen in die sog. Sexten mehr vorgenommen werden. Die Abiturientenzeugnisse des laufenden Schuljahres sollten als Abgangszeugnisse, nicht als Zulassungszeugnisse für die Hochschule behandelt werden. (BAB, DR 2/430, DZfV, *An die Landesverwaltungen Sachsen, Mecklenburg, Thüringen, Provinzialverwaltungen Sachsen und Brandenburg, nachrichtlich an den Magistrat Berlin Stadtrat Winzer. Ergebnisse der für den 5. und 6. November 1945 nach Halle einberufenen Konferenz der Leiter der Volksbildungsämter und ihrer Schulreferenten,* Berlin, 23. November 1945, Bl. 6).

morgen schwerfallen, war die 1945 mehrfach bekundete Ansicht Wandels[31]. Bei alledem bestimmte die SMAD die Linien der Politik teils bis hin zu konkreten Vorgaben, sie tat dies aber nicht, ohne die Fachkompetenz des in den deutschen Verwaltungen zusammengezogenen Personals zu beanspruchen. Strenge Forderungen insbesondere in der Frage der Entnazifizierung gingen mit Diskussions- und Verständigungsbereitschaft in Fachfragen des Schulwesens einher (siehe Quellenanhang).

Kurs auf „möglichst rasche Einführung der Einheitsschule"

Mit Aufnahme der Arbeiten der Zentralverwaltung entstand Ende August/Anfang September ein vom Präsidenten redigiertes Strategiepapier. Grundsätzlich galt, „Kurs auf möglichst rasche Einführung der Einheitsschule zu nehmen".[32] Auch, wenn zum Zeitpunkt der Wiederaufnahme des Schulbetriebs eine sofortige Durchführung der Reform nicht möglich sei, könne und müsse bereits jetzt „eine Überführung des bestehenden Schulwesens zur Einheitsschule" angebahnt werden. Dem entspreche die „einheitliche kommunale Volksschule für alle Kinder", die Beseitigung der Privatschulen, der konfessionellen Schulen und des „Religionsunterricht[s] im Schulplan" der öffentlichen Schule. Die drei bestehenden Typen Oberschule[33], Gymnasium und Aufbauschule[34] sollten beibehalten und damit die aus der Weimarer Zeit bekannte „buntscheckige Vielheit" der Höheren Schule nicht wiederhergestellt werden. Auch die

31 Siehe u.a. *Pädagogische Neuorientierung. Vorträge in Bildungsveranstaltungen der Lehrerschaft in Dresden und Leipzig.* 2. Folge. Hrsg. vom Rat der Stadt Dresden und vom Volksbildungsamt der Stadt Leipzig, o.0, o.J. [1945], S. 15.

32 Im Folgenden nach Geißler, G. et al.: *Schule: Streng vertraulich!* ..., S. 53 f.

33 Aufbauend auf der vierjährigen Grundschule war 1938 an die Stelle der vormaligen Typen der höheren Schule die achtklassige Oberschule für Jungen mit naturwissenschaftlich-mathematischen oder sprachlichen Zweig in der Oberstufe und die Oberschule für Mädchen mit in der Oberstufe hauswirtschaftlicher oder sprachlicher Form getreten. Das altsprachliche Gymnasium blieb als nur für Jungen zugelassene Sonderform der höheren Schule zwar erhalten, das aber nur an jenen Schulstandorten, die zugleich eine Oberschule für Jungen führten.

34 Aufbauschulen waren mit der Schulreform in der Weimarer Republik entstanden. Sie nahmen leistungsstarke Schülerinnen und Schüler der Volksschule nach dem 7. oder 8. Schuljahr auf und führten sie in sechs Jahren zur Universitätsreife. Bedeutsam war sie hauptsächlich für den ländlichen Raum. Als abiturberechtigte „Oberschulen in Aufbauform" bestand diese an Klasse 6 der Volksschule anschließende Schulform getrennt für Jungen und für Mädchen nach 1933 fort.

„fakultative Einführung des russischen Sprachunterrichts in den 5. Klassen der Volksschulen“ schaffe einen Übergang zur Einheitsschule. Die Vorbereitung der Reform bedürfe einer „gründlichen Diskussion der Probleme der Einheitsschule“ in der „demokratischen Öffentlichkeit“.

Entsprechend wurde am 17. September in der DZfV die Bildung einer „Kommission für Schulreform“[35] vorbereitet, der nach ersten Vorstellungen[36] gut zwei Dutzend Pädagogen und Schulfachleute, dazu einige Künstler und Wissenschaftler aus Berlin, angehören sollten.[37] Auf der von E. Hadermann[38] geleiteten Sitzung der Schulabteilung der DZfV vom 24. September 1945 wurde K. Schatter[39] mit der kommissarischen Leitung des „Ausschusses für die Einheitsschule“ der DZfV betraut. Ebensolche Kommission sollten in der SBZ bei den Landes- und

---

35 Siehe Geißler, G. et al.: *Schule: Streng vertraulich!* ..., S. 58. Solche Kommissionen traten auch auf Landesebene zusammen. Auf der Tagung der Schulaufsichtsbeamten Sachsen am 19./20. Oktober 1945 rief Wandel dazu auf, in allen Ländern „Kommissionen für die Schulreform“ zu bilden, in „jedem Kreis“ sollten „Schulreformer zusammentreten und Ausarbeitungen machen“, allerdings wolle man verhindern, „daß jetzt 50 oder 100 verschiedene Systeme aufgebaut werden“, eine „gesamte Reichsregelung“ werde erstrebt (BAB, SAPMO, DY 30, IV 2/905/49, Bl. 131).

36 BAB, DR 2/397, Bl. 14, *Entwurf Kommission für Schulreform*, 1. September 1945.

37 Regelmäßig eingeladen wurden in der Folge die Leiter der Referate Volksschule, Höhere Schule, Fach- und Berufsschule, Hochschule, Volkshochschule, Lehrerbildung und Außerschulische Erziehung (Kindergärten, Schülerheime). Hinzu kamen je nach Beratungsgegenstand zeitweilig hinzugezogene Schulexperten aus Groß-Berlin.

38 Hadermann, Ernst (22.5.1896–2.1.1968), 1902 Volksschule, 1906 Lateinschule, 1911 Gymnasium Fulda, 1914 Kriegsfreiwilliger, 1918 Mitglied des Arbeiter- und Soldatenrates in Fulda, Studium (Germanistik, Geschichte, Philosophie, Französisch, Alte Sprachen) in Frankfurt, Heidelberg und Marburg, 1923 Promotion, 1924 Studienrat in Marburg, 1930 in Kassel; 1941 in sowj. Gefangenschaft, Juli 1943 Mitbegründer des NKFD, Ende 1944 Mitarbeiter in der Unterrichtskommission des NKFD; 5. August 1945 Stellv. Leiter. der Schulabteilung der DZfV, 1. Januar 1947 Leiter der Abt., 1. November 1948 Berufung auf den Lehrstuhl für Germanistik der Brandenburgischen Landeshochschule, SED 1948 bis 1950, von 1955 bis zur Emeritierung 1962 Hochschullehrer an der Universität Halle/Wittenberg.

39 Schatter, Kurt (*24.12.1881), Volksschullehrer, 1910 bis 1918 Mitglied der Freisinnigen Partei, 1919 bis 1930 SPD, danach parteilos, 27. September 1944 verhaftet, 1 Jahr Gefängnis wegen Landesverrat; Juli 1945 Mitglied der LDP, 11. September 1945 Hilfsreferent für Volks-, Mittel- und Sonderschulen in der Schulabteilung der DZfV, 1947 Stellv. Leiter der Schulabteilung, LDP, 2. Vorsitzender des Zonen-Kulturausschusses der LDP.

Provinzialverwaltungen[40] gebildet werden, „deren Arbeit durch erste Richtlinien von hier zu lenken" sei.[41]

Der Ausschuss wurde beauftragt, bis zum 1. Februar 1946 eine „Denkschrift über die Einheitsschule" auszuarbeiten. Diese „erste einheitliche Stellungnahme des Amtes" sollte dann einem „durch Fachleute bezw. Vertreter der 4 demokratischen Parteien"[42] erweiterten Ausschuss den Regierungen der Länder und Pro-

---

40 Trotz allgemeiner Reformintention bestanden in den ersten Monaten nach Kriegsende bis in die oberste Ebenen der Schulverwaltung in den Ländern der SBZ teils erheblich Ungewissheiten über die Ziele der Reform. Beispielsweise fragte Sachsen bei der DZfV nach, ob die Absicht bestehe, „das Schulwesen in der Sowjetischen Besatzungszone einheitlich zu gestalten?" Auch war man sich im Unklaren, wann das am 1. Oktober 1945 begonnene Schuljahr enden sollte und hielt einen Schuljahresbeginn jeweils und wie bis 1942 üblich im Frühjahr (Ostern) für ratsam. (BAB DR 2/660, Bl. 136. *Landesverwaltung Sachsen, Abteilung Inneres und Volksbildung, Amt für Volksbildung, Ministerial-Direktor Schneller, an DZfV*, 5. Oktober 1945). In Dresden ging man davon aus, dass die kommende Schulreform wahrscheinlich „im allgemeinen eine 6-jährige Grundschule und eine 6-jährige Aufbauschule" vorsehe. Neuaufnahmen in die höheren Schulen seien deshalb vorerst nicht vorgenommen worden. Ansonsten waren die Schulträger angewiesen, „bis zum Erlass von Richtlinien über den Neuaufbau des Schulwesens von organisatorischen Änderungen abzusehen." (BAB, DR 2/660, Bl. 139. *Bericht des Amtes für Volksbildung des Bundeslandes Sachsen zu dem Schreiben vom 15.9.1945 der Deutschen Zentralverwaltung für Volksbildung in der Sowjetischen Besatzungszone – Hauptamt für Schulwesen*, Dresden, am 5. Oktober 1945). Klare Position bezogen daraufhin die Landesorganisationen von KPD und SPD mit der Forderung einer neunklassigen Volksschule, auf der sich Berufsschule, Fachschule, Oberschule und Volkshochschule aufbauen sollten (BAB, SAPMO, DY 30, IV 2/905/50, KPD und SPD Sachsen an die Landesverwaltung Sachsen, Dresden, am 1. November 1945, unpag.). Auch in Mecklenburg-Vorpommern verstand man unter „Einheitsschule" zunächst noch einen Schulaufbau mit wie bisher vierjähriger Grundschule (BAB, DR 2/967, Bl. 14, *Bericht über die Reise des Personalreferenten O. Hoffmann vom 8. bis 15. 10. 1945 zur Landesverwaltung Mecklenburg/Vorpommern, Abteilung Kultur und Volksbildung Schwerin. Anlage 4. Plan der Einheitsschule [nach Manthey-Schwerin]*, 20. Oktober 1945).

41 Siehe Geißler, G. et al.: *Schule: Streng vertraulich! …*, S. 59.

42 Zur Bildung eines solchen Ausschusses kam es offenbar nicht (Benser, Günter/Krusch, Hans-Jürgen (Hrsg.) *Dokumente zur Geschichte der kommunistischen Bewegung in Deutschland. Band 1. Protokolle des Sekretariats des Zentralkomitees der KPD von Juli 1945 bis April 1946*. München [u. a.] 1993, S. 136, Anmerkung 425). Jedoch wurde am 18. Dezember 1945 eine gemeinsame „Stellungnahme der Parteien zur Erneuerung der Lehrerschaft" veröffentlicht (siehe Geißler, G. et al.: *Schule: Streng vertraulich! …*, S. 63).

vinzen zur Stellungnahme als vorläufiger Entwurf unterbreitet werden. Es sollte sich bei dieser Denkschrift „um die einem knappen Gesetzestext entsprechende Formulierung der hundert Jahre alten, sich wohl manchmal zeitgemäß gewandelten, aber grundsätzlich immer gleichen demokratischen und pädagogisch bedeutungsvollen Forderungen" handeln. Die Hauptforderungen dieses Gesetzes bedürften „keiner langen Diskussion", denn „die Politiker – soweit sie wirklich freiheitlich gesinnte Demokraten sind – vertreten sie seit 1848, und die Pädagogen haben sie seit Pestalozzi und Diesterweg gefordert".[43] Mit alledem hatten nicht nur die Arbeiten zur Popularisierung der Schulreformziele, sondern de facto bereits auch die zu einem Schulgesetz begonnen, das sich über sozialistische Positionen hinaus auch auf linksliberales Gedankengut beziehen würde.

Hinzu kamen die für die Perspektive eines solchen Gesetzes notwendigen Abstimmungen zwischen SPD und KPD. Die beiden Parteien hatten schon am 19. Juni 1945 und am 22. September 1945 dann auch für Groß-Berlin einen gemeinsamen Arbeitsausschuss gebildet, um sich über die gemeinsame schulpolitische Programmatik zu verständigen.

Seit dem 14. September 1945 lagen die von der „Sozialistischen Kulturzentrale" beim Zentralausschuss der SPD[44] beschlossenen „Richtlinien zur Schulfrage"[45] vor. In diesem Dokument hatten sich die Sozialdemokraten für die Einheitsschule und gegen die Aufspaltung der Schule „nach konfessionellen oder weltanschaulichen Gruppen" erklärt. Der Religionsunterricht als ordentliches Lehrfach der Schule wurde ebenso verworfen wie die Existenz von Privatschulen. Von der SPD-Kulturzentrale im Duktus einer Verordnung erarbeitet wurde darüber hinaus eine eingehendere Darstellung schulischer Organisationsprinzipien. Dabei traten dezidierte Vorstellungen zur inneren Differenzierung des einheitlichen Bildungswesens hervor.

---

43 Siehe BAB, DR 2/971, Bl. 4/5, *Vorläufiger Plan für die Arbeit des Ausschusses für die Einheitsschule*, Schatter, 27. September 1945.

44 Der in Berlin im Juni 1945 gebildete „Zentralausschuß der SPD" betrachtete sich zunächst – wie auch die neuen Gewerkschaftsvorstände – als zuständiges Leitungsgremium für die Stadt, erhob aber seit August 1945 gegenüber den unabhängig entstandenen Bezirksvorständen in den Ländern und Zonen einen Führungsanspruch. Während das Führungsgremium der KPD über das Exil in Moskau fortbestanden hatte, entstand mit dem Zentralausschuss der SPD ein neues Gremium ohne Beziehung zu den ehemaligen SPD-Führern im Londoner Exil. Mit dem „Büro für die Westzonen" vollzog sich, im Oktober 1945 vom Zentralausschuss akzeptiert, die von den Berliner Entwicklungen politisch unabhängige Konstituierung der SPD in den westlichen Besatzungszonen.

45 Siehe Geißler, G. et al.: *Schule: Streng vertraulich!* ..., S. 57/58.

Der Entwurf eines „Gemeinsamen Aufrufs von KPD und SPD“ wurde am 27. September 1945 beraten.[46] In den schulpolitischen Kernaussagen – Schule als Veranstaltung des Staates, Nichtzulassung von Privatschulen, religiöse Erziehung als nichtschulische Angelegenheit der Eltern und Glaubensgemeinschaften[47], Entnazifizierung des gesamten Lehr- und Verwaltungspersonals, Reform der Lehrerbildung, Öffnung des Wegs zur Hochschule für alle Befähigten, Umstellung der Lehrpläne und Schaffung neuer Lehrbücher – erfuhr der Entwurf des Aufrufs, der auf Formulierungen des von der SPD-Kulturzentrale erarbeiteten Papiers zurückgriff, auf Einzelheiten verzichtete, jedoch die Frage der Erneuerung des Lehrpersonals und von Bildungsinhalten aufnahm, kaum Veränderungen. Allerdings wurde der Begriff „Einheitsschule“ zurückgenommen, stattdessen, ohne strukturelle Konkretisierung, ein „einheitliches Schulsystem“ genannt. In dieser Fassung wurde der Text dann am 18. Oktober 1945 veröffentlicht.[48] Eine gemeinsame Veranstaltung von KPD und SPD am 4. November 1945 im Berliner Admiralspalast, auf der nach A. Ackermann[49] und

---

46 Zu dieser Sitzung waren als Schulexperten eingeladen Erwin Marquardt (SPD), Vizepräsident der DZfV, Max Kreuziger (SPD), Stadtbezirksbürgermeister in Berlin Prenzlauer Berg und Mitglied des SPD-Bildungsausschusses, Richard Schallock (SPD), Stellvertretender Leiter der Personalabteilung der DZfV und Geschäftsführer des Verbandes der Lehrer und Erzieher sowie Karl Schulze (SPD, Juni 1945 KPD), 4. stellvertretender Oberbürgermeister und Leiter des Schulamtes der Stadt Berlin. (BAB, DR 2/1080, Bl. 20; BAB, SAPMO. Gewerkschaft Unterricht und Erziehung 324, *Schreiben von Weimann an Schallock*, unpag. Anlage: *Entwurf – An alle Eltern, Lehrer und Professoren!*). Die genaue personelle Zusammensetzung der in einzelnen Quellen und in Memoiren angeführten bildungspolitischen „Aktionsausschüsse“ der beiden Parteien ist nicht bekannt.

47 Die Staatsschule ohne Religionsunterricht als ordentlichem Lehrfach oder gänzlich ohne Religionsunterricht war in den USA und danach in einer Reihe europäischer Staaten staatsrechtlich verankert und mit nach Zeit und Ort unterschiedlichem Erfolg etabliert worden. In allen diesen Staaten bestand jedoch im Unterschied zu den sozialistischen Vorstellungen zugleich ein mehr oder weniger ausgeprägtes, vornehmlich kirchliches Privatschulwesen, das oft staatlich alimentiert wurde und teils auch die Rechte der Staats- bzw. Gemeindeschule besaß.

48 Siehe *An alle Eltern Lehrer und Hochschullehrer! Aufruf des Zentralkomitees der KPD und des Zentralausschusses der SPD zur demokratischen Schulreform.* In: *Dokumente zur Geschichte des Schulwesens …*, S. 192 f.

49 Ackermann, Anton (25.12.1905–04.05.1973), Funktionär und Parteitheoretiker der KPD, 1930/31 Lenin-Schule in Moskau, 1933 bis 1935 in der Illegalität in Berlin, danach Tätigkeit in der Parteiführung der KPD in der UdSSR, maßgeblich beteiligt an der Ausarbeitung der Parteiprogrammatik und der Kulturpolitik der KPD.

M. Kreuziger[50] auch der LDP-Vorsitzende W. Külz[51] sprach, trug das Reformanliegen in die Öffentlichkeit.[52]

Mit der Arbeit am Aufruf hatten die Kulturfunktionäre von SPD und KPD rasch ihr Einvernehmen in schulpolitischen Grundfragen feststellen können. In Erinnerung an das Verhältnis beider Parteien vor 1933 konnten Sozialdemokraten das als Zeichen eines Wandlungsprozesses in der KPD nehmen, während die KPD-Führung angesichts ihrer schulfachlichen Kompetenzschwäche sozialdemokratische Ideen nicht ungern aufnahm, vor allem aber hoffte – gerade vermittels einer gemeinsam getragenen Schulreform[53] – sozialdemokratische Bereitschaft zur einer festen Aktionseinheit induzieren zu können. Nachdem die Weimarer Republik die für das linke schulpolitische Lager maßgeblichen Schulreformvorstellungen wenig bedient hatte, schien deutschen Pädagogen, die den Nationalsozialismus im Exil, in Haft oder als Dienstentlassene überstanden hatten, ihr Beginnen wieder chancenreich. Unter den Bedingungen der sowjetischen Besatzung bestand für sie nun die Möglichkeit, anders als nach dem November 1918 rasch bildungspolitische Tatsachen schaffen und die Konsolidierung des konservativen schulpolitischen Lagers diesmal verhindern zu können.

Mit alledem konnte der DZfV-Präsident Wandel auf der Sekretariats- und Agitpropleitersitzung der KPD vom 28. Oktober 1945 die Absicht seiner Verwaltung

---

50 Kreuziger, Max (13.08.1880–12.03.1953), 1902 Volksschullehrer, mit Kriegsbeginn Militärdienst, Ende 1917 Eintritt in die SPD, November 1918 Mitglied des Soldatenrates in Memel, Februar 1919 wieder in Berlin, 1922 Rektor der 308. Versuchsschule in Berlin-Wedding und bis 1933 SPD-Stadtverordneter, 1928 Magistratsschulrat in Wedding I, 1931 bis 1. Oktober 1932 als erster Vertreter der weltlichen Schulbewegung Mitarbeiter im Preußischen Ministerium für Wissenschaft, Kunst und Volksbildung, 1933 Dienstentlassung, August bis Ende September KZ Sachsenhausen, Mai 1945 Stellv. Stadtbezirksbürgermeister in Berlin Prenzlauer Berg, Mitglied des Zentralen Bildungsausschusses der SPD.

51 Külz, Wilhelm (18.02.1875–10.04.1948) Politiker der DDP, 1926 Reichsinnenminister, Mitglied des Reichstages, 1931 bis 1933 Oberbürgermeister von Dresden, 1945 bis 1948 Vorsitzender der LDP. Im Parteiorgan „Der Morgen“ sprach sich Külz für eine Volksschule aus, in der Religionsunterricht „von der Kirche durch ihre eigenen Organe“ erteilt wird und neben der „weder Bekenntnisschulen noch bekenntnisfreie (weltliche) Schulen“ bestehen sollten (Külz, Wilhelm: *Die deutsche Volksschule*. In: Der Morgen, 17. Oktober 1945, S. 1/2. Die „Richtlinien des Parteivorstandes der LDP für die Orts- und Bezirksgruppen“ nahmen im November 1945 diese Positionen auf. (siehe Bogisch, Manfred (Hrsg.): *LDPD in der Übergangsperiode …*, S. 45/46.)

52 Siehe *Demokratische Schulreform. Bericht über die gemeinsame Kundgebung der KPD und SPD am 4. November 1945 in Berlin*. Berlin (1945).

53 Siehe Keiderling, Gerhard: *Wir sind die Staatspartei …*, S. 324.

erklären, ein Schulsystem zu schaffen, in dem „auf keiner Stufe gewissermaßen endgültig über die Weiterentwicklung des Kindes entschieden wird, daß der Betreffende nun ein Handarbeiter wird oder daß er die Hochschule besucht" und damit „wie ein Todesurteil die Weiterentwicklung des Kindes schon abgeschnitten ist."[54] Man werde „in diesem und im nächsten Schuljahr die Volksschule dahin umgestalten, daß sie allmählich im Unterrichtsinhalt an das angeglichen" werde, „was früher die höhere Schule" gegeben habe. Die höhere Schule werde dann „nicht mehr bevorrechtigt sein", und im Allgemeinen werde die frühere „höhere Schule aussterben".[55] Allerdings wolle man „jetzt nicht eine Sowjetisierung der Schule", denn „sowohl vom Standpunkt des Erziehungszieles wie der materiellen Voraussetzungen fehlen die sozialistischen Verhältnisse, um unmittelbar das zu verwirklichen, was in der Sowjetunion ist." Es gebe seit Jahrzehnten „ziemlich gut durchdachte Systeme der Einheitsschule", von daher sei es nicht notwendig, „hier viel Neues zu erfinden."

Dieser auf Integration linker und liberaler Schulreformideen zielenden Position entsprach die in der KPD-Führung vorherrschende Auffassung, dass es sich revolutionstheoretisch bei der Schulreform um eine „demokratische« Reform" handele, dass es also „unsinnig" sei, „mit dem Sozialismus bei der Schule anzufangen."[56]

Als in Halle am 5. und 6. November 1945 erstmals die in den fünf Ländern der SBZ jeweils zuständigen Schulverantwortlichen tagten, um sich mit dem Stand bei der Durchführung des SMAD-Befehls Nr. 40 zu befassen, nahm Wandel Gelegenheit, sich, auch wenn in Fragen der Einheitsschule „im Grundsätzlichen" Einigkeit bestehe, zu einigen Einzelfragen der Schulreform zu erklären.[57] Kollegiale Leitungsformen einzuführen, wie sie sich mit den Schulreformbemühungen während der Weimarer Zeit etabliert hatten, hielt er für unangebracht. Verantwortlich sein müsse „immer *ein* Mann, also etwa der Schulleiter oder in der Stadt der Leiter des Volksbildungsamtes, der Schulrat[58]." Die Schulauf-

54 Zit. nach Benser, Günter/Krusch, Hans-Jürgen (Hrsg.): *Dokumente* …, Bd. 2, S. 83.

55 Im Folgenden siehe ebenda, S. 98.

56 So der KPD-Spitzenfunktionär Fred Oelßner am 16. November 1945, zit. nach Keiderling, Gerhard: *Wir sind die Staatspartei.* …, S. 323.

57 Im Folgenden zit. nach BAB, DR 2/266, *Bericht über die Sitzung der Leiter der Volksbildungsämter, DZfV, Ausführungen des Direktors der Zentralverwaltung*, 8. November 1945, Bl. 15–17; auch Deutsches Institut für Internationale Pädagogische Forschung (DIPF)/Bibliothek für Bildungsgeschichtliche Forschung (BBF)/Arch., Heise 12, *Mappe Schulgesetz.*

58 Die organisatorische Durchführung und materielle Absicherung der Schulreform, die politische Säuberung der Lehrerschaft, das Berichtswesen, die Abstimmung mit

sicht wäre demnach zu vereinheitlichen, also „auch die bisherigen sog. höheren Schulen und Fachschulen" in eine für alle Schulen gemeinsame Zuständigkeit zu legen.[59] Nicht weniger hielt er Elternbeiräte[60] im Sinne der Entwicklung von 1918 bis 1932 gleichfalls für „unnötig". Angebracht sei vielmehr die Bildung von Elternausschüssen[61] aus besonders aktiven Gruppen von Eltern, „die vielleicht in Klassen-Elternbesprechungen, vielleicht bei praktischer Arbeit für die Schule sich bewähren und in Gesamt-Elternversammlungen" dann „bestätigt" werden. Auch die Einrichtung von Schülerräten[62] sei zu unterlassen. Begrüßt werden könne

---

den Kommunal- und Kreisbehörden, die Aus- und Weiterbildung der neuen Lehrerschaft brachten dem Schulrat eine solche Fülle von organisatorischen und verwaltungstechnischen Aufgaben, daß seine eigentliche Aufgabe, die Schulaufsicht, zurücktrat. Unterschiedlich in den einzelnen Ländern wurden deshalb zweite Schulratsstellen eingerichtet, ein sog. „Pädagogischer Schulrat" bzw. ein „Kreisbildungsleiter" mit der Aus- und Weiterbildung der Lehrer beauftragt oder organisatorisch befähigte Lehrer zur Unterstützung des Schulrats beurlaubt.

59 Hinsichtlich der Oberschulen, vor allem aber der Berufs- und Fachschulen ergingen in den einzelnen Ländern der SBZ unterschiedliche Schulaufsichtsbestimmungen. Unabhängig davon war der Schulrat gemeinhin zuständig für die politische und pädagogische Beaufsichtigung aller allgemeinbildenden Schulen (BAB, DR 2/408, diverse *Verfügungen der provisorischen Landesverwaltungen*).

60 In den meisten Ländern des Deutschen Reiches waren mit den veränderten gesetzlichen Rahmenbedingungen seit 1918/19 Elternvertretungen (Eltern(bei)räte, Schulpflegschaften, Schulvereine) entstanden. Die Elternvertretungen konstituierten sich vielfach durch Listenkandidatur und Verhältniswahlrecht. Sie nahmen damit unterschiedliche schulpolitische Interessengruppen auf und involvierten die Schule in die parteipolitische Auseinandersetzung. In Preußen, mehr noch in Lübeck, Bremen, Hamburg, Sachsen und Thüringen waren die Elternbeiräte Organ der Schulverwaltung, in der sie gemeinsam mit den Lehrervertretungen bestimmte beratende Funktionen erfüllten. Teilweise gewannen die Elternvertretungen das Recht zum Einblick in die Schularbeit. An einigen in großstädtischen Arbeitervierteln gelegenen Reformschulen entstanden zur Unterstützung einzelner Schulklassen und ihrer Lehrer Elternausschüsse.

61 Es kam jedoch allerdings vielfach auch dazu, dass die Klassenelternversammlung einen Vertreter aus der Elternschaft der Klasse für den ehrenamtlichen Elternausschuss der Schule wählte. Einzelbestimmungen siehe (BAB, SAPMO, FDGB, Gewerkschaft Unterricht und Erziehung 331, *Ausführungsbestimmungen zum Gesetz zur Demokratisierung der deutschen Schule in der auf der Ministerkonferenz am 3.12.1947 beschlossenen Fassung, 6.12.1947*; dasselbe in *Richtlinien der Deutschen Verwaltung für Volksbildung in der sowjetischen Besatzungszone Deutschlands.* Stand vom 1. März 1948. Berlin, Leipzig 1948, S. 41 ff.

62 In Eltern- und Lehrerkreisen nur allmählich und teilweise akzeptiert, war in Preußen und anderen Ländern während der Weimarer Republik unter dem Begriff Schülerselbstverwaltung an den höheren Schulen die Schülermitverwaltung eingeführt worden.

dagegen „die Hilfe von aktiven Gruppen der Jugendausschüsse auf dem Gebiet der Disziplin u. ä.". Vertreter dieser Gruppen seien allerdings nicht zu wählen, ihnen käme auch „kein Einspruchsrecht" zu. Das gelte „für alle Schulen, auch für Berufsschulen und Hochschulen". Nicht einen Studentenausschuss, sondern „eine demokratisch aktive Gruppe beim Jugendausschuß" wünsche man sich. Alle davon in den einzelnen Ländern und Bildungseinrichtungen abweichenden Entwicklungen sollten, sofern sie nicht „gefährlich" gelten und deshalb eingestellt werden müssten, „als Experimente laufen"[63].

Versuche einer Konfessionalisierung des Schulwesens seien abzuweisen. Es solle Lehrern aber nicht die Möglichkeit genommen werden, auf Antrag den in der Regel außerhalb der Schule zu erteilenden Religionsunterricht zu geben, „sofern ihre dienstliche Tätigkeit davon keine Beeinträchtigung" erfahre. Abschließend empfahl Wandel, „daß die Länder ein Landesschulgesetz schaffen, das die Einheitsschule im Prinzip festgelegt und die Durchführung der Einzelheiten Kommissionen überträgt." Bis zum 15. Dezember 1945 sollten diese „Entwürfe der Landesrahmengesetze bei der Zentralverwaltung vorliegen" und dann in der zweiten Dezemberhälfte Gegenstand einer Tagung werden.

Erste Überlegungen und Entwürfe zum „Einheitsschulgesetz"

Unterdessen liefen im Einheitsschulausschuss der DZfV neben Vorarbeiten u. a. zu Lehrplänen und zur Lehrerbildung auch die zu einem Gesetz, das die Verwaltungen der Länder und Provinzen beim Neuaufbau des Schulwesens möglichst übereinstimmend verpflichten sollte. Von grundsätzlicher Bedeutung war dabei die Verständigung über die künftige strukturelle Gestalt der „Einheitsschule", die bereits auf der ersten Sitzung der Einheitsschulkommission als „erste Aufgabe" zur Sprache kommen sollte. Für den Vorsitzenden Schatter ging es dabei nicht mehr als um die Frage, ob für eine „4- oder 6-jährige Grundschule" zu befinden

---

63 Der spätere Gesetzestext trug diesen von der Tagung bestätigten (BAB, DR 2/430, Bl. 2–6) Vorstellungen weitgehend Rechnung. Demnach unterstanden den Volksbildungsämtern der Kreise oder der kreisfreien Städte „alle Erziehungsanstalten ihres Gebietes außer den Universitäten und Hochschulen, die der Abteilung Volksbildung des Landes unmittelbar unterstellt sind." (§ 6b) – … „Die Verantwortung für die einzelne Schule trägt deren Leiter." (§ 6c). – „… werden an den einzelnen Schulen Ausschüsse der Eltern gebildet" (§ 6e) – „… soll Vertretern der demokratischen Jugendorganisationen Gelegenheit gegeben werden, gemeinsam mit den Elternausschüssen beratend im Schulleben mitzuwirken."

war,[64] ob es also beim bisherigen Schulaufbau bleiben oder aber die Grundschule um zwei Jahre verlängert, die höhere Schule um zwei Jahre verkürzt werden sollte.[65] In der Sitzung vom 10. November 1945[66] standen sich im Wesentlichen zwei Forderungen gegenüber: die von K. Landsberg[67], zuvor auch von E. Thaus[68], vertretene 6-jährige Oberschule und die von H. Bachmann[69] vertretene 8-klassige

64 BAB, DR 2/971, Bl. 2, *Ausschuß für Einheitsschule. Einladung für Sonnabend, den 29. September 1945.*

65 Ähnliche Ausgangspunkte hatte die Diskussion teils auch in den Ländern. So sahen erste *„Richtlinien für den Schulaufbau“* in Thüringen einen 13 Schuljahre umfassenden Schulaufbau vor: als Pflichtschule eine vierjährige Grundschule und eine vierjährige „Mittelschule“, als Wahlschule eine sechsjährige, in vier Zweige gegliederte Oberschule, die an die siebente Klasse der Mittelschule anschloss. (BAB, DR 2/169, Bl. 41 ff., Thüringisches Landesamtes für Volksbildung IV. *Richtlinien für den Schulaufbau.* 4. Fassung, 27. Juni 1945 (Randbemerkung Heise: *verfrüht*).

66 BAB, DR 2/167, Bl. 149/50, *Protokoll der Sitzung der Einheitsschulkommission am Sonnabend, den 10. November 1945.*

67 Landsberg, Kurt (20.03.1892–24.02.1964), 1910 Studium an der Universität Berlin, 1922 Studienrat, 1927 Oberstudienrat, 1930 Oberstudiendirektor an der Luisenstädtischen Oberrealschule Berlin-Mitte, 1919 Gründer der Deutschen Demokratischen Partei (DDP), Parteivorsitzender, 1933 mit Pension entlassen, 1934 bis 1939 Leiter der privaten Waldschule Grunewald, 1941 bis 1945 wiss. Referent für Wirtschaftsgeschichte der Wirtschaftsgruppe Einzelhandel, Juni 1945 Leiter der Oberschule für Jungen Berlin-Lichterfelde, CDU, Februar 1946 bis September 1947 Bezirksrat für Volksbildung in Berlin-Steglitz, März 1946 bis März 1947 Erster Landesvorsitzender und März 1947 bis April 1949 stellv. Vorsitzender und Fraktionsvorsitzender der CDU in Berlin.

68 Thaus, Erich (2.3.1893–10.3.1947), 1913–1918 Lehrer in Oranienburg, Mittenwalde, Rehfelde, 1918 im Berliner Schuldienst und Mitglied der Vereinigung sozialistischer Lehrer Berlin, 1. Vorsitzender der Arbeitsgemeinschaft sozialdemokratischer Lehrer, SPD, 1928–1933 Rektor der 269. Volksschule (Sammelschule, Prenzlauer Berg), nach 1933 aus dem Schuldienst entlassen, Juni 1945 vom Oberbürgermeister Berlins zum Treuhänder für das ehemalige Reichserziehungsministerium bestellt, Vortragender Verwaltungsrat, bis Mitte 1946 Referatsleiter für Volks- und Mittelschulen in der Schulabteilung der DZfV, danach Schulrat in Berlin-Charlottenburg.

69 Bachmann, Herrmann (1886), Lehrerseminar, Volksschullehrer in Berlin-Friedrichshain, 1923 Lehrer an einer höheren Schule in Berlin-Dahlem, 1926 Leiter einer weltlichen Schule in Berlin-Schöneberg, SPD, Mitglied der Schuldeputation des Bezirkes, 1931 nach schulpolitischen Auseinandersetzungen als Rektor nach Berlin-Wedding versetzt, wegen Kontakt zur KPD Androhung des Parteiausschlussverfahrens, Januar SPD-Austritt und Aufnahmeantrag KPD, aus dem Schuldienst entlassen, 1934 Wiedereinstellung als Unterstufenlehrer, 1945 Schulrat Berlin-Spandau, bis Mai Rektor der Ina-Seidel-Schule Spandau, danach stellv. Leiter des Pädagogischen Instituts Berlin, 1948 Bezirksschulrat Berlin-Friedrichshain.

Volksschule.[70] Ein mündlich ausgehandelter Kompromissvorschlag, mit dem nach längerer Aussprache „eine volle Übereinstimmung erzielt" worden sei,[71] sah vor, dass die „grundsätzlich acht Jahrgänge umfassende Grundstufe" der Einheitsschule „vom siebenten Schuljahr ab jedes Kind" entsprechend seiner Fähigkeiten und seinem Willen für die am Ende des achten Schuljahres möglichen Übergänge in die „Oberstufe" zu fördern habe. In größeren Orten könne „der Übergang zu der rein wissenschaftlichen Oberstufe (Aufbauschule) schon am Ende des sechsten Schuljahres erfolgen".[72]

Dem Vorschlag waren Leitsätze jeweils zur „Volksgrundschule" und zur „Volksmittelschule innerhalb der Einheitsschule" beigegeben. Demnach sollte in der Grundschule eine Versetzung bzw. Nichtversetzung im bisher üblichen Sinne nicht stattfinden. Stattdessen war an pflichtmäßig neben dem Unterricht zu besuchende Förderkurse für jene Kinder gedacht, die „Schwächen in einzelnen Fächern" zeigten. In der nach vier Jahren einsetzenden „Volksmittelschule" sollte es mit dem Einsetzen der zweiten, fakultativen Fremdsprache ab Klasse 7 eine „elastische Organisation des Unterrichts" mit einer Gliederung „in den gemeinsamen Kernunterricht und einen Förderunterricht" geben. Für den Übergang zur Oberschule sollten die Leistungen im fremdsprachlichen Unterricht „kein einseitiger oder ausschließlicher Bewertungsfaktor" sein. Die Auswahl für die Oberschule sei unter den Schülern vorzunehmen, „die den Förderkursus besuchen", und von einer Kommission zu besorgen, „die sich aus dem Schulleiter, beauftragten Lehrern und Eltern" zusammensetze.[73]

---

70 Siehe Bachmann, Hermann: *Die deutsche Volksschule.* In „*Deutsche Volkszeitung*". Zentralorgan der Kommunistischen Partei Deutschland. 1. Oktober 1945. Der Plan sah als Pflichtschule eine in Grund- und Mittelschule gestufte achtjährige Volksschule vor. In den Klassen 5 bis 8 der „Mittelschule" sollten zwei Fremdsprachen unterrichtet werden, eine davon obligatorisch.

71 BAB, DR 2/167, Bl. 150, *Protokoll der Sitzung der Einheitsschulkommission am Sonnabend, den 10. November 1945.*

72 BAB, DR 2/1032, Bl. 20R, *Zur Schulreform. Leitsätze zur Frage der Einheitsschule. Kompromißvorschlag zur Frage der Einheitsschule.* Die Lehrergewerkschaft vertrat nach einem Entwurf ihres Vorsitzenden Richard Schallock vier Jahre Grundstufe, fünf Jahre Mittelstufe und drei Jahre Oberstufe inklusive Berufsschule. Ab Klasse 5 sollte bei allgemein einsetzender Differenzierung nach Kern- und Kursunterricht Englisch, ab Klasse 7 Russisch (Osten) und Französisch (Westen) gelehrt werden. (BAB, SAPMO, Gewerkschaft Unterricht und Erziehung 18/368/119, *Forderungen des Verbandes der Lehrer und Erzieher zur Schulfrage und Lehrerbildung. Beschlossen in der Sitzung des Verbandsvorstandes vom 13. November 1945* [unpag.).

73 BAB, DR 2/1032, Bl. 21/22, *Zur Schulreform, Leitsätze …*

Während die Einheitsschulkommission inzwischen zur Behandlung einzelner Sachthemen übergegangen war und davon ausgehen konnte, dass der Verwaltung gemäß der in Halle getroffenen Vereinbarung bis 15. Dezember 1945 „Entwürfe der Landesrahmengesetze" vorliegen würden, dachte die SMAD inzwischen offenbar an ein in der Sache umstandsloseres und noch enger terminiertes Verfahren. Am 6. Dezember 1945 nämlich trug K. D. Mitropolski, Leiter des Sektors allgemeinbildende Schulen in der Volksbildungsabteilung der SMAD, seinem deutschen Amtskollegen E. Hadermann 1945 vor, dass es bereits im Dezember in Karlshorst[74] „bei Minister Solotuchin zur Beschlussfassung über das Grundgesetz für die Schaffung der Einheitsschule" kommen möge, sodass „Herr Marschall Shukow" auf Grund dieser Beschlussfassung einen Befehl[75] erlassen könne. Daraufhin sollten „sofort" die entsprechenden Ausarbeitungen zu den Stundentafeln, dem Lehrprogramm und den Lehrbüchern begonnen werden.[76] Es sei dabei im Gegensatz zu den früheren Richtlinien in der Schule der Weimarer Republik „eine festere Systematik des Lehrplans" vorzusehen. Und es sollten für alle diese Arbeiten „feste Termine" gesetzt werden. Hintergrund dieses Drängens war nicht zuletzt die Annahme, noch eine gesamtdeutsch verbindliche Regelung in Schulfragen erreichen zu können.[77]

Der daraufhin umgehend vorgelegte, in sieben untergliederte Paragraphen gefasste Entwurf[78] des Juristen Dr. Ernst Schaar[79] sah in § 1 als Teile der Ein-

---

74 Gemeint ist der Sitz der Abteilung Volksbildung der SMAD in Berlin-Karlshorst im bis heute erhalten gebliebenen Wohnhaus Dorotheastr. 4.

75 Diese Vorhaben wurden wenig später zugunsten einer Veröffentlichung als „Gesetz" aufgegeben.

76 BAB, DR 2/1015, Bl. 88, *Bericht über das Gespräch mit Herrn Professor Mitropolski am 6.12.1945, Hadermann.*

77 Der Erinnerung eines Beteiligten zufolge hat K. D. Mitropolski, Leiter des Sektors allgemeinbildende Schulen in der von P.W. Solotuchin geleiteten Volksbildungsabteilung der SMAD, schon im August 1945 vorgeschlagen, im Alliierten Bildungskomitee „unverzüglich ein gesamtdeutsches Gesetz zur Schulreform zu erörtern und zu beschließen", worauf Solotuchin insofern eingegangen sei, als er einen solchen Entwurf „zunächst für die sowjetische Besatzungszone vorbereiten und prüfen" lassen wollte (Nikitin, Pjotr I.: *Zwischen Dogma und gesundem Menschenverstand. ...*, S. 164 f.)

78 BAB, DR 2/290, Bl. 14 ff., *[Reichwaldt] Entwurf zum Schulgrundgesetz. Berlin-Karlshorst, den ... Dezember 1945. Der Chef der Sowjetischen Militäradministration in Deutschland.*

79 Schaar, Ernst, 1929 Promotion an der Universität Göttingen über „Elternhaus und Schule. Ihre gegenseitige Machtabgrenzung" (Pädagogisches Magazin, H. 1283, Langensalza 1930), 1932 Regierungsassessor in Stettin, Mai 1945 Geschäftsführer der von Robert Havemann geleiteten Kaiser-Wilhelm-Gesellschaft, mit Gründung der DZfV Justitiar in der von Paul Reichwaldt geleiteten Abteilung Allgemeine Verwaltung, Finanzen und Statistik.

heitsschule den („freiwilligen") Kindergarten, die Grundstufe, die Oberstufe, die Berufs- und Fachschule, die Volkshochschule und die Hochschule vor. Für den Unterricht körperlich oder geistig behinderter Kinder sollten besondere Schuleinrichtungen geschaffen werden. Die Existenz von Privatschulen schloss § 2 aus. Der Unterricht (§ 3, 3) sollte „kostenlos" sein, und der Religionsunterricht als „Angelegenheit der Religionsgemeinschaften" (§ 3, 4) von deren Beauftragten erteilt werden. Den im Entwurf besonders beachteten Eltern war in Gestalt von beratenden „Elternausschüssen" ein „Mitbestimmungsrecht am Leben der Schule" zugesprochen und zudem auch für die Schüler die Bildung von Ausschüssen vorgesehen (§ 4, 3). Körperliche Strafen in der Schule verbot § 5, und § 6 bezeichnete das Schulwesen als „eine reine Angelegenheit des öffentlichen Dienstes".

Offenbar entschied sich die SMAD dann mit Rücksicht auf das politische Kräftefeld und den bisherigen Kurs, das Gesetz mehr oder weniger öffentlich, jedenfalls auf Basis einer Übereinkunft mit den Ländern und Provinzen der SBZ legitimieren und nicht zu einem Oktroi der Besatzungsmacht werden zu lassen, doch im Sinne einer längeren Phase der Vorbereitung und Prüfung.

Für ein solches Verfahren bot sich die für den 9. und 10. Januar 1946 wiederum in Halle angesetzte 2. Konferenz der Landesämter für Volksbildung an. Zur Beschlussfassung war für diese Konferenz auf der „Grundlage der Beratungen der Einheitsschulkommission bei der Zentralverwaltung"[80] der „Entwurf eines Schulgesetzes" vorbereitet worden.[81]

Mit der Vorlage dieses von W. Heise[82] redigierten Entwurfs hielt Hadermann die „Planung des Rahmengesetzes" für „erledigt"; der Abschluss sollte

80 DIPF/BBF, Arch. 0.4.31. Heise 12, Mappe Schulgesetz, 1. Entwurf [undat.]. Faksimile in Geißler, G. et al.: *Schule: Streng vertraulich!* ..., S. 65 f. Diese Textstelle wurde für den 2. Entwurf des Textes vom 7. Januar 1946 von W. Heise überschrieben und lautete nun: „Die Arbeit der Kommission dienen als Richtlinien die Beschlüsse der Beratungen der Volksbildungsämter in Halle am 9. und 10. Januar 1946, deren Grundgedanken sind:[...]".

81 Siehe Geißler, G. et al.: *Schule: Streng vertraulich.* ..., S. 68–70.

82 Heise, Wilhelm (25.3.1897–11.3.1949), Abitur 1914 am Lessinggymnasium in Berlin, 1919 Dr. phil. Universität Berlin, 1918 USPD, 1919 KPD, 1925 Studienrat an der Körner-Oberrealschule Berlin, nach 1933 versetzt und entlassen, 1934 Verbot literarischer Tätigkeit, November 1944 bis April 1945 „Mischlings- und Zwangsarbeitslager" der Gestapo bei Zerbst, Ende April 1945 Bezirksverwaltung Berlin-Lichterfelde Ost und Süd, Ende Mai 1945 Leiter der Abteilung Volksbildung im Bezirksamt Berlin-Steglitz, Juli 1945 KPD, August 1945 Leiter der Schulabteilung der DZfV, September 1946 Professor mit vollem Lehrauftrag und Prodekan der Pädagogischen Fakultät der Berliner Universität.

in Halle erfolgen.[83] Nachfolgend sei die „Organisation der Einheitsschule im einzelnen“ auszuführen, und zwar mit Festlegung des gesamten „Bildungsziels“, dem „Bildungsziel der einzelnen Schultypen“, mit Darstellung von „Gliederung, Gabelung, Übergängen von einer Stufe zur anderen einschließlich der „Reihenfolge der Sprachen“ und der „Stundentafeln“. Zudem sei eine Denkschrift[84] auszuarbeiten.

Auf der Tagung in Halle waren die sozialdemokratisch tradierten Prinzipien der Einheitlichkeit, Staatlichkeit und Weltlichkeit der Schule ebenso wie das „antifaschistisch-demokratische“ Erziehungsziel unumstritten. Hingegen waren in Fragen der Schulstruktur[85], der inneren Differenzierung einer „organisch gegliederten“ Einheitsschule und auch der Unterrichtsgestaltung durchaus kompromisshafte Festlegungen zu finden, denn im Bewusstsein der meisten Teilnehmer waren die reformerischen Ansätze und auch dieser oder jener unerfüllt gebliebene Reformgedanken aus der Zeit vor 1933. Durchaus ausschlaggebend für die Durchsetzung einer Schule, in der gemeinsames Lernen aller Kinder über möglichst lange Zeit erfolgen und äußere wie innere Differenzierung entsprechend später einsetzen sollte, war die Autorität der SMAD. Zudem sollte der Rahmen eines zwölfjährigen allgemeinbildenden Gesamtbildungsgangs gewahrt bleiben. Gegen eine „Mittelschule“, die nach acht Grundschuljahren auf 5 Jahre festgelegt werden sollte, erklärte Mitropolski, dass bei „tieferem Durchdenken der Methode“, wenn die Stoffe systematisch als „wissenschaftliches Fach“ behandelt würden, „eine verkürzte Schulzeit möglich“ sei. Wenn „es in Deutschland so viele unbegabte Kinder“ gäbe, dann liege „das nicht an den talentlosen Kindern, sondern an den talentlosen Lehrern“. Zudem würden für eine auf zwölf Schuljahre bemessene Einheitsschule nicht nur ökonomische Gründe sprechen, denn „in anderen Ländern“ käme man auch mit 12 Jahren aus.[86]

---

83 BAB, DR 2/1009, Bl. 63, *Hadermann an Wandel, Arbeitsplan für die Gestaltung der Einheitsschule*, 7. Januar 1946.

84 Diese Denkschrift wurde unter dem Titel „Grundsätze zur Demokratisierung der deutschen Schule“ nach langer, kontroverser und zuletzt öffentlicher Diskussion schließlich Anfang September 1947 vom 2. Pädagogischen Kongress in Leipzig gebilligt. Zur Entwurfsgeschichte siehe Geißler, Gert: *Geschichte des Schulwesens in der Sowjetischen Besatzungszone und in der Deutschen Demokratischen Republik 1945 bis 1962*. Frankfurt/M. [u.a.], S. 152–172.

85 Siehe Uhlig, Gottfried: *Der Beginn der antifaschistisch-demokratischen Schulreform 1945–1946*. Berlin (Ost) 1965, S. 196 ff.

86 Thüringisches Hauptarchiv Weimar, Land Thüringen, MfV 103, Bl. 30, *Bericht über die Tagung der Landesämter für Volksbildung am 9. und 10. Januar 1946*, Bl. 30.

Die Tagung schloss zugunsten der vorab von der DZfV formulierten Positionen „mit einem abschließenden Einheitsschulgesetzentwurf".[87] Dieser sah vom 5. Lebensjahr an einen obligatorischen Kindergarten, ab dem 6. Lebensjahr eine „für alle gemeinsame achtjährige Grundschule", eine dreijährige „allgemeinverbindliche Berufsschule" und eine „vierjährige Aufbauschule" vor, in der sich „um einen für alle Schüler verbindlichen Kernunterricht Kurse" gruppieren, „die den Anlagen und Neigungen der Schüler wie den Forderungen des gesellschaftlichen und kulturellen Seins entsprechen und die Differenzierung, die im 7. Jahr der Grundschule begann, in wachsendem Maße" fortsetzt. Beachtet wurden erstmals die „Landkinder", denen durch Ausbau der „nicht vollstufigen Schulen", durch die Einrichtung von Zentralschulen und Internaten die gleichen „Entwicklungsmöglichkeiten wie den Kindern in der Stadt" gegeben werden sollten. Versuchsschulen sollten „vorzugsweise in die ländlichen Gebiete gelegt" werden.[88]

Der auf der Konferenz akzeptierte Textentwurf endete mit dem Zusatz, dass das „vorstehende Schulgesetz des Landes … (der Provinz) …zur Wahrung der Einheitlichkeit des Schulwesens nach einer unter Leitung der Deutschen Verwaltung für Volksbildung in der Sowjetischen Besatzungszone durchgeführten Beratung mit den Vertretern der Länder Sachsen, Thüringen, Mecklenburg und den Provinzen Sachsen und der Mark Brandenburg beschlossen" worden sei. Auch die Ausführungsbestimmungen zum Gesetz sollten nur „nach vorangehender Vereinbarung mit den anderen Ländern und Provinzen" der SBZ und der DZfV erlassen werden.

In den auf die Tagung folgenden Januarwochen entstanden in der Schulabteilung der DZfV insgesamt drei weitere von Heise redigierte und unbetitelte Textentwürfe. Im ersten dieser Texte hieß es, es sei eine Kommission zu bestimmen, die, ausgehend von den in Halle beschlossenen „Richtlinien", bis „zum 15. Februar 1946" einen bis in die Einzelheiten abgeschlossenen Entwurf zur „Gliederung der Einheitsschule" zur Beschlussfassung vorzulegen habe.[89] Über die einzelnen Fassungen des in Berlin unter Federführung von Heise ausgearbeiteten Entwurfes hinweg wurden die Leitgedanken der Hallenser Tagung gewahrt, jedoch ging der Text bei schwankenden Formulierungen teilweise über Grundsätzliches hinaus zu detaillierten Festlegungen über.

---

87 Siehe ebenda, Bl. 29 R.

88 Siehe Geißler, G. et al.: *Schule: Streng vertraulich. …*, S. 68–70.

89 DIPF/BBF/Arch., 0.4.31 Heise 12, Mappe Schulgesetz. *III. Entwurf*, S. 7–10, hier S. 7. Der folgende IV. Entwurf enthält diesbezüglich jedoch die Randnotiz „vertagt". Zu den einzelnen Fassungen siehe auch Geißler, Gert/Wiegmann, Ulrich: *Schule und Erziehung in der DDR. Studien und Dokumente.* Neuwied, Kriftel, Berlin 1995, S. 64 ff.

Unter dem 5. Februar 1946 stellte der Präsident Wandel der Schulabteilung der SMAD den Text des „Gesetzes über die deutsche demokratische Einheitsschule" mit der Bitte zu, diesen „den Generalen in Potsdam, Halle, Weimar, Dresden und Schwerin in Abschrift" zuzustellen, „damit sie an Ort und Stelle die Annahme des Gesetzes beschleunigen können."[90] Das Präsidium der Landesverwaltung der Mark Brandenburg nahm den Text[91] bereits am 23. Februar 1946 an, zuletzt geschah das in Thüringen gut einen Monat später am 28. März.[92]

Präzisierungen

Allerdings war das „Gesetz" in dieser Fassung noch nicht von der SMAD und auch nicht von den jeweiligen Landespräsidenten unterzeichnet. Dem Text ging im Gegensatz zu den späteren Veröffentlichungen in den Verordnungsblättern[93] keine Präambel voraus. Anders als später enthielt der Text mit Ausnahme der Fremdsprache auch keine Angaben zu den verbindlichen Fächern der Grundschule, bestimmte dagegen die zweite Fremdsprache, Mathematik und naturwissenschaftliche Fächer als Unterrichtsgegenstände der wahlfreien Kurse.[94] Aufgenommen wurde eine Altersbestimmung von 5 Jahren für den Eintritt in den Kindergarten. Vorgesehen, später nicht mehr berücksichtigt, war die Einrichtung von Erziehungsberatungsstellen, um bei „erziehungsschwierigen Kindern" in Kindergärten und Schule „sich entwickelnde Gefährdungen rechtzeitig" erkennen

90 BAB, DR 2/1441, Bl. 1, *Wandel* an *Mitropolski*, 5. Februar 1946.

91 BAB, DR 2/1009, Bl. 14–16 (Provinzialverwaltung Mark Brandenburg, Potsdam, den 23. Februar 1946).

92 Siehe Bogadyrjow, N. M.: *Die Demokratisierung der deutschen Schule nach der Befreiung Deutschlands vom faschistischen Joch durch die Sowjetarmee. Nach Materialien des Ministeriums für Volksbildung des Landes Thüringen*. Dis. Moskau 1951, S. 58 (russ.).

93 Gesetz zur Demokratisierung der deutschen Schule. In: *Verordnungsblatt der Provinzialverwaltung Mark Brandenburg*, Jahrgang 2, H. 9, Potsdam, den 20. Juni 1946, S. 155–156 / *Verordnungsblatt für die Provinz Sachsen*, Nr. 23, S. 228 / *Amtsblatt der Landesverwaltung Mecklenburg-Vorpommern*, Nr. 3, S. 71 / *Gesetze, Befehle, Verordnungen der Landesverwaltung Sachsen*, Nr. 15, S. 210 / *Regierungsblatt für das Land Thüringen*, 1, Nr. 20, S. 113.

94 Die Abteilung Volksbildung der Provinzialverwaltung Mark Brandenburg, der auf Grundlage dieser Bestimmung ein Vorschlag für die Stundentafel der Grundschule zugegangen war, lehnte diesen mit Schreiben vom 18. März 1946 „nach eigehender Beratung einstimmig ab". Mit der vorgesehenen Differenzierung umfasse die Einheitsschule „nur noch 6 Schuljahre". Wandel notierte auf dem Schreiben: „Eigenmächtig, da Brandenburg das Schulgesetz angenommen hat, in dem das ausdrücklich festgelegt wurde." (BAB, DR 2/660, Bl. 2)

und ihnen begegnen zu können. In § 6 war eine „einheitliche Ausbildung aller Lehrer“ vorgesehen, die „an der Pädagogischen Fakultät einer Universität oder anderen Hochschule“ erfolgen sollte.

Vor dem Zustandekommen der fünf Präsidialbeschlüsse war der Gesetzentwurf jeweils in den Landesblockausschüssen der „vier antifaschistischen Parteien“, behandelt worden. Hinzu kamen informelle Tagungen mit den Kreisschulräten. Auf einer Tagung am 12. und 13. März 1946 übernahm diese Aufgabe in Sachsen Wilhelm Schneller.[95] Zu Vorstellungen, den Kindergartenbesuch für obligatorisch zu erklären, stellte er fest, dass es zu deren Realisierung „wahrscheinlich noch einige Zeit dauern würde“ und im Gesetz deshalb der betreffende Passus „nicht in ultimativer Form“ festgelegt worden sei.[96] Das mit Wiederaufnahme des Unterrichts als „Übergangsmaßnahme“ vorgesehene und „von der Lehrerschaft immer“ angestrebte „9. Volksschuljahr“ werde es „vorläufig“ nicht geben. Zum einen würden die „alliierten Nationen bestimmt nicht verstehen und nicht billigen“, dass „ausgerechnet das arme Deutschland als erstes Land“ ein solches Schuljahr einführe, zum anderen brauche man „sehr schnell die Kräfte“ beim Neuaufbau des Landes. Für die achtjährige Grundschule und damit gegen die allgemeine Neigung zur sechsjährigen Grundschule habe man sich entschieden, weil in der Schule „nicht die Tiefenwirkung, sondern die Breitenwirkung“ vorherrschen solle, also eine „möglichst gediegene Ausbildung aller Schulkinder“ das Ziel sei. Auch mit der Differenzierung in Kern- und Kursunterricht einschließlich einer zweiten Fremdsprache werde „unsere Grundschule viele Aufgaben übernehmen, die die bisherige höhere Schule hatte“. Das gelte mit der angestrebten Beseitigung der „2-klassigen, 4-klassigen und 6-klassigen Schule“ auch für das „Land“, ein Vorhaben, das von den bisherigen Schulreformbestrebungen „in keiner Weise erkannt“ worden sei. Ein „wesentlicher Fortschritt gegenüber dem Zustand in der Weimarer Republik“ sei, dass das Gesetz „eine einheitliche Ausbildung aller Lehrer“ an den Pädagogischen Fakultäten[97] der Hochschulen und

---

95 Schneller, Wilhelm (13.7.1894–7.12.1979), 1909 bis 1914 Lehrerseminar in Leipzig-Connewitz, Aushilfslehrer, April 1915 bis Ende 1918 Soldat und Kriegsteilnehmer, 1920 SPD, Lehrer in Leipzig, März 1922 KPD, 1924 bis 1930 KPD-Stadtverordneter in Leipzig, 1933 aus dem Schuldienst entlassen, September 1945 bis Dezember 1950 Leiter der Abt. Volksbildung im Ressort Inneres und Volksbildung des Landes Sachsen.

96 Im Folgenden nach BAB DR 2/488. *Tagung der Bezirksschulräte am 12. und 13. März 1946 in Meißen*, Bl. 121 ff.

97 Die auf Befehl Nr. 205 der SMAD vom 12. Juni 1946 eröffneten Pädagogischen Fakultäten (siehe *Dokumente zur Geschichte …*, S. 214) übernahmen in einem dreijährigen Studium die Ausbildung von Lehrern für den Fachunterricht der oberen Klassen der

Universitäten vorsehe, was in Sachsen an der Universitäten Leipzig und der Technischen Hochschule Dresden erfolgen werde. Am Schluss seiner Ausführungen wies „Ministerialdirektor“ Schneller auf den Textzusatz hin, dass der Entwurf des „Schulgesetzes des Bundeslandes Sachsen“ zur „Wahrung der Einheitlichkeit des Schulwesens nach einer unter der Leitung der deutschen Verwaltung für Volksbildung“ durchgeführten „Beratung mit den Vertretern der Länder Sachsen, Thüringen, Mecklenburg, der Provinz Sachsen und Mark Brandenburg beschlossen“ worden sei. Zwar sei es „im Moment nicht möglich“, für ganz Deutschland „ein einheitliches Gesetz“ zu schaffen, aber man wolle das zumindest in der sowjetischen Besatzungszone erreichen.

Am 28./29. März 1946 fand gemeinsam mit den Spitzenvertretern der DZfV und eines Teils der Ländervertreter eine Beratung in der Volksbildungsabteilung der SMAD statt, in der neben anderen Fragen erneut auch das noch immer nicht rechtsgültige Gesetz diskutiert wurde.[98] Während die politische Idee des Gesetzentwurfes unstrittig war, blieben für die sowjetischen Vertreter eine ganze Reihe praktischer Fragen noch ungeklärt. Das betraf vor allem die Gliederung der Oberstufe der allgemeinbildenden Schule, die einschließlich der Berufsschule bis zum 18. Lebensjahr geltend gemachte Schulpflicht[99], dazu die Lehrerausbildung, für die aus sowjetischer Sicht angesichts des enormen Bedarfs neben den Pädagogischen Fakultäten spezielle Ausbildungseinrichtungen sowohl für Grund- als auch für Berufsschullehrer notwendig waren. Auch die im Entwurf verwendete Bezeichnung „Einheitsschule“ irritierte die SMAD-Vertreter: „Oberstufe, Abend-

---

Grundschule und der Oberschule. Verglichen mit Statuschancen anderer Studiengänge traf der Lehrgang nur nachrangig auf Interesse. Häufig wurde er von vornherein nicht in der Absicht belegt, später den Schuldienst aufzunehmen. Von den ersten Absolventen traten nur 40 Prozent, rund 500, in diesen Dienst; ein weiterer Teil quittierte wenig später. Ansonsten erfolgte die Lehrerausbildung weiterhin in Kursen unterschiedlicher Dauer, ab 1949 und bis 1970 an Ausbildungseinrichtungen ohne Hochschulcharakter.

98 *Konferenz der Deutschen Zentralverwaltung für Volksbildung und der Volksbildungsabteilung der Sowjetischen Militäradministration in Deutschland*, in: Geißler, G. et al.: *Schule: Streng vertraulich! …*, S. 70 ff.

99 In der Frage der Berufsschule hielten die DZfV-Vertreter letztlich mit Erfolg an der Festlegung auf eine dreijährige berufliche und allgemeine Bildung vom 15. bis 18. Lebensjahr fest, während die sowjetische Seite ursprünglich „von den russischen Verhältnissen“ ausgegangen war und etwa „einen Arbeitseinsatz der Jugendlichen ab dem 12. Lebensjahr, Lehrzeitverkürzungen auf zwei oder ein Jahr und noch darunter“ vorgeschlagen und vor allem die Realisierungsmöglichkeiten im ländlichen Raum skeptisch beurteilt hatte (BAB, DR 2/1015, Bl. 101, *Besprechung mit der Berufsschulabteilung der SMA, Fuchs*, 27. Februar 1946).

gymnasium, Tagesgymnasium usw."[100] – alles das sei unter diesem Begriff nicht zusammenzubringen.

Es bedurfte eingehender Erläuterungen von Wandel, dass die Textverfasser in deutscher Begriffstradition unter der Einheitsschule ein „einheitlich geordnetes Schulsystem" verstünden, in dem, wie schon auf den „großen Tagungen nach 1919" erklärt worden sei, „jeder, auch der wirtschaftlich Ärmste nach Maßgabe seiner Begabung und seines Willens aufsteigen könne".[101] Ohne dem Präsidenten in dieser Frage zu widersprechen, kam die sowjetische Seite insgesamt und mit Blick darauf, dass nichts zu versprechen sei, was nicht „konkret im Leben verwirklicht werden könne", dennoch zu der Auffassung, die DZfV müsse „diesen Gesetzesvorschlag noch einmal genau durcharbeiten".[102]

Im Ergebnis der Überarbeitung wurde im folgenden Entwurf auf eine Festlegung zur Lehrerbildung verzichtet, im betreffenden Paragrafen nur angekündigt, dass zu dieser ein „besonderes" Gesetz ergehen solle. Im Titel wurde auf die Bezeichnung „demokratische Einheitsschule" verzichtet, diese im Text aber beibehalten. Die an die achtklassige Grundschule anschließenden Bildungseinrichtungen galten nunmehr als solche der „Oberstufe", nicht mehr wie vordem als solche der „Mittelstufe". An die Stelle der „Aufbauschule" trat der Begriff „Oberschule". Hinsichtlich der Grundschule wurde die auf die herkömmliche Volksschule verweisende Bezeichnung „Naturkunde" zugunsten von Biologie, Physik und Chemie aufgegeben, und statt „Rechnen" Mathematik aufgeführt.

Mit der Bitte um Zustimmung übersandte Wandel am 9. April 1946 den von seiner Verwaltung „auf der Grundlage der bereits in den Ländern angenommenen Gesetze" erstellten Entwurf über die Volksbildungsabteilung der SMAD an den Leiter des Militärrats der SMAD Generalleutnant F. J. Bokow, damit die von den „Ländern und Provinzen vorgeschlagenen Gesetze Gesetzeskraft erhalten" können.[103] Am 25. April teilte Mitropolski bei einer Besprechung über Lehrbuchfragen mit, dass das neue Einheitsschulgesetz von der SMAD[104]

100 Siehe Geißler, G. et al.: *Schule: Streng vertraulich! …*, S. 73 ff. In den Entwürfen war jedoch von Anfang an keine der genannten Schulformen als „Gymnasium" bezeichnet worden. Allerdings galten bis zum Beginn des Schuljahres 1946/47 die herkömmlichen Bezeichnungen.

101 Siehe ebenda, S. 75.

102 Ebenda.

103 BAB, DR 2/1441, *An die Sowjetische Militärverwaltung. Generalleutnant Bokow, durch die Abteilung für Volksbildung bei der S.M.A, Berlin-Karlshorst*, 9. April 1946.

104 Gemeint ist die Abteilung Volksbildung der SMAD.

„bereits genehmigt und Herrn Wandel übergeben sei, der es vor dem Parteivorstand der SED nochmals erläutern solle.“[105] Eine begründende Darstellung des Gesetzes hatten Wandel, Heise und die für Wissenschaft und Hochschule zuständigen Vertreter der DZfV in diesem Zusammenhang schon am 16. April 1946 in einem Gespräch mit auf kulturpolitischem Gebiet verantwortlichen Spitzenvertretern der CDU gegeben.[106]

Am 14. Mai 1946 teilte Mitropolski der DZfV mit, dass er „heute zum Vortrag“ bei „Generalintendant Bokow befohlen sei, wo das Einheitsschulgesetz[107] „sanktioniert werden wird“. Dazu sei „die zustimmende Stellungnahme der Herren Grotewohl und Ulbricht“[108] erwünscht. Er werde sich das Exemplar mit den beiden Unterschriften „um 13 Uhr“ abholen.[109]

Am 19. Mai befassten sich auf einer Tagung in Berlin[110] die Leiter der Volksbildungsämter der SBZ in Anwesenheit der SMAD-Vertreter nochmals mit dem

---

105 BAB, DR 2 1009, Bl. 78. *Protokoll über eine Besprechung zwischen SMA und ZV am 25. April 1946 im Hause der ZV*, 26. April 1946.

106 Siehe *Besprechung mit der CDU*, in Geißler, G. et al.: *Schule: Streng vertraulich! ...*, S. 76 ff. Die Christdemokraten erklärten ihre Zustimmung zu den Grundsätzen des Gesetzes, lehnten jedoch die vorgesehenen Bestimmungen zum Schulaufbau und zum Religionsunterricht ab. Ähnlich erklärten sich Landesverbände der CDU in der SBZ. Deutlich gegen die Bestimmungen zum Religionsunterricht wandten sich evangelische Kirchenvertreter, ganz entschieden abgelehnt wurde diese von katholischer Seite (Siehe hierzu vor allem Tischner, Wolfgang: *Katholische Kirche in der SBZ/DDR 1945–1951. Die Formierung einer Subgesellschaft im entstehenden sozialistischen Staat*. Paderborn [u. a.] 2001, S. 263 ff.).

107 BAB, DR 2/1009, Bl. 24, *Gesetz zur Demokratisierung der deutschen Schule*. Randnotiz (russ.) *Zum Druck zugelassen. Zu Händen von P. Wandel*. (Dienststempel der SMAD, Abteilung Volksbildung). In der Präambel hieß es, dass „allen Jugendlichen [...] ohne Unterschied des Vermögens und der Weltanschauung ihrer Eltern“ das gleiche Recht auf Bildung garantiert werde. In dem Wandel zugegangenen Entwurf wurde der die Weltanschauung betreffende, in Bezug auf die nationalsozialistische Ideologie unpräzise Passus gestrichen und nachfolgend auch nicht in die Endfassung des Gesetzes aufgenommen. Paragraph 1 lautete im Entwurf „Ziele und Aufgaben“, während in die Endfassung der Zusatz „... der deutschen Schule“ einging.

108 Es handelt sich um die beiden Vorsitzenden der am 21./22. April 1946 gegründeten Sozialistischen Einheitspartei Deutschlands (SED). Das erwähnte Exemplar ist nicht überliefert.

109 BAB, DR 2/1009, Bl. 24, *Aktennotiz, Berlin, den 14. Mai 1946*.

110 BAB, DR 2/255, Bl. 1/2, *Tagung der Leiter der Volksbildungsämter der Länder und Provinzen der sowjetischen Besatzungszone am 19. Mai 1946 in Berlin, Wilhelmstr. 68*. Im Folgenden nach ebenda.

von sowjetischer Seite genehmigten Text[111]. Wandel erklärte, man gehe „von der Tatsache aus, dass bisher die Schulfragen durch Landesgesetz geregelt waren", sei dabei aber „Anhänger einer deutschen Regelung" und gehe davon aus, dass die mit dem Gesetz angestrebte Lösung der Schulfrage „dem Interesse der deutschen Nation entspricht". Hinsichtlich der Regelungen in den einzelnen Ländern und Provinzen der SBZ hätten sich „gewisse unterschiedliche Texte" ergeben. Es handele sich dabei aber im Wesentlichen nur um „Nuancen, keine prinzipiellen Unterschiede, ausgenommen einzelne Punkte, in denen durch Forderungen der sowjetischen Behörden Abänderung" notwendig gewesen seien. Nach einer längeren Diskussion, in der nur Einwendungen gegen Formulierungen vorgebracht wurden, wurde eine „Redaktionskommission, bestehend aus den Herren Dr. Hadermann, Manthey[112] und Dr. Wolf[113], gewählt, die die vorgeschlagenen Änderungen" einarbeiten sollten.

---

111 Siehe *Gesetz zur Demokratisierung der deutschen Schule (Grundlage für gemeinsame Gesetzesvorlage)*. In: *Richtlinien der Deutschen Verwaltung für Volksbildung in der sowjetischen Besatzungszone Deutschlands. Stand vom 1. März 1948*. Berlin/Leipzig 1948, S. 14–17. Der Text stand damit in einem vereinfachten Genehmigungsverfahren für die fünf von der Militärverwaltung nicht jeweils gesondert gebilligten, nahezu gänzlich wortgleichen Gesetzentwürfe der Länder und Provinzen. Die Ausführungsbestimmungen vom 3. Dezember 1947 (siehe ebenda, S. 41–47) bezogen sich wie alle sonstigen Richtlinien der DVfV ausschließlich auf diese von der SMAD genehmigte Fassung. In dieser Fassung war das Gesetz nach Auflösung der Länder 1952 in der DDR bis zum „Gesetz über die sozialistische Entwicklung des Schulwesens in der Deutschen Demokratischen Republik" vom 2. Dezember 1959 in Kraft. Doch schon zu Beginn der 1950er Jahre hatte das Gesetz von 1946 im Zuge einer auf dem Verordnungsweg umfassend betriebenen „Reorganisation" des Schulwesens gravierend an Bedeutung verloren, auch wenn Gesetzentwürfe von 1950/51, mit denen, „das gesamte Pflichtschulwesen einschließlich der vorschulischen Erziehung" neu geregelt werden sollten, dann doch zurückgezogen worden waren (siehe Geißler, Gert: *Geschichte des Schulwesens* …, S. 263 ff.)

112 Manthey, Hans, SPD, Volksschullehrer, Vorstandsmitglied des Pommerschen Lehrervereins, 1933 entlassen, 1945 KPD, Oktober 1945 Abteilungsdirektor Kultur und Volksbildung der Landesverwaltung Mecklenburg, Vertreter eines radikalistischen Umerziehungskonzepts u. der forcierten Errichtung von Internats- bzw. Zentralschulen, nach internen Auseinandersetzungen Anfang 1947 Wechsel nach Westdeutschland, 1950 Pressechef der SPD-Bundestagsfraktion.

113 Wolf, Walter (27.02.1907–02.04.1977), 1928 Abitur in Gotha, 1931 Volksschullehrer, 1930 KPD,1934 strafversetzt, 1937 verhaftet, 1938 bis Mai 1945 KZ-Buchenwald, Juli 1945 Landesdirektor für Volksbildung in Thüringen, Oktober 1946 Minister für Kultus und Volkserziehung der Landesregierung Thüringen.

Beginnend in der Provinz Sachsen am 22. Mai, zuletzt in Thüringen am 2. Juni wurde das Gesetz bei geringen, nur in Thüringen hinsichtlich des Kursunterrichts[114] inhaltlich belangvollen Textabweichungen jeweils angenommen und von den Länder- und Provinzialpräsidenten unterzeichnet. Im Land Sachsen geschah das unter Punkt 5 der Tagesordnung unspektakulär auf der 55. Präsidialsitzung am 31. Mai 1946.[115] Mit Rücksicht darauf, dass der Entwurf „für die ganze Zone einheitlich gedacht“ sei, bat Berichterstatter Schneller die Präsidialen darum, „von Änderungen abzusehen.“ Vorgenommen wurden so nur einige stilistische Änderungen, die die Präambel und die für Sachsen geltende Behördenbezeichnung betrafen. Der Entwurf wurde anders als in der Provinz Sachsen, in der er lediglich als eine weitere „Verordnung“ angenommen worden war, einstimmig als „Gesetz“ angenommen.

Alles in allem hatten damit in den „föderalen Ländern und Provinzen“ der SBZ fünf Prozeduren zur Inkraftsetzung eines in Abstimmung mit der SMAD von der DZfV ausgearbeiteten „Rahmengesetzes“ stattgefunden, das unter den gegebenen Bedingungen formal jeweils als Landesgesetz geltend gemacht werden musste. Dabei war gesichert, dass die Texte nahezu wortgleich ausfielen und so die rechtliche Grundlage für eine in allen wesentlichen Belangen einheitliche Schulreform in der SBZ bieten konnten.[116]

---

114 In der Thüringer Fassung des Gesetzes enthielt der Paragraf 3b den Zusatz: „Wo die Voraussetzungen erfüllt sind, werden diese Kurse bereits im 5. oder 6. Schuljahr eingeführt.“ Siehe auch Benner, Dietrich et al. (Hrsg.): *Quellentexte …*, S. 26 (hier als 3. Entwurf unter dem Titel *„Gesetz zur deutschen demokratischen Einheitsschule“*, undat. [Februar 1946]).

115 Siehe Thüsing, Andreas: *Das Präsidium der Landesverwaltung Sachsen. Die Protokolle der Sitzungen vom 9. Juni bis 10. Dezember 1946*. Göttingen 2010, S. 350.

116 Das schloss nicht aus, dass es nach den Landtagswahlen in der SBZ zeitweise länderspezifische Ausführungsbestimmungen, verschiedene Formulierungsvarianten auch in den Länderverfassungen und vor allem unterschiedliche Praxen im Verwaltungshandeln gab. Das betraf selbst die Schulstruktur. Mit kleinen, in der Regel einzügigen Oberschulen war der schulgesetzlich vorgesehene Typ dieser Schulen hauptsächlich in Kleinstädten Thüringens und Mecklenburgs präsent. In Sachsen-Anhalt dagegen waren der Oberschule häufig die Grundschulklassen 7 und 8 angegliedert. In Sachsen hatten die meisten Oberschulen die seit 1938 geltende Klassenfolge 5 bis 12 beibehalten, und etwa die Hälfte dieser Schulen führten auch die Unterstufenklassen 1 bis 4 der Grundschule. In Brandenburg war das nahezu die Regel. Nach dem Stand vom November 1948 bestand in der SBZ etwa jede zweite Oberschule nicht als eigenständige Einrichtung mit den Klassen des 9. bis 12, sondern als sogenannte „vereinigte Grund- und Oberschule“, die unter einheitlicher Schulleitung alle zwölf Schuljahrgänge führte. Zu diesen Schulen gehörten fast alle vormaligen humanis-

Im Anschluss an seine festliche „Verkündung“ am 12. Juni 1946 in Weimar[117] wurde das Gesetz von der Presse, auf Versammlungen und durch Auftritte von Schulexperten möglichst massenwirksam propagiert. Im Kreis derer, die es ausgearbeitet hatten, konnte man dabei der Ansicht sein, dass „die Schulfrage“ für die „demokratischen Parteien eine seltene Veranlassung“ biete, auf „einem wichtigen Gebiet der Innenpolitik im besten Sinn“ zusammenzuarbeiten. Nur die Frage des Religionsunterrichts[118] „ziehe nach einer Seite der Parteikonstellation einen gewissen Trennstrich“, jedoch bestünden im „Übrigen keinerlei nennenswerte Gegensätze“.[119] Realistisch äußerte sich mit Blick auf die anstehenden Landtagswahlen am 25. Juni 1946 Wandel. Man wisse „sehr wohl“, dass die CDU und

---

tischen Gymnasien. Erst mit dem Schuljahr 1951/52 wurde DDR-weit mit der sich bis weit in die 1950er Jahre hinziehenden Trennung aller dieser Schulen in jeweils eigenständige Grund- und Oberschulen begonnen (siehe hierzu Geißler, G.: *Schulgeschichte* ..., S. 758 f.).

117 Vorgesehen war eine Rundfunkübertragung der „öffentlichen Verkündigung des Einheitsschulgesetzes“, dazu in allen Zeitungen die Veröffentlichung des Gesetzes als Sonderbeilage. Für den folgenden Tag ordnete die Thüringer Schulverwaltung zudem Feiern in allen Schulen an. (Land Thüringen. Landesamt für Volksbildung BA 5, 13–121/46. *An alle Kreisschulämter, Weimar, den 5. Juni 1946*). Von 1951 bis 1989 wurde der 12. Juni in allen Volksbildungseinrichtungen der DDR festlich als „Tag des Lehrers“ begangen.

118 Nach den für die Länder zunächst vorgesehenen „Richtlinien zur Durchführung des Gesetzes zur Demokratisierung der deutschen Schule“ vom 20. Juni 1946 sollte gelten: „1) Der Religionsunterricht ist nicht ordentliches Lehrfach der Schule. 2) Er wird von dem Beauftragten der Religionsgemeinschaften an diejenigen Schüler erteilt, deren Erziehungsberechtigte an diese einen Antrag stellen. 3) Die Schulen stellen den Religionsgemeinschaften auf Antrag zur Erteilung des Religionsunterrichts bis zu zwei Wochenstunden in jeder Klasse einen Raum nebst Beleuchtung und Heizung zur Verfügung. Die Lage dieser Stunden regelt der Schulleiter im Benehmen mit dem Beauftragten der Religionsgemeinschaften. Die Verantwortung für die Schüler und ihr Verhalten trägt die Religionsgemeinschaft. Ein Recht auf Besuch des Religionsunterrichts steht dem Schulleiter nicht zu. Die Religionsgemeinschaft verpflichtet sich, den Unterricht nur von solchen Lehrern erteilen zu lassen, deren antifaschistische Haltung einwandfrei feststeht.“ (BAB, SAPMO, FDGB, Gewerkschaft Unterricht und Erziehung 326.) Im Wesentlichen, aber mit Varianzen entsprach die Praxis in den Ländern diesen Vorstellungen. Zu den Festlegungen in den Ende 1946/Anfang 1947 verabschiedeten Länderverfassungen siehe *Bildungsminister zu Kirchenfragen, 18./19.3.1947*, in: Geißler, Gert et al.: *Schule: Streng vertraulich!* ..., S. 428; ders.: *Geschichte des Schulwesens* ..., S. 101 ff., Tischner, Wolfgang: *Katholische Kirche* ..., S. 501 ff.

119 BAB, Dr 2/266, Bl. 52. *Schatter an Herrn Dr. Heise, Berlin, den 4. Juni 1946.*

LDP „ihre Zustimmung zu diesem Gesetz“ mit „großen Vorbehalten und inneren Hemmungen“ gegeben hätten. Und man wisse noch mehr, nämlich, „dass die Herren dieser Parteien, die im Hintergrund stehen, ein uns völlig entgegengesetztes Schulprogramm haben.“[120]

Schulgesetz von Groß-Berlin

Keine Gültigkeit hatte das Gesetz im sowjetischen Sektor der Viermächte-Stadt Berlin. Zwar lag in Berlin, anders als in den Ländern der SBZ, bereits am 4. Juni 1945 der Entwurf eines „Rahmengesetzes für den Neuaufbau des Berliner Schulwesen“[121] vor, doch nach der Bildung der Alliierten Kommandantur Anfang Juli 1945 und der sektoralen Aufteilung der Stadt war an eine rasche Umsetzung von Schulreformplänen nicht mehr zu denken. Das galt umso mehr nach der Wahlniederlage der SED in der Wahl zu den Stadtverordneten vom 20. Oktober 1945, die der SPD fast 50, der SED knapp 20 Prozent gebracht hatte. Fortan begegneten sich die verschiedenen schulpolitischen Kräfte und Allianzen auf deutscher Seite in der gesetzgebenden Stadtverordnetenversammlung, im parlamentarischen Ausschuss für Volksbildung, in der exekutiven Arbeit des Berliner Magistrats[122] sowie in den seit Juni 1945 stattfindenden, vom Hauptschulamt der Stadt einberufenen Sitzungen der Berliner Schulräte.

---

120 BAB, DR 2/167, Bl. 74, *Tagung bei der SMA, Abt. Volksbildung, in Karlshorst am 24. und 25. Juni 1946, 2. Verhandlungstag* (siehe auch das Dokument im Anhang zu diesem Beitrag).

121 „§ 1. Die neue Berliner Schule wird eine deutsche Einheitsschule sein, die im Geiste echter Demokratie allen Kindern ohne Rücksicht auf wirtschaftliche, soziale und weltanschauliche Unterschiede die gleiche Bildungsmöglichkeit sichern soll. / § 2. Die Einheitsschule gliedert sich in drei Stufen: Grundstufe = 4 Jahre, Mittelstufe = 5 Jahre, Oberstufe = 3 Jahre (4 Jahre) / § 3. A. Die Oberstufe gliedert sich in drei Zweige: 1) Berufsschulen für diejenigen Jugendlichen, die mit 15 Jahren als Lehrlinge in den Betrieb eintreten, 2) Fachoberschulen mit ganztägigem Unterricht, 3) Wissenschaftliche Oberschule. […]

122 Die wichtigsten Materialien zur Verordnungslage, Stellungnahmen der Kirchen zum Religionsunterricht und drei Protokolle jener Konferenzen der Bezirksbürgermeister, auf der Schulfragen besprochen wurden, sind enthalten in: *Berlin. Quellen und Dokumente 1945 bis 1951.* 1. Halbband. Herausgegeben im Auftrag des Senats von Berlin, Berlin 1964, S. 506–555. Vollständig für 1945/46 dokumentiert sind die Protokolle der Sitzungen des Berliner Magistrats, die auch Auskunft über die Thematisierung des Schulwesens in diesem Gremium geben (siehe Hanauske, Dieter (Hrsg.): *Die Sitzungsprotokolle des Magistrats der Stadt Berlin 1945/46.* Teil I: 1945. Berlin 1995, Teil II: 1945/46. Berlin 1999).

Anders als in den politischen Ämtern kam es nach den Berlin-Wahlen vom Oktober 1946 in der Schulverwaltung der 21 Stadtbezirke bis zur Teilung der Stadt kaum zu personellen Veränderungen. Da sie in ihren schulpolitischen Zielstellungen grundsätzlich übereinstimmten, kooperierte der regelmäßig im Hauptschulamt zusammenkommende Kreis sozialdemokratischer und kommunistischer Schulmänner ungeachtet der Wahlniederlage der SED auch weiterhin. Was diese Männer[123] – Frauen waren fast ausnahmslos nicht vertreten – verband, waren unerfüllt gebliebene Erwartungen aus der Revolution von 1918, zudem Gemeinsamkeiten und Verbindungen aus der Schularbeit vor 1933, mit der Berlin zu einem Zentrum der Schulreform hatte werden können. Spätestens 1933 hatten sie, zu einem guten Teil ehemals an „Weltlichen Schulen" tätig gewesen, aus dem Schuldienst ausscheiden müssen. Zwar gehörte das Fachpersonal des Hauptschulamtes und der Bezirksschulämter weit überwiegend der Sozialdemokratie an, jedoch besaßen die Kommunisten besonderen Einfluss insofern, als ihnen unmittelbar nach Kriegsende mit der Leitung des städtischen Hauptschulamtes eine Spitzenposition zugefallen war, die sie, anders als die Leitung der Abteilung Volksbildung des Magistrats, auch weiterhin behaupteten.[124] Vertreter traditioneller, christlich-konservativer und gymnasialer Schulkonzepte waren in den Schulämtern kaum vertreten.

Gebunden an die Befehle der Alliierten, regelte das Hauptschulamt das Berliner Schulwesen sektorenübergreifend auf dem Verordnungsweg. Erst im Sommer 1946 kam mit Blick auf das bevorstehende Schuljahr und die Gestalt des Gymnasiums die Diskussion auch um strukturelle Veränderungen der Schule auf. Sie führte im Winter 1947 zu ersten Gesetzesentwürfen.[125] Nach mehrfacher Beratung im Volks-

---

123 Keineswegs handelte es sich bei diesen „sozialistischen und kommunistischen Schulräten", wie mutmaßend behauptet worden ist, um einen Kreis von „häufig fachfremden" Personen (siehe Tischner, Wolfgang: *Katholische Kirche ...*, S. 251), sondern um erfahrene Volksschullehrer und Studienräte, die sich vor 1933 häufig auch in der Verwaltung, in der Lehrervereinsarbeit, in öffentlichen politischen Ämtern und sonst im Volksbildungswesen profiliert hatten.

124 Geißler, Gert (Hrsg.): *Schulreform und Schulverwaltung in Berlin. Die Protokolle der Gesamtkonferenzen der Schulräte von Groß-Berlin Juni 1945 bis November 1948.* Frankfurt/M. [u. a.] 2002.

125 *Schulgesetzentwurf der SED* vom 17. Januar 1947 und Vorfassung vom 13. Dezember 1946; Schulgesetz für Groß-Berlin, Entwurf Dr. Haas, 23. Februar 1947; *Schulgesetz für Groß-Berlin*, Entwurf des Magistrats vom 26. Februar 1947; *Schulgesetzvorlage* des Volksbildungsausschusses vom 24. Juni 1947, schließlich *Schulgesetz für Groß-Berlin.* Beschluss des Ausschusses für Volksbildung vom 24. Juni 1947 zu dem Antrag der Fraktion der SED betr. die deutsche Einheitsschule – Vorlage Nr. 6/49 – zu der Vorlage betr. Schulgesetz für Groß-Berlin Vorlage Nr. 19/122 und zu dem Antrag

bildungsausschuss des Magistrats wurde das mit Nachdruck von den Schulräten unterstützte und profilierte „Schulgesetz von Groß-Berlin"[126] schließlich in 3. Lesung von der Stadtverordnetenversammlung am 13. November 1947 mit 83 gegen 30 CDU-Stimmen angenommen und auf Befehl der Alliierten Kommandantura noch kurz vor der administrativen Teilung der Stadt am 22. Juni 1948 in Kraft gesetzt.[127]

Das Gesetz sah eine zwölfjährige Einheitsschule vor, die sich nach achtjähriger Grundschule unter der Bedingung eines gemeinsamen Schulkörpers und eines gemeinsamen Lehrerkollegiums in je einen „praktischen" und einen „wissenschaftlichen" Zweig gabelt. Vorgesehen war die Einführung eines obligatorischen Fremdsprachenunterrichts ab Klasse 5, die Koedukation, Schulgeld- und Lernmittelfreiheit sowie ab Klasse 7 die Differenzierung nach gemeinsamem Kernunterricht und wahlfreien Kursen einschließlich des Unterrichts in einer zweiten Fremdsprache, so auch des Lateins. Ein 9. Schuljahr im „praktischen Zweig" sollte der Berufsfindung dienen. Der Religionsunterricht wurde gemäß der bereits seit Juni 1945 geltenden Verordnungslage[128] aus dem obligatorischen Lehrangebot herausgelöst. Allgemein- und berufsbildende Privatschulen waren nicht zugelassen. Für bestehende Gymnasien in Trägerschaft der katholischen Kirche sprachen die Alliierten jedoch eine Bestandsgarantie aus, und sie behielten sich die Eröffnung weiterer Privatschulen vor.

Resümee

Mit der im „Gesetz zur Demokratisierung der deutschen Schule" für die SBZ getroffenen Entscheidung für eine achtjährige Grund- und eine vierjährige Oberschule setzte sich in dieser Hinsicht letztendlich das von der KPD bereits

---

der Fraktion der CDU betr. Schulgesetz für Groß- Berlin – Vorlage Nr. 21/137 – endgültiger Beschluss der Stadtverordnetenversammlung vom 13. November 1947.

126 Benner, Dietrich/Eichler, Wolfgang/Göstemeyer, Karl-Franz/Sladek, Horst (Hrsg.): *Quellentexte zur Theorie und Geschichte der Reformpädagogik.* Teil 3.1: *Staatliche Schulreform und Schulversuche in SBZ und DDR.* Weinheim, Basel 2004, S. 76–81.

127 Die Alliierte Kommandantur erzielte in ihrer Sitzung am 26. Februar 1948 zunächst keine Einigung über das Schulgesetz. Am 19. Mai 1948 wurde es von den Stellvertretenden Stadtkommandanten gebilligt, nachdem einige Änderungen in der Frage der Errichtung der Privatschulen und des Religionsunterrichts vorgenommen worden waren. Mit der BK/O (48) 88 vom 22. Juni 1948 genehmigte die Kommandantur endgültig das Gesetz, wobei sie sich bei § 2 das Recht vorbehielt, in Zukunft, außer den bereits zugelassenen, weitere Privatschulen zu genehmigen.

128 Siehe V*orläufige Richtlinien für die Wiedereröffnung des Schulwesens in Berlin vom 11. Juni 1945.* In: Geißler, G. (Hrsg.): *Schulreform und Schulverwaltung in Berlin …*, S. 14 ff.

im Moskauer Exil vertretene Schulmodell durch. Gegen die Bildungserwartungen und den Reproduktionszyklus der bürgerlich-akademisch geprägten Teile der Bevölkerung wurde der Lehrgang der bisherigen höheren Schule mit der Entscheidung für eine vierjährige und dreizügige Oberschule erheblich gekürzt, um für alle Mädchen und Jungen in Stadt und Land die Option einer höheren Allgemeinbildung erheblich länger, bis zum Ende der 8. Klasse, zu erhalten. Durch einen auf der Unter- und insbesondere der Mittelstufe nicht mehr an das Konzept der volkstümlichen Bildung, sondern an das Niveau etwa der früheren Mittelschule gehaltenen Lehrplan wurde Anschlussfähigkeit für weiterführende höhere Bildung hergestellt und zugleich berufliche Bildung gründlicher fundiert. Ein Zugeständnis an das akademische Milieu war die mögliche Einrichtung von wahlfreien Kursen nach besonderen Lehrplänen in den oberen Klassen der neuen „Grundschule". Mit dieser Differenzierung, die auch einen Lateinunterricht ab Klasse 7 erlaubte, konnten Bildungsgänge der bisherigen höheren Schule im Rahmen der neuen Grundschule lebendig gehalten werden.

In der Vier-Sektoren-Stadt Berlin fand das Schulreformlager in Gestalt nun nicht von sieben, sondern von 28 Gesetzesparagraphen zu einem im politischen Kräftefeld bis in Details ausgehandelten, im Grundsatz einheitlichen, in Einzelfragen vermittelnden, sozial intendierten Programm, das verschiedene schulreformerische und reformpädagogische Ansätze integrierte und auf parlamentarischem Wege Gesetzeskraft erlangte. Sichtbarer als im Schulgesetz der SBZ waren aber auch mögliche schulpolitische Bruchstellen. So vermied Paragraph 20 eine klare Festlegung[129] auf eine achtjährige Grundschule, betonte dagegen die ab Klasse sieben einsetzende Differenzierung nach Kern- und

---

129 „§ 20 1. Die Einheitsschule gliedert sich in zwölf aufsteigende Klassen. Ihr Aufbau hat von unten herauf organisch zu erfolgen. / 2. In den ersten vier Klassen wird der Unterricht im wesentlichen ohne fachliche Gliederung als ein von der Heimatkunde ausgehender Gesamtunterricht erteilt. Von der fünften Klasse an findet eine Fächerung des Unterrichts statt. Außerdem beginnt hier der Unterricht in einer lebenden Fremdsprache nach freier Wahl. / 3. Mit der siebenten Klasse beginnt für alle Schüler eine Gliederung des Unterrichts in einen gemeinsamen Kernunterricht und in wahlfreie Kurse, die u. a. auch die Möglichkeit zur Erlernung einer zweiten Fremdsprache, darunter des Lateinischen, bieten. Die Teilnahme an den Kursen bedarf der Bestätigung durch den Lehrer. / 4. Schüler, deren Begabung und Bildungswille später hervortritt, erhalten nach dem achten Schuljahr die Möglichkeit, durch Aufbaukurse den Anschluß an die weiterführende Schulbildung zu finden."

Kursunterricht, wobei die Formulierung, dass Schüler, „deren Begabung und Bildungswille später" hervorträten, durch „Aufbaukurse den Anschluß an die weiterführende Schulbildung" erlangen könnten, auch zugunsten einer faktisch mit dem siebenten Schuljahr einsetzenden höheren Schule praktiziert werden konnte.

Da sie aus Sicht der SMAD zu einer Art Vorschule für die Oberschule zu werden drohten, wurden die wahlfreien Kurse in der SBZ mit dem Schuljahr 1948/49 eingeschränkt und im folgenden Jahr gänzlich aufgehoben. In Berlin (Ost) wurde diese Entwicklung in Angleichung[130] an die Verhältnisse der im Oktober 1949 gegründeten DDR auf dem Verordnungsweg und bei einigen Besonderheiten (anfängliche Beibehaltung des 9. Grundschuljahres, uneingeschränkte Lernmittelfreiheit, Fortbestand einer katholischen Oberschule) mitvollzogen. Demgegenüber wurde in Berlin (West) 1951 das Projekt einer prinzipiell achtklassigen Grundschule aufgegeben, aber eine Festlegung auf die sechs-, nicht auf die vierjährige Grundschule getroffen, zugleich der Weg zum Abitur um ein Jahr verlängert. Auch wenn die Entfernung des Religionsunterrichts aus dem staatlichen Lehrangebot im Grundsatz bestehen blieb, wurden doch einvernehmliche Lösungen mit der Kirche gefunden. Wie vordem schon teils durch die Westalliierten erhalten auch die Bestimmungen zum Privatschulwesen eine für den Interessentenkreis günstigere Fassung.

Anfängliche Hoffnungen von Schulreformern, man könne ein Beispiel für die Schulgesetzgebung in allen vier Zonen geben, erfüllten sich weder für die Verfasser des Gesetzes von 1946 noch für jene, die sie 1947 in Politik und Schulverwaltung von Groß-Berlin[131] hegten. Immerhin vom Tun der Letzteren und den „großen Tagungen nach 1919" zeigt sich in der Schullandschaft von heute mit den betreffenden Regelungen zur Grundschuldauer und zum Religionsunterricht in den beiden Länder Berlin und Brandenburg noch eine Spur.

---

130 Siehe auch Huschner, Anke: *„Reorganisation" der mittleren und höheren Schulen in Ost-Berlin 1948 bis 1958. Wandel von Schulangeboten und Bildungsperspektiven*. In: Drewek, Peter/Huschner, Anke/Ejury, R.: *Politische Transformation und Eigendynamik des Schulsystems im 20. Jahrhundert. Regionale Schulentwicklungen in Berlin und Brandenburg 1890 bis 1990*. Weinheim 2001, S. 73–157.

131 Siehe Fijalkowski, Jürgen/Hauck, Peter/Holst, Al/Kemper, Gerd-Heinrich/Mintzel, Alf: *Berlin – Hauptstadtanspruch und Westintegration*. Wiesbaden 1964, S. 194 ff.

Tagung bei der SMA, Abt. Volksbildung, in Karlshorst am 24. und 25. Juni 1946[1]

Inhalt: Bericht der Zentralverwaltung für Volksbildung (Dr. Heise),
Berichte der Länder und Provinzen,
Fragen der Herren von der SMA

Vertreten sind: Land Sachsen – Schneller
Provinz Sachsen – Halle, Linke
Mecklenburg-Vorpommern – Grünberg, Manthey
Brandenburg – Rücker, Romminger, Dr. Hartke
Thüringen – Dr. Wolff

Z.V. für Volksbildung: Präs. Wandel, Vizepräs. Marquardt, Dr. Heise, Sothmann, teilweise auch Herr Fuchs.[2]

---

1 Bundesarchiv Berlin, DR 2/167, DZfV, Bl. 1–88. In der nachfolgenden originalgetreuen Abschrift des Dokuments werden Auslassungen durch eckige Klammern gekennzeichnet. Namen sind im Text in der dort vorgefundenen Schreibweise belassen und in Fußnoten in der richtigen Schreibweise wiedergegeben.

2 Biographische Angaben zu den Personen, die im vorhergehenden Beitrag nicht erwähnt sind:
Halle, Otto (*01.10.1903), geb. in einer Bergarbeiterfamilie, Volksschule in Molmeck, Mansfeld und Helbra, 1818/19 Kellnerlehre, 1923 Industriearbeiter, 1925 KPD, Agitprop-Leiter, Bezirksredner, 1930 Mansfelder Streikführer, arbeitslos, März 1933 Internierung im KZ Sonneburg, danach u. a. Reisevertreter, 1935 zwei Jahre Zuchthaus, danach bis 1945 KZ Buchenwald; 1945 Leiter der Abt. Volksbildung in der Provinzialverw. Sachsen, 1947/48 Leiter d. Zentralabt. Kunst u. Wiss. im MfV Sachsen-Anhalt, 1949 Stellv. Leiter Abt. Hochschulen und wiss. Einrichtungen der DfV bzw. des Ministeriums für Volksbildung der DDR, Nov. 1950 Amtsenthebung. **** *Linke, Karl* (03.03.1889–26.01.1963), geb. in Bennungen/Kreis Sangerhausen, in der Familie eines Lehrers, 1900–1903 Gymnasium Roßlau, 1909 Lehrerseminar Weißenfels, Volksschullehrer in Magdeburg, Kriegsdienst, 1920/21 Turn- und Schwimmlehrer, 1923 SPD, 1923–1927 Rektor der Magdeburger Versuchsschule, führend im Bund der Freien Schulgesellschaften, Mitglied im Zentralvorstand sozialdemokratischer Lehrer, 1927 Rektor der 53./54. „weltlichen" Gemeindeschule in Berlin-Neukölln, 1933 beurlaubt, dann entlassen, 1934 Lehrer in Paris, 1935 Buchhändler in Berlin, 1945 Leiter des Volksbildungsamtes und der Schulabt. der Bezirksverw. Magdeburg, 1946 der Schulabt. in der Provinzialverw. Sachsen-Anhalt, 1948 Hochschullehrer an der Universität Halle/Wittenberg, März 1950 Wechsel nach Westberlin, dort 1951 Schulrektor. **** *Grünberg, Gott-*

fried (29.05.1899–07.02.1985), geb. in Beuthen/Oberschlesien in der Familie eines Landarbeiters, Bergarbeiter, 1928 KPD, 1933 Emigration Sowjet., 1937–1939 im Spanischen Bürgerkrieg; 1943–1945 Lektor der dt. Sektion der Zentralschule für Kriegsgefangene in Tliza [Ukraine], 1945 Initiativgruppe „Sobottka" Mecklenburg, 1945 3. Vizepräs. der Landesverw. Mecklenburg-Vorpommern, Ressorts Kultur, Volksbildung und Justiz, 1946–1950 Minister für Volksbildung Mecklenburg, 1950–1956 Generalsekretär DSF, 1956–1959 Stellv. Min. für Nationale Verteidigung. **** *Rücker, Fritz* (09.04.1892–20.5.1974), geb. in Muskau (Lausitz) in der Familie eines Rentmeisters, 1911 Abitur, Philologiestudium, 1921 Lehrer am Realgymnasium in Berlin-Reinickendorf, SPD, 1926 Stellv. Leiter des Realgymnasiums Hermsdorf, 1933 suspendiert, vom Oberstudienrat zum Studienrat degradiert, 1934 Wiedereinstellung, 1942 sowjetische Kriegsgefangenschaft, Gründungsmitglied des NKFD, dort Ende 1944 Mitglied der „Kommission für die Umgestaltung des Schul- und Unterrichtswesens", 1945 3. Vizepräsident der Provinzialverw. Brandenburg, verantw. für Volksbildung, Arbeit und Sozialwesen, 1946–1950 Minister für Volksbildung, Wiss. u. Kunst, ab 1951 Verlag Volk und Wissen. **** *Romminger, Kurt* 19.09.1886, geb. in Berlin als Sohn eines Magistratssekretärs, Oberrealschule, 1906 Abitur, Studium neuere Sprachen und Deutsch, Kriegsdienst, 1920/21 Lehramtsprüfung, 1926 Oberstudiendirektor am Lyzeum Berlin-Reinickendorf, 1933 zwangsbeurlaubt, zum Studienrat degradiert, 1945 Mitarbeiter im Bildungsministerium im Land Brandenburg, 1947–1952 Leiter der Hauptabt. Schulwesen, Wiss. und Kunst. *****Hartke, Wilhelm* (18.09.1879–08. 04.1966), geb. in Fürstenau, 1879 Studium klassische Philologie und Religionswissenschaft, 1901 Promotion, 1902 Lehramtsprüfung, 1930/31 Präsident des Provinzialschulkollegiums der Provinz Brandenburg und Berlin, 1933 gemaßregelt, Haft, 1945–1947 Leiter der Hauptabt. Schulwesen, Wiss. und Kunst im Bildungsministeriums Brandenburg. *****Marquardt, Erwin* (15.01.1890–25.11.1951), geb. in Reutlingen in der Familie eines Kaufmanns, 1908 Abitur, Bürgerschule in Heidelberg, Gymnasium in Frankfurt a.M., 1908 Abitur, Studium Geschichte und Philosophie in Jena, München, Tübingen, Gießen und Göttingen, 1919 Studienreferendar, 1920 Studienassessor, seit 1909 in der Arbeiterbildung tätig, 1912 SPD, 1919 Funktionär der SPD und der Freien Gewerkschaften, Mitarbeiter des *Vorwärts*, der *Sozialistischen Monatshefte* und der Gewerkschaftszeitschrift *Die Arbeit*, 1922 Studienrat an der späteren Karl-Marx-Schule in Berlin-Neukölln, ab 1928 Leiter der VHS Harrisleefeld/Flensburg, der Gewerkschaftsschule Bernau, der VHS Groß-Berlin, Mai 1933 entlassen, 1944 kurz im Bezirksamt Reinickendorf beschäftigt, wieder entlassen, 1945 1. Vizepräs. der DZfV, SED, 1949 polit. Anfeindungen der SED-Betriebsgruppe des ihm unterstellten Verlags Volk und Wissen, nach Auflösung der DVfV 1950 mit Sonderkonditionen wiss. Mitarbeiter an der Humboldt-Universität zu Berlin. **** *Sothmann, Karl* (15.05.1895–11.02.1993), geb. in Woosten/Mecklenburg in einem kirchlichen Elternhaus, Abitur 1914, Studium der Nationalökonomie, Soziologie und Psychologie in Rostock und Greifswald, 1922/23 Gewerbelehrerseminar, März 1920 KPD,

1. Verhandlungstag

Herr Artjuchin[3] eröffnet die Sitzung um 12 Uhr. Er führt aus: Es sind zwei sehr wichtige Fragen zu besprechen. Die erste Frage ist die Bilanz des vergangenen Jahres. Die deutschen Schulen unserer Zone arbeiten jetzt ein Jahr unter den neuen Bedingungen nach dem Sturz des faschistischen Regimes. Es ist also sehr wichtig, einen Schlussbericht über dieses Schuljahr zu geben, umsomehr, als nach der teilweisen Umgestaltung des Schulbetriebes im vergangenen Jahr wir jetzt

---

ab 1921 Mitarbeiter der Zeitschrift *Das proletarische Kind*, am Aufbau des Jung-Spartakus-Bundes beteiligt, 1927–1929 Führungsmitglied des Komm. Jugendverbandes Deutschlands, 1929 Redakteur der *Roten Fahne*, zu 15 Monaten Festungshaft verurteilt, infolge eines Unfalls kein Haftantritt, 1932 amnestiert, 1933–1936 Werklehrer an der für die Kinder des Personals von Botschaft und Handelsvertretung der UdSSR eingerichteten »Sowjet-Arbeitsschule« in Berlin-Tegel, danach im Geschäft seiner Ehefrau tätig, 1942 bis Frühjahr 1944 Ausbildung zum Psychotherapeuten, danach eigene Praxis, 15.05.–30.08.1945 Schulamtsleiter im Hauptschulamt Berlin, dann persönl. Referent für polit. Schulfragen bei Paul Wandel, ab April 1946 Herausgeber der Zeitschrift *die neue schule*, ab Jan.1948 Referatsleiter für pädagogische Publikationen in der DVfV, 1950/51 Leiter der theoret.-meth. Abt. des DPZI, 1952–1962 Red. der Zeitschrift *Elternhaus und Schule.* **** *Fuchs, Richard* (06.01.1880–1969), Lehrerseminar, Volksschullehrer, 1909 Diplom-Handelslehrer, 1923 Leiter der Handelslehreranstalt Berlin-Neukölln, 1928 Magistratsschulrat für das Berufsschulwesen von Groß-Berlin, 1933 entlassen, 1945 Referatsleiter für die berufsbildenden Schulen in der DZfV, 1946 Habilitation und 1947 o. Professor für Wirtschaftspädagogik an der Berliner Universität, 1950 em.

3 Die Abteilung Volksbildung der SMAD gliederte sich 1946 in die Sektoren Allgemeinbildende Schulen, Hochschulen, Kulturelle Aufklärungsarbeit, Kunst und Museen. Ihr Leiter war Pjotr Wassilewitsch Solotuchin, vormals Rektor des Leningrader Pädagogischen Instituts „A. Herzen", danach Rektor der Leningrader Universität und Stellvertretender Minister für Volksbildung der RSFSR, der im Herbst 1948 von seinem bisherigen Stellvertreter Iwan Dmitrijewitsch Artjuchin, auch dieser ein Fachmann auf dem Gebiet des Schulwesens, abgelöst wurde. Den Sektor Allgemeinbildende Schulen mit 20 Inspektoren und Mitarbeitern für Grundschulen (Frau A.I. Afimowa, Frau I.A. Anfinogenowa, W.I. Kruglow und andere), für Oberschule (N.M. Bogatyrew, Frau S.F. Schtscherbatowa, Frau S.P. Gorbadsewa, F.S. Orjeschkow und andere), Körperkultur (A.A. Wolkow, W.L. Talmi), Heime (G. M. Los) und Berufsausbildung (J. N. Nadeschdin) leitete bis zur Auflösung der SMAD Ende 1949 Konstantin Dmitrijewitsch Mitropolskij, vordem Direktor des Pädagogischen Instituts in Petrosawodsk, zuvor Mitarbeiter im Volkskommissariat für Bildung der RSFSR. Zu den biografischen Angaben der im Text genannten SMA-Vertreter siehe Nikitin, Pjotr I.: *Zwischen Dogma ....*

zum endgültigen Umbau und zur Demokratisierung der Schule übergegangen sind. In allen Provinzen und Ländern ist das Schulgesetz angenommen worden, das die Grundlage für die Schulreform darstellt. Unsere Aufgabe besteht jetzt darin, dieses Gesetz auch wirklich ins Leben zu bringen. In erster Linie ist der Lehrer berufen, die Demokratisierung der Schule durchzuführen. Das Wichtigste und Schwerwiegendste in der Durchführung der Schulreform ist also, dem Lehrer deren Wichtigkeit zum Bewusstsein zu bringen. Außerdem haben wir eine Reihe praktischer Maßnahmen durchzuführen, die die Verwirklichung des Gesetzes ermöglichen sollen.

Die zweite wichtige Frage betrifft Maßnahmen, um auch die Schule in die bevorstehenden politischen Entwicklungen, in die kommenden Wahlen zu den Selbstverwaltungsorganen einschalten zu können. Wir sind alle davon überzeugt, dass es der Wunsch des deutschen Volkes innerhalb der Sowjetzone und auch unser Wunsch ist, dass bei der Durchführung der Wahlen der Sieg der demokratischen Parteien sichergestellt wird. Die Lehrerschaft als eine zahlenmäßig große Gruppe der Intelligenz muss aktiv in den Wahlkampf eingeschlossen werden. Die sowjetische Besatzungszone umfasst mehr als 45.000 Lehrer. Das ist eine Große Armee. Unsere nächste Aufgabe ist es, diese Armee zu organisieren und in den Wahlkampf hineinzuwerfen.

Das sind die Fragen unserer Tagesordnung.

Für die Durchführung der Tagesordnung machen wir folgende Vorschläge:

Zunächst hören wir den Bericht der Deutschen Zentralverwaltung über das Schulleben; danach die zusätzlichen Berichte der Vertreter der Länder und Provinzen und dann Diskussion.

Zur zweiten Frage hören wir wieder einen Bericht der Zentralverwaltung.

[Blatt 3 bis 43: Bericht Heise, Berichte der Länder]

Frage Oreschkoff[4]: Wie ist es mit der sächs. Organisation Kinderland?

Antwort: Die Organisation Kinderland ist eine Organisation der Kinder von 10 bis 14 Jahren.

Sawanjuk[5] fragt Dr. Heise: 1. Sie sagen, dass ein Plan aufgestellt werden muss zur Gebäudeinstandsetzung der Schulen. Weshalb ist der Plan noch nicht aufgestellt

4 Oreschkow, Leiter der Abt. Volksbildung der SMA Brandenburg, Militärangehöriger.

5 Sawanjuk, Artemi, Jossifowitsch, Leiter der Abteilung Kader der SMAD mit Zuständigkeit für das Personal der DZfV und der Bildungsverwaltung der Länder und Provinzen, vormals Mitarbeiter in der Kaderabteilung des Bildungsministeriums der RSFSR.

worden und wann wird er fertig sein? – 2. Es sollten eine Reihe Gebäude für Schulzwecke freigemacht werden. Wieviel Gebäude sind es, in welchen Provinzen und nach Lage getrennt?

Dr. Heise: Es ist natürlich die ganze Zeit hindurch an der Instandsetzung der Gebäude gearbeitet und auch etwas erreicht worden. Jetzt soll Sorge getragen werden, dass dies in großem Maßstabe geschieht. Zur zweiten Frage liegt bei uns eine Reihe von Klagen vor, z. B. von Halle. Von den Berufsschulen ist vor kurzem gesagt worden, dass gerade sehr viele Berufsschulen besetzt seien. Wir haben schon Rundfragen herausgegeben, wo und welche Schulen besetzt sind, damit wir sie der SMA eireichen können; zum Teil sind sie der SMA bereits eingereicht worden.

Woronoff[6]: Ist Ihnen bekannt, wieviel Abiturienten aus allen Schulen es sein werden?
Dr. Heise: Schätzungsweise 12.000.

Woronoff: Warum sehen Sie die Schwierigkeit des Übergangs auf die neuen Lehrpläne schon in der Gabelung, die mit der 5. und 6. Klasse beginnt?

Dr. Heise: In der 5. Klasse besteht überhaupt keine Schwierigkeit. Die einzige Schwierigkeit würde darin bestehen, dass nicht genügend Lehrer vorhanden sind, aber diese werden da sein. Wenn überhaupt Sprachmangel eintreten wird, darf er unter keinen Umständen in der 5. Klasse eintreten. In der 6. Klasse sind geringe Schwierigkeiten dadurch, dass ja jetzt nicht alle Schüler in der jetzigen 5. Klasse schon eine Fremdsprache gehabt haben, während diejenigen, die jetzt in der 6. Klasse sind, schon in der 5. Klasse eine Fremdsprache hatten. Auch in der 7. Klasse ist eine Schwierigkeit. Aber alle diese Schwierigkeiten sind nicht so groß, dass wir sie nicht überwinden könnten.

Solowjoff[7]: Sie haben nach dem neuen Schulgesetz eine Grundschule und 4 Klassen Oberschule. Werden Sie jetzt die Oberschule getrennt für sich haben oder durchlaufend eine zwölfklassige Schule?

Dr. Heise: Das ist eine Frage, die wir nicht übers Knie brechen wollen. Natürlich werden wir zusehen, dass in großen Städten Schulen gebildet werden, die die Klassen 1 bis 12 durchlaufen. Dort, wo die Zahl der Schüler, die aus der Ober-

---

6 Woronow, Nikolai Makarowitsch, promovierter Chemiker, Leiter des Sektors Hochschulen in der Volksbildungsabteilung der SMAD.

7 Solowjow, Pawel Petrowitsch, Leiter der Abteilung Volksbildung der SMAD Sachsen, Militärangehöriger.

stufe kommen, zu gering ist, werden wir verschiedene Stufen von der Oberschule zusammenfassen und eine besondere Schulorganisation schaffen.[8] Das muss an Ort und Stelle entschieden werden. Ich möchte auch keine grundsätzliche Frage daraus machen. Wir müssen erst sehen, was sich bewährt.

Nadeschdin[9]: Herr Fuchs hat 13 Lehrbücher für Berufsschulen in Manuskripten fertig. Sind diese schon in Ihren Zahlen mitenthalten, oder wie denken Sie sich die Verwirklichung der Lehrbücher von Herrn Fuchs.

Dr. Heise: Diese 13 Lehrbücher sind nicht in meinen Zahlen enthalten. Ich würde vorschlagen, weil die Frage der Berufsschule so außerordentlich wichtig ist, dass Herr Fuchs morgen zu dieser Frage noch einmal Stellung nimmt. (Zuruf: Das wäre sehr gut.)

Nadeschdin: Ist von Ihnen auch die Versorgung der Berufsschulen mit den notwendigen Heften, Kreide usw. vorgesehen?

Dr. Heise: Wir haben zwei Federn und einen Bleistift pro Monat vorgesehen. Die Zahl der Berufsschüler haben wir nur schätzen können, weil bisher noch keine Statistik[10] der Berufsschulen zu erreichen war.

---

8 Geeignete Schüler, die an nicht vollausgebauten Grundschulen keinen oder nur unzureichend sprachlichen bzw. mathematisch-naturwissenschaftlichen Kursunterricht erhalten hatten, wurden möglichst in Förderklassen zusammengefasst (BAB, DR 2/657, DVfV, *Einrichtung von Sonderklassen*, 27.08.1946), in denen auf Grundlage besonderer Lehrpläne mit Abschluss der 10., spätestens der 11. Klasse der Anschluss an das erforderliche Niveau erreichbar sein sollte. In Mecklenburg wurde an Orten mit vollausgebauter Grundschule, in denen sich mindestens 20 Schüler für die 9. Klasse gemeldet hatten, der Grundschule eine 9. Klasse angegliedert. Im Schuljahr 1948/49 gingen etwa die Hälfte aller Grundschulabsolventen in diese 9. Klassen über, die – wie in Berlin – einerseits der Berufsfindung dienten, andererseits den Übergang zur Oberschule offenhielten (BAB, DR 2/659, Bl. 84, *MfV Mecklenburg, Übergang der Schüler aus der Grundschule in die Oberstufe der Einheitsschule*, 07.09.1948).

9 Nadjeschdin, J. N. Oberschulinspektor.

10 Von 800 000 Berufsschulpflichtigen besuchten zu Beginn des Schuljahres 1945/46 zunächst etwa nur 100 000 eine Berufsschule. Nur vereinzelt, in Berlin, Halle, Dresden und Leipzig, bestanden zweisemestrige Ausbildungskurse. Etwa 90 Prozent aller vormaligen Lehrer waren ausgeschieden. Im Sommer 1946 standen für ca. 280.000 Berufs-, Berufsfach- und Fachschüler an 1.325 entsprechenden Schulen etwa 5.000 Lehrkräfte zur Verfügung (SAPMO, DY 30, VI 2/905/80, DVfV, Stand des Schulwesens in der Sowjetzone Mitte Juni 1946, 21.7.1946, siehe auch auch Ohlmeyer, Frank: *Die Entwicklung der Berufsausbildung in der sowjetischen Besatzungszone von 1945 bis 1949 – zwischen pädagogischem Anspruch und ökonomischer Zweckbestimmung*. Diss.

Prof. Mitropolski: Ich bin dagegen, dass die Bücher für die Berufsschule auf Kosten der 15 Millionen Bücher gehen, die für die allgemeinbildende Schule genehmigt sind. Die Berufsschule hat nichts mit der allgemeinbildenden Schule zu tun.

Orjeschkoff: Im Schulgesetz wird als Einheitsschule die allgemeinbildende und Berufsschule aufgefasst. Die Berichterstattung beschränkt sich meistens auf allgemeine Schulen. Es hat auch zwischen den beiden Abteilungen keinen Streit gegeben, wer zuständig ist.

Wandel: Hier ist die Deutsche Zentralverwaltung sehr wenig schuldig. Die Tatsache ist, dass wir mit der Militärverwaltung die größten Konflikte hatten, um sie zu überzeugen, dass die Berufsschule zu unserer allgemeinbildenden Schule gehört. Und in dieser Frage ist der Angriff des Herrn Prof. Mitropolski absolut unbegründet. Richtig ist der Vorwurf, dass in unseren Referaten das zu wenig Widerspiegelung gefunden hat und dass die Berufsschule zweifellos der schwächste Punkt unserer Arbeit ist.

Orjeschkoff: Hat die Z.V. die Absicht, während der Sommerferien Fachlehrer auszubilden für die 5. bis 8. Klasse, und zwar für Physik, Chemie, Geschichte usw.?

Dr. Heise: Wir sind dabei, für Geschichte einen Kurs anlaufen zu lassen. Selbstverständlich werden wir die Zeit ausnutzen, um Fachlehrer auszubilden.

Artjuchin: Eine Frage an sämtliche Referenten. Ich werde nicht verlangen, gleich darauf zu antworten, aber ich bitte, wenn morgen über diese Frage gesprochen wird, dass die Herren darauf eingehen können. Wir haben sechs Berichte gehört, und alle leiden an einem und demselben Fehler. Sämtliche sechs Berichterstatter – und es waren doch schließlich die verantwortlichen Leiter der Volksbildung – haben eine Frage nicht beleuchtet und beantwortet: Was haben die Schulen im vergangenen Schuljahr erreicht? Bis zum Jahre 1945 waren die Schulen faschistisch. Im Jahre 1945/46 haben die Schulen unter demokratischen Bedingungen gearbeitet. Da ist es vielleicht gestattet, die Leiter der Volksbildung zu fragen: welche qualitativen Faktoren haben sie, die uns irgendwie die Leistungen der Schule im vergangenen Jahr darstellen? Man hat von Gebäuden gesprochen, von den nazistischen Lehrern, wieviel entlassen wurden, wieviel Neulehrer ausgebildet

---

Hamburg 1998, S. 23, der die Zahlen allerdings nur auf die Berufsschüler bezieht). Im Mai 1946 waren 36,6 Prozent der Berufsschulpflichtigen erfasst, zum 1. März 1947 51 Prozent. Dabei erfolge die Beschulung in Sachsen zu nahezu 100 Prozent, während sie vor allem in Mecklenburg und Brandenburg noch in ersten Anfängen stand (BAB, DR 2/266, Bl. 122, DVfV an SMAD, *Bericht über die Schulreform*, 23.12.1947).

wurden, wieviel Lehrbücher erschienen sind, wie die Sache mit Papier und Heften steht – alle materiellen Fragen wurden mehr oder weniger deutlich beleuchtet. Aber niemand hat gesagt, welches Fazit ziehen die deutschen Schulen aus diesem Schuljahr. Was ist mit dem Bewusstsein der Kinder im vergangenen Jahre vor sich gegangen. Welche Leistungen sind erzielt worden. Morgen werden wird diese Frage als erste beraten. Es wäre gut, wenn die Herren, die morgen auftreten, sich bei dieser Frage etwas länger aufhalten würden.
Prof. Mitropolski: schlägt vor, dass die einzelnen Leiter der Volksbildungsämter noch systematische Ergänzungsberichte über die Leistungen der Schulen im vergangenen Jahr geben.
Schluss der Sitzung 20 Uhr.
---

2. Verhandlungstag

Herr Artjuchin eröffnet die Sitzung um 11 Uhr.

Prof. Mitropolski: Es ist der Eindruck aus den Berichten entstanden, als ob die Herren Berichterstatter vergessen hätten, dass der Faschismus überhaupt erst vor einem Jahr vernichtet worden ist, als ob es jetzt überhaupt keine faschistischen Elemente mehr geben würde. Man hatte den Eindruck, als wenn die Berichterstatter die gesamten Schulen als außerhalb der Politik stehend betrachten würden. Das wäre falsch. Die Schule außerhalb der Politik ist eine Heuchelei. Wir müssen uns in unserer Arbeit für die Schulen weniger mit den Gebäuden und Schreibfedern beschäftigen, so wichtig diese auch sein mögen, als vielmehr mit dem Wesen der Schule selbst. Das ist deshalb wichtig, weil die Gefahr des Faschismus noch lange nicht beseitigt ist. Wir haben im März mehr als 700 Schulen gesehen. Dieses Material hätte Ihnen sehr viel dienen können, um zu sehen, was geschehen ist und was noch geschehen muss. Es ist beinahe der Eindruck entstanden, dass Sie sich vielleicht die Überprüfungsberichte nicht richtig zunutze gemacht haben. Es muss daran erinnert werden, dass die Überprüfungen eigentlich erst dann nutzen, wenn aus ihnen Schlüsse gezogen werden.

Das zweite Merkwürdige in Ihren Berichten ist, dass das Kind darin gar nicht erscheint, der Mensch ist nicht drin, wie wächst er? Es ist nicht zu bemerken, was eigentlich das demokratische Deutschland dem Kind gebracht hat, wie ist es in den jüngeren Jahren gewachsen, wie in den älteren; es ist so, als wenn alle Katzen grau wären. [...] Man muss sich gerade jetzt in der Periode der Schulreform mit dem Kinde selbst beschäftigen. Ich spreche das aus dem Grunde aus, weil ich gesehen habe, dass Sie die Schule nicht kennen. Ich erinnere deshalb daran, weil ich den Eindruck habe, dass sie es vergessen haben, denn in den Provinzen wurde von den Kindern gesprochen, und hier ist das Thema ganz fortgelassen worden.

[Mancher] befindet sich etwas im Banne einer formalen Logik. Der Schulrat stellt folgende Überlegung an. 8. Klassen werden von soundsoviel Schülern besucht, jetzt müssen sie in die 9. Klasse versetzt werden, also brauchen wir soundsoviele Schulen und Lehrer. Schulen haben wir nicht, Lehrer auch nicht, infolgedessen ist der Schluss, das Gesetz brauchen wir nicht zu erfüllen. [...]

Auch die allgemeinen Ansichten über die Pädagogik sind ebenfalls von großem Interesse. Als Grundlage wurde die Weimarer Periode genommen. Man hat die Weimarer Periode zum Ideal erhoben, alles versucht, auf der Weimarer Periode aufzubauen, als wenn diese nicht die Quelle und der Ausgangspunkt des Faschismus gewesen wäre. Das Leben ist ja weitergegangen, die Welt hat sich verändert, man muss von den Tatsachen, die heute gegeben sind, ausgehen.

Das wären einige Bemerkungen zu den Vorträgen.

Wir haben den Eindruck, dass unter den Bedingungen des demokratischen Deutschland, unter denen sie jetzt arbeiten, eine große Arbeit geleistet wurde. Es wäre falsch, nicht auch die positive Seite Ihrer Tätigkeit hervorzuheben. Nach einem Überblick über die vielen Berichte, die eingesandt wurden, kommt man zu dem Ergebnis, dass die jüngeren Kinder zweifellos auf Ihrer Seite stehen, also auf Seiten der demokratischen Erzieher und Schulverwaltungen. An den Beispielen aus den Leipziger und Dresdener Schulen ist das deutlich nachzuweisen. *[Beispiel der Schule Speller in Dresden]* Das ist nicht ein Einzelfall. Es ist auch bei anderen jüngeren Klassen ähnliches festzustellen.

Wenn man auf Tagesfragen zu sprechen kommt, muss man feststellen, dass die Reaktion im wesentlichen immer positiv ausfällt. Womit ist das zu erklären? Vor allem damit, dass in den unteren Klassen die Lehrerschaft viel demokratischer ist. Auch ist es sehr erfreulich festzustellen, dass an vielen Stellen der Provinz zu bemerken ist, dass die alten Lehrer beginnen, den neuen demokratischen Lehrern behilflich zu sein. *[Beispiel einer Volksschule in Leipzig, Beispiel des Lehrers Lorenz in Dresden].* Ähnliche Bestrebungen sind auch in Thüringen festzustellen. Man kann im allgemeinen sagen, dass das erste kühle Verhältnis zwischen alten und neuen Lehrern beseitigt wurde, sich eine Zusammenarbeit anbahnt und dass wir endlich an der Sache weiterarbeiten müssen, damit wir dahin kommen, die Eitelkeit und den Hochmut der alten Lehrerschaft endgültig zu begraben.

Etwas anderes ist auch nicht in den Berichten zu bemerken, dass die Kinder im allgemeinen mit besonderem Eifer in den Schulen arbeiten. Sie freuen sich am

Lernen.[11] Ich weiß nicht, ob das ein normaler Zustand ist, aber immerhin ist er ein positiver Zustand. Nehmen wir Berlin als Beispiel. Es wird über die Leistungen der Berliner Schulen positiv berichtet. Wenn man den sowjetischen Sektor den anderen gegenüberstellt, hat man deutlich das Gefühl, dass in unserem Sektor in der Arbeit der Volkserziehung mehr geleistet worden ist. *[Verweis auf schlechte Leistungen an einigen Schulen in den Westsektoren]*

Die Einführung des neuen Geschichtsunterrichts[12] in den deutschen Schulen ist zweifellos eine ganz große Leistung der Volksbildungsarbeit. Ich befürchte nur, da das auch nicht als großes Positivum erwähnt wurde, dass Sie die Sache nicht wichtig genug eingeschätzt haben. Es muss natürlich angerechnet werden, dass das ganze Schuljahr hindurch Lehrer und Bevölkerung in Atem gehalten wurden über den Aufbau der neuen Schule und des Schulgesetzes.

Jetzt gehen wir zu dem Gesetz selbst und zu den Schwierigkeiten, die von Ihnen erwähnt wurden, über. Das Gesetz ist angenommen, es existiert. Es muss vollkommen klargestellt werden die Praxis seiner Durchführung. Wir müssen mit dem anfangen, was wir in diesem Jahr noch nicht fertig bekommen haben. Das Erste ist die achtklassige Schule. Sie ist Pflichtschule, und wir müssen sie fest aufbauen. Das ist das Grundglied der ganzen Kette. Sie dürfen nicht zurückschrecken vor den Schwierigkeiten, die durch die Gleichschaltung der Gymnasien entstehen. Festigen und bauen Sie zuerst die achtklassige Schule. Es ist … die Stundentafel zu erfüllen, die Gegenstände, die bisher gefehlt haben, sind einzuführen und die Schule ist auf das Niveau der früheren höheren Schule zu bringen. Das wird eine Menge von Fragen aufwerfen, z. B. die Frage der Lehrbücher. Wo ist das physikalische Kabinett der Schule? Da entstehen schon materielle Fragen, die bisher noch nicht vorlagen. Die Frage der achtklassigen Schule stellt natürlich auch die Lehrerfrage. Wenn also die Frage entsteht, wohin schicke ich den besten Lehrer,

---

11 Ganz anders hatte die Abteilung Volksbildung der SMAD Präsident Wandel mit Schreiben vom 24. April 1946 wissen lassen, dass Inspektionen zu Befunden geführt hätten, wonach an einer großen Anzahl von Schulen die Disziplin der Schüler sehr schlecht sei. Besonders sei das in den unteren Klassen auffällig. Dabei würden einerseits „grobes Benehmen und Streiche" seitens der Schulleitungen und der Eltern einfach straflos hingenommen, andererseits aber sei die Anwendung von Strafen vorgekommen, „die vom Gesichtspunkt der Pädagogik und der Achtung der menschlichen Würde unzulässig sind". (Geißler, Gert: *„Es ist selbstverständlich, daß ehrenrührige Zuchtmittel […] zu unterbleiben haben. Zum Verbot körperlicher Züchtigung in der SBZ/DDR.* In: Jahrbuch für Historische Bildungsforschung. Band 17. Bad Heilbrunn 2011, S. 201–224, hier S. 215).

12 Anfänglich von den Alliierten untersagt, setzte der Geschichtsunterricht in der SBZ mit dem Schuljahr 1946/47, in Berlin mit dem Schuljahr 1947/48 ein.

dann seien Sie überzeugt, dass Sie den besten Lehrer in die achtklassige Schule schicken müssen. Mit dieser Schule sind die Massen der ganzen Bevölkerung verbunden. In die höheren Schulen und in die Gymnasien gehen ja nur fünf Prozent, und wie sehr vergessen wir die 95 Prozent. Also den besten Lehrer in die achtklassige Volksschule, damit auch die neuen Schulen den breiten Massen deutlich erkenntlich sind.

Wie bauen wir die achtklassige Schule um? Die Z.V. hat sich anscheinend diese Frage richtig gestellt. Als Beispiel führe ich die 8. Klasse an. Nehmen wir an, in der 8. Klasse wäre Latein gewesen, und von der 9. Klasse ab nicht mehr, da braucht niemand Angst zu haben; es geschieht ihm nichts dabei. Wurde bisher eine Sprache vorgetragen und in dem einen Jahr der Umstellung keine, so braucht man auch da keine Angst zu haben. Bei der Einführung der neuen Lehrgegenstände Algebra, Physik, Chemie usw.[13] sind wir so vorgegangen, wie die Z.V. die Instruktionen aufgestellt hat. Die Schule muss dann natürlich Ergänzungsstunden[14] einführen. Die 8. Klasse müssen wir beispielsweise auf das Niveau der 3. Gymnasialklasse bringen. Es gibt zwei Möglichkeiten, die eine ist, man lässt die Sache laufen wie sie läuft und gibt Zusatzstunden, um die Schüler zu fördern; die andere Möglichkeit ist, die Kinder mit mehr Stunden zu belasten. 30 Stunden sind nicht zuviel. Man kann es auch anders machen, wie Herr Wandel vorschlägt, nämlich eine besondere Gruppe in den Übergangslehrplan[15] einschalten. Wenn die 8. Klasse nicht mit der entsprechenden Gymnasialklasse zusammenfällt und es schwer ist, den Rückstand aufzuholen, so darf man die Frage nicht so stellen, dass man sagt, nun geht man alle in die Berufsschule. Wir müssen alles daran setzen … das Niveau der Oberstufe zu erreichen. Als Ziel steht uns die zwölfjährige Schule vor. Die 9. bis 12. Klassen sind also nicht ein Aufbau, ein Oberbau, sie existieren

---

13 Nach den Lehrplänen vom 1. Juli 1946 sollten alle Schüler der achtklassigen Grundschule in den Oberklassen Fachunterricht in Deutsch, Geschichte, Heimatkunde, Geographie und Mathematik sowie in Naturkunde erhalten. Hinzu kamen Leibesübungen, Kunst-, Musik- und Werkunterricht sowie Unterricht in einer Fremdsprache. Physik, Chemie und Biologie waren in der Stundentafel noch nicht gesondert aufgeführt. Sie erschienen als Einzelfächer erst ab 1947/48.

14 Gemeint sind die in Thüringen ab Klasse 5, ansonsten ab Klasse 7 vorgesehenen Kursangebote.

15 Die ab 1. September 1946 gültige Stundentafel für die Grund- und Oberschule sah für „sprachlich Begabte“ in der 7. und 8. Klasse der Grundschule je sechs zusätzliche Stunden in der zweiten Fremdsprache vor. Die Gesamtstundenzahl lag damit bei Minderung um 2 Stunden Deutsch und 2 Stunden Werkunterricht bei 34. Die zweite Fremdsprache konnte auch Latein sein. (siehe Stundentafel für die Grund- und Oberschule. In: *Dokumente zur Geschichte des Schulwesens …*, S. 218).

nicht selbständig, sondern sind ein organischer Teil einer zwölfjährigen Schule. Ich weise deswegen darauf hin, damit es nicht wieder einen Oberschultyp gibt, die 9. bis 12. Klasse für sich allein abgetrennt von den anderen.

Jetzt über die Gabelung einige Worte. Dr. Heise hatte vier Gabelungen vorgesehen. Das ist hier mehrfach besprochen worden. Man kam zu dem Entschluss, drei Gabelungen zu lassen und die vierte, den Typ D, wegzulassen. Die Grundlage dieser D-Klasse war Deutsch, Heimatkunde, Literatur und Geschichte, zweifellos das stärkste Erziehungsmittel. Wenn wir die Überzeugung gehabt hätten, dass dieses Erziehungsmittel auch wirklich im demokratischen Sinne angewendet wird, dann hätte man diese D-Klassen beibehalten können. Aber die Anzeichen von Seiten der Lehrerschaft der betr. Klasse und der Schülerschaft der höheren Schulen weisen darauf hin, dass wir warten müssen. Dieselben Erziehungsmittel sind auch auf dem Gebiet der Mathematik-Physik der anderen beiden Gabelungen[16] vorhanden. Man kann immerhin auch dort die demokratische Erziehung genauso wie in Gruppe D durchführen. Dann verwirrt mich noch ein Gedanke. Ich habe den Eindruck, dass die Gruppe D etwas ist, was es unter Hitler[17] auch gab, die Betonung des Deutschen. Es könnte da ein Missverständnis entstehen. Praktisch ist es so: es gibt ein Gymnasium. Muss das Gymnasium vernichtet wer-

---

16 Für die Oberschule wurden mit Ausführungsbestimmungen zum Gesetz und in Anlehnung an frühere Typendifferenzierung drei Zweige (neusprachlich, naturwissenschaftlich, altsprachlich) festgelegt. Gegen einen Zweig D gab es auch in der Schulabteilung der DZfV Bedenken. Es sei zu befürchten, dass alle Schüler, die sich dem mathematisch-naturwissenschaftlichen und fremdsprachlichen Unterricht nicht gewachsen fühlten, diesen Zweig wählen würden. Damit trete eine Verengungen der Bildungsbereiche auf deutsche Literatur und Geschichte ein (BAB, DR 2/1014, Bl. 80 ff., *Hadermann an Heise*, 25.02.1946). Im Frühjahr 1949 aufgekommenen Vorstellungen der Oberschulreferenten der Länderministerien, den altsprachlichen Zweig C zu beseitigen, lehnte die SMAD ab (BAB, DR 2/1001, Bl. 57, *Aktenvermerk, Besuch bei Herrn Prof. Mitropolskij in Karlshorst am 10.03.1949*). Vielmehr wurden von der DVfV mit nachhaltiger Zustimmung der SMAD zonenweit insgesamt 21 ehemalige Gymnasien bestimmt, die als sogenannte Traditionsschulen altsprachlichen Unterricht mit je einer vorgegliederten 7. und 8. Klasse erteilten (BAB, DR 2/660, Bl. 28, DVfV, *Aktennotiz über die Besprechung mit Vertretern der SMA über die Vereinheitlichung der Stundentafel der Oberschulen*, 14.07.1949; DIPF/BBF/Arch, 17, *Entwurf einer Vorlage für die Abteilungsleitersitzung der Schulabteilungen der Länder* am 23./24.05.1949, Dorst). Bis 1951 war in allen drei Zweigen der Oberschule auch Latein obligatorisches Unterrichtsfach.

17 In der NS-Zeit diente die Fächergruppe Deutsch, Geschichte und Erdkunde sowie Kunsterziehung und Musik als „Deutschkunde“ der “geistig-charakterlichen Schulung“.

den? Es muss nicht. Ich habe zuerst darauf hingewiesen, die Gymnasien müssen verschwinden und müssen gleichzeitig weiterexistieren. Wie ist das möglich? Beispiel: In einer Stadt ist ein Gymnasium, dort wird Latein unterrichtet. Wir bauen die fehlenden achten Klassen dazu, es wird weiter Latein gelehrt, aber es ist nicht mehr ein Gymnasium, es ist ein Teil der Aufbauschule. Die 9. bis 12. Klasse dieses früheren Gymnasiums bleiben als klassische Erscheinung erhalten. Wir sollen die Gymnasien nicht zerfallen lassen, es soll darauf ein neues Gebäude entstehen, der Begriff des alten Gymnasiums wird verschwinden. Wir werden eine Instruktion ausarbeiten, die alle Details dieser Sache bringt.

[Ausführungen insbesondere zur sozialen Besserstellung der Lehrer; nachfolgend Bericht Fuchs über das Berufsschulwesen]

Bogdrioff[18] : Das Fazit des ersten Schuljahres ist zweifellos positiv. Wir können sagen, dass es uns gelungen ist, immerhin in einem Jahr auf Grund unserer Arbeit zur Annahme des neuen Schulgesetzes zu kommen. Die Grundvorschriften, die seinerzeit von Marschall Shukow festgelegt waren, sind nunmehr durch ein Gesetz legalisiert worden. Die Vorschriften, die im Gesetz ihren Niederschlag gefunden haben, haben sich als lebensfähig erwiesen und haben dem Wunsch des deutschen Volkes auch entsprochen. Auf der heutigen Tagung war das wichtigste, von den einzelnen Mitarbeitern zu erfahren, welche Schwierigkeiten standen der Durchführung des Gesetzes entgegen? Ich kann nicht sagen, dass uns das völlig gelungen ist. Ich kann nicht behaupten, dass die sechs Berichterstatter gestern und der Siebente heute über die Berufsschule bewiesen haben, dass sie mit den Schwierigkeiten fertig werden, besser gesagt: die Schwierigkeiten sind umgangen worden. Man hat den Eindruck bekommen, dass in sämtlichen Teilen der sowjetischen Zone eine vollkommen ausnivellierte gleichmäßige Arbeit durchgeführt worden ist. Nirgends ist eine individuelle Maßnahme zu sehen. Das müsste in Zukunft doch irgendwie geändert werden.

[Bemerkungen zur Bedeutung der Lehrer für die Durchführung des Schulgesetzes]

Jetzt komme ich zu dem Durcheinander bei den Personalangelegenheiten in der Verwaltung. So z. B. war am 12. Juni in Weimar eine große Feier zur Annahme des Schulgesetzes. Ich bin am 13. Juni zu den Schulfeiern hinausgefahren, komme in die Stadt und verlange den Leiter des Schulwesens, um mit ihm die Sache anzusehen. Es wird mir dort der Oberinspektor Herr Behrmann – Ilmenau vor-

18 Bogatyrjow, Nikolai Michailowitsch, Leiter der Abteilung Volksbildung der SMA Thüringen, Militärangehöriger.

gestellt. (Wolff: der mit mir nichts zu tun hat.) Ich habe erklärt, ich bin der und der und habe die Absicht, ihre Schule zu besuchen. Der betr. Inspektor sagte, ich weiß nichts von ihrem Besuch. Als ich erwiderte, dass doch die Schulreform solchen unangemeldeten Besuch zulasse, antwortete er, ja, irgendetwas habe ich ja davon in der Zeitung gelesen. Da habe ich verdammten Verdacht geschöpft und dachte mir, was ist das für eine Person, sie hat keine Ahnung von allem. Nachher habe ich durch persönliche Gespräche herausbekommen, dass der Mann ein Nazi aus 1933 ist. Auf meine Vorstellung bei der Landesverwaltung wurde mir geantwortet, der Mann ist bei der Stadtverwaltung, das geht uns nichts an, wir können da nichts machen. Aber mit der Schule hat der Mann doch zu tun. Jetzt ist die Frage auch hier gestellt worden, sind dort Leute bei den Schulen, die Ihrem Einfluss nicht unterstehen.

[Fortführung des Beispiels unter Verweis auf ein Führerbild im Behrmann unterstellten Stadtmuseum]

Es ist unbedingt darauf hinzuweisen, dass diese Leute irgendwie Ihnen unterstellt sein müssen.

[Es folgen anerkennende Wort zur bisher geleisteten Arbeit]

Tscherboff[19]: *[Kritische Ausführungen zur ideologischen Arbeit in den Neulehrer-Kursen und zur politischen Schwäche der in der SED organisierten Lehrer]*

Solowioff: *[Kritische Ausführungen zur Vergangenheit und zur politischen Haltung von Lehrern und Schülern an Gymnasien in Sachsen, einschließlich der Lehrplanerfüllung insbesondere zu den das Fach Russisch unterrichtenden Lehrern]*

Präs. Wandel: Ich möchte nur wenige Ausführungen machen, da ich in meinem Vortrag noch verschiedene Fragen berühren werde. Ich glaube, es hat keinen Sinn, hier sehr viele Beispiele anzuführen, die zeigen, dass in unserer Oberschule noch politisch reaktionäre Auffassungen sind, dass unter den Lehrern noch sehr viele sind, die wir gern von unserer Schule fortgehen sehen würden. Denn wir wissen, dass unsere Schulen nicht isoliert in unserem Leben stehen, dass der politische Zustand unseres gesamten Volkes noch sehr fragwürdig ist. Wir haben keinen Grund, die großen Mängel zu unterschätzen, die sich noch in unserem Schulwesen befinden. Aber ich möchte doch mit allem Nachdruck betonen, dass ich es als wichtige politische Frage ansehe, dass wir einen normalen Unterricht in unseren Schulen sichern, dass wir diesen Kulturverfall aufhalten, der durch den Nazismus

19 Stscherbow, Nikolai Fjodorowitsch, Mitarbeiter des Sektors Allgemeinbildende Schulen der SMAD.

eingeleitet worden ist. Warum möchte ich das unterstreichen? Gerade deshalb, weil ich glaube, dass wir uns nicht ablenken lassen dürfen auf ein Gebiet, was an und für sich für uns sehr leicht wäre, so z. B. auf Gegenwartskunde mit einer Stunde in der Woche über den Nürnberger Prozess und andere Dinge zu sprechen, ohne die gesamten Probleme der Schule zu erfassen und ihre ureigenen Aufgaben zu erfüllen. Gerade darum schien es mir gestern so, dass die Fragen, die hinsichtlich der Leistungen gestellt wurden, sehr berechtigt waren. Ich glaube, dass die unbefriedigende Antwort auf diese Seite der Dinge wirklich eine wunde Stelle darstellt, dass es uns noch nicht gelungen ist, einen so weitgehenden Einblick in das Leben unserer Schulen zu gewinnen, dass die verantwortlichen Leiter des gesamten Schulwesens ein klares Bild über diese entscheidenden Fragen haben. Von allen hier aufgerollten Fragen eine Frage, die ich gar nicht unterschätzen möchte, die des Russischunterrichts. Wir stehen hier vor einem unlösbaren Problem. Entweder hätten wir uns entscheiden sollen, den Russischunterricht zu beginnen mit den Kräften, die irgendwie greifbar sind oder wir hätten den Unterricht solange aufschieben müssen, bis es uns gelungen ist, wirklich überprüfte qualifizierte Lehrer auszubilden. Ich glaube, es war politisch richtig, den Unterricht zu beginnen. Ebenso richtig ist es, jetzt mit allen Mitteln dafür Sorge zu tragen, dass wir so rasch wie möglich sowohl politisch überprüfte, wie hochqualifizierte Lehrer der russ. Sprache bekommen. Insofern kann man einzelne Fälle dieser Russisch-Lehrer als Illustration heranziehen, um zu zeigen, dass Änderungen notwendig sind. Aber das ist keine Illustration unseres grundsätzlichen Standpunktes. Dasselbe betrifft die Frage der Offiziere unter den Lehrern. Wir wissen, dass die ganze Masse der deutschen Bevölkerung irgendwie vom Heer erfasst war. Das spiegelt sich natürlich auch unter den Neulehrern wider. Was die Frage der Lehrer schlechthin betrifft, so ist es so, dass in den Oberschulen die älteren Lehrer fast ohne Ausnahme Angehörige des Heeres sind, die wir unter den formalen Bedingungen der Kontrolle und Säuberung noch nicht ausgeschlossen haben. Es hilft uns nicht viel, wenn wir immer wieder solche Tatsachen wiederholen, die wir in unseren eigenen Berichten immer wieder feststellen und die immer wieder Gegenstand unserer eigenen Beratungen sind. *[Kritische Bemerkungen zum eigenen Umgang mit eingehenden Berichten]*

Was die Lehrer betrifft, ist es unbedingt notwendig, von jeder schematischen Bewertung abzugehen, auch nicht einfach nach formellen Dingen, sozialer Herkunft, nach irgendwelchen früheren Zugehörigkeiten. Es sei denn, dass wir die Menschen gründlich studieren, dass wir ihnen helfen, dass wir gründlich säubern von denen, die nichts mehr in der Schule zu tun haben. Was die ehemaligen Nazimitglieder betrifft, so haben wir die allgemeine Erscheinung, dass ein Teil dieser Menschen sehr gründliche Überlegungen anstellt über ihre Vergangenheit und manchmal weiter vom Nazismus entfernt sind als viele andere, die nicht so formell mit der Partei verbunden waren. [*Ausführung, wonach Lehrer, die sich vom Nazismus getrennt haben und aktiv am demokratischen Aufbau teilnehmen, in den Schuldienst aufgenommen werden sollen]* Es ist aber notwendig, – und das möchte ich hier kritisch aussprechen und unterstreichen – dass, wenn wir schon zu irgendwelchen Schlussfolgerungen gekommen sind, wir diese Entschlüsse auch durchführen. Es hat keinen Zweck, diese Dinge monatelang hinauszuschleppen, weil das mit einer tiefen Beunruhigung verbunden ist.

Was die Frage des Übergangs zur neuen Schule betrifft, sollten wir nicht nur kühn vorgehen, sondern auch gut durchdacht. Wir müssen sofort Wurzeln schlagen. Wir können mit verschiedenen Fragen nicht warten, dürfen aber auch unsere Sache nicht diskreditieren. Man soll überall gute Beispiele schaffen, die dem Volke zeigen, dass wir eine neue bessere Schule schaffen.[20] Wir sollten aber nicht experimentieren in einer Weise, dass eine tiefe Beunruhigung über unser Schulsystem entstehen könnte; denn gerade im Hinblick auf die bevorstehende große politische Auseinandersetzung ist es notwendig, dass die Volksmassen den Eindruck haben von den jetzt an der Macht befindlichen Organen, dass sie eine Garantie für die Befriedigung der elementarsten Lebensinteressen unseres Volkes sind.

Sawanjuk: [*Ausführung über die Heranbildung eines guten Apparats von Schuldirektoren]*

Die zweite Frage ist die Berufsausbildung. Wir haben hier Herrn Fuchs gehört und außer einer großen Beichte nichts erfahren. [...] Es ist doch in dem Schulgesetz verankert, dass die Berufsausbildung eine Grundlage zu vermitteln hat, die die Weiterbewegung zu den höheren Schultypen ermöglicht. In dem allgemeinen Lehrplan sind auch als Wahlfächer solche weiterbildenden Gegenstände notwendig. Die Frage ist absolut nicht gelöst, welcher Klasse des allgemeinen Schulsystems entsprechen diese Berufsschulen? Wo kann man sich anhängen und seine Ausbildung fortsetzen? Diese Frage ist so gelöst, dass sie dem Gesetz der demokratischen Schule eigentlich nicht entspricht. [...]

---

20 Wie mit der „nach den neuesten Richtlinien und Grundsätzen der demokratischen Schulreform" 1949 fertiggestellten „Friedensschule" in Hermsdorf (Thüringen) oder der „Pestalozzischule" in Dresden entstand in den Ländern eine Anzahl beispielhafter „Musterschulen". Siehe Geißler, Gert: *Schule und Erziehung in der DDR*. 2. Auflage. Erfurt 2015, S. 12; ders.: *Geschichte des Schulwesens* ..., S. 226 f.

[Hinweise auf die unerwähnt gebliebenen Fragen des Lehrereinsatzes und Lehrerersatzes]

Prof. Schabaloff[21]: [*Ausführungen zu den künftigen Pädagogischen Fakultäten]*
Artjuchin: Zu der ersten Frage haben acht Referenten gesprochen. Es wird vorgeschlagen, sich damit zu begnügen und zur zweiten Frage überzugehen. Ich für meine Person werde zum Schluss zu beiden Fragen Stellung nehmen (Zustimmung).

Präs. Wandel: Zur Frage der Wahlkampagne. Ich möchte gleich vorwegnehmen, dass unsere unmittelbar wichtigste Aufgabe die Weiterführung der Schulreform ist. Wir stellen die Frage der kommenden Wahlen nicht im engen Parteisinne. Ich möchte das besonders darum unterstreichen, weil schon eine Reihe Ungeschicklichkeiten und Fehler in letzter Zeit vorgekommen sind. Die Frage unserer demokratischen Schulreform ist untrennbarer Bestandteil der ganzen demokratischen Erneuerung Deutschlands. Ohne eine wirkliche Demokratisierung unseres Schulwesens gibt es keine demokratische Erneuerung Deutschlands; und ohne dass in Deutschland die wirklich konsequent demokratischen Kräfte die Macht bekommen wird es keine wirklich zu Ende geführte demokratische Schulreform geben. Für uns ist das klar, aber der Zusammenhang ist nicht für alle diese fortschrittlichen Pädagogen klar, die mit uns in der Frage der Schulreform zusammengehen. Hier gibt es zwei historische Beispiele aus unserer deutschen Geschichte, die sehr überzeugend sind. Es gab zweimal einen Ansatz zu einer wirklich ernsten demokratischen Schulreform in Deutschland. Das war vor mehr als 100 Jahren, als unter dem Einfluss des Freiherren von Stein, der unmittelbar für die Schulen in Preußen verantwortlich war, Süvern eine ausgezeichnet durchdachte Schulreform[22] vorschlug, und das zweite Mal, wenn ich die Jahre von 1848

21 Schabalow, Sergej Maximowitsch, Dozent und Kandidat der Wissenschaften (Dr.), Mitarbeiter in der Schulabteilung der SMAD.

22 Erst 1869 veröffentlicht (*Die Gesetzgebung auf dem Gebiete des Unterrichtswesens in Preußen. Vom Jahre 1817–1868. Actenstücke mit Erläuterungen aus dem Ministerium der geistlichen, Unterrichts- und Medicinal-Angelegenheiten*. Berlin 1869, S. 15–74), sah der Entwurf eines allgemeinen „Gesetzes über die Verfassung des Schulwesens im preußischen Staate" (1817–1819) vor, alle Schulen und Erziehungsanstalten unter Beteiligung der Geistlichkeit beider christlicher Bekenntnisse öffentlicher Aufsicht und Verwaltung zu unterstellen, sie in einem durchlässigen, institutionell gestuften Schulwesen (allgemeine Elementarschule, allgemeine Stadtschule, Gymnasium) zu einem einheitlichen Ganzen, gewissermaßen als „eine einzige große Anstalt für die National-Jugendbildung" zusammenzufassen. Die Einzelschule soll Kinder aller christlichen Konfessionen (§ 6) aufnehmen können. Unter den Bedingungen der

überspringen will, nach 1918, die Zeit der Weimarer Republik. Das Schicksal der Süvernschen Schulreform bestand darin, dass nach zehnjähriger Beratung sein Vorschlag zu den Akten gelegt wurde, weil die Reaktion inzwischen wieder festen Fuß in Deutschland gefasst hatte, und erst 50 Jahre nach der Abfassung dieses Schulreformentwurfes hat die deutsche Öffentlichkeit erste Kenntnis davon erhalten.

Die Weimarer Schulreform[23], die in einzelnen Städten und auch in einzelnen Ländern zu einigen praktischen und guten Beispielen führte, endete damit, dass nach 100 Beratungen im Reichstagsausschuss die Versprechungen auf Schaffung eines deutschen Reichsschulgesetzes nicht erfüllt waren bis 1933, und das, was die Verfassung im ersten Jahr 1919 versprochen hatte, wurde bei weitem in keiner Form erfüllt. Diese beiden Beispiele sind hinreichend, um allen fortschrittlichen Schulreformern zu zeigen, dass ungeachtet der Tatsache, dass wir das Schulgesetz schon angenommen haben, sein Bestand und seine Verwirklichung davon abhängig sein wird, ob wirklich konsequent demokratische Kräfte, die vorbehaltlos hinter diesem Schulgesetz stehen, einen entscheidenden Einfluss im kommenden Deutschland erhalten. Obwohl alle demokratischen Parteien ihre Zustimmung zu diesem Gesetz gegeben haben, wissen wir sehr wohl, dass die CDU und die LDP das mit großen Vorbehalten und inneren Hemmungen getan haben. Wir wissen noch mehr: dass die Herren dieser Parteien, die im Hintergrund stehen, ein uns völlig entgegengesetztes Schulprogramm haben. Wir wissen also, kurz gesagt, dass ohne einen Sieg der sozialistischen Einheitspartei unsere Schulreform in Frage gestellt ist. Wir werden über diese Frage sehr taktvoll sprechen müssen. Ich wollte nur allgemein orientierende Gesichtspunkte geben.

Das ist der eine Ausgangspunkt. Der zweite Ausgangspunkt für uns ist der, der auch vom Standpunkt der SED sehr wichtig ist, dass es möglich ist, mit diesem Schulgesetz breite Massen für eine fortschrittliche demokratische Entwicklung zu gewinnen, so dass wir beide Seiten dieser Aufgabe sehen müssen. Welche unmittelbaren Aufgaben ergeben sich daraus für uns? Wenn ich gesagt habe, breite Massen werden uns zustimmen wegen dieses Schulgesetzes, so bedeutet

---

Schul- bzw. Unterrichtspflicht (§ 33) solle dafür gesorgt werden, dass die „dürftigen Schüler und Schülerinnen ganz oder zum Theil freien Unterricht" und ebenso „bei jeder Schule … die benöthigten Schulbücher und andere Schulbedürfnisse frei erhalten" (§ 48). Kinder „sehr armer Leute" müssten überall auch „Unterstützung an Kleidungsstücken" erfahren.

23 Aus der Fülle der Literatur jüngst im Überblick Geißler, Gert: *Schulgeschichte in Deutschland. Von den Anfängen bis in die Gegenwart*. Frankfurt am Main [u. a.] 2013, S. 389–542.

das bei weitem noch nicht, das sie bereits heute davon erfasst sind. Im Gegenteil. Es ist zweifellos richtig, was Herr Solowioff und andere festgestellt haben, dass das Schulgesetz mit einer gewissen Apathie aufgenommen wird. Aber nicht nur das Schulgesetz, sondern alles, was nicht unmittelbar eine Erhöhung einer Lebensnorm verspricht, wird heute so aufgenommen. Es steht also eine große Aufgabe vor uns, um die Massen des Volkes davon zu überzeugen, was dieses Gesetz bedeutet. Hierbei ist sehr wichtig, wie gehen wir an diese Frage heran?

Es hat keinen Zweck, die negativen Seiten hervorzuheben. Z.B. kein Nazismus, kein Militarismus und ähnliches mehr. Ein starkes Argument ist zweifellos folgendes: den Massen zu zeigen, dass das, was wir schaffen, zunächst einmal eine gute Schule ist, eine bessere Schule, die den Kindern unserer Volksmassen eine bessere Erziehung und besseres Wissen gibt, als es bisher der Fall war, eine Schule des Friedens, eine Schule der Vorbereitung zur friedlichen Arbeit, zur Völkerverständigung und damit zum Glück und Wohlstand unseres Volkes. Das heißt, wir müssen die unmittelbaren Lebensinteressen unseres Volkes mit diesem Gesetz verwirklichen. Die zweite entscheidende Frage, die wir hervorheben müssen, ist die, dass wir mit diesem Gesetz die Standesschule in Deutschland liquidieren. Die Frage ist sehr breit darzustellen und zwar nicht mit allgemeinen Redensarten, sondern in jedem Ort unter Ausnutzung guter Beispiele, die zeigen, wievielen Kindern ein wirklicher Gang in die höheren Stätten unserer Bildung versperrt war. Bei aller Unterstreichung dieser Tatsache, dass wir eine Schule schaffen, die die alten Standesprivilegien beseitigt, ist jedoch das Schwergewicht darauf zu legen, dass wir vor allem das kulturelle Niveau und damit auch die Lebensmöglichkeiten der breitesten Schichten unseres Volkes mit dieser Schule verwirklichen. Das heißt, es ist hervorzuheben, inwieweit wir die Grundschule und besonders die Landschule, die Berufsschule und inwieweit wir Sondereinrichtungen schaffen, wie Abendschulen und sonstige Schulen, um damit die Möglichkeit zu geben, wirklich Millionen unseres Volkes eine weitergehende bessere Bildung und damit auch ein besseres Leben zu verschaffen.

Entscheidend für unsere Propaganda ist aber noch folgendes: Das darf nicht nur eine Aufklärung in Worten sein, sondern sie muss verbunden sein mit Tatsachen. D.h. wir sollen nicht auftreten und versprechen, dass irgendwie und wann einmal so etwas eintreten wird, sondern wenn wir darüber in Dörfern und Kreisen sprechen, dann soll man darüber sprechen, wie sich in diesem Dorf und in diesem Kreis die Schulreform auswirken wird. Wir müssen in diesen zwei Monaten soviel gute Beispiele schaffen, die den Massen zeigen, was wir eigentlich wollen. Wir dürfen in dieser Zeit auch nichts Überspitztes und Schlechtes tun, sondern jeder Schritt, den wir tun, muss in der Praxis für unser Gesetz sprechen.

Wenn wir eine solche praktische Arbeit durchführen, wird unser Schulgesetz als etwas Lebendiges in den Augen der Massen stehen, dann werden sie auch wirklich mit denen gehen, die ihnen eine solche Schule sicherstellen, und sich gegen diejenigen wenden, die der Verwirklichung dieses Schulgesetzes entgegenstehen.

Bis heute gibt es noch keine ernsthaften Ansätze, die zeigen, dass die Frage des Religionsunterrichts zu der eigentlichen Wahlparole gemacht werden wird. Aber das besagt noch nicht viel. Es ist durchaus möglich, dass man entweder in der Flüsterpropaganda oder auch später ziemlich offen versuchen wird, trotzdem diese Frage zu der unmittelbaren Frage in der Schulreform zu machen. Ich möchte hierzu nicht sehr ausführlich sprechen, wir werden hierüber noch im einzelnen mit den Leitern der Länder sprechen. Trotz einer gut durchdachten Propaganda wissen wir, dass die entscheidende Frage, die wir zu lösen haben, die der Gewinnung des Lehrers ist. Hier muss man ganz nüchtern sagen, dass die Lage zurzeit keineswegs befriedigend ist. Selbst die Ziffern von bis zu 50 % Mitglieder der SED unter Volksschullehrern – und das sind sehr hochgegriffene Ziffern und sie treffen nur für die günstigsten Fälle zu – besagen noch nicht viel. Denn wir wissen im allgemeinen, dass unter diesen Leuten auch viele Karrieristen sind. Wir haben also noch eine gewaltige Aufgabe in den nächsten anderthalb Monaten zu erfüllen, um wirklich 10.000 dieser Lehrer fest auf unseren Standpunkt zu führen.

[Weitere Ausführungen zur Propagandaarbeit, insbesondere zur Verbesserung der Arbeitsbedingungen und zur sozialen Anerkennung der Lehrertätigkeit, zur Durchführung von Lehrerkonferenzen und zur Vorbereitung einer Zonenkonferenz[24])

Kosjankoff: Bei der Zusammenfassung des ersten Punktes hat Herr Artjuchin die Frage gestellt: weshalb haben die Berichterstatter nichts über die Ergebnisse der Schulen gesagt? Ich glaube, dass die Ergebnisse der bisherigen Arbeit der Demokratisierung der Schule den besten Niederschlag in den Ergebnissen finden werden, die die Wahlkampagne mit sich bringen wird. Diese Wahlkampagne wird gewissermaßen die Abschlussprüfung für die Arbeit sein, die bisher auf dem Gebiet des Schulwesens und der Volksbildung geleistet worden ist. [Wenn man berücksichtigt, dass der Lehrer die zentrale Person am Ort ist, dass er eine große Rolle spielt im Ansehen der Bevölkerung, so wird man zu der Ansicht kommen, dass der Ausgang der Wahlen im großen Maße von der Stellungnahme der Intelligenz, in diesem Fall der Lehrer, abhängen wird. Nicht nur der Lehrer persönlich wird für die politischen Fragen eintreten, sondern jeder einzelne wird

24 Die schon länger geplante Veranstaltung fand als I. Pädagogischer Kongress vom 15. bis 17.08.1946 in Berlin statt.

noch ein Dutzend Leute mitziehen, die mit ihm an der Arbeit interessiert sind. Man wird zunächst einmal mit der Arbeit am Lehrer selbst beginnen müssen. Es muss aber gesagt werden, dass nicht nur in Mecklenburg, sondern auch in anderen Ländern und Provinzen die Bearbeitung der Lehrer von Seiten der SED nicht mit der nötigen Aufmerksamkeit gemacht wird. Der Einfluss der SED auf die Intelligenzkreise, auch auf die Hochschulkreise ist zum Teil gar nicht fühlbar und kaum noch bemerkbar geworden. Diese mangelnde Arbeit scheint darauf zurückzuführen sein, dass die SED nicht über genügend qualifizierte Kräfte verfügt. Außer den hier bereits vorgeschlagenen Maßnahmen könnte noch eine Reihe weiterer getroffen werden *[Feststellungen zur materiellen Lage der Lehrer, Lehrerversammlungen, Rückgabe von Gebäuden, Einbeziehung von Studenten, Herausgabe von Broschüren]*

Woronoff: Es ist nicht notwendig, die Rolle der Universität noch einmal zu unterstreichen. Menschen sollen diese Frage lösen. Diese Menschen sind Studenten, zukünftige Fachleute, und die Lehrerschaft. Aber beide nehmen noch nicht aktiv teil an der demokratischen Erziehung Deutschlands. Hier gab es Schwierigkeiten vom ersten Moment der Eröffnung der Universitäten. Eine Lehrerschaft, die die Demokratisierung durchführen könnte, haben wir nicht. Nicht weniger schwierig war es mit den Studenten. Von 8.000 Studenten der Universitäten sind nur etwa 10 % aus Arbeiterkreisen hervorgegangen. Diese Tatsache müsste die größte Aufmerksamkeit der Leiter der Länder- und Provinzialverwaltungen auf sich ziehen. Etwas haben die Universitäten mit ihren eigenen Kräften gemacht, z. B. bei der Säuberung der Lehrerschaft wie auch bei der erzieherischen Arbeit. Zu bemerken ist das Streben der Studenten in die demokratischen Parteien, aber hier bleibt noch eine gewaltige Arbeit. Bei der Vorbereitung für das nächste Schuljahr muss die Aufmerksamkeit in erster Linie auf die bereits existierenden Universitäten gerichtet sein, und man muss sich Mühe geben, um solche Fälle, wie in der Universität Jena[25], zu vermeiden. Zweifellos haben Herr Paul[26] und Herr Wolff gute Absichten, aber ihre praktische Arbeit unter den Studenten lässt viel zu wünschen

---

25 Am 24. Oktober 1945 war der Vortrag eines Mitglieds der KPD-Landesleitung zu den Potsdamer Beschlüssen der Alliierten in der Aula der Universität von Füssescharren, Gelächter und Zwischenrufen der Studenten begleitet worden. Hierzu Gramsch, Robert: *Der Jenaer Studentenausschuß und die Wiedereröffnung der Friedrich-Schiller-Universität Jena 1945*, In: John, Jürgen/Wahl, Volker/Arnold, Leni (Hrsg.): *Die Wiedereröffnung der Friedrich-Schiller-Universität Jena 1945*. Dokumente und Festschrift. Rudolstadt und Jena 1998, S. 101–114, hier S. 110 f.

26 Paul, Rudolf (geb. 30.07.1893 in Gera, gest. 28.02.1978 in Frankfurt am Main), von 1945 bis 1948 Landes-, bzw. Ministerpräsident von Thüringen.

übrig. Größte Aufmerksamkeit muss den Studenten geschenkt werden, sowohl den alten wie den neuen Studenten. Beste Quellen für die Universität werden die Vorbereitungskurse[27]. Ihre Arbeit und Organisation müssen besonders hervorgehoben werden. Die SMA wird alles tun, um die Lage in diesen Kursen zu bessern, auch die materielle Lage; vielmehr hängt aber von den Provinzen und Ländern ab. Im Bundesland Sachsen haben die Kurse 800 Teilnehmer, Prov. Sachsen 500, Berlin 200; aber Mecklenburg und Thüringen haben nichts gemacht. (Wolff: Stimmt nicht, wir haben 350 Mann in den Vorkursen. Wir haben die Fachschüler aus den Fachschulen rübergeholt, jetzt erst in letzter Zeit.) Davon ist mir nichts bekannt.

Die wirtschaftlichen und finanziellen Fragen wurden so gelöst, als ob die Länder- und Provinzialverwaltungen mit ihnen nichts zu tun haben. Die Universitäten sind bisher von den Länder- und Provinzialverwaltungen noch nicht für die demokratische Wahlkampagne benutzt worden. Es ist notwendig, sich sachlich mit der Arbeit in den Universitäten zu beschäftigen.

Grünberg (Mecklenburg): Wenn wir an die Frage der Heranziehung der Lehrer in die Wahlkampagne herangehen, so haben wir jetzt dafür einen günstigen Moment. Denn erstens haben wir das neue Schulgesetz, das für die Lehrer eine große Sache ist, zweitens eine sehr wichtige Sache, die Eröffnung der Päd. Fakultäten. Drittens haben wir in Aussicht die Verbesserung der materiellen Lage der Lehrer[28]. Und wir müssen die Lehrer gewinnen und sie aktiv auch in der Wahlkampagne einsetzen.

Ich möchte eines einschalten. Man soll den Lehrer nicht so betrachten, als ob er schlecht ist. Politisch weitsichtiger ist es, wenn wir uns auf die fortschrittlichen

---

27 Die für junge Studienwillige Anfang 1946 mit der Initiative der KPD zuerst in Sachsen eröffneten Vorstudienkurse, die vergleichbar den zu Beginn der 1920er Jahre eingerichteten Arbeiter-Abiturienten-Kurse in Hamburg und Berlin zur Hochschulreife führten, wurden seit 1949 zonenweit als „Arbeiter-und-Bauern-Fakultäten" (ABF) organisiert und den Universitäten gleichberechtigt eingegliedert. Der Fakultätsstatus ermöglicht es, zugunsten der SED auf inneruniversitäre Verhältnisse Einfluss zu nehmen (siehe u. a. Schneider, Michael C.: *Bildung für neue Eliten. Die Gründung der Arbeiter-und-Bauern-Fakultäten.* Dresden 1998; Miethe, Ingrid/Schiebel, Martina: *Biografie, Bildung und Institution. Die Arbeiter-und-Bauern-Fakultäten in der DDR.* Frankfurt/M u. a. 2008).

28 Befehl Nr. 220 des Oberbefehlshabers der SMA, des Oberkommandierenden der Gruppe der sowjetischen Besatzungstruppen in Deutschland. Betr.: *Verbesserung der materiellen und rechtlichen Lage der Lehrer der deutschen Schulen in der sowjetischen Besatzungszone Deutschlands.* Vom 15. Juli 1946. In: *Dokumente zur Geschichte des Schulwesens …*, S. 197.

Lehrer konzentrieren. In einem Dorf bei uns ist ein Lehrer gleichzeitig Richter. Das ist nicht normal, aber es zeigt, dass der Lehrer mitten im Leben steht. Es gibt viele solche Fälle, die zeigen, dass die Lehrer mit beiden Beinen im Leben stehen. Aber viele Lehrer sind hilflos, man muss ihnen helfen.

Einige Worte zu den Universitäten. Wir sollten uns stets vor Augen halten, dass Arbeiterkinder früher nie die Oberschule besucht haben. Die Kinder, die wir heute in den Oberschulen haben, sind Kinder von Leuten, die reaktionär sind. Dass muss man sehen. Und die Gesinnung, die den Kindern anerzogen ist, kann man nicht auswechseln wie ein schmutziges Hemd. Wir haben vorgeschlagen, in jede Universität einen Beauftragten der Landesverwaltung für Studentenfragen hineinzusetzen. Das muss ein Mann sein, der einmal taktisch an die Studenten herankommt und auch gleichzeitig Einfluss auf die Professoren hat und außerdem die nötige Verbindung anbahnen kann zum Bürgermeister, Landrat usw. Wir suchen solche Leute und haben schon einige Kandidaten. Diese Leute müssten bestimmte Anweisungen und Material erhalten.

[Weitere Ausführungen zur Propagandaarbeit]

Schkrahl[29]: Die Frage der politischen Rolle und Bedeutung der Lehrerschaft im öffentlichen Leben, die von Herrn Wandel, aufgeworfen wurde, steht vor uns vom ersten Tag unserer Tätigkeit seit dem Sturze des Faschismus. Man kann nur bedauern, dass so scharf und klar wie heute von Herrn Wandel die politische Rolle des Lehrers herausgestellt worden ist, es bisher nicht geschehen ist. *[Bemerkungen zur politischen Arbeit.]* Es müssen von den Volksbildungsbehörden noch zusätzliche Maßnahmen, die den Lehrer in die Lage versetzen, sich ein klares Bild zu verschaffen, welche demokratischen Kräfte am Werk sind, um seine Wüsche zu verwirklichen. Hier wären zwei Aufgaben hervorzuheben. Die erste Maßnahme wäre die breite Popularisierung des Schulgesetzes nicht nur unter der Lehrerschaft, sondern unter den breitesten Kreisen der Bevölkerung selbst. Ich stimme da vollkommen mit Herrn Grünberg überein, dass das Schulgesetz die ureigenste Sache der Lehrer selbst ist. Bei der richtigen Lenkung wird der Lehrer selbst am besten in der Lage sein, dieses Gesetz als stärkste Waffe zur Umgestaltung seiner eigenen Lebenslage und zur Einflussnahme auf die breitesten Schichten der Bevölkerung zu verwenden. Ich fürchte, dass, wenn wir zwar an sich die Bedeutung des Gesetzes voll einschätzen, wir doch in manchen Einzelheiten nicht bis zum letzten Schluss kommen, und wir dann zu den Fehlern kommen, die Herr Bogrioff schon erwähnt hat, nämlich, dass nach einem kurzen aufzischenden

29 Schral, Nikolai Lukitsch, Leiter des Sektors Kulturelle Bildungseinrichten der SMAD.

Feuerwerk von ein bis zwei Tagen im Zentrum der Provinz dieser Schwung wieder erlahmen wird, ohne die Idee bis zum letzten Mann der Bevölkerung gebracht zu haben. Es wäre falsch, zu glauben, dass eine ein-bis zweitägige Beleuchtung in den Zeitungen schon vollkommen die Aufgabe erschöpft. Es muss also die Kampagne fortgesetzt und weiter hinausgetragen werden in die Bevölkerung, gleichzeitig mit der praktischen Realisierung des Gesetzes. Eine ganze Reihe von Maßnahmen sind dazu nötig, die hier schon genannt wurden: allgemeine politische Tageszeitung, die Lehrerzeitschrift, die Fachzeitschrift, die sehr wenig oder gar nichts über das Gesetz schreibt, Radiovorträge, Gespräche mit den Eltern in den Schulen selbst, mit den Schülern der älteren Klassen usw. Es ist also, um zu wiederholen, nicht nur nötig, dass der Lehrer selbst dieses Gesetz begreift, sondern es muss Allgemeingut der ganzen Bevölkerung werden; sie müssen jene Kräfte erkennen, die allein in der Lage sind, tatsächlich dieses Gesetz zu verwirklichen. Es ist absolut nicht notwendig, hierin erst Instruktionen von Herrn Wandel abzuwarten. Er hat sie gegeben und wird sie auch weiterhin geben.

[Weitere Ausführung zur politischen Aktivierung der Lehrerschaft]

Nun die letzte Bemerkung. Es ist klar, dass dieses eine Jahr des politischen Umbruchs zunächst einmal zur Folge hatte eine scharfe Ausscheidung reaktionärer Kreise von den politischen Geschicken des Landes. Aber wir sind noch nicht zu einem Ergebnis gekommen, dass wir heute mit Ruhe sagen könnten, mit dem Nazismus und den reaktionären Kräften, die die Geschicke Deutschlands zurückdrehen wollen, ist ein für allemal Schluss. Deshalb ist es nötig, dass die Verwaltungsstellen nicht als Verwaltungsbeamte, sondern als politische Kämpfer die Lenkung der Arbeiterschaft in die Hand nehmen. Das zwingt uns, mit den reaktionären Kräften der Lehrerschaft, gleichgültig, ob sie sich seinerzeit eine Mitgliedskarte der Nazipartei beschafft haben oder nicht oder sich heute hinter einer anderen Mitgliedskarte verstecken, Schluss zu machen, sie von der Schularbeit zu entfernen.

Artjuchin: Einige Resultate aus unserer Besprechung. Bei der Eröffnung der Sitzung wurde schon mitgeteilt, dass wir uns zwei Arbeitsaufgaben gestellt haben. Die eine war das Fazit des vergangenen Jahres und die Entgegennahme der Maßnahmen, die von Seiten der Zentralverwaltung geplant sind im Zusammenhang mit den bevorstehenden Gemeindewahlen. Die Beratung hatte einen gewissen instruktiven Charakter. Die Aufgaben waren von allen Teilnehmern formuliert. Die Instruktionen sowohl für die Mitarbeiter der SMA wie auch der deutschen Stellen haben Sie erhalten, aber auf eine Frage soll Ihre Aufmerksamkeit noch einmal gelenkt werden.

Wir haben zur ersten Frage sechs Berichte gehört. Es haben referiert sowohl die Leiter der Volksbildungsämter der Länder und Provinzen wie auch ein Vertreter der Zentralverwaltung. Die einzelnen Berichte der Herren von der Verwaltung und der SMA sind auch einer gewissen Kritik unterworfen worden. Ich teile diese Kritik und verstärke sie noch. Ich komme zu folgendem Schluss für die Arbeit der Volksbildungsbehörden, nämlich. dass die Tätigkeit an den einzelnen Orten bis zur Zentralverwaltung hinauf einen wesentlich formal-bürokratischen Charakter getragen hat. Das soll absolut nicht abgerechnet werden von jenen Errungenschaften und Erfolgen, die zweifellos auch erreicht wurden. Es ist sehr viel geleistet worden. Aber es sollte und hätte auch noch mehr gemacht werden können. Dieses Mehr ist deswegen nicht erreicht worden, weil die Leitung dieser ganzen Angelegenheit eben zu sehr formal-bürokratisch betrieben wurde.

Wovon haben sich alle sechs Referenten, die zur ersten Frage gesprochen haben, leiten lassen? Sie haben sich ausschließlich von Papierdaten leiten lassen, statistische Daten usw. Kein einziger der sechs Berichterstatter hat einen lebendigen Menschen hier zitiert oder genannt. Kein einziger hat hier auf einen lebendigen Lehrer hingewiesen und gezeigt, wie dieser Mann im vergangenen Jahr gearbeitet hat. Das zeugt davon, dass unsere leitenden Herren die Arbeit an Ort und Stelle nicht kennen, und die Unkenntnis der einzelnen Lehrer und Mitarbeiter an Ort und Stelle ist eben das, was man unter formal-bürokratischer Leitung versteht. Zeigen Sie uns den guten Lehrer. Sie haben gute Lehrer. Schreiben Sie von ihnen in Zeitungen und Zeitschriften. Machen Sie die Erfolge dieser Lehrer zum Gemeingut sämtlicher Lehrer unserer Zone. Dann werden Sie ein großes Werk getan haben. Man muss die Leute kennen, mit denen wir arbeiten und die wir lenken. Bisher ist das nicht der Fall gewesen. In der Zone arbeiten 46.000 Lehrer. Diese 46.000 Lehrer sind berufen, einer 22-Millionen-Bevölkerung der sowjetischen Zone zu dienen. Das heißt, auf einen Lehrer kommen ungefähr 300 Personen. Das Volk muss doch diese Lehrer kennen. Man muss diesen Lehrern die notwendige Autorität verschaffen. Diesbezüglich haben wir noch sehr, sehr wenig getan. Ich werde da nichts wiederholen, denn darüber ist heute schon sehr viel gesprochen worden.

Ich will Sie nur noch einmal daran erinnern, dass wir vor einer großen Aufgabe stehen, 26.000 neue Kursteilnehmer zu verteilen. Wir müssen ihnen Arbeit geben, ihnen auch die Arbeitsbedingungen schaffen, und außerdem müssen wir sie vor einer Diskreditierung durch den reaktionären Teil der Lehrerschaft bewahren. Die Volksbildungsabteilung der SMA hat bereits Anzeichen derartiger Entwicklungen. Die SMA hat genaue Angaben darüber, dass von Seiten der reaktionären Lehrerschaft wie auch der Elternschaft, die unter reaktionärem Einfluss steht, gewisse Bestrebungen vorhanden sind, diese Lehrer zu diskreditieren. Wir müssen diese Bestrebungen der Reaktion nicht nur enthüllen, sondern auch ganz rücksichtslos dagegen vorgehen.

Wenn Sie die formal-bürokratische Arbeit überwinden wollen, so müssen Sie in erster Linie zur engen Zusammenarbeit mit dem Lehrkörper selbst übergehen. Auf Grund meiner persönlichen Besichtigungen bin ich in der Lage, eine ganze Reihe von Fragen jedem einzelnen Direktor der Provinzen zu stellen. Sind Sie eigentlich allen Lehrern der Provinz bekannt? Wenn in einer Dorfschule die Frage gestellt wird, wer ist Leiter der Volksbildung in der Provinz, wird der Lehrer dessen Namen nennen können? Ich garantiere dafür, dass eine ganze Reihe diesen Namen nicht kennen wird. Das würde nur beweisen, dass das Gefühl der Lenkung nicht bis zum letzten Lehrer gedrungen ist. Unter den Lehrern haben wir also sehr schlecht gearbeitet.

Um nicht zu wiederholen, wollen wir zu den praktischen Fragen übergehen. Die Berichte haben rein literarischen Charakter getragen. *[Es folgen weitere kritische Bemerkungen und Hinweise für die künftige Arbeit].* Es wird wohl die Bevölkerung unserer Zone interessieren, zu erfahren, zu welchem Ergebnis eigentlich das erste Schuljahr in Bezug auf unsere Kind gekommen ist. Wir müssen gewissermaßen vor den Wahlen dem Volk Rechenschaft geben, was eigentlich im vergangenen Jahr in den Schulen geleistet wurde. Es wäre gar nicht schlecht, wenn die Leiter der Provinzial-Volksbildungsabteilungen in der Presse mit einem Abschlussbericht über das vergangene Jahr hervortreten würden. Das wäre eine sehr nützliche Angelegenheit. Hier ist schon über die Versammlungen gesprochen worden, die mit den Lehrern zusammen durchzuführen sind. Ehrlich gesagt, nach den Berichten, die hier gehört wurden, ist eigentlich zu bezweifeln, dass die Möglichkeit einer Prämierung der Lehrerschaft gegeben ist. Wir hatten vorgesehen, in jedem Kreis vielleicht 20 bis 30 Lehrer zu prämieren. Außerdem noch eine Prämierung im Bereich der gesamten Provinz[30]. Aber nach den Berichten, wo nicht ein einziger Lehrer genannt wurde, wissen wir nicht, wer prämiert werden soll. Entweder müssen wir in einem ganz beschleunigten Prozess diese Leute finden und kennenlernen, oder wir müssen uns auf den Weg großer Fehler in dieser Angelegenheit einlassen. Das muss man sehr ernst betrachten, damit in dieser guten Sache nicht schlechte Resultate entstehen.

30 Auf dem 4. Pädagogische Kongress vom 23. bis 25. September 1949 wurden erstmals die bis zum Ende der DDR jährlich vorgenommene Auszeichnung „Verdienter Lehrer des Volkes" vergeben.

[*Hinweise auf den Zusammenhang von Schulreform und Wahlkampagne*] Ich bitte Sie nur um eines, dass Sie in Ihrer praktischen Arbeit hartnäckig und ausdauernd die bürokratischen Arbeitsmethoden ausmerzen, die bisher noch bei uns Platz haben. Größere Verbindung zur Masse der Lehrerschaft, mehr sich mit der Lehrerschaft beraten und sich auf sie stützen – dann werden Sie nicht soviele Fehler machen, wie es zum Teil bisher geschehen ist.

Damit wäre die heutige Beratung geschlossen.

Schluss der Sitzung 20 Uhr.

Literatur

Benner, Dietrich/Eichler, Wolfgang/Göstemeyer, Karl-Franz/Sladek, Horst (Hrsg.): *Quellentexte zur Theorie und Geschichte der Reformpädagogik.* Teil 3.1: *Staatliche Schulreform und Schulversuche in SBZ und DDR.* Weinheim, Basel 2004.

Benser, Günter/Krusch, Hans-Jürgen (Hrsg.): *Dokumente zur Geschichte der kommunistischen Bewegung in Deutschland. Band 1. Protokolle des Sekretariats des Zentralkomitees der KPD von Juli 1945 bis April 1946.* München [u. a.] 1993.

Bogadyrjow, N. M.: *Die Demokratisierung der deutschen Schule nach der Befreiung Deutschlands vom faschistischne Joch durch die Sowjetarmee. Nach Materialien des Ministeriums für Volksbildung des Landes Thüringen.* Moskau 1951, S. 58 (russ.).

Bogisch, Manfred (Hrsg.): *LDPD in der Übergangsperiode 1945–1961. Dokumente.* Teil 1. Berlin 1976.

Braun, Birgit: *Umerziehung in der amerikanischen Besatzungszone. Die Schul- und Bildungspolitik in Württemberg-Baden von 1945 bis 1949.* Münster 2004.

Bruchhäuser, Hanns-Peter: *Heinrich Abel. Eine deutsche Karriere.* Magdeburg 2009.

Cloer, Ernst: *Bildungspolitik und universitäre Pädagogik in der Geburtsstunde des Landes Niedersachsen 1945–1948. Vergewisserung über schon vergessene Anfänge.* In: Overesch, Manfred (Hrsg.): *Zeitenwende. Umbruch und Aufbruch nach dem Zweiten Weltkrieg.* Hannover 1986, S. 85–111.

Dokumente zur Geschichte des Schulwesens in der Deutschen Demokratischen Republik. Teil 1: 1945–1955. Ausgewählt von Gottfried Uhlig. Eingeleitet von Karl-Heinz Günther. Berlin (Ost) 1970.

Eich, Klaus-Peter: *Schulpolitik in Nordrhein-Westfalen 1945–1954.* Düsseldorf 1987.

Heumann, Günter: *Die Entwicklung des allgemeinbildenden Schulwesens in Nordrhein-Westfalen (1945/46 bis 1958)*. Frankfurt/M. 1989.

Erler, Peter/Laude, Horst/Schroeder, Klaus: *„Nach Hitler kommen wir!" Dokumente zur Programmatik der Moskauer KPD-Führung 1944/45 für Nachkriegsdeutschland*. Berlin 1994.

Faltus, Hermann: *Kulturentwicklung und Volksbildung in Bremen 1945 bis 1980*. Bremen 1986.

Fedler, Patricia: *Anfänge der staatlichen Kulturpolitik in Hessen nach dem Zweiten Weltkrieg 1945 bis 1955. Schule, Erwachsenenbildung, Kunst und Theater im Spannungsfeld zwischen amerikanischer Reeducationspolitik und deutscher Kulturtradition*. Wiesbaden 1993.

Fijalkowski, Jürgen/Hauck, Peter/Holst, Al/Kemper, Gerd-Heinrich/Mintzel, Alf: Berlin – *Hauptstadtanspruch und Westintegration*. Wiesbaden 1964.

Foitzik, Jan (Red.): *SMAD-Handbuch. Die Sowjetische Militäradministration in Deutschland 1945–1949*. München 2009.

Geißler, Gert: *Hans Siebert – Zur erziehungsgeschichtlichen Spur eines emigrierten politischen Pädagogen*. In: Zeitschrift für Pädagogik. Weinheim und Basel 40 (1994) 05, S. 781–799.

Geißler, Gert/Blask, Falk/Scholze, Thomas: *Schule: Streng vertraulich! Die Volksbildung der DDR in Dokumenten*. Berlin 1996.

Geißler, Gert (Hrsg.): *Schulreform und Schulverwaltung in Berlin. Die Protokolle der Gesamtkonferenzen der Schulräte von Groß-Berlin Juni 1945 bis November 1948*. Frankfurt/M. [u. a.] 2002.

Geißler, Gert: *Geschichte des Schulwesens in der Sowjetischen Besatzungszone und in der Deutschen Demokratischen Republik 1945 bis 1962*. Frankfurt/M. [u. a.].

Geißler, Gert: *Exilkonzepte zur strukturellen Umgestaltung des Schulwesens im Nachkriegsdeutschland – ein Überblick*. In: Kirchhöfer, Dieter/Uhlig, Christa (Hrsg.): *Ernst Hadermann. Bildungsdenken zwischen Tradition und Neubeginn*. Frankfurt/M. [u. a.] 2008, S. 17–27.

Geißler, Gert: *„Es ist selbstverständlich, daß ehrenrührige Zuchtmittel [...] zu unterbleiben haben. Zum Verbot körperlicher Züchtigung in der SBZ/DDR*. In: Jahrbuch für Historische Bildungsforschung, Band 17. Bad Heilbrunn 2011, S. 201–224.

Geißler, Gert: *Schulgeschichte in Deutschland. Von den Anfängen bis in die Gegenwart*. Frankfurt am Main [u. a.] 2013.

Geißler, Gert: Schule und Erziehung in der DDR. 2. Auflage. Erfurt 2015.

Gramsch, Robert: *Der Jenaer Studentenausschuß und die Wiedereröffnung der Friedrich-Schiller-Universität Jena 1945*. In: John, Jürgen/Wahl, Volker/Arnodl,

Leni (Hrsg.): *Die Wiedereröffnung der Friedrich-Schiller-Universität Jena 1945.* Dokumente und Festschrift. Rudolstadt und Jena 1998, S. 101–114.

Hanauske, Dieter (Hrsg.): *Die Sitzungsprotokolle des Magistrats der Stadt Berlin 1945/46.* Teil I: 1945. Berlin 1995, Teil II: 1945/46. Berlin 1999.

Heinemann, Manfred: *Zur Wissenschafts- und Bildungslandschaft Niedersachsens von 1945 bis in die 50er Jahre.* In: Weisbrod, B. (Hrsg.): Von der Währungsreform zum Wirtschaftswunder. Wiederaufbau in Niedersachsen. Hannover 1998, S. 77–95.

Huschner, Anke: *„Reorganisation" der mittleren und höheren Schulen in Ost-Berlin 1948 bis 1958. Wandel von Schulangeboten und Bildungsperspektiven.* In: Drewek, Peter; Huschner, Anke; Ejury, R.: Politische Transformation und Eigendynamik des Schulsystems im 20. Jahrhundert. Regionale Schulentwicklungen in Berlin und Brandenburg 1890 bis 1990. Weinheim 2001, S. 73–157.

Joos, Kurt Ludwig: *Schwieriger Aufbau. Gymnasium und Schulorganisation des deutschen Südwestens in den ersten drei Jahrzehnten nach dem Zweiten Weltkrieg.* Stuttgart 2012.

Jung, Johannes et al. (Hrsg.): *Die zweigeteilte Geschichte der Grundschule 1945 bis 1990. Ausgewählte und kommentierte Quellentexte zur Entwicklung in Ost- und Westdeutschland.* Münster 2011.

Müller, Winfried: *Schulpolitik in Bayern im Spannungsfeld von Kultusbürokratie und Besatzungsmacht 1945 bis 1949.* München 1995.

Keiderling, Gerhard (Hrsg.): *„Gruppe Ulbricht" in Berlin. April bis Juni 1945. Von den Vorbereitungen im Sommer 1944 bis zur Wiedergründung der KPD im Juni 1945. Mit einem Geleitwort von Wolfgang Leonhardt. Eine Dokumentation.* Berlin 1993.

Kropat, Wolf-Arno: *Amerikanische oder deutsche Schulreform? Die hessische Schulpolitik unter Kultusminister Erwin Stein von 1947 bis 1951.* In: Nassauische Annalen. Jahrbuch des Vereins für Nassauische Altertumskunde und Geschichtsforschung. 112(2001), S. 541–568.

Kropat, Wolf-Arno: *Entnazifizierung. Mitbestimmung. Schulgeldfreiheit. Hessische Landtagsdebatten 1947–1950. Eine Dokumentation.* Wiesbaden 2004. Kropat, Wolf-Arno: *Entnazifizierung. Mitbestimmung. Schulgeldfreiheit. Hessische Landtagsdebatten 1947–1950. Eine Dokumentation.* Wiesbaden 2004.

Lemke, Dietrich: *Schulpolitik in Hamburg von 1945 bis 2004 oder: Die verpasste Reform.* Hamburg 2005.

Lohbeck, Lucas: *Das höhere Schulwesen in Nordrhein-Westfalen. 1945/46 bis 1958.* Frankfurt/M. 2004.

Lutzebäck, Rolf: *Die Bildungspolitik der britischen Militärregierung im Spannungsfeld zwischen „education" und „reeducation" in ihrer Besatzungszone, insbeson-*

dere in Schleswig-Holstein und Hamburg in den Jahren 1945 bis 1947. Frankfurt/M. [u. a.] 1990.

Materialien zur Abhandlung von Lothar Gläser: Die Rolle der sowjetischen Pädagogik beim Aufbau der deutschen demokratischen Schule und bei der Entwicklung der pädagogischen Wissenschaft auf dem Gebiet der heutigen Deutschen Demokratischen Republik (1945 bis 1949). Teil I. In: Jahrbuch für Erziehungs- und Schulgeschichte. Jahrgang 10. Akademie-Verlag. Berlin 1970, S. 175–183.

Miethe, Ingrid/Schiebel, Martina: Biografie, Bildung und Institution. Die Arbeiter-und-Bauern-Fakultäten in der DDR. Frankfurt/M. u. a. 2008.

Nikitin, Pjotr I.: *Zwischen Dogma und gesundem Menschenverstand. Wie ich die Universitäten der deutschen Besatzungszone „sowjetisierte"*. Berlin 1997.

Pädagogische Neuorientierung. Vorträge in Bildungsveranstaltungen der Lehrerschaft in Dresden und Leipzig. 2. Folge. Hrsg. vom Rat der Stadt Dresden und vom Volksbildungsamt der Stadt Leipzig, o.0, o.J [1945].

Parteiprogramme — Programme kirchlicher Gruppen. Zusammengestellt vom Arbeitsausschuß der Schulpolitischen Hauptstelle des Deutschen Lehrervereins. Berlin 1926.

Ritter, Gerhard A./Niehuss, Merith: *Wahlen in der Bundesrepublik Deutschland. Bundestags- und Landtagswahlen 1946–1987*. München 1987.

Schneider, Michael C.: Bildung für neue Eliten. Die Gründung der Arbeiter-und-Bauern-Fakultäten. Dresden 1998.

Schütte, Friedhelm (Hrsg.): *Verdunkelung einer Lichtgestalt. Heinrich Abel und die „Schattenexistenz" der Berufspädagogik*. Frankfurt/M. 2012.

Tischner, Wolfgang: *Katholische Kirche in der SBZ/DDR 1945–1951. Die Formierung einer Subgesellschaft im entstehenden sozialistischen Staat*. Paderborn [u. a.] 2001.

Thüsing, Andreas: *Das Präsidium der Landesverwaltung Sachsen. Die Protokolle der Sitzungen vom 9. Juni bis 10. Dezember 1946*. Göttingen 2010.

Uhlig, Christa: *Zur Erarbeitung der bildungspolitischen Programmatik für Nachkriegsdeutschland in der UdSSR. Konzepte und Personen*. In: Tenorth, Heinz-Elmar (Hrsg.): *Kindheit, Jugend und Bildungsarbeit im Wandel. Ergebnisse der Transformationsforschung*. In: *Zeitschrift für Pädagogik*, 37. Beiheft. Berlin 1997, S. 411–432.

Welsh, Helga: *Deutsche Zentralverwaltung für Volksbildung (DVfV)*. In: Broszat, Manfred/Weber, Hermann (Hrsg.): *SBZ-Handbuch. Staatliche Verwaltung, Parteien, gesellschaftliche Organisationen und ihre Führungskräfte in der Sowjetischen Besatzungszone Deutschlands 1945 bis 1949*. München 1990.

Winkeler, Rolf: *Schulpolitik in Württemberg-Hohenzollern 1945 bis 1952. Eine Analyse der Auseinandersetzungen um die Schule zwischen Parteien, Verbänden und französischer Besatzungsmacht*. Stuttgart 1971.

Christa Uhlig

Das Gesetz zur Demokratisierung der deutschen Schule vor dem Hintergrund deutscher Bildungsgeschichte

„Wenn man bedenkt, daß es in Deutschland und Preußen wohl Regulative, Spezialanweisungen, auch grundsätzliche Artikel zu diesem oder jenem Punkte gegeben hat, nie aber ein wirklich umfassendes Schulgesetz, erkennt man die entscheidende Bedeutung dieses Ereignisses. In einem wirklich umfassenden Gesetz werden die Fragen der demokratischen Schulerneuerung gelöst."[1]

In der Wahrnehmung der bildungspolitischen und schulreformerischen Aktivisten der ersten Nachkriegsjahre markierte das Gesetz zur Demokratisierung der deutschen Schule eine grundlegende schulgeschichtliche Zäsur, ein „Novum" in „der deutschen Schulgesetzgebung".[2] Nur ein knappes Jahr nach dem Sieg der Alliierten über das nationalsozialistische Gewaltsystem und das somit möglich gewordene Ende des Zweiten Weltkrieges war es gelungen, in einem nur sieben Paragraphen umfassenden Gesetzestext jene Rahmenbedingungen zu formulieren, die für die Schulreform in der Sowjetischen Besatzungszone (SBZ) prägend wurden, später unter dem Begriff der „antifaschistisch-demokratischen Schulreform" in die Schulgeschichtsschreibung eingingen und anfangs durchaus in gesamtdeutscher Perspektive gedacht waren. Das Gesetz wurde als konsequente Auslegung der Beschlüsse der Alliierten zur Entnazifizierung und Demokratisierung Deutschlands verstanden und bezog sich insbesondere auf die dort der Schule und Erziehung zugeschriebenen Funktion: „Das Erziehungswesen in Deutschland muss so überwacht werden, daß die nazistischen und militaristischen Lehren völlig entfernt werden und eine erfolgreiche Entwicklung der demokratischen Ideen möglich gemacht wird."[3] Für die Schulgesetz-

1 Heise, Wilhelm: Zum Gesetz zur demokratischen Erneuerung des deutschen Schulwesens. In: *die neue schule* 1(1946), Nr. 4, S. 127.

2 Ebd.

3 Mitteilung über die Dreimächtekonferenz von Berlin [„Potsdamer Abkommen"] (02.08.1945), III: Deutschland, A: Politische Grundsätze, Punkt 7, in: documentArchiv.de [Hrsg.], URL: http://www.documentArchiv.de/in/1945/potsdamer-abkommen.html, Stand: 11.11.16.

gebung wurden daraus zwei Aufgabenbereiche abgeleitet: Eine Erziehung „frei von nazistischen und militaristischen Auffassungen im Geiste des friedlichen und freundschaftlichen Zusammenlebens der Völker und einer echten Demokratie zu wahrer Humanität“ sowie die Gestaltung eines Schulsystems, das „jedem Kind und Jugendlichen, ohne Unterschied des Besitzes, des Glaubens oder seiner Abstammung“ gleiches Recht auf Bildung gewährt.[4] Mit dieser Koppelung wurde die Mitverantwortung des Schul- und Erziehungswesens an der Entstehung und Ausbreitung nationalsozialistischen Gedankengutes angesprochen und davon ausgehend die Schlussfolgerung gezogen, „was die frühere demokratische schulreform nicht erledigte, wird jetzt endlich besorgt: mit der beseitigung der nachwirkungen des faschismus wird die auflösung der standesschulen verbunden.“[5]

Die mit dem Gesetz eingeleitete Schulreform war eine Reform von oben, durchgesetzt in einem schmalen, für den Gesetzgebungsprozess günstigen Zeitfenster. Als Teil eines gesamtgesellschaftlichen Umbruchs hatte sie die politische Unterstützung der Besatzungsmacht, ihre Protagonisten konnten sich zugleich auf ein vergleichsweise breites bildungspolitisches Einverständnis beziehen und somit Gegner der Reform bzw. Widerstände gegen einzelne der schulreformerischen Maßnahmen überstimmen. „Denn wenn auch in den fachlichen und methodischen Einzelheiten verschiedene Meinungen miteinander kämpften – einheitlich und geschlossen war die Auffassung der gründlichen Demokratisierung unseres Schulwesens. Es mußte also das Gesetz geschaffen werden, das bei dem zunehmend selbständigen Charakter unserer neuen Landesverwaltungen als einheitliches Schulgesetz angenommen werden konnte [...].“[6] Auch gehe es „diesmal nicht darum, Bände mit Reformplänen zu füllen und jahrzehntelang über die Vorteile und Notwendigkeit einer neuen Schule zu reden, es geht darum, die neue Schule, und zwar in allernächster Zeit, aufzubauen.“[7]

---

4 Hier zitiert nach *pädagogik* 1(1946), Nr. 1, S. 2 f.f. Vgl. auch Michael/Schepp 1993, S. 341–345.

5 Die Demokratisierung der deutschen Schule (redaktioneller Beitrag). In: *pädagogik* 1(1946), Nr. 1, S. 7. – Bis zur Übernahme der Herausgabe der *pädagogik* durch das Deutsche Pädagogische Zentralinstitut (DPZI) ab Jg. 5 (1950) wurde in Anlehnung an reformerische Traditionen (u. a. Bauhaus, Jugendbewegung) Kleinschreibung praktiziert.

6 Marquardt 1946, S. 10.

7 Wandel, Paul: Der NEUEN SCHULE entgegen. In: *die neue schule* 1(1946), Nr. 1, S. 3.

Von einer Expertenkommission der Deutschen Zentralverwaltung für Volksbildung (DZfV) in Absprache mit der Sowjetischen Militäradministration (SMAD) und Vertretern der zur SBZ gehörenden Länder und Provinzen als Vorlage erarbeitet[8], wurde das Gesetz im Mai/Juni 1946 durch die jeweiligen Landesverwaltungen noch vor den Landtagswahlen (Oktober 1946) nahezu wortgleich in Kraft gesetzt und öffentlich wirksam verkündet. Besonderes Gewicht erhielt dabei Thüringen, das Land, in dem der Gesetzgebungsprozess mit einem Festakt am 12. Juni 1946 in Weimar abgeschlossen wurde. Weimar, damals noch thüringische Landeshauptstadt, war nicht ohne Symbolik. Die Stadt stand für klassisch-humanistischen Geist, aber auch für nationalsozialistische Gewaltherrschaft, für die Weimarer Demokratie, aber auch für Verfassungskompromisse, die gerade auf dem Gebiet der Bildungspolitik Spuren hinterlassen hatten (vgl. folgende Abschnitte). All dies ist bei dem Versuch, das Gesetz in der deutschen Bildungsgeschichte zu verorten und seine Intentionen zu verstehen, mitzudenken. Welcher Rang dem Gesetz im Jahr 1946 zugemessen wurde, zeigt sich nicht nur in der Intensität seiner öffentlichen Propagierung und Kommentierung, sondern vielleicht mehr noch in der Art und Weise, *wie* es kommuniziert und mit *welchen geschichtlichen Bezügen* es vermittelt wurde. Obgleich von jedem der fünf Länder selbständig erlassen, wurde es von den damaligen bildungspolitischen Akteuren als *ein einheitliches Gesetz* zur Neuordnung des Schulwesens in der SBZ verstanden und in den nachfolgenden Jahren als solches auch gehandhabt.[9]

Der vorliegende Beitrag geht zunächst der Frage nach, in welchen bildungshistorischen Zusammenhängen das Gesetz von seinen Urhebern und Unterstützern selbst gesehen und öffentlich kommuniziert wurde. An seinen Wirkungen und Nachwirkungen lässt sich zudem zeigen, dass es aus dem engen Geltungsradius der SBZ und nachfolgender Entwicklungen in der DDR allein nicht erschöpfend erklärt werden kann. Es kann vielmehr als ein Versuch gelesen werden, Lösungen für geschichtlich überkommene Schul- und Bildungsprobleme zu finden, die 1945 vor ganz Deutschland standen.

---

8 Gesetz zur Demokratisierung der deutschen Schule (Grundlage für gemeinsame Gesetzesvorlage). Berlin, Leipzig 1948 (vgl. auch Abdruck des Originals in diesem Band).

9 Mit dieser, aus der historischen Situation erklärbaren Handhabung entstand eine Faktenlage, die, ungeachtet möglicher formalrechtlicher Zweifel an der Legitimität *eines einheitlichen* Schulgesetzes, in retrospektiven Interpretationen nicht ignoriert werden kann.

Keine Rückkehr zur Schule der Weimarer Republik – eine Reaktion auf den Nationalsozialismus

> *„1919, 1946: Zwei Jahre, in der Zahl so verschieden und im Inhalt doch so ähnlich. Damals wie heute stand Deutschland am Ende eines verlorenen Weltkrieges. Damals wie heute ging man daran, die Gründe zu suchen, die für den Zusammenbruch, die dafür, daß es so gekommen war, herangeführt werden konnten. Doch zwischen dem Damals und Heute klafft ein grundlegender Unterschied. Damals blieb man in den ersten Gehversuchen stecken, scheute man sich im Schulwesen den Schritt zu machen, den man als notwendig erkannte. Heute findet man den Mut zur Tat. … Jene Zeit um 1919 bis 1920 hat sich vor der Geschichte als nicht reif für die Aufgabe einer wirklich durchgreifenden Schulreform erwiesen. […] Wir wollen in dieser Stunde nicht untersuchen, inwieweit jenes Versagen auf dem Gebiete der Schulpolitik mit daran schuld ist, daß wir als Staat und Volk versagten, einem Hitler zum Ausbeutungsobjekt wurden und dadurch in den Abgrund von heute hineinstürzten. Heute wollen wir vielmehr ohne Überheblichkeit, aber doch mit einem berechtigten stolzen Gefühl es aussprechen: Wir sind stolz darauf, daß es uns in weniger als Jahresfrist gelungen ist, dieses Gesetz einheitlich für die gesamte russisch besetzte Zone unseres Vaterlandes zustande zu bringen.“*[10]

Mit diesem Statement eröffnete der damalige thüringische Landespräsident Dr. Rudolf Paul seine Festansprache zur Verkündung des Gesetzes am 12. Juni 1946 in Weimar – jenem Ort, in dem 1919 die Weimarer Verfassung ausgehandelt wurde und dabei erstmals auch Ziele und Inhalte einer Demokratisierung des Schulwesens mitverhandelt wurden, dann aber unter dem Druck konservativer Interessen auf ein Minimum begrenzt blieben (Weimarer Schulkompromiss[11]). Eine konsequente Trennung von Schule und Kirche kam ebenso wenig

10 Ansprache des Landespräsidenten Dr. Rudolf Paul. In: Das Gesetz zur Demokratisierung der deutschen Schule, feierlich verkündet am 12. Juni 1946 in Weimar, S. 8. – Rudolf Paul (1893–1978) war Jurist, Mitglied der DDP, 1946 der SED, 1945 Oberbürgermeister in Gera, von 1945 bis 1947 Ministerpräsident von Thüringen. 1947 wechselte er in die amerikanische Besatzungszone und war als Rechtsanwalt in Frankfurt/M. tätig.

11 Der Weimarer Schulkompromiss entstand aus dem politischen Kräfteverhältnis in der Nationalversammlung. Nachdem die Zentrumspartei ihre Zustimmung zur Verfassung von der Beibehaltung des konfessionellen Schulwesens abhängig gemacht hatte, um auf diese Weise die von Liberalen und Sozialdemokraten seit langem geforderte Weltlichkeit der Schule zu verhindern, wurden konkrete Regelungen auf ein späteres Reichsschulgesetz verschoben. Bis dahin sollten in den Gemeinden „auf Antrag von Erziehungsberechtigten Volksschulen ihres Bekenntnisses oder ihrer Weltanschauung“ eingerichtet werden, „soweit hierdurch ein geordneter Schulbetrieb […] nicht beeinträchtigt wird.“ (Artikel 146,2 der Verfassung). Da der Konflikt über das Verhältnis von Kirche und Schule ein solches Reichsschulgesetz, das zugleich eine stärkere strukturelle

zustande wie eine einheitliche Reichschulgesetzgebung, eine durchgehende Akademisierung der Lehrerbildung und die Verbannung antirepublikanischer und antidemokratischer Einflüsse aus Schule und öffentlicher Erziehung. Es sei ein Stück deutscher Misere, dass „Macht, Geist und Volk [...] bei uns Deutschen bisher auseinander" strebten, beklagte der Schauspieler und Theatermann Maxim Vallentin anlässlich des Weimarer Festaktes. „Macht war ohne Geist, Geist ohne Macht und das Volk ohnmächtig, weil es von der Macht und nicht vom Geist begeistert wurde. [...] Nun gaben wir uns das Gesetz der Demokratisierung der deutschen Schule, das nach dem Gesetz zur Bodenreform der zweite bedeutende Schritt ist zur Beendigung der deutschen Misere."[12]

So wie hier findet man das Gesetz in den meisten öffentlichen Kommentaren und Erläuterungen in umfassendere gesellschaftshistorische Zusammenhänge gestellt, denn die radikale „niederlage des faschismus" dürfe nicht dazu führen, die noch immer bestehenden „verbindungsfäden zwischen dem gestern und heute [zu] übersehen". „In der ideologischen sphäre stehen wir heute [...] nicht nur der verstörtheit, der resignation, sondern einer tradition gegenüber, die wohl in sich unsicher geworden ist, trotzdem aber eine große macht entfalten kann, wenn die wirtschaftlichen und gesellschaftlichen verhältnisse sie wieder begünstigen sollten."[13] Eine solche Lageeinschätzung, wie hier vom Präsidenten der DZfV Paul Wandel gegeben, wurde auch von anderen Schulfunktionären geteilt. „Es war eine der nächstliegenden Folgen, die sich aus dem Zusammenbruch des nationalsozialistischen Gewaltsystems mit seinen furchtbaren Verwüstungen ergeben hatte, daß nur einem in seinem Denken von Grund auf umgestellten Volk der Aufbau einer demokratischen Zukunft und damit auch der materielle Aufbau möglich würde", schrieb der aus der pädagogischen Reformbewegung (Karl-Marx-Schule Berlin) gekommene Sozialdemokrat und damalige erste Vizepräsident der DZfV

Vereinheitlichung des Schulwesens realisieren sollte, auch fortan blockierte, kam eine länderübergreifende Reform nicht zustande. Vgl. Schulz 1926; auch Herrlitz/Hopf/Titze 1986, S. 114; Handbuch der deutschen Bildungsgeschichte 1989, S. 164 f., Uhlig, Ch. 2008, S. 27–30.

12 Telegramme und Grußadressen zur Schulgesetzverkündung. In: Das Gesetz zur Demokratisierung der deutschen Schule, feierlich verkündet am 12.Juni 1946 in Weimar, S. 30. – Grußadressen kamen meist von pädagogischen Einrichtungen und Lehrertagungen, aber auch von gesellschaftlichen Organisationen, Parteien, Schulen, Betrieben, Institutionen und nur wenigen Privatpersonen. In welchem Maße solche Grußadressen lanciert waren, soll hier nicht weiter untersucht und erörtert werden.

13 Die Demokratisierung der deutschen Schule (redaktioneller Beitrag). In: *pädagogik* 1(1946), Nr. 1, S. 5.

Erwin Marquardt. Außer den materiellen Zerstörungen sei „noch viel einschneidender die in unermeßlich großem Umfange eingetretene geistige Verödung und Verwahrlosung. Sie hatte schon eingesetzt mit dem Vordringen des autoritären Nazisystems in das Schulwesen. […]"[14] Und auch der Leiter der Schulabteilung der DZfV und designierte Prodekan der Pädagogischen Fakultät der Berliner Universität Wilhelm Heise (früher KPD) meinte, dass „ein wirklicher Neuaufbau des deutschen Schulwesens" mehr sein müsse „als der Versuch, unter einfacher Überspringung der eineinhalb Jahrzehnte Nationalsozialismus und Faschismus an die Zeit vor 1933 wieder anzuknüpfen." Ein solches „Zurück" sei „unmöglich", weil schon hier „die Momente, die zum Hitlerismus führten", zu beobachten gewesen seien. „Lehrgut, Geist und Organisation des Schulwesens wie Haltung der Lehrer waren so, daß sie dem Sieg des Faschismus keinen Widerstand boten, ja ihn ermöglichten, wenn sie ihn nicht sogar weithin vorbereitet hatten. Die demokratische Erneuerung der deutschen Schule muß darum aus einem Geist erfolgen, der von dem der Weimarer Demokratie wesentlich verschieden ist, kennt andere Zielsetzungen der Erziehungs- und Bildungsaufgaben, die aus den gesellschaftlichen und im weitesten Sinn politischen Notwendigkeiten der Gegenwart folgen, wertet Lehrstoffe und Methoden unter neuen Gesichtspunkten und verlangt vor allem einen ganz anders gearteten Typ des Lehrers und Erziehers. Eine wirklich aufbauende Schulgesetzgebung kann nur im Zusammenhang mit der großen demokratischen Erneuerung des deutschen Volkes überhaupt geschaffen werden."[15]

Eine Rückkehr zu den Weimarer Verhältnissen, auch zum Weimarer Schulsystem, wie sie in den Ländern der westlichen Besatzungszonen gegen den anfänglichen Wunsch der Alliierten mehrheitlich favorisiert wurde, schlossen die politischen Macht- und bildungspolitischen Entscheidungsträger der SBZ aus. Sie konnten sich mit dieser Entscheidung nicht nur auf die inzwischen beachtliche Zahl der Neulehrer stützen, die den neuen Verhältnissen mehrheitlich zugetan waren[16], sondern auch auf jene pädagogischen Kreise, die aus der schulreformeri-

---

14 Marquardt 1946, S. 3.

15 Heise, Wilhelm: Zum Gesetz zur demokratischen Erneuerung des deutschen Schulwesens. In: *die neue schule* 1(1946), Nr. 4, 1946, S. 127; zur Auseinandersetzung mit der nationalsozialistischen Verstrickung der Lehrer besonders Deiters 1946.

16 Mit Beginn des Jahres 1946 standen nach einer Information der Zeitschrift *die neue schule* [1(1946), Nr. 1, S. 6] 50.000 Neulehrerinnen und Neulehrer in Ausbildung. Sie ersetzten das im Zuge der Entnazifizierung seit August 1945 (Befehl Nr. 40 der SMAD zur Wiedereröffnung der Schulen) aus dem Schuldienst entlassene Lehrpersonal. Vgl. Geißler 2000, S. 100 ff.; siehe auch Naumann in diesem Band.

schen und reformpädagogischen Bewegung der Weimarer Zeit kamen, 1933 und in den Jahren danach Repressionen durch die Nazidiktatur ausgesetzt waren und nun Zeit und Umstände günstig für die Realisierung damals steckengebliebener und unvollendeter Schulreformpläne fanden. Für manche von ihnen wurde „ein alter Traum […] Wirklichkeit! Worum die fortschrittlichen Erzieher in den Jahren der Weimarer Republik gerungen haben, erhält jetzt gesetzliche Form. […]".[17]

Ein nicht kleiner Teil der 1946 in Schulverwaltungen, Neulehrerkursen und in der Schulpraxis tätigen Pädagogen und Pädagoginnen hatte Professionswissen und pädagogische Erfahrungen aus eben dieser Zeit bezogen und die dort ausgetragenen Schulkämpfe und bürokratischen Hürden für innovative pädagogische Arbeit noch lebendig vor Augen. Abgrenzung von der Weimarer Republik galt somit vor allem dem politischen System, das ein Erstarken des Nationalsozialismus nicht zu verhindern vermocht hatte. Sie galt auch einer Schulpolitik, die sich gegen die Beharrungskraft demokratie- und fortschrittsfeindlicher Interessen nicht durchsetzen konnte. Sie galt nicht in gleichem Maße der Erziehungswissenschaft der 1920er Jahre und erst recht nicht der partiell praktizierten, von reformpädagogischen Ideen beeinflussten Schulgestaltung und Methodik.[18] Wie präsent die erlebte Pädagogik blieb, zeigte sich nicht nur in ihrer Weitergabe in Neulehrer- und pädagogischen Fortbildungskursen oder in der pädagogischen Presse. Anschlüsse an bzw. Diskurse über pädagogische Erfahrungen der Weimarer Republik finden sich auch auf dem I. Pädagogischen Kongress im August 1946, vorher schon bei der Ausarbeitung der Übergangslehrpläne des Schuljahres 1945/46[19] und unübersehbar im so genannten „Methodischen Manifest", das von einer pädagogischen Konferenz am 4. Juli 1946 in Weimar ausging. Demokratie, so die Botschaft des Manifests, sei ohne neue Erziehungsmethoden nicht möglich, die Methodik müsse sich deutlich abgrenzen vom nationalsozialistischen „Führerprinzip", unter dem „die Schule zurück in schwülstige hohle phrasen und leeren

---

17 Anonyme Zuschrift eines ehemaligen Mitglieds des Bundes entschiedener Schulreformers zur Schulgesetzverkündung in Weimar. In: Das Gesetz zur Demokratisierung der deutschen Schule, feierlich verkündet am 12. Juni 1946 in Weimar, S. 30.

18 Zur Reformschulszene in der Weimarer Republik siehe z. B. Amlung u. a. 1993; Schulreform – Kontinuitäten und Brüche. 1993; Benner/Kemper 2003; Handbuch der Reformpädagogik 2013.

19 Grundlage für die Übergangslehrpläne des Schuljahres 1945/46 waren die Lehrpläne der Weimarer Republik, „soweit sie nicht durch die Veränderung der allgemeinen Verhältnisse überholt waren." In: Lehrpläne für die Grund- und Oberschulen in der Sowjetischen Besatzungszone Deutschlands 1946, Vorwort, S. 3.

wortkram, in öden militärischen drill und finsteren zwang, terror, prügelei" abgesunken sei. Stattdessen müsse an „die besten Traditionen der deutschen pädagogik und die fortschrittlichen theorien und erfahrungen anderer länder" angeknüpft werden.[20] Im Ergebnis der Tagung wurden fünf Leitsätze empfohlen, von denen eine zeitgemäße demokratische Methodik auszugehen habe, und zwar *Selbsttätigkeit*; *Gegenständlichkeit und Klarheit*; *Kindertümlichkeit*; *Planmäßigkeit* sowie die *Vorbildlichkeit des Lehrers*.

Mit diesen Leitsätzen war nicht nur ein auf *Wissenschaftlichkeit* (vergleichendes Beobachten, ursächliches Denken, selbständiges Urteilen, Vermittlung von Wissen und Fertigkeiten) und *Entwicklungsförderung* (Kenntnis der natürlichen Entwicklungsstufe und der Auffassungs-, Denk- und Arbeitsmöglichkeiten des Kindes, Freude am Unterricht, der Lehrer als helfender Freund) *zielendes Bildungskonzept* verbunden, sondern auch ein *modernes Verständnis vom Kind* (Kinder ernst nehmen, als „vollwertige Person" respektieren, Kenntnis der Psychologie des Kindes) und ein deutlicher *Bezug zur reformpädagogischen Arbeitsschule*.[21]

Dass auch unter Erziehungswissenschaftlern der SBZ um die Bestimmung ihres Verhältnisses zur vorangegangenen Geschichte gerungen wurde, lässt sich an einem Grundsatzbeitrag der im August 1946 neu gegründeten erziehungswissenschaftlichen Zeitschrift *pädagogik* erkennen, mit dem sich die Redaktion in ihrer ersten Ausgabe an die pädagogische Öffentlichkeit wandte.

„Zwölf jahre" sei „die deutsche erziehungswissenschaft ‚gleichgeschaltet'" gewesen. „Nur vereinzelt konnten gelehrte, wenig beachtet, ihren alten problemen nachgehen, ihre forschung weitertreiben. Ihre bemühungen haben es nicht verhindern können, daß das allgemeine niveau des pädagogischen denkens gesunken ist." […] „Die erneuerung unserer wissenschaft verlangt die absage an die faschistischen theorien der erziehungswissenschaft und damit die enthüllung der sie fundierenden imperialistischen tendenzen und reaktionären bestrebungen – auch aus der Zeit vor 1933. Sie wird dabei an die fortschrittlichen tendenzen der deutschen pädagogik in der Weimarer zeit anknüpfen können. In der sphäre der wissenschaften gibt es keine ‚restauration' im vollen sinne des wortes. Wohl können wir anknüpfen an die alten probleme; aber auf grund der erfahrungen

---

20 Zitiert nach: Bericht über das Methodische Manifest vom 4. Juli 1946 in Weimar. In: *pädagogik* 1(1946), Nr. 3, S. 177–179. Anweiler (1988, S. 30) spricht von einem „neuen pädagogischen Gesicht" der Schule.

21 Ausdrücklich wurden zum Beispiel die von Otto Scheibner entwickelten Arbeitsstufen anstelle der „Herbart-Zillerschen Formalstufen" für eine planvolle Unterrichtsgestaltung empfohlen. (Bericht über das Methodische Manifest 1946, S. 178).

der nazizeit wird der pädagoge die alten fragen von einem anderen standort aus stellen, wird sie in andere zusammenhänge einordnen. [...] Nicht nur die historie wird durch den bruch in der tradition zur revision der ergebnisse des forschens gezwungen, sondern auch die erziehungswissenschaft wird durch ihn veranlaßt, eine überprüfung ihres wissensbestandes vorzunehmen. Diese notwendige neuorientierung wird die entwicklung unserer wissenschaft nicht von dem wege abführen, der seit jahrzehnten von ihren besten vertretern begangen wurde. Es geht um den ausbau einer strengen erfahrungswissenschaft, die weder das individuum noch die gesellschaft verabsolutiert, sondern den prozeß der erziehung als ein verhalten vergesellschaftlichter menschen in erscheinung treten lässt." [...] Wichtig sei der „blick auf die bildungsarbeit des auslandes", denn man dürfe „nicht vergessen, daß durch das wirken des Hitlerfaschismus die erziehungsarbeit in Deutschland im vergleich zu der der andern völker um generationen zurückgeworfen ist."[22]

Herrschte in der sowohl politisch als auch pädagogisch heterogen zusammengefundenen Redaktion Konsens darüber, dass eine demokratische Schulentwicklung ohne fundamentale Analyse und Kritik der Erziehungswissenschaften nicht gelingen könne, schied dieser Anspruch schon in seiner Konkretisierung die Meinungen. Wo und wie die Bruchlinie zur erziehungswissenschaftlichen Tradition zu verlaufen habe und welche Anschlüsse an die Geschichte des pädagogischen Denkens vor 1933 für möglich oder gar notwendig erachtet wurden, waren und blieben Fragen, die umso mehr in den Focus von Auseinandersetzungen rückten, je drängender Pädagogik und Erziehungswissenschaft in der Nachkriegszeit Richtung und Ziel finden mussten. In der SBZ gestaltete sich dieser Prozess als schwierige Balance zwischen Abgrenzung und Kontinuität besonders hinsichtlich der Schulreformbewegung und Reformpädagogik in der Weimarer Republik, die auch und vor allem in linksliberalen und sozialdemokratischen Kreisen Popularität und Unterstützung genossen hatten.[23] Trotz

22 Zum geleit. In: *pädagogik* 1(1946), Nr. 1, S. 1 f. – Zum Redaktionsteam gehörten im Jahre 1946 Prof. Dr. Hans Ahrbeck, Halle; Dr. Heinrich Deiters, Berlin; Prof. Dr. Hans-Georg Gadamer, Leipzig; Dr. Ernst Hadermann, Berlin; Dr. Wilhelm Heise, Berlin; Prof. Dr. Theodor Litt, Leipzig; Vizepräsident Erwin Marquardt, Berlin; Prof. Dr. Dr. Peter Petesen, Jena; Prof. Dr. Wolfgang Schadewaldt, Berlin; Prof. Sielaff, Greifswald; Karl Sothmann, Berlin; Dr. Otto Tacke, Berlin; Dr. Marie Thorhorst, Berlin. – Exemplarisch zur Problematik und Widersprüchlichkeit der Entwicklung der Erziehungswissenschaft nach 1945 siehe vor allem Kersting 2008.

23 Zum Verhältnis der Arbeiterbewegung zur Reformpädagogik ausführlicher Hohendorf 1989, Uhlig, Ch. 2006, 2008.

politisch und bildungspolitisch gewollter Distanz erhielt sich hier ein dauerhafter und zunehmend brisanter Bezugspunkt.[24]

Die Einheitsschule – Antwort auf ein unerledigtes Problem der deutschen Bildungsgeschichte

> *„Mit dem neuen Schulgesetz erfüllt sich die alte Sehnsucht der Lehrerschaft: die Einheitsschule. Fast 100 Jahre sind verflossen, seit die zur Verantwortung vor sich selbst und der Geschichte erwachte deutsche Erzieherschaft im Jahre 1848 ‚Die Verwirklichung der einigen deutschen Volksschule in ihrem Gesamtorganismus' forderte. Schon 1918 glaubte sie sich am Ziele, aber die Kräfte der Reaktion waren noch so stark, daß nur Stückwerk entstand. Nun ist sie Wirklichkeit: ‚Die deutsche Einheitsschule'".*[25]

Ein einheitliches, für alle Kinder und Jugendlichen gleichermaßen zugängliches Schulsystems, das der Sicherung gleicher Bildungschancen verpflichtet ist und Bildungssackgassen verschließt, war 1946 weder eine neue Idee noch eine nur von außen kommende Forderung der Alliierten.[26] Das galt ebenso für die im Gesetz fixierten Rahmenbedingungen und Gestaltungsaufgaben für das Schulwesen wie Staatlichkeit und Weltlichkeit, Wissenschaftlichkeit, Systematik und Differenzierung des Unterrichts, Abbau der Unterschiede zwischen Stadt- und Landschulen, Lehrmittelfreiheit und sozial ausgleichende Unterstützungsmaßnahmen, Zusammenarbeit von Schule, Eltern und gesellschaftlichen Einrichtungen, Schaffung eines breiten Netzes der Erwachsenenbildung und nicht zuletzt eine Reform der Lehrerbildung. Das Gesetz verstand sich im Kontinuum eines geschichtlich gewachsenen Programms, das spätestens mit der Epoche der Aufklärung Gestalt angenommen hatte. Es war entstanden aus der Kritik an den herr-

---

24 Die Haltung zur Reformpädagogik changierte zwischen partieller Rezeption vorwiegend in den ersten Nachkriegsjahren und dogmatischer Ablehnung besonders in den fünfziger Jahren. Auf dem 4. Pädagogischen Kongress 1949 wurden reformpädagogische Auffassungen und Praktiken als der Entwicklung der sozialistischen Schule abträgliche Erscheinungen spätbürgerlichen Denkens zurückgewiesen. Dennoch wurde in der Pädagogik bis zum Ende der DDR mehr oder weniger engagiert um ein angemessen kritisch-konstruktives Verhältnis zur Reformpädagogik gerungen. Vgl. als Beispiele Alt 1956; Günther/Uhlig, Ch. 1988; Quellentexte 2004; Pehnke 2004.

25 Dem Abdruck des Gesetzes zur Demokratisierung der deutschen Schule in der Zeitschrift *die neue schule* als Vorbemerkung vorangestellt. In: *die neue schule* 1(1946), Nr. 4, S. 129.

26 Vgl. Alliierte Kontrollbehörde in Deutschland: Direktive Nr. 54: Grundsätze für die Demokratisierung des deutschen Bildungswesens (1947). In: Michael/Schepp 1993, S. 337 f.

schenden Erziehungs- und Schulverhältnissen, die großen Bevölkerungsgruppen Zugänge zu Bildung und damit zu gesellschaftlicher Teilhabe und Selbstbestimmung vorenthielt bzw. erschwerte, soziale Hierarchisierung der Gesellschaft durch Bildungsprivilegien und ein stabil aufgestelltes Privatschulwesen stützte und die Vorherrschaft der Kirche über die Schulen zuließ. Forderungen nach allgemeiner Menschenbildung, nach „Emporbildung des Menschen" (Pestalozzi) zur Humanität, Vernunft, Mündigkeit, Kritikfähigkeit und Toleranz implizierten nicht nur eine neue Art pädagogischen und bildungstheoretischen Denkens, sondern neue schulische Organisationsformen, die geeignet schienen, gesellschaftlich und sozial verursachte Ungleichheiten zu kompensieren und allen Heranwachsenden Zugang zu Bildung und Aufstieg zu eröffnen. „Werkstätten der Menschlichkeit" sollten nach Comenius die Schulen sein und alle Kinder „zum Schulbesuch angehalten werden …". Und „wenn einer sagt: Wohin soll das führen, wenn Handwerker, Bauern, Lastträger und schließlich gar Weibsbilder Gelehrte werden, so lautet die Antwort: Es wird *dahin* führen, dass es nach der gesetzlichen Errichtung eines Unterrichts für die gesamte Jugend künftig niemanden von ihnen allen mehr am rechten Gegenstande für sein Denken, Wünschen, Streben und Handeln fehlen wird."[27] „Allen alles zu lehren" wurde zu einer treffenden Formel für seine Vision von einer Einheitsschule, die er nach Alter und Lernfortschritt in einer vierfachen Stufung (Mutterschule, Muttersprachschule, Lateinschule, Universität) mit dem Ziel konzipiert hatte, dass „über Grundlagen, Ursachen und Zwecke der wichtigsten Tatsachen und Ereignisse […] alle belehrt werden [müssen], die nicht nur als Zuschauer, sondern auch als künftig Handelnde in die Welt eintreten. Daß ihnen in dieser Weltbehausung nichts so unbekanntes begegne, daß sie es nicht mit Bescheidenheit beurteilen und ohne mißlichen Irrtum zu dem bestimmten Gebrauch klug verwenden können: dafür muß gesorgt und das muß wirklich erreicht werden."[28]

Die Geschichte der Einheitsschule reicht von der Frühaufklärung (bes. Wolfgang Ratke, Jan Amos Comenius) und der Aufklärungspädagogik (bes. Johann Heinrich Pestalozzi) über die Schulprogramme der französischen Revolution (bes. Antoine M. d. Condorcet, aber auch Louis Michel Lepeletier) und ihre Wirkungen auf Deutschland, die Nationalerziehungspläne und preußischen Reformen (bes. Johann Gottlieb Fichte, Wilhelm v. Humboldt, Johann Wilhelm Süvern), die im 19. Jahrhundert beginnende liberale und demokratische (Volks)schullehrerbewegung (bes. Karl Friedrich Wilhelm Wander, Friedrich Adolph Dies-

27 Comenius 1954, Kap. 9.1, S. 59.
28 Ebd.

terweg, Friedrich Dittes, Eduard Sack), die Frauenbewegung und besonders die Arbeiterbewegung (bes. Clara Zetkin, Heinrich Schulz) bis zu den Auseinandersetzungen über eine einheitliche Schulgesetzgebung in der Weimarer Republik.[29]

Trotz dieser Denktradition wurde daraus in Deutschland, im Unterschied zu anderen Ländern[30], keine Erfolgsgeschichte. Die Realität des öffentlichen Schulwesens wurde bis in die 1920er Jahre von den Verhältnissen geprägt, wie sie sich nach dem Scheitern der Humboldtschen Reformen im frühen 19. Jahrhundert und dann der bürgerlich-demokratischen Revolution 1848 herausgebildet, ausdifferenziert und gefestigt hatten – „erheblich trivialer, umweghafter, auch schwieriger und widerspruchsvoller [...] als es die philosophischen Klassiker erhofft und theoretisch antizipiert hatten. Die Epoche wird zwar zum Jahrhundert der Schulen, in der die klassischen Stätten höherer und niederer Bildung gegründet werden: Universitäten und Gymnasien, Volksschulen und Lehrerseminare. Aber die Schulen haben nicht die Gestalt gewinnen können, von der die Bildungsphilosophen träumten. Auch die Bildungspolitik zeigt vielmehr das zwiespältige Gesicht des defensiven Modernisierungsprozesses, die Gleichzeitigkeit von Erneuerung und Begrenzung und die Ordnung des Bildungswesens parallel zur Klassentrennung der Gesellschaft in Eliten und Massen, Regierende und Regierte, Abhängige und Besitzende, und parallel zur Geschlechtertrennung."[31]

An der bildungspolitischen Bevorzugung des Gymnasiums, an konfessionellen Vorbehalten, aber auch an konservativen nativistischen Begabungsauffassungen und nicht zuletzt an Auffassungen über ein Elternrecht, das private Vorrechte über das Allgemeinwohl stellte[32], war letztendlich auch in der Weimarer Republik trotz ihres Demokratieanspruches und ausgereifter Einheitsschulkonzepte eine dementsprechende gesetzliche Regelung gescheitert. Höhepunkt der politischen und pädagogischen Auseinandersetzungen über Möglichkeiten und Wege zur Vereinheitlichung des Schulwesens war die 1920 nach Berlin einberufene Reichsschulkonferenz mit mehr als 700 Teilnehmerinnen und Teilnehmern vorwiegend aus

---

29 Zum Überblick über Geschichte und Quellen des Einheitsschulgedankens siehe Oppermann 1982; über die Gesamtschulidee siehe Herrlitz/Weiland/Winkel 2003, zu den allgemeinen Grundzügen der Epoche nach wie vor Blankertz 1982, Tenorth 2000 und nachfolgende Aufl., bes. auch Geißler 2013.

30 Vgl. Herrlitz/Weiland/Winkel 2003, II. Teil: Länderberichte, S. 65–189.

31 Tenorth 2000, S. 140.

32 Das Elternrecht sei „in der deutschen schulgeschichte immer dann hervorgekehrt worden, wenn es galt, die verstaatlichung des schulwesens zu bekämpfen. Man rechnet dabei auf den familienegoismus der eltern." Wurl, Max: Die Schule als Staatsanstalt. In: *pädagogik* 1(1946), Nr. 4, S. 201.

staatlichen Institutionen, Parteien und pädagogischen Berufsverbänden. Unter der Leitung des sozialdemokratischen Pädagogen Heinrich Schulz, zu dieser Zeit Staatssekretär im Innenministerium und selbst Autor eines detaillierten Entwurfs für ein künftiges einheitliches Schulsystem[33], sollte sie im Verfassungsauftrag „eine verstärkte Einheitlichkeit des deutschen Erziehungswesens und damit der Grundlagen der künftigen deutschen Kulturentwicklung" vorbereiten.[34] Vorschläge für ein einheitliches Schulsystem vom Kindergarten bis zur Hochschule bewegten sich von einer mindestens sechsjährigen allgemeinen Grundlagenbildung mit gleichwertigen weiterführenden Bildungsgängen – ein besonders vom Deutschen Lehrerverein favorisiertes Konzept –, über Georg Kerschensteiners populäre Vorstellungen von einer nach praktischen und theoretischen „Veranlagungen" differenzierten Einheitsschule[35], das sozialdemokratische Modell einer Einheits-Arbeitsschule vom Kindergarten bis zur Hochschule mit einer achtjährigen Grundschule, anschließender Mittelschule mit theoretischem und praktischen Zweig bis zum 18. Lebensjahr und verschiedenen Zugängen zur Hochschule oder in praktische Berufe bis hin zum Entwurf einer elastischen Einheitsschule als Ganztagsschule mit differenzierten, flexiblen Bildungsangeboten (z. B. als Kern- und Kursunterricht), wie sie der Bund entschiedener Schulreformer vertreten hat.[36]

Aber auch die Gegner der Einheitsschule waren auf der Reichsschulkonferenz gut aufgestellt.[37] Unter Berufung auf den Wert der deutschen Bildungstradition in Gestalt des humanistischen Gymnasiums, auf Begabungsunterschiede, denen der Schulaufbau zu entsprechen habe, auf die Gefahr von Kulturverlust, Leistungsverfall der Universitäten und allgemeiner Gleichmacherei gelang es, eine durchgehende Vereinheitlichung zugunsten der Beibehaltung der dreigegliederten Schulstruktur abzuwehren. Als Kompromiss wurde immerhin eine vierjährige gemeinsame Grundschule für alle Kinder und die Aufhebung des

---

33 Schulz 1911 und 1919.

34 Die Reichsschulkonferenz 1920, S. 11.

35 Ebd., S. 115.

36 Clara Zetkin, Bildungspolitikerin und Reichstagsabgeordnete der KPD, war „in letzter Stunde" noch eingeladen worden, nahm jedoch aus Protest gegen diese Zurücksetzung und mehr noch aus Opposition zur Politik der SPD nicht an der Reichsschulkonferenz teil. Vgl. Brief an den Unterstaatssekretär Heinrich Schulz, 13. Juni 1920. In: Zetkin 1983, S. 300 f. Die KPD vertrat ebenfalls ein durchgehend aufgebautes, mit Arbeitsunterricht verbundenes staatliches Schulsystem vom Kindergarten bis zur Hochschule. Vgl. Geschichte der Erziehung 1987, S. 602–605.

37 Vgl. Uhlig, Ch. 2012.

privaten und öffentlichen Vorschulwesens erreicht (Grundschulgesetz 1920)[38], zudem die Tolerierung von Aufbau- und weltlichen Versuchsschulen, auch gleiche Mädchenbildung, aber mit Rücksicht auf die „Eigenart" und die „besonderen Aufgaben der Geschlechter"[39].

Als einen „*Kampf von oben gegen unten* [...] um Vorrechte und Bevorzugungen"[40] beschrieb Johannes Tews, Sprecher des Deutschen Lehrervereins, die Auseinandersetzungen um die Einheitsschule; Paul Oestreich, Vorsitzender des Bundes entschiedener Schulreformer, sah einen „großen Aufwand [...] schmählich vertan"[41] und Heinrich Schulz, 1919 als Verhandlungsführer der SPD maßgeblich am „Weimarer Schulkompromiß" beteiligt, räumte ein, dass mit den Kompromißparagraphen „eine bösartige Verwirrung in die deutsche Schulgesetzgebung" hineingetragen worden sei, „über deren Lösung [...] sich die Väter dieser Bestimmungen bei den Verfassungsberatungen in Weimar nicht so schnell klar werden konnten".[42] Ein „Leidensweg" sei daraus für die Idee eines einheitlichen Reichsschulgesetzes geworden.[43]

Es gehörte zu den Erfahrungswerten der Pädagogengeneration von 1946, dass sich in Deutschland die auf Gleichheit der Bildungschancen gerichteten Bestrebungen nicht gegen konservativ-restaurative Interessen durchsetzen konnten. Auf die Widersprüchlichkeit der deutschen Bildungsgeschichte bezog sich dann auch der Jenenser Reformpädagoge Peter Petersen, der auf der Festveranstaltung am 12. Juni 1946 in Weimar als Dekan der sozialpädagogischen Fakultät der Jenenser Universität zugleich als „Vertreter der deutschen Erziehungswissenschaft" das Wort nahm. „Bei aller Anerkennung der innerschulischen Arbeit unserer Lehrer an sämtlichen Schularten", die „Weltruhm gewonnen" habe, „konnte der

38 Vgl. Einsiedler u.a. 2012; kritisch Herrlitz/Hopf/Titze 1986, S. 104 ff.

39 Gleichheit der Geschlechter stellt in der Einheitsschuldiskussion ein spezifisches Problem dar, das sich aus der jahrzehntelang währenden Auseinandersetzung zur Mädchen- und Frauenbildung ergab. Auf der Reichsschulkonferenz forderte der *Allgemeine Deutsche Lehrerinnenverein*, vertreten durch Helene Lange, dann zwar eine stärkere Berücksichtigung der Mädchen und Frauen in der Bildung, eine gemeinsame Erziehung beider Geschlechter, wie sie von der sozialdemokratischen Reichstagsabgeordneten und entschiedenen Schulreformerin Antonie Pfülf gefordert wurde, fand keine Mehrheit. Reichschulkonferenz 1921, S. 701–706. Zur Aufnahme dieser Forderung in die Gesetzgebung in der SBZ siehe vor allem Hempel 1997, auch Schröter in diesem Band.

40 Tews 1919, S. 241.

41 Oestreich 1924.

42 Schulz, Heinrich: Kirchenschule oder Volksschule. Berlin 1927, S. 11.

43 Schulz 1926.

beklagenswerte Mangel nicht übersehen werden, daß diese so viel gerühmte und besuchte und auch im Ausland zum Vorbild genommene Unterrichtstätigkeit in einem Schulorganismus geleistet wurde, der sozialgeschichtlich beurteilt, schon vor dem ersten Weltkriege veraltet war". „Erneut" hätten 1920 „die alten reaktionären politischen Mächte [...] gesiegt. [...] Eben diejenigen Mächte, die sich dann im September 1930 Hitler verkauften und unter ihm Deutschland in dieses Elend stürzten."[44]

In diesen geschichtlichen Kontexten mussten die Akteure von 1946 *ihr* Gesetz als einen Sieg ansehen, umso mehr, als die „alten" Argumente in den Auseinandersetzungen um Ziele und Inhalte der Schulreform von Gegnern der Einheitsschule erneut vorgebracht wurden.[45] Aus dem Wissen um die lange Geschichte der Auseinandersetzungen über die Struktur der Schule und die sie begründenden Bildungstheorien erklärt sich vermutlich auch eine gewisse Distanz gegenüber dem traditionellen höheren Schulwesen, die es in der Volksschullehrerbewegung immer wieder gegeben hatte. Es müsse „mit der höheren Schule [...] zuerst" aufgeräumt werden, hatte der Begründer der sozialdemokratischen Kinderfreundebewegung und Berlin-Neuköllner Stadtschulrat Kurt Löwenstein (USPD) auf der Reichsschulkonferenz gefordert, „weil sie am meisten historisch belastet ist und weil sie neben jener Unzulänglichkeit vom erzieherischen Standpunkt noch die historische Belastung der Standes- und Klassenschule hat."[46] Auch nach 1945 trat diese Distanz in Erscheinung.

Für Heinrich Deiters, vor 1933 Oberschulrat in Kassel, nach 1945 Leiter der Abteilung Lehrerbildung in der DZfV und ab Oktober 1946 Professor für Geschichte der Pädagogik (1949 dann auch Dekan der Pädagogischen Fakultät) an der Berliner Universität, begann der „stillstand" „alle[r] diese[r] bemühungen [um eine Vereinheitlichung, ChU.] weit vor ihrem ziel", nämlich schon „mit dem

44 Ansprache Peter Petersens. In: Das Gesetz zur Demokratisierung der deutschen Schule, feierlich verkündet am 12. Juni 1946 in Weimar, S. 15. Es sei hier zumindest angedeutet, dass Peter Petersens Theorie einer Gemeinschaftspädagogik, vor allem wegen ihrer Anschlussfähigkeit an nationalsozialistische Erziehungskonzepte, in der Erziehungswissenschaft zu recht umstritten ist. Zum Überblick hierzu vgl. Handbuch der Reformpädagogik 2013, S. 523 ff., 715 ff., 821 ff.

45 Als Beispiel hierzu die Stellungnahmen der Friedrich-Schiller-Universität Jena zu den Thüringer Schulgesetzentwürfen in: Quellentexte 2004, S. 30–35; ähnlich auch eine Stellungnahme der Berliner Universität, abgedruckt in der Zeitschrift *die neue schule* 1(1946), Nr. 1, S. 15, Nr. 3, S. 8–10.

46 Löwenstein, Kurt: Beitrag auf dem 2. Verhandlungstag zur Einheitsschule. In: Die Reichsschulkonferenz, 1921, S. 521.

sieg der konservativen reaktion über die liberale bewegung" in der ersten Hälfte des 19. Jahrhunderts. „Das humanistische gymnasium trug in allen deutschen einzelstaaten […] den sieg davon und blieb für jahrzehnte beherrschend."[47] Das „alte" Bildungsverständnis sei „morsch und brüchig" geworden, heißt es dann auch in einem redaktionellen Beitrag in Nr. 1 der Zeitschrift *pädagogik*, es diene der „rangbehauptung", ein „luxusartikel", eine „angelegenheit des snobismus", und vor allem habe es die „faschistische barbarei" nicht verhindern können.[48] Auch „eine erneuerung der von Wilhelm von Humboldt repräsentierten bestrebungen [sei] heute nicht mehr möglich. Wir glauben heute nicht mehr an die von der außenwelt weitgehend unabhängige entwicklung der anlagen und fähigkeiten des menschen zu einem bilde seiner selbst […] Nicht bestritten wird der progressive charakter des neuhumanismus, die höhe seines geistigen niveaus. Aber der mit ihm verbundene idealismus und personalismus kann heute nicht mehr reproduziert werden. Fortschrittlichen wert besaß er nur für eine zeit, die, angeregt durch aufklärung und revolution, auf der grenze zwischen feudalismus und kapitalismus einen ideologischen vorstoß über den absolutismus hinaus unternahm. Begünstigt durch jene zwischenlage konnte der neuhumanismus das höhere bildungswesen so nachhaltig beeinflussen, daß die schulmänner sich fast ein ganzes jahrhundert hindurch immer wieder auf ihn ausrichteten, als seine Ideen schon längst durch die kapitalistische entwicklung ausgehölt waren, die bildungsidee sich zur bildungsideologie und die bildung selbst in ein rangmerkmal transformiert hatte. Aufgenommen aber wird der wahre kern jener bestrebungen. Dabei verwandelt sich die humanität der ‚schönen seele' in die humanität des sich seiner verwurzelung in gesellschaftlichen zusammenhängen bewußten menschen."[49]

---

47 Deiters, Heinrich: Die stellung des lehrers in der auffassung der pädagogischen reformbewegung. In: *pädagogik* 1(1946), Nr. 3, S. 163.

48 Die demokratisierung der deutschen schule. (redaktioneller Beitrag). In: *pädagogik* 1(1946), Nr. 1, S. 5–12, hier S. 5 f.

49 Ebd., S. 10. – Obwohl Wilhelm von Humboldts Idee von einer allgemeinen Menschenbildung einen durchlässigen Aufbau des Bildungswesens implizierte (Litauischer Schulplan, vgl. Michael/Schepp 1993, S. 104–108) und er sehr wohl der Einheitsschultradition zugerechnet werden kann, hielt eine solche Distanz vor. Im Standardwerk Geschichte der Erziehung (1. Auflage 1957) beispielsweise erscheint Humboldt zwar in verschiedenen bildungshistorischen Zusammenhängen (Preußische Reformen, Nationalerziehung, Universitäten), einen eigenen, auch im Inhaltsverzeichnis aufgeführten Abschnitt erhielt er erst 1987 (15. Auflage). Benner/Sladek 1994 zeigen, dass das Gesetz „ganz im Sinne einer Weiterführung der Humboldtschen Schulpläne" gelesen werden kann. (S. 40)

In diesem Sinne wurde das Schulgesetz als Bruch mit dem humanistischen Gymnasium gesehen, notwendig, weil „die klassisch-humanistische erziehung […] die wirksamste schranke" gewesen sei, „mit der das bürgertum sich einzuzäunen versuchte" und „diese alte ideologie […] keineswegs tot" sei.[50] Aber es gäbe auch für die „Anhänger des Gymnasiums […] keinen Anlaß zur Trauer", meint Paul Heise nicht ohne Polemik an anderer Stelle zum gleichen Problem, denn „was das Gymnasium an humanistischem Bildungsgut zuletzt noch zu vermitteln in der Lage war, das vermag die Oberschule viel intensiver zu leisten, wenn sie sich an die dafür Empfänglichen und Veranlagten wendet."[51]

Auf den Gesetzgebungsprozess 1945/46 rückblickend resümiert schließlich Erwin Marquardt:

„Es war klar, daß man für den Neuaufbau der Bildungswege, die der kommenden Jugend offen stehen sollen, nicht mit Übernahme der alten Schulformen vorankam. Die Schule mußte von Grund auf neu konstruiert werden mit Hilfe eines wohldurchdachten Planes, der alle Möglichkeiten zukünftiger demokratischer Entwicklung in sich schloß. Zu dessen Durchführung bedurfte man aber nicht irgendwelcher radikal neuer Ideen, die von schulreformerischen Extremisten sehr schnell verkündet und zu Papier gebracht wurden, genau wie nach 1919; sondern das Gegebene war, ein schon seit zwei Generationen von der deutschen Öffentlichkeit und besonders von der Lehrerschaft erörtertes Schulprogramm endlich zur Durchführung zu bringen. *Die Einheitsschule* [im Original gesperrt, ChU.] war das Schlagwort dafür. Sie ist das Ziel der gesamten fortschrittlichen Lehrerschaft gewesen und bis heute geblieben."[52] „Mit dem Aufräumen der Trümmer" sei daher nur dem „augenblicklichen Behelf gedient", Aufgabe sei vielmehr, „das gesamte Schulwesen so von Grund auf neu aufzubauen, daß alle die früher nur im Ideenkampf steckengebliebenen und an der Parteikleinlichkeit zugrunde gegangenen Ziele einer einheitlichen Schulreform jetzt durchgekämpft werden müssen."[53] Dabei solle die Richtung bestimmt sein „durch die fortschrittlichen gedanken und bestrebungen in der deutschen erzieherschaft seit hundert jahren und durch

---

50 Die demokratisierung der deutschen schule (redaktioneller Beitrag). In: *pädagogik* 1(1946), Nr. 1, S. 6.

51 Heise, Wilhelm: Zum Gesetz zur demokratischen Erneuerung des deutschen Schulwesens. In: *die neue schule* 1(1946), Nr. 4, S. 128.

52 Marquardt 1946, S. 3. (Gesperrt hervorgehoben im Original)

53 Ebd., S. 10.

die schulorganisation in den demokratischen staaten, z.b. den Vereinigten Staaten, der Sowjetunion und in der Schweiz."[54]

Wie stark es der eigenen historischen Vergewisserung bedurfte, lässt sich auch daran erkennen, wie die Schulreform 1946 öffentlich kommuniziert wurde. Die Zeitschriften *pädagogik* und *die neue schule* zum Beispiel weisen, ohne schon eine systematische Auswahl erkennen zu lassen, eine Vielzahl erziehungshistorischer und internationaler Referenzen auf; letztere, von Karl Sothmann (persönlicher Mitarbeiter von Paul Wandel, vor 1933 KPD) ab April 1946 herausgegeben und vor allem an Lehrerinnen und Lehrer adressiert, oft auch nur als eingestreute Klassikerzitate und mit demonstrativen Bezug zur demokratischen Lehrerbewegung.[55] In diesem Sinne wurde auch das zufällige Zusammenfallen der Schulreform 1946 mit dem 200. Geburtstag Johann Heinrich Pestalozzis, jenem Repräsentanten der Aufklärungspädagogik, der traditionell in der deutschen Volksschullehrerschaft besonderes Ansehen genoss, zur Mobilisierung für die Schulreform in der Öffentlichkeit und

54 Die demokratisierung der deutschen schule (redaktioneller Beitrag). In: *pädagogik* 1(1946), Nr. 1, S. 7. – Tatsächlich sind entsprechende Beiträge zu finden, z.B. Erich Hylla über den amerikanischen Schulaufbau. In: *pädagogik* 1 (1946), Nr. 1, S. 22–29; Wolfgang Steinitz zum russischen Unterricht. In: *pädagogik* 1(1946), Nr. 3, S. 171–175; S.M. Schabalow über Uschinskij als Vater der russischen Pädagogik. In: *pädagogik* 1(1946), Nr. 1, S. 29–33; Wolfgang Leonhard über das Schulwesen in der Sowjetunion. In: *die neue schule* 1(1946), Nr. 2, S. 14–18; 3, S. 19–22, 4, S. 136–139, 5, S. 172–175. Die Schweiz allerdings kam nicht vor.

55 Gleich in ihrer ersten Nummer druckte die Zeitschrift den Aufruf zur Gründung des Allgemeinen deutschen Lehrervereins (ADLV) am 4. August 1848 in Dresden: „Und darum ergeht an euch […] alle, die ihr an der Bildung der deutschen Jugend arbeitet, ob ihr dem Kindlein in der Bewahranstalt die ersten Laute seiner Muttersprache lehrt, oder ob ihr mit eurem gereiften Zöglinge den Homer und Cicero lest; ob ihr dem Knaben das ABC aufschließt, oder ob ihr den Jüngling in die heiligen Hallen der Wissenschaft einführt; ob Ihr Gelehrte oder Berufsmänner bildet; ob ihr an den erschienenen oder an einen zukünftigen Messias glaubt; ob ihr römisch- oder deutschkatholisch euch nennt; ob ihr einer strenggläubigen oder freien Gemeinde angehört. Wir treiben EIN Werk, laßt es uns in Einheit treiben, damit es gedeihe! Lasset uns zusammentreten zu dem Allgemeinen deutschen Lehrerverein! Sein Zweck ist: Die Verwirklichung der einigen deutschen Volksschule in ihrem Gesamtorganismus." In: *die neue schule* 1(1946), Nr. 1, S. 5. – Die solcherart angedeuteten Referenzen weisen auf eine Offenheit und Vielfalt, wie sie in gesellschaftlichen Umbruchsituationen anfangs meist anzutreffen sind und wie sie beispielsweise auch für den Herbst 1989 in der DDR charakteristisch waren. Bezogen auf das Jahr 1946 böte sich hier eine interessante historisch-vergleichende Forschungsaufgabe.

besonders in der Lehrerbildung[56] genutzt. Flankiert von Publikationen und Veranstaltungen fand vom 12. bis 20. Januar 1946 eine Pestalozziwoche statt, die in der Berliner Staatsoper vom damaligen Stadtrat für Volksbildung im Berliner Magistrat Otto Winzer mit einer Rede unter dem Titel „Pestalozzi als Zeitgenosse“[57] eröffnet wurde und in mindestens zweierlei Hinsicht bemerkenswert ist. Zum einen, weil ranghohe Vertreter aller Erziehungskommissionen der Alliierten anwesend waren und gemeinsam über Perspektiven der Einheitsschule berieten.[58] Zum anderen, weil mit Winzers Vortrag eine aus den Zeitumständen zwar nachvollziehbare, in den folgenden Jahren jedoch wenig hinterfragte Aktualisierung historisch-pädagogischer Klassiker ihren Anfang nahm, die sich später in einem nicht unproblematischen Traditionsverständnis widerspiegelte, das die DDR als Erfüllungsort erhoffter Zustände und als verwirklicht ansah, was bestenfalls als Herausforderung gelten

---

56 In einer von Herrlitz 1988 erhobenen Übersicht über das erziehungswissenschaftliche Lehrangebot in den Jahren von 1945/46 bis 1950/51 im Ost-West-Vergleich steht Pestalozzi an ostdeutschen Universitäten an der Spitze (gefolgt von Kant, Diesterweg, Herbart, Comenius, Rousseau und Goethe). An westdeutschen Universitäten folgte Pestalozzi nach Kant und Goethe (S. 12).

57 Winzer 1946; vgl. auch Johann Heinrich Pestalozzi 1946; Alt, Robert: Utopie und Wirklichkeit im Werke Pestalozzis, In: *pädagogik* 1(1946), Nr. 3, S. 129–143; Schröter, Richard: Im Geiste PESTALOZZIs. In: *die neue schule* 1(1946), Nr. 3, S. 14–15. Schröter bezieht seine Aussagen zur Aktualität Pestalozzis bemerkenswerterweise aus Paul Natorps Pestalozzi-Interpretation und noch mehr aus Theobald Zieglers Geschichte der Pädagogik (1904, S. 283–293): „Nicht in dem, was Pestalozzi als Lehrer und Erzieher oder als Leiter seiner Anstalten geleistet hat, liegt seine Größe: dazu war er viel zu unpraktisch. Auch nicht in seiner Methode, die er ja freilich selbst oft als das Wichtigste anzusehen scheint –, auch nicht in seiner Forderung, der Natur zu folgen, und in seiner psychologischen Fundamentierung des Unterrichts, nein, seine Größe liegt in dem sozialistischen Geiste der Pädagogik, in der Erkenntnis des Zusammenhanges der sozialen Frage mit der Frage der wahren Menschenbildung, in der Idee, die gesunkene Menschheit vom Verderben zu retten durch Weckung und Stärkung ihrer besten, echt menschlichen Kräfte, ihr zu helfen durch Erziehung zur Selbsthilfe.“ (S. 14) Ziegler ist hier zwar nicht wörtlich zitiert, aber immerhin heißt es bei ihm: „Ihn jammerte seines Volkes, das ist der Ausgangspunkt für die Pädagogik Pestalozzis; so wurde er ein Sozialist mit dem Herzen voll Liebe und Hilfsbereitschaft […]“ (S. 283).

58 Als Vertreter der alliierten Erziehungskommissionen waren zugegen: Herr van de Wall (USA), Dr. Middleton (Großbritannien), Oberst Bousquet (Frankreich), Prof. Mitropolski (Sowjetunion). Quintessenz war die Erkenntnis, dass es „ein fertiges Rezept für den Aufbau der Einheitsschule“ nicht geben könne, Erziehung vielmehr ein „lebendiger Prozeß“ sei und sich „wie alles Leben der Schablone“ widersetze. Zitiert nach Wildangel, Ernst: Schlußbericht über die Tagungsergebnisse der Berliner Pestalozziwoche. In: *die neue schule* 1(1946), Nr. 2, S. 5.

konnte.[59] Schien die machtpolitisch zugelassene und gestützte Durchsetzung des 1946er Schulgesetzes vor dem Hintergrund einer misslichen Schulreformgeschichte in Deutschland auch historisch konsequent – Wirklichkeit war die Einheitsschule längst nicht. Manche der 1946 an die Schulreform gebundenen Erwartungen (wie eine Differenzierung mittels Kern- und Kursunterricht) hielten der Wirklichkeit nicht stand. Anfänglicher schulkonzeptioneller Konsens zerbrach mit dem Hervortreten pädagogischer und bildungstheoretischer Differenzen, und zwar umso mehr, je offener Schule, Erziehung und Pädagogik mit Beginn des kalten Krieges in politische Zwänge und Auseinandersetzungen gerieten.

Inspiration und Provokation – Wirkungen und Nachwirkungen des Gesetzes

Als Markierung des Beginns einer eigenständigen, von historisch gewachsenen Strukturen ebenso wie von der in den westdeutschen Ländern praktizierten Schulpolitik abweichenden Schul- und Erziehungsgeschichte in der SBZ und DDR war das Gesetz zu Demokratisierung der deutschen Schule vielfach Thema bildungshistorischer Forschung und Interpretation. Abhängig von Zeit, Ort, gesellschaftlichen Umständen und nicht zuletzt subjektiven Standpunkten darüber, welchen Intentionen die Schulpolitik eines Landes zu folgen habe, änderten, verschoben und modifizierten sich Lesarten und Ausdeutungen. Dabei wurde es in der gängigen bildungshistorischen Literatur überwiegend als Teil und im Kontext der DDR-Bildungsgeschichte und ihren Anfängen in der SBZ dargestellt. Das ist gewiss richtig, denn die zentralen Bestimmungen des Gesetzes – Einheitlichkeit, Weltlichkeit, Staatlichkeit, Koedukation – waren auch dann noch prägend für die nachfolgende Schulentwicklung in der DDR und deren internationale Wahrnehmung, als die überparteiliche Willensbildung über einen schulischen Neuanfang, die angesichts der vom Nationalsozialismus hinterlassenen materiellen und geistigen Verwüstungen auch verschiedene pädagogische Denkrichtungen zusammengebracht hatte, längst im politischen Richtungskampf aufgegeben war.[60] Dessen ungeachtet blieb die Rückbindung an die Anfänge der Schulreform

59 Zur pädagogischen Geschichtsschreibung in der DDR siehe Rang 1982; auch Uhlig, Ch. 2011.

60 Das Gesetz zur Demokratisierung der deutschen Schule war bis 1959 gültig und inzwischen so stark im Sinne der Staatsdoktrin der DDR modifiziert, dass das nachfolgende Gesetz über die sozialistische Entwicklung des Schulwesens nur noch als eine nachholende Gesetzgebung angesehen werden kann. Vgl. zur Schulentwicklung in der SBZ und DDR Geißler 2000.

1946 für die Schulentwicklung bis zum Ende der DDR identitätsstiftend, mitunter auch provokativ und subversiv, und gewann in der Umbruchphase 1989/90 noch einmal Bedeutung als geschichtliche Referenz für eine neue demokratische Schulreform, die bewährte Elemente der DDR-Schule erhalten, sich ihrer überideologisierten, antidemokratischen Seiten entledigen und somit der unreflektierten und undifferenzierten Transformation des traditionellen Schulsystems der BRD ein moderneres Konzept entgegensetzen wollte.[61]

Allein schon aus diesem Zusammenhang ließe sich die These ableiten, dass das Gesetz zur Demokratisierung der deutschen Schule, einschließlich der im Umfeld seiner Entstehung und Umsetzung erarbeiteten und erörterten bildungspolitischen Dokumente, Wirkungen hinterlassen hat, die über den engeren Zirkel der DDR-Schulgeschichte hinausreichten. Das galt auch für die gesamtdeutschen Intentionen, die im Gesetzgebungsprozess durchaus mitschwangen. Darauf weisen nicht nur der Titel und die allgemein gehaltenen Formulierungen des Gesetzes hin, auch die Idee von einem „Grundgesetz" zur „demokratischen Erneuerung des deutschen Schulwesens"[62], sondern ebenso Begegnungen zwischen Ost und West und ein Bedürfnis nach Information auf beiden Seiten.[63] Entsprechend war, was in der SBZ geschah, in den westlichen Besatzungszonen keineswegs gleichgültig und ohne Einfluss – für die einen als Inspiration, für andere als Provokation. Vermutlich traf die unmittelbar nach Krieg und Nationalsozialismus in der SBZ eingeleitete radikale Schulreform einen Nerv der auch dort geführten bildungspolitischen und pädagogischen Auseinandersetzungen[64], die jedoch über

61 Das belegen die vom Institut für Schulentwicklungsforschung der Universität Dortmund erhobenen Daten zur öffentlichen Meinung der Bevölkerung zu Fragen des Bildungssystems. Danach erlangten die einheitliche Schulstruktur, der polytechnische Unterricht, das Angebot an Schulhorten, das Prinzip der wohnortnahen Schulversorgung u. a. in den neuen Bundesländern nach 1990 eine vergleichsweise hohe Zustimmung. Vgl. Jahrbuch der Schulentwicklung 1994, 1996, 1998.

62 Heise, Wilhelm: Zum Gesetz zur demokratischen Erneuerung des deutschen Schulwesens. In: *die neue schule* 1(1946), Nr. 4, S. 127.

63 Als Beispiele Ernst Z. Ichenhäuser: Schule und Öffentlichkeit. In: *die neue Schule* 1(1946), Nr. 13, S. 489 f.; Bericht über die Herausgabe der Zeitschriften *Die Sammlung* (O.F. Bollnow, W. Flitner, H. Nohl, E. Weniger) und *Die Schule* (Adolf Grimme) in den westlichen Besatzungszonen. In: *pädagogik* 1(1946), Nr. 1, S. 57 f.; Leserbrief von Adolf Grimme an Karl Sothmann: „Bei mancherlei Abweichungen von ihrem Einheitsbau werden Sie feststellen können, dass wir uns in der politischen und in der pädagogischen Grundhaltung treffen, und daß unsere Organisation keinerlei spätere Entwicklung verbaut. […]" In: *die neue schule* 1(1946), Nr. 3, S. 39.

64 Vgl. Benner/Kemper 2009.

die schon in der Weimarer Zeit geführten Debatten kaum hinauskamen und in denen sich die Befürworter einer stärkeren Vereinheitlichung gegen die Tendenz zur Restauration des dreigliedrigen Schulmodells nicht durchsetzen konnten.[65] Eine ergebnisorientierte Annäherung, wie sie 1946 vielleicht noch möglich gewesen wäre und wie sie noch bis weit in die 1950er Jahre von reformorientierten Bildungspolitikern und Pädagogen, z. B. aus dem Schwelmer Kreis[66], angestrebt wurde, hatte mit Beginn des kalten Krieges und den damit einhergehenden Abgrenzungsstrategien auf beiden Seiten kaum noch eine reale Chance.

Oskar Anweiler, einer der maßgeblichsten bundesdeutschen Experten für das Bildungswesen in der DDR, bezeichnete die Wirkungen des 1946er Gesetzes im Westen als „interessante Nebenaspekte: Das Gesetz über die ‚Einheitsschule', wie es umgangssprachlich hieß, wurde von den entschiedenen Schulreformern in den westlichen Zonen begrüßt, wenigstens teilweise, von den eher konservativen Kräften aber strikt abgelehnt. Die ‚pädagogische Teilung' Deutschlands hat hier eine ihrer Wurzeln, zumal nach 1948/49 der Kurs auf eine ‚sozialistische' Schule den ursprünglichen Charakter der ‚demokratischen' Schulreform vergessen ließ. Der Ausdruck ‚Einheitsschule' war im Westen seitdem diskreditiert, in der Bundesrepublik sprachen die Schulreformer später in ihren Plänen bewußt nur noch von der ‚Gesamtschule'."[67]

Aus einer gemeinsamen deutschen Bildungsgeschichte wurden in West und Ost unterschiedliche Schlussfolgerungen gezogen und wurde an unterschiedliche Traditionen angeschlossen, Unterschiede, die in der unmittelbaren Nachkriegszeit weniger stark hervortraten als im Verlauf der nachfolgenden Geschichte und die letztendlich zur Konstituierung und Konkurrenz unterschiedlicher Bildungssysteme geführt und die Bedeutung von Bildung und Schule in der Systemauseinandersetzung erhöht haben. Welche wechselseitigen Einflüsse, welche inneren und äußeren Konflikte, aber auch welche Modernisierungsschübe und -bremsen von dieser Situation ausgingen, wurde m. E. in der Forschungsliteratur zur Schul- und Bildungsgeschichte in beiden deutschen Staaten unterschätzt und auch in der „Nachwendeliteratur" nur gering gewertet. „Deutschland ist ein geteiltes Land. Sein Rang in der Welt […] wird nicht mehr von der Stärke der Muskeln bestimmt. Unser Rang und unsere Geltung in der Welt hängen einzig und allein von der Kraft des Geistes ab; wie wir unsere geistige Substanz pflegen, mehren,

65 Vgl. Herrlitz/Hopf/Titze 1986, Kap. 8, S. 140 ff., problematisierend auch Dresselhaus 2008.

66 Vgl. hierzu Helling 2008.

67 Anweiler 1988, S. 26; vgl. auch Keim 1993.

nutzen. Und das ist wiederum eine Frage der Bildung."[68] Unter dem Titel „Bildung entscheidet unser Schicksal" ging Carl-Heinz Evers, seinerzeit Schulsenator in Westberlin und einer der Beförderer der Gesamtschule, in einem im April 1965 vor Göttinger und Hamburger Lehrern gehaltenen „vielbeachteten Vortrag" Ursachen für den von ihm konstatierten „Modernisierungsrückstand" des (west)deutschen Bildungswesens nach und sah sie u. a. in einem restaurativen Verhältnis zur Bildungsgeschichte. „Andere Länder außerhalb Deutschlands, die nicht vor dem Trümmerhaufen ihrer Geschichte standen, haben in den letzten Jahrzehnten ihr Bildungswesen an Haupt und Gliedern reformiert. Sie hätten mit mehr Recht von einem *bewährten* Bildungssystem sprechen können; aber *wir in der Bundesrepublik restaurierten und erhofften das Heil von der Vergangenheit.* Wir dachten zu sehr an das Gestern und das Heute und zu wenig an das Morgen [...]"[69] Zu den beklagten Modernisierungsrückständen zählte Evers an erster Stelle als „sozialen" Rückstand die „ungleichen Startchancen von Kindern gleicher Intelligenz aus verschiedenen sozialen Schichten", außerdem einen „didaktischen", den er in „einer gewissen Mißachtung des Wortes [...] Non scholae sed vitae discimus" sieht, schließlich den „pädagogisch-strukturelle(n)", der die „vertikale Dreigliedrigkeit des Sekundarschulwesens" und das damit einhergehende „Ausleseprinzip"[70] meint und „entscheidend etwas mit der demokratischen Lebensform, ihrer Konsolidierung und ihrer Pflege zu tun" habe. Er konstatiert weitere Probleme im Umgang mit behinderten Kindern, in der Berufsausbildung, im Lehrer- und Geldmangel, in mangelnder langfristiger Vorsorge und im „*Denken in Haushaltsjahren und Legislaturperioden.*"[71] Dass dabei nach wie vor und seit den 1960er Jahren zunehmend unter konvergenztheoretischen Perspektiven auch auf das Bildungswesen in die DDR geschaut wurde, ließe sich an Beispielen belegen.[72]

Erst mit den gesellschaftlichen Demokratisierungsschüben in den 1960er Jahren nahm die Schulentwicklung in der BRD, insbesondere mit dem Konzept der Gesamtschule, eine neue Richtung. Wie fragil diese Entwicklung geblieben und wie beharrlich der bildungskonservative Flügel noch immer war, offenbarte sich nicht zuletzt in den Transformationsprozessen nach dem Beitritt der DDR

---

68 Evers 1966, H.1, S. 5.

69 Ebd., S. 6 (Hervorhebung im Original gesperrt).

70 Er nennt diese Auslese bezeichnenderweise „abgestufte Gleichmacherei" (Ebd., H. 2, S. 35, FN 1).

71 Ebd., H. 1, S. 11 (Hervorhebung im Original gesperrt).

72 So u. a. an dem aufwendig recherchierten, vom Bundesministerium für innerdeutsche Beziehungen noch 1990 herausgegebenen Band „Vergleich von Bildung und Erziehung in der Bundesrepublik Deutschland und in der Deutschen Demokratischen Republik".

zur Bundesrepublik, in denen die Einheitsschule der DDR in den neuen Bundesländern in gegliederte Schulsysteme rückverwandelt und die Gesamtschulbewegung in den Ländern der alten Bundesrepublik zurückgedrängt wurde. Dass sich die Idee einer einheitlichen Schule dennoch nicht verdrängen ließ, unter dem Druck massiver Kritik am tradierten dreigliedrigen Schulsystem und seinen Auswirkungen auf den sozialen Zusammenhalt der Gesellschaft einerseits und auf ökonomische Effizienz andererseits wieder ins Bewusstsein der Öffentlichkeit und gar politischer Entscheidungsträger einzudringen vermochte, stellt die Lebendigkeit einer bildungshistorischen Traditionslinie unter Beweis, zu der eben auch das Gesetz zur Demokratisierung der deutschen Schule gehört. Längst wird wieder über stärker vereinheitlichende Projekte wie Bildungsstandards, allgemeine Vorschulerziehung, Ganztags- und Gemeinschaftsschulen diskutiert, die vormals unmöglich schienen oder als „sozialistische" Zumutungen abgelehnt wurden. Und wahrscheinlich wird auch die hartnäckige Verteidigung des Gymnasiums ab Klasse 5 allmählich pädagogischer Vernunft weichen. „In diesem Zusammenhang möchte ich in Kenntnis des langen Kampfes der deutschen Lehrerschaft um eine längere gemeinsame Grundschulzeit meine These zur Dauer der Grundschule so zusammenfassen", sei noch einmal Evers zitiert: *„Bei einem in drei vertikale Schularten gegliederten Sekundarschulwesen ist der Kampf um eine längere Grundschulzeit voll legitimiert. Folgt aber der Grundschulzeit eine einheitliche, vielfältig differenzierte Mittelschule als Gesamtoberschule, so ist es ein zweitrangiges Problem, ob der Einschnitt nach dem 4., 5. oder 6. Schuljahr erfolgt.* [...] Den sozialen und pädagogischen Modernisierungsrückstand werden wir letztlich nur überwinden, wenn wir die Schulstruktur an den Anforderungen der Zukunft und nicht an den Ständen des vorigen Jahrhunderts orientieren."[73]

Fazit

Zukunftsorientiert war auch der Wunsch, den die damals in Jena lebende 83-jährige Schriftstellerin Ricarda Huch mit dem Gesetz zur Demokratisierung der deutschen Schule verband. *„Möge der neue Weg, den die Schule einschlagen soll, der Jugend und damit dem deutschen Volke Gewinn bringen."*[74]

1933 war Ricarda Huch aus Protest gegen den Nationalsozialismus aus der Preußischen Akademie der Künste ausgetreten. 1945 hatte sie sich der geistigen

73 Evers 1966, H. 2, S. 39 (Hervorhebung im Original).

74 Telegramme und Glückwunsch-Adressen zur Schulgesetzverkündung. In: Das Gesetz zur Demokratisierung der deutschen Schule, feierlich verkündet am 12. Juni 1946 in Weimar, S. 30.

und kulturellen Erneuerung und demokratischen Neuordnung Deutschlands zur Verfügung gestellt – als Rednerin auf dem ersten Schriftstellerkongress in Berlin, als Alterspräsidentin des Thüringer Landtags, im neu gegründeten Kulturbund. Ihr Wunsch fordert zu Nachdenklichkeit heraus. Brachte der neue Weg, den die Schule ging, der Jugend und dem Land Gewinn und wenn ja, welchen? Pauschal ist diese Frage nicht zu beantworten und das Land, das Ricarda Huch vermutlich vor Augen hatte, als sie dem Gesetz ihre guten Wünsche mit auf den Weg gab, hat es so nie gegeben. Die Teilung Deutschlands erlebte sie nicht mehr. Aus dem Gesetz zur Demokratisierung der *deutschen* Schule wurde ein Gesetz für die *Schule der SBZ* und DDR. Nicht wenigen Heranwachsenden mag die auf dieses Gesetz gegründete Schule Bildungschancen eröffnet haben, die unter anderen gesellschaftlichen und schulsystemischen Verhältnissen undenkbar gewesen wären. Andere mögen sie als Zumutung und Begrenzung empfunden haben. Dass sie die Bildungslandschaft in diesem Teil Deutschlands trotz mannigfacher Spannungen und Probleme zu Gunsten vordem unterprivilegierter Bevölkerungsteile verändert hat, lässt sich indessen kaum bestreiten.[75] Ungeachtet einer widerspruchsreichen Realisierungs-, Umdeutungs- und Wirkungsgeschichte stand das 1946er Gesetz für eine Bildungspolitik, die sich an realer Chancengleichheit zu orientierten versuchte und sich nicht mit formaler Bildungsgerechtigkeit begnügte.[76] „Bildungspolitik ist Gesellschaftspolitik. Die Bildungspolitik muß gesellschaftspolitische Entscheidungen vorfinden, von denen aus sie disponieren kann."[77] Dem entsprach 1945/46 die Entscheidung für eine zeitnahe, rasche und radikale Umgestaltung des Schul- und Erziehungswesens, nicht nur als angemessene Reaktion auf zwölf Jahre nationalsozialistischer Erziehung und ihre Hinterlassenschaften, sondern auch als Ausdruck einer *Wertschätzung von Bildung*, die trotz der vielfach beschriebenen ideologischen und repressiven Überformungen des Schulwesens in der DDR nicht wieder verloren ging. Bildungshistorische Bedeutung kommt dem Gesetz aber auch deshalb zu, weil es noch nicht für eine geschlossene Gesellschaft konzipiert war und Optionen für einen bildungspolitischen Wandel in ganz Deutschland offengelassen hatte. Vom Ende des Schulwesens in der DDR und mit dem Wissen um seine wie um die allgemeine Geschichte betrachtet, mögen diese Optionen als Illusion erscheinen, aus der Perspektive des Jahres 1946 lagen sie durchaus im Feld des denkbar Möglichen.

---

75 Exemplarisch hierzu Miethe u. a. 2015, bes. S. 14; Geißler, R. 2014, S. 357.
76 Kritisch zum Problem der Bildungsgerechtigkeit Heid 2016.
77 Evers 1969, S. 41.

Literatur

Zeitschriften

pädagogik. Beiträge zur Erziehungswissenschaft. Berlin. Jg. 1, 1946.

die neue schule. Blätter für demokratische Erneuerung in Unterricht und Erziehung. Berlin, Leipzig. Jg. 1, 1946.

(Zitierte Beiträge aus diesen Zeitschriften sind nur in den Fußnoten nachgewiesen.)

Weitere Literatur

Alt, Robert: Über unsere Stellung zur Reformpädagogik. In: Pädagogik 11 (1956), Nr. 5/6, S. 345–367.

Amlung, Ulrich/Haubfleisch, Dietmar/Link, Jörg W./Schmitt, Hanno (Hrsg.): „Die alte Schule überwinden". Reformpädagogische Versuchsschulen zwischen Kaiserreich und Nationalsozialismus. Frankfurt a. M. u. a. 1993.

Anweiler, Oskar: Schulpolitik und Schulsystem in der DDR. Opladen 1988.

Benner, Dietrich/Kemper, Herwart: Theorie und Geschichte der Reformpädagogik. Teil 2: Die Pädagogische Bewegung von der Jahrhundertwende bis zum Ende der Weimarer Republik. Weinheim und Basel 2003.

Benner, Dietrich/Kemper, Herwart: Theorie und Geschichte der Reformpädagogik. Teil 3.2: Staatliche Schulreform und Schulversuche in den westlichen Besatzungszonen und der BRD. 2. Auflage, Weinheim und Basel 2009.

Benner, Dietrich/Sladek, Horst: Das Gesetz zur Demokratisierung der deutschen Schule und die unterschiedliche Auslegung seiner harmonistischen Annahmen zum Verhältnis von Begabung und Bestimmung in den Jahren 1946/47. In: Pädagogik und Erziehungsalltag in der DDR: zwischen Systemvorgaben und Pluralität. Hrsg. von Heinz-Hermann Krüger und Winfried Marotzki. Opladen 1994.

Blankertz, Herwig: Die Geschichte der Pädagogik: Von der Aufklärung bis zur Gegenwart. Wetzlar 1982.

Comenius, Jan Amos: Große Didaktik. Übersetzt und hrsg. von Andreas Flitner. Düsseldorf und München 1954.

Das Gesetz zur Demokratisierung der deutschen Schule, feierlich verkündet am 12. Juni 1946 in Weimar. Thüringer Verlagsanstalt: Weimar 1946.

Deiters, Heinrich: Der deutsche Lehrer vor der Welt. Rede bei der ersten Lehrerkundgebung des Kulturbundes zur demokratischen Erneuerung Deutschlands am 21. November 1945. Aufbau-Verlag GmbH: Berlin 1946, S. 3–23.

Die Reichsschulkonferenz 1920. Amtlicher Bericht, erstattet vom Reichsministeriums des Innern. Leipzig 1921.

Dresselhaus, Günter: Deutsche Bildungstraditionen. Warum der Abschied vom gegliederten Schulsystem so weh tut. Ein sozial-historischer Erklärungsansatz. 2. Auflage. Berlin, Münster 2008.

Einsiedler, Wolfgang/Götz, Margarete/Ritzi, Christian/Wiegmann, Ulrich (Hrsg.): Grundschule im historischen Prozess. Zur Entwicklung von Bildungsprogramm, Institution und Disziplin in Deutschland. Bad Heilbrunn 2012.

Evers, Carl-Heinz: „Wir sind das Volk". Deutschlands nicht demokratische Schulstrukturen. In: Jahrbuch für Pädagogik: Öffentliche Pädagogik vor der Jahrhundertwende. Herausforderungen, Widersprüche, Perspektiven. Redaktion: Karl-Christoph Lingelbach und Hasko Zimmer. Frankfurt a. M. u. a. 1993, S. 15–27.

Evers, Carl-Heinz: Modelle moderner Bildungspolitik. Reden und Aufsätze aus einem Jahrzehnt. Frankfurt a. M. 1969.

Evers, Carl-Heinz: Bildung entscheidet unser Schicksal. Teil I. In: Pädagogik und Schule in Ost und West, 14 (1966), H.1, S. 5–11; Teil II. In: Ebd., H. 2, S. 35–42.

Geißler, Gert/Blask, Falk/ Scholze, Thomas: Schule: streng vertraulich! Die Volksbildung der DDR in Dokumenten. Berlin 1996.

Geißler, Gert: Geschichte des Schulwesens in der Sowjetischen Besatzungszone und in der DDR 1945–1962. Frankfurt/M. u. a. 2000.

Geißler, Gert: Schulgeschichte in Deutschland. Von den Anfängen bis in die Gegenwart. 2. aktualisierte und erweiterte Auflage. Frankfurt a. M. u. a. 2013.

Geißler, Rainer: Die Sozialstruktur Deutschlands. 7., grundlegend überarbeitete Auflage. Wiesbaden 2014.

Geschichte der Erziehung. 15. Auflage. Hrsg. von Karl-Heinz Günther, Franz Hofmann, Gerd Hohendorf, Helmut König, Heinz Schuffenhauer. Berlin 1987 (1. Auflage 1957).

Gesetz zur Demokratisierung der Deutschen Schule. In: Richtlinien der deutschen Verwaltung für Volksbildung in der SBZ für das Schulwesen. Stand vom 1. März 1948. Berlin, Leipzig 1948, S. 14–17.

Günther, Karl-Heinz/Uhlig, Christa: Zur Rezeption der Reformpädagogik durch die Pädagogik der DDR. In: Pädagogik, 42(1988) Nr. 9, S. 718–727; Die Reformpädagogik im Bild der pädagogischen Tradition der DDR. In: Pädagogik, 42 (1988) Nr. 10, S. 794–801.

Handbuch der deutschen Bildungsgeschichte. Band V, 1918–1945: Die Weimarer Republik und die nationalsozialistische Diktatur. Hrsg. von Dieter Langewiesche und Heinz-Elmar Tenorth. München 1989.

Handbuch der Reformpädagogik in Deutschland (1890–1933), Teil 1 u. 2. Hrsg. von Wolfgang Keim und Ulrich Schwerdt. Frankfurt a. M. u. a. 2013.

Heid, Helmut: Über die (UN-)Tauglichkeit zentraler Prinzipien zur Überwindung sozialer Bildungsungerechtigkeit. In: Zeitschrift für Grundschulforschung, 9 (2016), H. 1, S. 95–106.

Helling, Fritz: Mein Leben als politischer Pädagoge. Herausgegeben, eingeleitet und kommentiert von Burkhard Dietz und Jost Biermann. (Studien zur Bildungsreform, Bd. 44, hrsg. von Wolfgang Keim). Frankfurt a. M. u. a. 2008.

Hempel, Marlies: Koedukation von Anfang an. Zur Entwicklung des Bildungswesens in der DDR. In: Glumpler, Edith (Hrsg.): Koedukation. 2. Auflage. Bad Heilbrunn 1997.

Herrlitz, Hans-Georg/Hopf, Wulf/Titze, Hartmut: Deutsche Schulgeschichte von 1800 bis zur Gegenwart. 2. durchgesehene Auflage, Königstein/Ts. 1986.

Herrlitz, Hans-Georg/Weiland, Dieter/Winkel, Klaus (Hrsg.): Die Gesamtschule. Geschichte, internationale Vergleiche, pädagogische Konzepte und politische Perspektiven. Weinheim, München 2003.

Herrlitz, Hans-Georg: Die Restauration der deutschen Erziehungswissenschaft nach 1945 im Ost-West-Vergleich. In: Die deutsche Schule 80 (1988), H. 1, S. 4–19.

Hohendorf, Gerd: Arbeiterbewegung und Reformpädagogik. Oldenburg 1989.

Humboldt, Wilhelm von: Unmaßgebliche Gedanken über den Plan zur Einrichtung des Litauischen Stadtschulwesens („Litauischer Schulplan") (1809). In: Michael/Schepp 1993, S. 104–108.

Johann Heinrich Pestalozzi. 1746–1827. Zum Gedächtnis bearbeitet und zusammengestellt von Robert Alt. Zeichnungen unter Verwendung von zeitgenössischen Darstellungen von Helmut Berger. Berlin, Leipzig 1946.

Jahrbuch der Schulentwicklung. Daten, Beispiele und Perspektiven. Bde. 8–10. Hrsg. von Hans-Georg Rolff, Karl-Oswald Bauer, Klaus Klemm, Hermann Pfeifer. Weinheim, München 1994, 1996, 1998.

Keim, Wolfgang: 25 Jahre Gesamtschule in der Bundesrepublik. Versuch einer Standortbestimmung. In: Jahrbuch für Pädagogik: Öffentliche Pädagogik vor der Jahrhundertwende. Herausforderungen, Widersprüche, Perspektiven. Redaktion: Karl-Christoph Lingelbach und Hasko Zimmer. Frankfurt a. M. u. a. 1993, S. 81–101.

Kersting, Christa: Pädagogik im Nachkriegsdeutschland. Wissenschaftspolitik und Disziplinentwicklung 1945 bis 1955. (Beiträge zur Theorie und Geschichte der Erziehungswissenschaft, Bd. 28). Bad Heilbrunn 2008.

Lehrpläne für die Grund- und Oberschulen in der Sowjetischen Besatzungszone Deutschlands. Vorwort. Gesetz zur Demokratisierung der Deutschen Schule.

Stundentafeln. 1. Juli 1946. Hrsg. von der Deutschen Verwaltung für Volksbildung in der SBZ. Berlin, Leipzig 1946.

Marquardt, Erwin: Das Gesetz über die demokratische Schulreform. Berlin, Leipzig (1946).

Michael, Berthold/Schepp, Heinz-Hermann: Die Schule in Staat und Gesellschaft. Dokumente zur deutschen Schulgeschichte im 19. und 20. Jahrhundert. Göttingen, Zürich 1993.

Miethe, Ingrid/Soremski, Regina/Suderland, Maja/Dierckx, Heike/Kleber, Birthe: Bildungsaufstieg in drei Generationen. Zum Zusammenhang von Herkunftsmilieu und Gesellschaftssystem im Ost-West-Vergleich. Opladen u. a. 2015.

Oestreich, Paul: Ein großer Aufwand, schmählich!, ist vertan: Rund um die Reichsschulkonferenz, gesammelte Aufsätze. Leipzig, Oldenburg 1924.

Oppermann, Detlef: Gesellschaftsreform und Einheitsschulgedanke. 2 Bde. Bd. I: Zu den Wechselwirkungen politischer Motivation und pädagogischer Zielsetzungen in der Geschichte des Einheitsschulgedankens. Bd. II: Quellen zu den historischen und pädagogischen Grundlagen des Einheitsschulgedankens. Frankfurt a. M. 1982.

Pehnke, Andreas: Zur Reformpädagogik-Rezeption in der SBZ (1945–49), der DDR (1949–90) und den neuen deutschen Bundesländern (seit 1990). In: Korte, Petra (Hrsg.): Kontinuität, Krise und Zukunft der Bildung. Analysen und Perspektiven. Münster 2004, S. 313–326.

Quellentexte zur Theorie und Geschichte der Reformpädagogik, Teil 3.1: Staatliche Schulreform und Schulversuche in SBZ und DDR. Hrsg. von Dietrich Benner, Wolfgang Eichler, Karl-Franz Göstemeyer und Horst Sladek. Weinheim, Basel 2004.

Rang, Brita: Pädagogische Geschichtsschreibung in der DDR. Entwicklung und Entwicklungsbedingungen der pädagogischen Historiographie 1945–1965. Frankfurt, New York 1982.

Schulreform – Kontinuitäten und Brüche. Das Versuchsfeld Berlin-Neukölln. Bd. I: 1912–1945. Hrsg. von Gerd Radde, Werner Korthaase, Rudolf Rogler und Udo Gößwald. Opladen 1993.

Schulz, Heinrich: Die Schulreform der Sozialdemokratie. Dresden 1911, bearb. Neuauflage 1919.

Schulz, Heinrich: Der Leidensweg des Reichsschulgesetzes. Berlin 1926.

Schulz, Heinrich: Kirchenschule oder Volksschule. Berlin 1927.

Tenorth, Heinz-Elmar: Geschichte der Erziehung. Einführung in die Grundzüge ihrer neuzeitlichen Entwicklung. 3., völlig überarbeitete und erweiterte Auflage. Weinheim, München 2000.

Tews, Johannes: Ein Volk – eine Schule. Berlin 1919.

Uhlig, Christa: Reformpädagogik: Rezeption und Kritik in der Arbeiterbewegung. Quellenauswahl aus den Zeitschriften *Die Neue Zeit* (1883–1918) und *Sozialistische Monatshefte* (1895/97–1918). (Studien zur Bildungsreform, Bd. 46, hrsg. von Wolfgang Keim). Frankfurt a. M. u. a. 2006.

Uhlig, Christa (Hrsg.): Reformpädagogik und Schulreform. Diskurse in der sozialistischen Presse der Weimarer Republik. (Studien zur Bildungsreform, Bd. 47, hrsg. von Wolfgang Keim). Frankfurt a. M. u. a. 2008.

Uhlig, Christa: Das pädagogische Erbe- und Traditionsverständnis in der DDR – ein grundlegender Bezugsrahmen für die Entwicklung der Erziehungswissenschaften. In: „Verordnete" Einheit versus realisierte Vielfalt. Wissenschaftliche Schulenbildung in der Pädagogik der DDR. (Gesellschaft und Erziehung, Bd. 8, hrsg. von Dieter Kirchhöfer und Christa Uhlig). Frankfurt a. M. u. a. 2011, S. 37–57.

Uhlig, Christa: Tradierung historischer Argumentationsmuster im Streit um eine stärkere Vereinheitlichung der Schule. In: Bildung und Soziale Differenzierung in der Gesellschaft. (Gesellschaft und Erziehung, Bd. 9, hrsg. von Dieter Kirchhöfer und Christa Uhlig). Frankfurt a. M. u. a. 2012, S. 145–165.

Uhlig, Gottfried: Der Beginn der antifaschistisch-demokratischen Schulreform. 1945–1946. (Monumenta Paedagogica, Bd. II, hrsg. von der Kommission für deutsche Erziehungs- und Schulgeschichte der deutschen Akademie der Wissenschaften zu Berlin). Berlin 1965.

Vergleich von Bildung und Erziehung in der Bundesrepublik Deutschland und in der Deutschen Demokratischen Republik. Erarbeitet von einer wissenschaftlichen Kommission: Oskar Anweiler (Leiter), Wolfgang Mitter, Hansgert Peisert, Hans-Peter Schäfer, Wolfgang Stratenwerth. (Materialien zur Lage der Nation, hrsg. vom Bundesministerium für innerdeutsche Beziehungen). Köln 1990.

Winzer, Otto: Pestalozzi als Zeitgenosse. Berlin, Leipzig 1946.

Zetkin, Clara: Revolutionäre Bildungspolitik und marxistische Pädagogik. Ausgewählte Reden und Schriften. Eingeleitet und erläutert von Gerd Hohendorf. (Pädagogische Bibliothek). Berlin 1983.

Ziegler, Theobald: Geschichte der Pädagogik mit besonderer Rücksicht auf das höhere Unterrichtswesen, 2. Auflage. München 1904.

Werner Naumann

Lehrerpraxis und Lehrerbildung – Anmerkungen aus der Sicht eines Zeitzeugen

In den vorangegangenen Beiträgen wurden Ziele und Inhalte des Gesetzes zur Demokratisierung der deutschen Schule sowie wichtige Bedingungen und Gründe, die zu seiner Ausarbeitung führten, vorgestellt. Da jedoch die Wirksamkeit eines Gesetzes wesentlich davon abhängt, wie es von den Adressaten umgesetzt wird, möchte ich mich in meinem Beitrag einer Personengruppe zuwenden, der dafür eine besondere Verantwortung zukam, nämlich den *Lehrern.* Dabei ist zunächst die Tatsache zu berücksichtigen, dass es nach dem Krieg in allen Teilen Deutschlands einen großen Lehrermangel gab, denn

erstens waren bereits vor dem Krieg Lehrer *jüdischer* Herkunft und/oder *linker* Gesinnung aus dem Schuldienst entlassen worden;

zweitens waren viele *junge* Lehrer gefallen oder noch in Kriegsgefangenschaft sowie *ältere* im Bombenkrieg umgekommen und

drittens schließlich hatten die alliierten Siegermächte im Potsdamer Abkommen beschlossen: „Das Erziehungswesen in Deutschland muß so überwacht werden, daß die nazistischen und militaristischen Lehren völlig entfernt werden und eine erfolgreiche Entwicklung der demokratischen Ideen möglich gemacht wird."[1]

Aus der letztgenannten Forderung ergab sich die Notwendigkeit zur Entfernung jener Lehrerinnen und Lehrer, die durch ihr Engagement für den Hitlerfaschismus nunmehr untragbar waren und daher in Entnazifizierungsverfahren entlassen wurden, was zunächst in allen Teilen Deutschlands geschah – in der sowjetischen Besatzungszone (SBZ) allerdings mit besonderer Konsequenz. Hinzu kam, dass bis 1946 durch den Flüchtlingsstrom aus dem Osten die *Schülerzahlen* in der SBZ gegenüber denen von 1939 um über 800 000 stiegen.[2] Der *Lehrermangel* im Bereich der Volks-, Mittel- und Sonderschulen lag infolge all dieser Umstände im Schuljahr 1945/46 bei mindestens 40.000.[3] In der Sowjetischen Besatzungszone wurde durch den Befehl Nr. 40 der SMAD, Absatz i) dazu aufgerufen,

---

1 Das Potsdamer Abkommen und andere Dokumente. Kongreß: Berlin 1950, S. 16/17.

2 Vgl. Günther, Karl-Heinz Günther/Uhlig, Gottfried: Geschichte der Schule in der DDR.1945 bis 1971. Volk und Wissen: Berlin 1974, S. 41.

3 Ebenda, S. 42.

> „diejenigen Personen aus demokratischen, antifaschistischen Kreisen der deutschen Intelligenz, die die nötige allgemeine Ausbildung genossen haben und als Lehrer in den Volksschulen und höheren Schulen tätig sein wollen, zur pädagogischen Arbeit heranzuziehen.“[4]

Da aus den Reihen der „demokratischen, antifaschistischen Kreise der deutschen Intelligenz“ die Lücken nicht zu schließen waren, musste auf andere Kräfte zurückgegriffen werden und die waren unter Facharbeitern sowie Ober- und Mittelschulabsolventen zu finden. Natürlich benötigten sie für ihre künftige Tätigkeit ein Mindestmaß an Vorbereitung und diese erfolgte in Lehrgängen. Nachdem bereits in Vorbereitung auf das Schuljahr 1945 *Schulhelfer* mit minimaler Anleitung für ihre künftigen Aufgaben in die Schulen geschickt worden waren, wurden durch den Befehl Nr. 162 der SMAD vom 06.12.1945 für die gesamte sowjetische Besatzungszone *Neulehrerkurse* angeordnet. Mein Anliegen ist es nicht, die unterschiedlichen Ausbildungszeiten und Studieninhalte der Kurse vorzustellen und zu erörtern, obgleich hierbei interessante Entwicklungen zu erkennen sind, z. B. bezüglich der Bewertung der Reformpädagogik. Es sei nur angemerkt, dass bis zum Beginn des Schuljahres 1946/47 etwa 40 000 Neulehrer[5] ihre Arbeit aufnehmen konnten, was eine beachtliche organisatorische und pädagogische Leistung darstellt. Diese Leistung hat wegen ihrer – z. T. auch unvermeidbaren – Schwächen im Zuge der *Aufarbeitung* der Geschichte des DDR-Schulwesens nach 1991 viel Kritik erfahren. So heißt z. B. in einem *populären* Buch aus dem Jahre 2008:

> „Nachdem im Zuge der Entnazifizierung bereits zahlreiche Lehrer vom Schuldienst suspendiert worden waren, treibt die »Sowjetisierung des Schulwesens« weitere qualifizierte Altlehrer aus Schuldienst und Verwaltung. Somit liegt das neue Schulwesen in seiner alltäglichen Schulpraxis schon zu Beginn 1945/46 weitgehend in der Hand wenig qualifizierter Neulehrer. Ab 1948/1949 gilt dies auch für die Schulverwaltung, in der vor allem SED-treue Kader das Ruder in die Hand nehmen. Meist fehlt es ihnen an Kompetenz und Einfühlungsvermögen…“[6]

---

4 Quellen zur Geschichte der Erziehung. Volk und Wissen: Berlin 1968, S. 490.

5 Gruner beziffert die Gesamtzahl der zwischen 1945 und 1950 ausgebildeten Neulehrer auf mehr als 60.000, verweist bei der Begründung ihrer Notwendigkeit allerdings nur auf den durch den Entnazifizierungsprozess entstandenen Mangel und nicht auf die zahlreichen Kriegsopfer unter den Lehrern und den enormen Anstieg der Schülerzahlen durch den Zustrom der Kinder aus den Ostgebieten. Vgl. Petra Gruner „Der Neulehrer: Schlüsselsymbol der DDR-Gesellschaft“. In: Aus Politik und Zeitgeschichte. B 38/1999, S. 25 f.

6 Mewes, Petra/Rössler, Reinhard: Aufgewachsen in Leipzig in den 40er und 50er Jahren. Wartberg: Gudensberg-Gleichen 2008, S. 16.

Wissenschaftliche Darstellungen – wie etwa der Artikel von Petra Gruner „Der Neulehrer: Schlüsselsymbol der DDR-Gesellschaft“ – betrachten die historische Situation und die Probleme der Neulehrergewinnung und -qualifizierung mit ihren Schwierigkeiten zwar differenzierter, aber auch einseitig. So kritisiert Gruner z. B. die „Instrumentalisierung der Neulehrer durch die SED“, die Nutzung der Neulehrerthematik als „Legitimationselement“ für die DDR durch ihre Propaganda (einschließlich Literatur und Filmkunst) und durch die Schulgeschichtsschreibung. Nach ihrer Auffassung war wegen der *nicht umgehend* erfolgten Hochschulbildung für *alle* Lehrer die „»Erneuerung der Lehrerschaft« als »Voraussetzung der Schulreform« nicht ein Erfolg, sondern eher ein Scheitern.“[7] Zur *Leistungsfähigkeit* der Institute für Lehrerbildung und der dort ausgebildeten Unterstufenlehrer wird nichts gesagt.

Natürlich gab es Neulehrer, die sich den Anforderungen nicht gewachsen fühlten und in ihren ursprünglichen Beruf zurückkehrten oder in die Westzonen gingen, weil ihnen die politische Orientierung und das damit verbundene Regime an den Schulen missfielen. Aber das hebt nicht die Tatsache auf, dass die *Mehrheit der Neulehrer* überwiegend eine erfolgreiche pädagogische Arbeit *im Sinne des neuen Schulgesetzes* geleistet hat. Wie das im konkreten Fall aussah, möchte ich zunächst aus meiner damaligen Schülerperspektive für die Jahre 1946 bis 1949 schildern:

Im Herbst 1941 war ich in meinem Heimatort Dessau-Alten eingeschult worden. Von Oktober 1942 bis April 1945 besuchte ich die zweiklassige Dorfschule in Grimme (Kreis Zerbst), denn meine Eltern hatten mich wegen der zu erwartenden Bombenangriffe auf die nahe gelegenen Junkers-Werke zu Verwandten evakuiert und im April 1945 zurückgeholt. Anfang Oktober 1945 kam ich wieder in die mir bekannte Schulklasse – nunmehr in die Klasse 5a – und zu den mir bekannten Lehrerinnen, die allerdings über den Winter wegen des Brennstoffmangels in kalten Klassenräumen uns nur zwecks Erteilung und Kontrolle von Hausaufgaben kurzzeitig in der Schule behielten.

Im Herbst 1946 lernte ich einen Neulehrer kennen, der sich auf bemerkenswerte Weise einführte: Ins Klassenzimmer trat ein kleiner Mann, stellte sich als ehemaliger *Schriftsetzer* und nunmehriger Geschichtslehrer Meinck vor. Er schrieb folgende Wörter an die Tafel: ***Humanismus*** und ***Renaissance***. Beim Abschreiben des zweiten Wortes musste ich fast bei jedem Buchstaben an die Wandtafel schauen, denn ich hatte es zuvor noch nie gehört. In Grimme, wo ich ja als Dritt- und Viertklässler im Rahmen des Abteilungsunterrichts den Geschichts-

7 Gruner, a. a. O., S. 25.

unterricht der höheren Klassenstufen miterlebt hatte, war vor allem von Königen, Kriegen und Generälen die Rede gewesen.

Willi Meinck (1914–1993), dessen Familienmitglieder von den Nazis verhaftet worden waren und der deshalb selbst emigrierte, begann mit etwas ganz Anderem und konnte zudem spannend erzählen, z. B. von Marco Polo und Columbus, von der Unterwerfung der Azteken und Inkas durch die spanischen Konquistadoren usw. Ich konnte daher später verstehen, dass er *nach* seiner Tätigkeit als Lehrer, Lehrerbildner und Mitarbeiter im Volk und Wissen Verlag ab 1955 als *freier Schriftsteller* wirkte. Ich kaufte mir auch seine Bücher *„Die seltsamen Abenteuer des Marco Polo"* (1955) und *„Die seltsamen Reisen des Marco Polo"* (1957).

Willi Meinck weckte bei mir großes Interesse für Geschichte, und zwar nicht nur für geschichtliche Details, die er interessant erzählen konnte, sondern auch für historische Zusammenhänge. Er ließ uns z. B. synoptische Tabellen anfertigen. Viele Nachmittage habe ich mit meinem bildkünstlerisch begabten Klassenkameraden Theo Schnappinger gearbeitet, um auf der hellgrauen Rückseite eines Plakats neben einer vertikalen Zeitleiste für historische Ereignisse in horizontal aufgelistete Länderspalten symbolhafte Zeichnungen und kleine „Gemälde" in die zeitlich und örtlich bestimmten Kästchen einzufügen, aus denen dann zu entnehmen war, welche bedeutenden Ereignisse mehr oder weniger parallel zueinander im jeweiligen Jahrhundert stattgefunden haben. Das „Plakat" wurde in der Klasse angebracht und konnte von allen Mitschülern als Lernmittel genutzt werden.

Als Willi Meinck 1948 die Schule verließ, übernahm der Neulehrer Walter Hartmann (1912–1999), ein ehemaliger *Flugzeugbauer* aus den Junkers-Werken, den Geschichtsunterricht und förderte meinen Lerneifer so, dass ich 1949 erstmals in meiner Schullaufbahn in einem Unterrichtsfach die Note „Eins" erhielt, nämlich in *Geschichte* auf dem Halbjahreszeugnis der 8. Klasse.

Herr Hartmann hatte selbstverständlich engen Kontakt zu meinem damaligen Klassenlehrer Karl-Heinz Taulien, der nach seinem Abitur und Kriegseinsatz sowie nach seiner Entlassung aus US-amerikanischer Kriegsgefangenschaft ebenfalls Neulehrer geworden war. Er unterrichtete uns 47 Schülerinnen und Schüler der 8. Klasse in Deutsch, Mathematik, Naturkunde, Naturlehre und Englisch. Ich weiß nicht, wer von den beiden – Hartmann oder Taulien – auf die Idee gekommen war, meinen Eltern und mir den Vorschlag zu unterbreiten, mich nach Abschluss der 8. Klasse der damaligen *Grundschule* zur *Oberschule* zu schicken. Jedenfalls kam im Frühjahr 1949 Herr Taulien zu einem Elternbesuch zu uns und unterbreitete den genannten Vorschlag.

Meine Eltern jedoch hielten diesen Gedanken geradezu für abwegig, denn sie meinten, dass es schon ein großer Fortschritt wäre, wenn der Sohn eines ungelernten Arbeiters ein ordentliches Handwerk oder einen Facharbeiterberuf erlernen würde. Mein Vater war nach dreijähriger Arbeitslosigkeit ab 1933 in den Junkers-Werken als *Toiletten- und Waschraumwärter* tätig gewesen. Nach Kriegsende demontierte er mit anderen Arbeitern in Dessau die unzerstörten Reste von Junkers Flugzeug- und Motorenwerken zwecks Erfüllung von Reparationsleistungen für die Sowjetunion. Dann war er in der Waggonfabrik Dessau am Sandstrahlgebläse zur Entrostung von Blechen tätig. Meine Mutter arbeitete als Reinigungskraft und Wäscherin bei verschiedenen Leuten und als Landarbeiterin bei einem Bauern, der ihr während des Krieges und noch einige Jahre danach einen Stundenlohn von 20 Pfennigen zubilligte, und zwar ohne Beiträge in die Kranken- und Rentenkasse zu zahlen, wie das halt bei Saisonkräften in der Landwirtschaft üblich war.

Sie war wie mein Vater der Meinung, dass ich *recht bald Geld verdienen sollte,* daher wurde der Vorschlag, mich zur Oberschule zu schicken, abgewiesen. Allerdings kam ein paar Tage später Herr Hartmann, der kurz zuvor Schulleiter geworden war, zu uns. Mein Vater kannte ihn seit der Kindheit aus der Nachbarschaft. Meine Eltern hatten Vertrauen zu ihm und nach langer Diskussion konnte er sie dazu bewegen, meinem Oberschulbesuch zuzustimmen. Das „Finanzargument" entkräftete er dadurch, dass er auf die Schulgeldfreiheit verwies und ein *Antragsformular für ein Stipendium* mitgebracht hatte, das auch sofort ausgefüllt wurde. Es zeigte sich dann allerdings im Oktober 1949 an der Rosa-Luxemburg-Oberschule in Dessau, dass ich *kein* Stipendium erhielt. Es waren offenbar nur jene Stipendienanträge bearbeitet worden, die zu Beginn des Oberschulbesuchs „vor Ort" ausgefüllt und weitergereicht worden waren. Als ich meinen Eltern schweren Herzens mitteilte, dass ich *kein* Stipendium bekomme, sagten sie sofort: „Das ist ja klar – alles leere Versprechungen – du gehst von der Oberschule ab!" Mein Vater ermittelte für mich in der Dessauer Waggonfabrik umgehend eine Lehrstelle als technischer Zeichner.

Nachdem ich das meinen Grundschullehrern gesagt hatte, brachte Herr Hartmann das Ergebnis einer Spendensammlung des Lehrerkollegiums in Höhe von 127,50 Mark zu meinen Eltern und versprach zugleich, sich erneut um das Stipendium zu kümmern. Er redete meinen Eltern eindringlich zu, mit meiner Abmeldung von der Oberschule doch wenigsten noch so lange zu warten bis die Stipendienangelegenheit aufgeklärt sei. Die Spende, die heute recht bescheiden anmutet, war bei dem Einkommen meines Vaters von etwa 300 M monatlich schon bedeutsam und veranlasste meine Eltern, mich auf der Oberschule zu belassen. Hartmanns Nachforschungen ergaben, dass der Stipendienantrag auf dem Amtswege verloren gegangen war und dass wir einen neuen Antrag stellen konnten. Das geschah dann – allerdings mit dem bescheidenen Resultat, dass ich im zweiten Halbjahr der 9. Klasse ein *halbes* Stipendium durch Teilung mit dem eines anderen Schülers bekam: es waren 12,50 M.

Mein Übergang zur Rosa-Luxemburg-Oberschule in Dessau war aber nicht nur mit finanziellen Schwierigkeiten verbunden, sondern auch mit fachlichen, denn ich kam in eine Klasse des mathematisch-naturwissenschaftlichen Zweiges, die sich zu ca. 50 % aus Schülern zusammensetzte, die bereits vor Inkrafttreten des Gesetzes zur Demokratisierung der deutschen Schule für den Besuch des Gymnasiums ausgewählt und mit Wirksamwerden des Gesetzes mit ihren Gymnasiallehrern in eine *achtklassige Grundschule* integriert worden waren. Eine weitere Gruppe von Schülern kam von der ehemaligen Knabenmittelschule und hatte auch dort guten Unterricht genossen, was sich vor allem in Mathematik und Englisch bemerkbar machte. Ein kleiner Rest kam von verschiedenen Schulen und hatte Schwierigkeiten wie ich, den Anschluss zu finden. Es zeigte sich nämlich, dass mancher Stoff für die o. g. begünstigten Mitschüler nur Wiederholung war, und entsprechend zügig gingen die Oberschullehrer im Stoff voran. So kam es, dass ich am Ende des ersten Halbjahres der 9. Klasse auf dem Zeugnis in Mathematik (schriftlich) und in Englisch (schriftlich) die Noten *„mangelhaft"* erhielt – nach der damaligen fünfstufigen Notenskala also zwei „halbe Vieren" – und mit „zwei ganzen Vieren" wurde man nicht mehr versetzt. Da ich niemanden persönlich kannte, der mir helfen konnte, meine Lücken zu schließen, stand ich vor der Frage, ob ich nicht doch aufgeben muss? Für Nachhilfeunterricht fehlte das Geld und für ein „Aufholen" aus eigner Kraft fehlten mir die Bücher. Ich hatte zu Hause keine Nachschlagewerke und es gab auch keine geeigneten Lehrbücher zu kaufen. Jedoch besaß Herr Hartmann *Lehrbriefe* zur Vorbereitung auf seine zweite Lehrerprüfung. Darin studierte ich jene Inhalte, die mir fehlten. Im Verlaufe der 10. Klasse konnte ich meine Leistungen so verbessern, dass ich „als Anerkennung für besondere Leistungen bei der Zwischenprüfung der 10. Klasse der Oberschule" vom Dezernat Volksbildung beim Rat der Stadt Dessau eine Buchprämie erhielt (Maxim Gorki: Die Mutter). 1953 schloss ich die Oberschule mit dem Abitur (Prädikat: gut) ab und studierte Geschichte und Erwachsenenpädagogik an der Universität in Leipzig. Finanziell gesichert war das Studium durch ein staatliches Stipendium von monatlich 220 Mark und ab drittem Semester zusätzlich durch ein Hilfsassistentengehalt von 80 Mark.

Der Wert der Bemühungen um die Förderung von Arbeiter- und Bauernkindern in dieser Zeit ist u. a. zu erkennen am *Vergleich* meiner Entwicklung mit der meines Großvaters Franz Weinhauer (1874–1960): Nach meinem 1. Studienjahr in Leipzig (also in den Sommerferien 1954) besuchte ich Mutters Vater, der in Meilendorf (Kreis Köthen) im Gemeindehaus wohnte. Ich traf ihn auf dem *Friedhof*, wo er Gras für seine Ziegen und Kaninchen mit der Sense mähte. Das *Recht* dazu hatte er als Kirchendiener, und diese Tätigkeit führte er aus, um seine Landarbeiterrente aufzubessern.

Er erkundigte sich interessiert nach meinem Studium und erzählte mir dann, dass sein alter Dorfschullehrer ihm einmal gesagt habe: „Franz, du bist in all meinen Lehrerjahren mein bester Schüler gewesen!" Franz Weinhauer hatte nach seiner Schulentlassung 1888 seine „Berufslaufbahn" als Ochsenknecht begonnen und war danach Pferdeknecht geworden. Ähnlich war es meinem Vater ergangen; auch er hat nach seiner Schulentlassung 1915 zunächst als *Knecht* auf einem Bauernhof in Mosigkau gearbeitet. Dadurch lernte er mit Pferden umzugehen und konnte später mit einem Pferdefuhrwerk Mauersteine zu Kunden transportieren. Mein Vater war ein recht schweigsamer Mann, der politisch interessiert war und täglich die Zeitung las. Von seiner Schulzeit erzählte er nur widerwillig und betonte dabei, dass es „vill Päje jab", d. h. viel Prügel gab.

In der Wendezeit 1990 wurde ich von einem Hamburger Professor gefragt, weshalb sich die Hochschullehrer der DDR 1989 kaum an den Montagsdemonstrationen und sonstigen Protestaktionen beteiligt haben. Ich konnte natürlich nicht für alle DDR-Hochschullehrer sprechen, sagte ihm aber, dass *ich* es niemals fertig gebracht hätte, *gegen den Staat* zu demonstrieren, der mir und anderen Schülern aus ähnlichen sozialen Verhältnissen mit dem *Gesetz zur Demokratisierung der deutschen Schule* von 1946 bis dahin ungeahnte Bildungsmöglichkeiten eröffnet hatte. Im Übrigen habe ich – wie auch andere Intellektuelle – im Falle eines Anschlusses an die Bundesrepublik den Zusammenbruch der DDR-Wirtschaft und den *Abbruch der eigenen Berufslaufbahn* befürchtet. Letzteres betraf dann tatsächlich auch jene Professoren, die an *Montagsdemonstrationen* teilgenommen hatten, wie z. B. meinen ehemaligen Leipziger Arbeitskollegen Prof. Dr. Wolfgang Strauß.

Wolfgang Strauß (1933–2009) war nach seiner Tätigkeit am Institut für Erwachsenenbildung und in der Sektion für *Theoretische und Angewandte Sprachwissenschaft* an der Universität Leipzig sowie erfolgreicher Promotion B (≈Habilitation) auf den Lehrstuhl für „Methodik des Englischunterrichts"[8]

8 Wolfgang Strauß hatte bis 1968 am Institut für Erwachsenenbildung als Fachmethodiker für den Russischunterricht gearbeitet und nebenher unter Betreuung von Anglisten eine Dissertation über die Kriegsliteratur in den USA geschrieben. Nach der III. Hochschulreform 1968 übernahm er auch die Lehrveranstaltungen in der „Methodik des Englischunterrichts" und bemühte sich um die Entwicklung einer Didaktik für den Unterricht in modernen Fremdsprachen.

der Friedrich-Schiller-Universität Jena berufen worden. Seine Frau war Mitte der 80er Jahre von der Beerdigung ihres Vaters in Lübeck nicht nach Leipzig zurückgekehrt. Das hatte zur Folge, dass Prof. Strauß mehrfach von der Stasi verhört wurde und aus der SED austrat. Er ließ sich 1989 seinen *Stundenplan* an der Friedrich-Schiller-Universität in Jena, wo er trotz des o. g. politischen Eklats seinen Lehrstuhl behielt, so anfertigen, dass er an den *Montagsdemonstrationen in Leipzig* teilnehmen konnte, was er auch tat. Die Mitteilung zu seiner Entlassung aus dem Hochschuldienst fand er 1992 vor, als er von einer Sprachexkursion mit Studierenden aus England zurückkehrte. Er hatte sich für ein *Zusatzstudium ehemaliger Russischlehrer in der Anglistik* engagiert und dazu u. a. Sprachexkursionen organisiert. Auch der *Dissident* Prof. Dr. Strauß – und als solcher hat er sich mir gegenüber nicht ohne Stolz bezeichnet – wurde trotz seines gerichtlichen Einspruchs entlassen! Als ich einen Hamburger Professor fragte, weshalb in der Wende bei Entlassungen so rigoros verfahren würde, antwortete er, dass man die Fehler von 1945/46 *„nicht wiederholen wolle"*, die im Westen bei der Entnazifizierung gemacht worden waren!

Außer der am *persönlichen Beispiel* belegten Bemühungen von *Neulehrern* bei der Überwindung traditioneller Bildungsprivilegien in Verbindung mit betont antifaschistischer Erziehung lässt sich zumindest noch ein weiteres bemerkenswertes *Resultat* dieser „Personalreform" im deutschen Bildungswesen finden, das in den zahlreichen Schriften zur Aufarbeitung der DDR-Schulgeschichte nicht beachtet wird, obwohl es m. E. sogar heute noch nachwirkt: nämlich der Umstand, dass aus den Reihen der Neulehrer auch *erfolgreiche Lehrerbildner* bzw. Hochschullehrer hervorgegangen sind. Als ich 1969 an das *Pädagogische Institut Güstrow* kam, lernte ich Lehrkräfte kennen, die als Neulehrer begonnen hatten. Einige davon konnten im Verlaufe der Zeit auf der Grundlage ihrer danach vorgelegten wissenschaftlichen Leistungen zu Professoren berufen werden, so z. B.:

Prof. Dr. phil. habil. Anneliese Claus-Schulze: Leiterin des Wissenschaftsbereiches „Fachdidaktik Deutsche Sprache und Literatur" an der Pädagogischen Hochschule Güstrow. Sie war an nahezu allen Buchpublikationen auf dem Gebiet des Muttersprachunterrichts (einschließlich methodologischer Fragen seiner Erforschung) als Mitautorin oder Gutachterin beteiligt und veröffentlichte zahlreiche Beiträge, vielfach grundsätzlicher Art, in verschiedenen Fachorganen. Ebenfalls wirkte sie mit im Autorenkollektiv des Hochschullehrbuchs „Methodik Deutschunterricht Muttersprache" (Berlin 1977).

Prof. Dr. rer. nat. Ulrich Ihlefeld: Ordinarius für *Allgemeine und Persönlichkeitspsychologie* an der PH Güstrow, Mitautor der Lehrbücher „Psychologie für Lehrer und Erzieher“ und „Schülerbeurteilung“ sowie Verfasser zahlreicher weiterer wissenschaftlicher Publikationen.

Prof. Dr. paed. habil. Erwin Zabel: Ordinarius für die *Fachdidaktik des Biologieunterrichts*, Vorsitzender der Sektion Schulbiologie der Biologischen Gesellschaft der DDR und seit 1990 Mitglied im Verband Deutscher Biologen. 1988 war er Mitbegründer der internationalen Biologieolympiade und von 1991 bis 1998 offizieller Koordinator der *gesamtdeutschen* Schülermannschaft. International wirkte er auch als Mitglied der Gesellschaften für Naturwissenschaften in Polen und Bulgarien. Er ist Herausgeber und Mitautor von 21 Fachbüchern und der Lehrbuchreihe Biologie für die Klassen 5–6 für Gymnasien und Mittelschulen für 7 Bundesländer, Autor von ca. 200 Artikeln in Fachzeitschriften, von denen einige übersetzt auch im Ausland erschienen sind.

Prof. Dr. rer. nat. habil. Walter Mischok: Ordinarius für *Experimentalphysik* an der Pädagogischen Hochschule Güstrow und Leiter der Forschungsgemeinschaft „Komplexe Untersuchung des Zusammenhangs von Struktur und Eigenschaften polymerer Feststoffe“. Wie sich die ehemalige Neulehrertätigkeit und pädagogische Grundhaltung von Prof. Mischok in der Lehrerbildung auswirkten, habe ich in einer seiner Vorlesungen erlebt, in der er nach seiner wissenschaftlichen Darstellung eines physikalischen Problems die Möglichkeiten, Gefahren und Grenzen *didaktischer Vereinfachungen* mit Bezugnahme auf die Darstellung seines Themas im aktuellen Oberschullehrbuch erörterte.

Auf einer solchen personellen Grundlage wurde an den Pädagogischen Hochschulen unter Nutzung der zuerkannten Promotions- und Habilitationsrechte ein *auf die Lehrerbildung orientierter* wissenschaftlicher Nachwuchs herangebildet, was an den westdeutschen Pädagogischen Hochschulen wegen der fehlenden Promotionsrechte lange Zeit nicht möglich war.[9]

In der Zentralen Fachkommission für Pädagogik des Ministeriums für Volksbildung und Ministeriums für Hoch- und Fachschulwesen lernte ich auch ehemalige Neulehrer kennen, die auf die Entwicklung der Pädagogik und Lehrerbildung in der DDR beträchtlichen Einfluss ausübten, z. B.:

Prof. Dr. Franz Hofmann (1922–2003), Professor für Wissenschafts- und Bildungsgeschichte an der Martin-Luther-Universität Halle-Wittenberg und führender Comeniologe im deutschen Sprachraum. Er übersetzte u. a. die „Allgemeine Be-

---

9 Siehe Schubring, Gert: Die Entwicklung der Mathematikdidaktik in Deutschland. In: Mathematische Semesterberichte. Themenheft: Stoffdidaktik. Band 63, Heft 1/Juni 2016, Springer Verlag, S. 13.

ratung über die Verbesserung der menschlichen Dinge" von Jan Amos Komenský und veröffentlichte 1970 wesentliche Teile davon mit einem einleitenden Kommentar. Er schrieb zahlreiche Bücher und Artikel zur Geschichte der Pädagogik und publizierte seine Neulehrererfahrungen in einem Taschenbuch.

Prof. Dr. paed. habil. Lothar Klingberg (1926–1999), Ordinarius für Systematische Pädagogik und Allgemeine Didaktik an der Pädagogischen Hochschule in Potsdam; er wurde durch seine Bücher zur Allgemeinen Didaktik auch in der Bundesrepublik bekannt.[10]

Prof. Dr. paed. habil. Willi Kuhrt (1920–2009), Ordinarius für Allgemeine Didaktik an der Pädagogischen Hochschule Magdeburg und Nestor der Berufsberatung in der DDR mit über 300 wissenschaftlichen Veröffentlichungen im In- und Ausland (auch noch nach 1991).

Prof. Dr. Erika Mädicke (1929–1997), 1945 zunächst Neulehrerin, ab 1949 Schulleiterin und danach stellvertretende Kreisschulrätin in Chemnitz. Nach Abschluss eines Fernstudiums 1954 an der PH Potsdam sowie ihrer Promotion und Habilitation an der Humboldt-Universität erfolgte 1976 ihre Berufung zur ordentlichen Professorin mit dem Spezialgebiet *Didaktik der Unterstufe*. Sie publizierte ihre Erkenntnisse in den entsprechenden Unterrichtshilfen sowie in Beiträgen zum schriftlichen und mündlichen Ausdruck in der Unterstufe (zwei Bände 1965 bis 1969). Von 1976 bis 1983 war sie Direktorin der Sektion Pädagogik an der Humboldt-Universität Berlin.

Meine Wertschätzung der *DDR-Lehrerbildung* wird auch dadurch gestützt, dass sich noch 2012 beim Leistungsvergleich zwischen 15-jährigen Schülern in West- und Ostdeutschland in Mathematik und in den Naturwissenschaften *bessere Leistungen bei ostdeutschen Schülern* zeigten.[11] In Erklärungsversuchen zu diesem für die bundesdeutsche Öffentlichkeit erstaunlichen Befund wird auf die *Betonung* des mathematisch-naturwissenschaftlichen und polytechnischen Unterrichts in der DDR verwiesen, aber der funktionierte ja nur dank der dafür ausgebildeten Lehrer! Und eben auf die *Bedeutung der Lehrerbildung* für das Niveau der *ostdeutschen* Schüler verweist Martin Spiewak mit den Worten: „Bis-

10 Siehe Meyer, Hilbert: Unterrichtsmethoden I: Theorieband, 3. Aufl. Scriptor: Frankfurt a. M., 1987, S. 230 ff.

11 Siehe IQB-Ländervergleich 2012. Mathematische und naturwissenschaftliche Kompetenzen am Ende der Sekundarstufe I. Hrsg. von H. A. Pant, P. Stanat, U. Schroeders, A. Roppelt, Th. Siegle. Waxmann: Münster/New York/München/Berlin 2013, S. 404–409.

lang bestimmen noch weitgehend von der DDR-Pädagogik geprägte Lehrer das Unterrichtsgeschehen."[12] Dabei ist nicht nur die übungsintensive *fachdidaktische Ausbildung* an den Lehrerbildungsstätten der DDR zu sehen, sondern auch das bereits vom Schulgesetz von 1946 geforderte und von vielen Lehrern praktizierte Bestreben zur *Förderung von Kindern aus bildungsfernen Elternhäusern,* wie u. a. die Feststellung der Präsidentin des Wissenschaftszentrums für Sozialforschung in Berlin, Jutta Almendinger, erkennen lässt: „… gerade bei den Naturwissenschaften sehen wir, dass ostdeutsche Länder viel niedrigere Unterschiede haben zwischen Schülerinnen und Schülern aus herkunftsstarken, also gutsituierten Elternhäusern und eher ärmeren Elternhäusern. Während in anderen Bundesländern dieser Unterschied eher hoch ist."[13]

Es ließen sich noch weitere beachtliche Leistungen von Neulehrern nachweisen, wie z. B. die des in Schwaan (Mecklenburg) geborenen Walter Schöler (1928–1994), der nach seiner Neulehrertätigkeit in Parchim, seinem Studium an der Rostocker Universität, seiner Promotion in Greifswald 1955 und seiner Habilitation in Aachen 1963 ab 1970 in Klagenfurt als Gründungsrektor die *Hochschule für Bildungswissenschaften* mit aufgebaut hat.[14] Daraus ist 1975 die *Universität für Bildungswissenschaften*, 1993 die Universität Klagenfurt und 2004 die Alpen-Adria-Universität hervorgegangen. Günther Hödl – Nachfolger Schölers im Rektorenamt – würdigte ihn als „Vorkämpfer für eine Bildungsreform an Haupt und Gliedern" und zitiert eine Pressestimme, die ihn „als den Chefideologen der »Revolution des österreichischen Unterrichtswesens sieht. « "[15]

Das Spektrum von erfolgreichen und weniger erfolgreichen Neulehrern ist nicht bekannt und es dürfte auch schwer zu bestimmen sein, weil schon die Gütekriterien, die man dazu benötigt, je nach politischem und weltanschaulichem Standpunkt unterschiedlich sind. So beklagt sich bspw. Kirstin Wappler in ihrer

12 Spiewak, Martin: Mit dem Osten ist zu rechnen. In: Die Zeit. Nr. 43 vom 17.10. 2013, S. 71.

13 Online: http://www.deutschlandfunk.de/weniger-herkunftsbedingte-unterschiede-bei-schuelern-im.694.de.html?dram:article_id=264969 (letzter Zugriff: 11.07.2016).

14 Vgl. Schmidtbauer, Walter: „Von Schwaan nach Klagenfurt, vom Neulehrer zum Gründungsrektor einer Universität: Walter Schöler, ein Mecklenburger Schulmeister." In: Berling, Horst-Gösta (Hrsg.): Mecklenburgische Schulmeister. Lebensbilder von Lehrerinnen und Lehrern zwischen Neubrandenburg und Schwerin, Neukloster und Parchim. Thon Verlag: Schwerin 1998, S. 220–225.

15 Lechner, Elmar/Zielinski, Johannes (Hrsg.): Wirkungssysteme und Reformansätze in der Pädagogik. Festschrift für Walter Schöler zum 60. Geburtstag. Reihe: Aspekte pädagogischer Innovation, Band 11. Peter Lang: Frankfurt/M. u. a., 1988. S. 27.

Dissertation über die atheistische Erziehung der Schüler durch Neulehrer[16] Aber zu behaupten, den Neulehrern habe es „*meist* an Kompetenz und Einfühlungsvermögen gefehlt" (s. o. Mewes und Rössler), ist geradezu abwegig und zeugt von völligem Unverständnis für die damalige Situation. Zu bedauern ist allerdings, dass nach 1948/49 einige *konzeptionelle Vorzüge* des Gesetzes zur Demokratisierung der deutschen Schule aufgegeben wurden – bspw. durch die Beseitigung des Kern- und Kurssystems und durch eine *dogmatische bzw. unzeitgemäße Handhabung* des Prinzips der Förderung von Arbeiter- und Bauernkindern. Aber das ist ein anderes Thema und abzugrenzen von den positiven Bestimmungen und Wirkungen des Schulgesetzes von 1946, das ja einen *gesetzgeberischen Höhepunkt* der Schulreform in der sowjetischen Besatzungszone darstellt. Praktisch *begann* die Schulreform mit der Neulehrerausbildung und real wurde sie vor allem *von den Lehrern* getragen. Und diesen Lehrern ging es in erster Linie um eine Bildung und Erziehung im antifaschistisch-demokratischen Sinne, um die Beseitigung traditioneller Bildungsprivilegien und eine damit verbundene Förderung von Kindern aus bildungsfernen Elternhäusern, wie sie einmalig ist in der deutschen Bildungsgeschichte. Was die Lehrer (also auch ca. 60 000 Neulehrer) in der sowjetischen Besatzungszone unter den schwierigen Bedingungen zerstörter und beschädigter Schulgebäude, fehlender Unterrichts- und Lernmaterialien mit z. T. elternlosen und vom Kriege traumatisierten Kindern, denen es vielfach an Nahrung und Kleidung mangelte, *geleistet* haben, sollte nicht durch selektive Wahrnehmungen und einseitige Darstellungen abgewertet werden.

Die Neulehrer haben sich nicht als „Schräubchen" in einem totalitären Gesellschaftssystem verhalten, sondern als engagierte, verantwortungsbewusste und auf körperliche Züchtigungen *verzichtende* Erzieher.[17] Es verbietet sich m. E., sie primär als „Schlüsselsymbole" und unter totalitarismustheoretischem Aspekt zu bewerten, denn ihr Hauptanliegen war eine möglichst umfassende geistige und moralische Förderung ihrer Schüler! Jedenfalls haben ich und Tausende meiner Altersgefährten sie so erlebt.

---

16 Wappler, Kirstin: Klassenzimmer ohne Gott. Mecke: Duderstadt 2007.

17 Die Richtlinie zur „Schulzucht" (Sch 1194/46) der Deutschen Verwaltung für Volksbildung unter der Leitung des *Kommunisten* Paul Wandel (1905–1995) vom 23. Mai 1946 besagt: „Es ist selbstverständlich, daß ehrenrührige Zuchtmittel, wie Schläge, Freiheitsberaubung, allgemeine Verfemung, die einer demokratischen Erziehung unwürdig sind, zu unterbleiben haben." (Richtlinien 1948, S. 92). Im *christlichen* Bayern wurde die Prügelstrafe erst 1983 verboten!

Weiterführende Literatur

Dümcke, Dieter: „Neulehrer". In: Parchimer Schulgeschichte von A–Z. Schriftenreihe des Museums der Stadt Parchim, Heft 19, Parchim 2004, S. 46–47.

Heinz, Jakob: Neulehrer in Mecklenburg-Vorpommern nach 1945. Als sie die Bildung übernahmen. Thon Verlag: Schwerin 2011.

Hofmann, Franz: Ein Neulehrer erzählt. Volk und Wissen: Berlin 1985.

Hohlfeld, Brigitte: Die Neulehrer in der SBZ/DDR 1945–1953. Deutscher Studien-Verlag: Weinheim 1992.

Lechner, Elmar/Zielinski, Johannes (Hrsg.): Wirkungssysteme und Reformansätze in der Pädagogik. Festschrift für Walter Schöler zum 60. Geburtstag. Reihe: Aspekte pädagogischer Innovation, Band 11. Peter Lang: Frankfurt/M., Bern, New York, Paris, 1988.

Richtlinien der Deutschen Verwaltung für Volksbildung in der sowjetischen Besatzungszone Deutschlands für das Schulsystem. Stand vom März 1948. Volk und Wissen Verlag GmbH: Berlin/Leipzig 1948.

Zabel, Erwin: Die schlaue Katze – und andere erlebte Episoden. SPICA: 2014.

Ursula Schröter

Über Koedukation und das sozialistische Patriarchat

„Demokratisierung der Schule heißt für uns vor allem Verwirklichung des [...] jahrtausendealten Sehnens des einfachen Volkes nach gleichem Recht auf Bildung für alle Söhne und *Töchter* unseres Volkes in Stadt und *Land*".[1] Das sagte Paul Wandel (1905–1995), damals Präsident der Deutschen Zentralverwaltung für Volksbildung, auf dem Ersten Pädagogischen Kongress, der im August 1946 in Berlin stattfand. Der Kongress war als „Zonenkonferenz" einberufen worden, meinte aber ausdrücklich das ganze Deutschland.[2]

Der Satz charakterisiert den Kern der angestrebten *Einheitlichkeit* des Bildungssystems. Und Einheitlichkeit war neben *Weltlichkeit* (Wissenschaftlichkeit) und *Staatlichkeit* eine der drei Säulen, auf denen die antifaschistisch-demokratische Schulreform ruhte und zu denen sich die DDR-Bildungspolitik bis zuletzt bekannte.

Wandel spricht Einheitlichkeit in drei Richtungen an, auch mit Bezug auf die „sehr alten Ideen" von aufgeklärten Philosophen und Pädagogen. Tatsächlich ist die Übereinstimmung mit Comenius aus dem 17. Jahrhundert auffällig: „Nicht nur die Kinder der Reichen und der Vornehmen, sondern alle in gleicher Weise: Adlige, Bürgerliche, Reiche und Arme, Knaben und Mädchen, in großen und kleinen Städten, in Flecken und Dörfern, sind zur Schule heranzuziehen".[3]

Zunächst wird – auch bei Wandel – das einfache Volk erwähnt und damit klargestellt, dass die deutsche Schule nicht länger eine Standesschule sein soll, dass die Bildungschancen der Kinder nicht länger von den materiellen Möglichkeiten der Eltern abhängen sollen. Auf späteren Pädagogischen Kongressen wird diese Zielstellung auch „Überwindung des sozialen Dualismus" genannt. Die gesamte Politik der SBZ und der DDR war auf dieses Ziel – letztlich Überwindung der Klassenunterschiede – ausgerichtet. Die von Marx begründete weltgeschichtliche Rolle des Proletariats[4] spiegelte sich im Bildungswesen als besondere Förderung

---

1 Wandel 1955, S. 20, Hervorhebung im Original.

2 Bundesarchiv DR 2/2, Stenografisches Protokoll des 1. Pädagogischen Kongresses 15.–17.8.46, Berlin, Deutsches Theater, paginiert, S. 3.

3 Comenius 1947, S. 26.

4 Aktuell dazu: Küttler 2016, S. 41.

von Arbeiter- und Bauernkindern wider. Deren jahrtausendealtes Sehnen nach Teilhabe am Weltwissen sollte respektiert werden. Auch wenn Sozialstrukturanalysen, die nach dem gesellschaftlichen Umbruch 1990 durchgeführt wurden, belegen, dass „die beachtliche Bildungsmobilität von Arbeiter- und Bauernkindern sowie die damit verbundene hohe Aufstiegsmobilität ... nur die Aufbauphase der 50er Jahre betraf“[5], blieb es bis zum DDR-Ende bei den besonderen Bildungschancen für „das einfache Volk“.

Wandel spricht außerdem von einheitlichen Bildungsmöglichkeiten in Stadt und Land. Auch diese Zielstellung, die soziale Annäherung zwischen Stadt und Land, hatte ihr Pendant in der „großen“ Politik, vor allem in der Kultur- und Sozialpolitik. Dabei wurde lange Zeit unter Annäherung das Heranführen des Landes an Stadt-Niveau verstanden. Erst in den letzten DDR-Jahren spielten in Wissenschaft und Politik die spezifischen Potenzen des Landlebens für die Persönlichkeitsentwicklung eine Rolle.[6] Mit Blick auf die Schule ging es zunächst vor allem um das Ziel, die dörflichen Einklassenschulen, von denen es zu Kriegsende 4114 gab[7], möglichst schnell abzuschaffen. Die konkreten politischen Schritte dahin – Zentralschulen oder nicht – wurden auf den folgenden Pädagogischen Kongressen leidenschaftlich diskutiert, bis schließlich „1960 ... die letzten beiden Einklassenschulen aufgelöst“ wurden[8]. Das Thema Chancengleichheit zwischen Stadt- und Dorfkindern galt damit aber noch nicht als erledigt, sondern wurde weiterhin, vor allem im Zusammenhang mit geeigneten Lehrkräften thematisiert.[9]

Eine solche politische Aufmerksamkeit erhielt die dritte von Paul Wandel (und auch von Comenius) angesprochene Richtung der Einheitlichkeit, die Chancengleichheit zwischen Jungen und Mädchen, nicht; weder auf höchster politischer Ebene noch in der Pädagogik. Auf keinem der folgenden acht Pädagogischen Kongresse wurde das Thema, den veröffentlichten Dokumenten nach, wieder angesprochen, wenn man von einer Bemerkung zum Mädchen-Sportunterricht im zentralen Referat des achten Kongresses 1978 absieht. Auch die kontroverse Diskussion um die Bedeutung von Leiterinnen in den Schulen bzw. generell in der Öffentlichkeit, die am zweiten Tag des Ersten Pädagogischen Kongresses die Gemüter erhitzte und das Geschlechterthema aus anderer Sicht reflektierte, fand keine politische Aufmerksamkeit, wurde in der offiziellen Kongressdokumen-

---

5 Müller-Hartmann u.a. 1995, S. 309.

6 Weidig 1988, S. 100 ff.

7 Günther u.a. 1987, S. 699.

8 Ebenda.

9 Schröter 2015.

tation nicht einmal erwähnt. Heute kann diese Debatte auf der Grundlage des Stenographischen Protokolls nachvollzogen werden:

Frau Justus aus Sachsen berichtet über eine Schule, die von einer Frau geleitet wird: „Nur wenige Schulen werden von Frauen geleitet, aber dort herrscht eine andere Atmosphäre (Heiterkeit im Saal). Es mag sein, dass ich darin Unrecht habe (Zuruf aus dem Saal: Nein, durchaus nicht). Eine menschliche Atmosphäre [...]. In den anderen Schulen ist noch die alte Penne lebendig, einwandfreies Fachwissen, die Jungen wissen in Mathematik und Physik enorm Bescheid, aber die eigentlich erzieherische Atmosphäre ist nicht vorhanden, das innige Verhältnis zwischen Lehrern und Schülern." (Zuruf aus dem Saal: Schluss). Vorsitzender: „Wollen wir uns doch Mühe geben, auch in diesem Raum einer Kollegin gegenüber etwas Kavalier zu sein" (lebhafter Beifall). Frau Justus räumt ein, dass es sich bei den Schulleiterinnen um „besonders tüchtige Frauen" handeln müsse. „Wir müssen in der Schule darauf hinzielen, dass nicht wieder alles Entscheidende den Männern überlassen wird" (Protest, Tumult). Sie räumt ein, dass es mehrheitlich Frauen waren, die Hitler gewählt haben, aber besteht auf ihrer Schlussbotschaft: „Das wirklich Weibliche muss in das öffentliche Leben kommen." Vorsitzender: „Wir müssen uns, das ist auch demokratisch, daran gewöhnen, in Ruhe die Darstellung eines Standpunktes anzuhören, den wir nicht teilen." (danach chaotische Debatte, nicht immer protokollierbar).[10]

Wäre dieser Text den feministisch Forschenden der späteren Jahre begegnet, so hätten sie sicherlich deutlich erkennbare patriarchale Strukturen in den Köpfen von Frauen und Männern identifiziert: Erstens das freundliche Nichternstnehmen des weiblichen Beitrages; zweitens die sofortige Bereitschaft der Frau, ihre Meinung zu relativieren; drittens der herablassende Hinweis, dass Kavaliere so etwas aushalten; viertens das kategorische „Schluss jetzt", wenn die Frau dennoch darauf besteht, ernst genommen zu werden; fünftens der folgenlose Übergang in die vermeintliche Normalität.

Aber für solche Analysen war 1946 die Zeit noch nicht reif. Die damals Verantwortlichen wussten, dass mit Stadtkindern anders umgegangen werden musste als mit Kindern vom Land bzw. mit Arbeiterkindern anders als mit Kindern von Ärzten. Das Geschlechterthema stand außerhalb solcher Überlegungen, weil die neue Gesellschaft konzeptionell in der Arbeiterbewegung entstanden war, und dort wurde mit dem Ende der Klassenherrschaft auch das Ende der Männerherr-

10 Bundesarchiv DR 2/2, Stenografisches Protokoll des 1. Pädagogischen Kongresses 15.–17.8.46. Berlin, Deutsches Theater, paginiert, S. 91–93.

schaft vermutet[11]. Insofern schien es ausreichend zu sein (und im Vergleich zu den Jahrhunderten zuvor fortschrittlich), wenn Jungen und Mädchen gemeinsam und nach dem gleichen Lehrplan unterrichtet werden. Dieses Vorgehen – später und unter westlichem Einfluss „Koedukation" genannt – entsprach auch den Grundsätzen, die die sowjetische Pädagogik von Anfang an[12] vorgab und die mit der Überzeugung verbunden waren, dass „unser System der Schulbildung [...] die Gleichberechtigung von Mann und Frau widerspiegelt."[13] Noch Ende der 1960er Jahre, also reichlich 20 Jahre nach dem Gesetz wurde nicht daran gezweifelt, dass „die einheitliche und gemeinsame Erziehung von Jungen und Mädchen die Erwartung zulässt, dass sie sich unter gleichen ökonomischen, juristischen, sozialen und ideologischen Voraussetzungen auch relativ gleich entwickeln."[14]

...

Als unmittelbar nach dem Beitritt der DDR zur Bundesrepublik Deutschland die sogenannten Reporttexte über Kinder und Jugendliche aus der DDR erschienen, konnte man dort lesen: „Koedukation wurde als Errungenschaft begriffen – in der polytechnischen Bildung seit Ende der 50er Jahre besonders ausgeprägt – und wurde nach ihren eventuellen Nebenwirkungen nicht befragt."[15]

Ähnlich die Argumentationen auf einer GEW-Konferenz speziell zum Thema Koedukation in Deutschland, die drei Jahre nach Ende der DDR stattfand. Hier wurde vor allem im Hinblick auf die westliche Koedukationsdebatte Bilanz gezogen. In der alten Bundesrepublik hatte sich in den 1960er Jahren im allgemeinbildenden Schulwesen (von Land zu Land unterschiedlich) der Koedukationsbeschluss durchgesetzt. Seine kritische sozialwissenschaftliche Reflexion begann ein Jahrzehnt später, also in einer Zeit, die heute als feministische Hoch-Zeit gilt. „Für die alte Bundesrepublik ist [...] festzuhalten, dass [...] Ende der siebziger Jahre eine erste Diskussion des schulischen Sexismus im deutschsprachigen Raum einsetzte".[16] „Das Abstruse dieser Debatte liegt darin, dass es Ko-Edukation im eigentlich Sinn [...] kaum gibt. Denn mit Ko-Edukation wird landläufig [...] Ko-Instruktion bezeichnet, d.h. die gleichzeitige Unterrichtung von Lernenden männlichen und weiblichen Geschlechts in einem Raum".[17] Und

11 Bebel 1954, S. 575.
12 Jessipow u.a. 1952, S. 43.
13 Ebenda, S. 44.
14 Heilhecker 1968, S. 16.
15 Grimm 1991, S. 40.
16 Enders-Dragässer 1994 (a), S. 264.
17 Kaiser 1994, S. 86.

diese Unterrichtung – zur gleichen Zeit im gleichen Raum – verändere die Geschlechterstereotype nicht. Aber auch „Trennung bewirkt nicht per se, dass sich selbstbewusste und durchsetzungsfähige junge Frauen entwickeln. Dieses Ziel muss vielmehr bewusst in Angriff genommen werden – und zwar sowohl in koedukativen wie in nicht-koedukativen Lernsituationen".[18]

Bis heute ist dieses Ziel – europaweit und darüber hinaus – offensichtlich noch nicht bewusst genug in Angriff genommen worden, denn „im Bildungswesen ist festzustellen, dass beide Geschlechter weiterhin auf traditionelle Geschlechtsrollen fixiert sind, die in hohem Maße ihre Bildungs-, Berufs- und Lebensplanungswahl steuern und die Wahlmöglichkeiten vermindern und so zu einer Verstärkung männlicher Normen, der ungleichen Machtverteilung der Geschlechter, der geschlechtsspezifischen Teilung des Arbeitsmarkes, der geschlechtsspezifischen Zuteilung der Verantwortungsbereiche innerhalb der Familie und der Gewalt gegen Mädchen und Frauen führen". So wird das Problem im „Bericht über Gleichstellung der Geschlechter im Bildungswesen" des Europarates beschrieben.[19] Koedukation bzw. formale Gleichstellung im Bildungswesen hätte bisher in keinem Land ausgereicht, um eine tatsächliche Gleichstellung zu erzielen.[20] Inzwischen ist zu diesem Thema eine Fülle neuer Berichte, Empfehlungen, Analysen usw. auf EU-Ebene erschienen, immer mit der Botschaft, dass die Grundsätze der Koedukation bewusst mit der Förderung der tatsächlichen Gleichberechtigung der Geschlechter in Zusammenhang zu bringen sind, dass die Politik für diesen Zusammenhang zu sensibilisieren ist.[21]

Bezogen auf die DDR war auf der erwähnten GEW-Konferenz das Urteil eindeutig: „Auf dem Gebiet der … DDR gab es nie eine Alternative zum koedukativen Schulsystem und es gab auch nie eine öffentliche Diskussion darüber… Ein großer Teil geschlechtsspezifisch angelegter soziologischer und psychologischer Studien blieb, wie nach und nach bekannt wird, zu großen Teilen unveröffentlicht."[22]

Was die Alternativlosigkeit des Beschlusses betrifft, ist dem zuzustimmen. Bezüglich der Forschungen und deren Publizierung lohnt es sich aber, genauer hinzuschauen, etwa neben offiziellen DDR-Publikationen auch so genannte Graue Literatur zur Kenntnis zu nehmen. Hier handelte es sich um meist regelmäßig erschienene Broschüren, von wissenschaftlichen Einrichtungen heraus-

18 Faulstich-Wieland 1994, S. 37.
19 Bericht… 1994, S. 276.
20 ebenda, S. 290.
21 Europäisches… 2015.
22 Hempel 1994, S. 42, 44.

gegeben, die weder geheim noch verboten, die aber auch im Buchhandel nicht erhältlich waren. Die im Folgenden genannten Fakten sind, wenn keine andere Quelle angegeben wird, entweder der Reihe „Soziologische Informationen und Dokumentationen", herausgegeben von der Akademie für Gesellschaftswissenschaften beim ZK der SED, oder der Reihe „Informationen des wissenschaftlichen (Bei)Rates ‚Die Frau in der sozialistischen Gesellschaft'", herausgegeben von der Akademie der Wissenschaften der DDR, entnommen.[23]

Bereits seit den 1950er Jahren standen die Erfahrungen der DDR-Lehrerinnen und -Lehrer in der alltäglichen Schularbeit mit den optimistischen Erwartungen an koedukativen Unterricht im Widerspruch. Es wurden beachtliche Unterschiede zwischen Jungen und Mädchen in der Persönlichkeitsentwicklung und im Leistungs- und Sozialverhalten festgestellt. Die soziologische Forschung – erst seit 1964 in der DDR etabliert – sprach von besserer Arbeitshaltung der Mädchen und von größerer Störbereitschaft der Jungen. In Erziehungsberatungsstellen ging es zu rund 80 Prozent um Erziehungsschwierigkeiten mit Jungen. Eine umfangreiche Analyse der sogenannten Kopfnoten (Betragen, Ordnung, Fleiß, Mitarbeit) zeigte, dass in allen Klassenstufen die Differenz zwischen Jungen und Mädchen beim Betragen am größten war.[24]

„In gemischten Klassen dominieren die Jungen das Unterrichtsgeschehen. Sie reden öfter und länger als die Mädchen, sie unterbrechen häufiger."[25] Diese Einschätzung trifft die Autorin zusammenfassend, nachdem sie Untersuchungen aus den USA, aus Großbritannien, aus Skandinavien und aus der alten Bundesrepublik recherchiert hatte. Forschungen aus der DDR passen zu diesem Bild.

Die Ursachen für die geschlechtsspezifische Entwicklung suchte die DDR-Wissenschaft zunächst nur im privaten Bereich, also in den „Erziehungsfehlern" der Eltern. Diese würden nach überholten Leitbildern erziehen. Die Wurzeln dafür lägen in der unterschiedlichen sozialen Stellung der Geschlechter, wie sie für Gesellschaften mit antagonistischen Klassen typisch sei. Der Einfluss der Eltern würde insgesamt den gesellschaftlichen Erfordernissen in der DDR nicht entsprechen. Und dort, wo väterliche und mütterliche Erziehung getrennt untersucht wurden, war es vor allem die mütterliche Erziehung, die in Kritik stand. Das „Spontane und Intuitive" in ihrer Erziehung sei zurückzudrängen. Weil die Väter als höher gebildet, politisch bewusster, gesellschaftlich aktiver galten als die Mütter, wurde vermutet, dass sie für die Erziehung besser geeignet sind. Die Väter

---

23 Schröter u. a. 2004.

24 Otto 1970.

25 Enders-Dragässer 1994 (b), S. 13.

überließen diese wichtige Aufgabe aber mehrheitlich den Frauen, obwohl das DDR-Familiengesetz, seit 1966 in Kraft, Vätern und Müttern die gleiche Verantwortung für die Entwicklung der Familie und die Erziehung der Kinder zuschrieb.

Schon aus Gründen der Systemauseinandersetzung wurde in der von mir analysierten Grauen Literatur auch der Einfluss mütterlicher Berufstätigkeit auf die Entwicklung der Kinder untersucht, zumindest so lange es die Vergleichsgruppe – also Kinder, deren Mütter nicht berufstätig waren – noch gab. Mitte der 1960er Jahre schien es so zu sein, dass die schulischen Leistungen bei Jungen gleich blieben oder auch anstiegen und bei Mädchen abfielen, wenn die Mutter nicht mehr Hausfrau war. Begründet wurden diese Unterschiede ebenfalls mit der falschen elterlichen Erziehung, die Mädchen mehr häusliche Arbeit abverlangte als Jungen.

Etwa ab Mitte der 1970er Jahre wird vorsichtig darauf verwiesen, dass es nicht nur die Eltern sind, die „veralteten Leitbildern" folgen und Mädchen und Jungen unterschiedlich erziehen. Auch Lehrerinnen und Lehrer werden aufgefordert, „uneinheitliche Anforderungen an Mädchen und Jungen" zu überwinden. Die Analogie zur westlichen Koedukationsdebatte ist erkennbar: „Die Dominanz der Jungen hat ihr Äquivalent im Verhalten der Lehrpersonen ihnen gegenüber: zahlreiche Studien zeigen, dass die Jungen mehr Aufmerksamkeit von den Lehrerinnen und Lehrern erhalten, dass sie häufiger angesprochen und aufgerufen werden, dass sie sowohl mehr Lob als auch mehr Tadel erhalten als die Mädchen, mehr Blickkontakt, räumliche Nähe, mehr Rückfragen und Rückmeldung…"[26]

Auch Schulbuchanalysen gab es – beginnend Ende der 1960er Jahre – im Osten wie im Westen.[27] Eine erste Analyse der Lesebücher, der dort enthaltenen Texte und Bilder, für die Klassen 1 bis 4 brachte das Ergebnis, dass die DDR-Frau in der Öffentlichkeit angemessen dargestellt wird, dass aber der DDR-Mann in der Privatheit völlig fehlt. Dort, wo häusliche Situationen beschrieben werden, agieren die Mütter oder auch die Großmütter. Auch spätere Analysen, die auf Heimatkundebücher, Muttersprachen und Grammatikbücher ausgedehnt wurden, brachten ähnliche Ergebnisse und verwiesen außerdem darauf, dass zwei Drittel der Handlungsträger Männer und Jungen sind. Jungen hatten somit bessere Möglichkeiten, ihre Geschlechterrolle zu lernen, sich zu identifizieren oder sich zu distanzieren. Mädchen wurden auch auf diese Weise an ihre Zweitrangigkeit erinnert.

Anders als in der westlichen Welt gab es aber in der DDR in dieser Zeit kein feministisches Aufbegehren, keinen lautstarken Anspruch auf Gleichrangigkeit.

---

26 Ebenda.

27 Vgl. Das Bild… 1967; Fichera 1996.

Und das hatte seine Logik in den deutlichen Unterschieden zwischen dem kapitalistischen und dem sozialistischen „Patriarchat". Ich verwende diesen Begriff, wohl wissend, dass es keine unumstrittene Definition dafür gibt. Die Österreicherin Eva Cyba, die die unterschiedlichen Patriarchatsdefinitionen recherchiert hat, kommt zu dem Schluss, dass alle Definitionen auf die soziale Ungleichheit zwischen den Geschlechtern und auf asymmetrische Machtbeziehungen verweisen – und auf die Tatsache, dass es sich dabei nicht um ein natürliches Phänomen handelt.[28]

Zu den Unterschieden: Die Forderungen, die in den 1970er Jahren von Frauen Westeuropas auf die Tagesordnung gesetzt wurden, waren in der DDR erfüllt: Bereits seit 1950 war das juristisch fixierte Alleinbestimmungsrecht des Mannes in familiären Angelegenheit aufgehoben. Öffentliche Kinderbetreuung war gesellschaftlich akzeptiert und seit den 1960er Jahren institutionell weitgehend abgesichert. Seit 1972 hatte die Frau das Recht, „in eigener Verantwortung" über eine Abtreibung zu entscheiden. Zu solchen Errungenschaften gab die Schriftstellerin Gisela Steineckert nach 1990 der Autorin zu Protokoll: „Wir haben uns mit Bildung, Beruf und Wunschkindern zufrieden gegeben. Heute wissen wir ja auch, dass das nicht wenig ist".

Es war nicht wenig, aber es war – meine heutige Sicht – auch nicht genug. Wenn heute die Vorstellungen der mutigen Frauen und Männer, die 1946 die ersten Schritte in die neue deutsche Gesellschaft wagten und verantworteten, gewürdigt werden, dann gehört auch die Frage dazu, warum sich diese Vorstellungen letztlich nicht realisieren ließen, was wir Späteren (wer sonst?) falsch gemacht haben, so dass der Zusammenbruch des sozialistischen Systems schließlich unausweichlich wurde und sich die kapitalistische Gesellschaft nun ohne System-Korrektiv ausbreiten kann. Für mich ist die von Frauen und Männern weitgehend unreflektierte Akzeptanz des sozialistischen Patriarchats eine der Antworten.

Denn nur so ist zu erklären,

- dass die Machtzentren, insofern auch die Medienverantwortung, männerdominiert blieben (dafür ein Beispiel: Lotte Ulbricht sagte auf einer Frauenkonferenz im Januar 1964 im VEB Stahl- und Walzwerk „Wilhelm Florin" Hennigsdorf: „Entscheidend ist vielmehr, dass man der Frau den Platz in der Gesellschaft geben muss, der ihr zusteht [...]. Die Frauen haben doch bestimmte Fähigkeiten und Talente entwickelt, gerade weil sie seit Jahrtausenden zu gleicher Zeit die verschiedensten Dinge machen mussten. Sie haben schon immer die Kinder erzogen, das Feld bestellt, die Nahrung bereitet, die Kleidung selber gewebt und genäht. Sie haben also die ganze Wirtschaft geführt. Der Mann

28 Cyba 2004, S. 15.

ging auf die Jagd."[29] Als vier Jahre später die Reden und Aufsätze von Lotte Ulbricht gedruckt wurden, ganz sicher mit ihrem Einverständnis, lautete die entsprechende Passage der Hennigsdorfer Rede so: „Die Frau hat bestimmte Fähigkeiten, Männer haben wieder andere Fähigkeiten und Talente. Gerade der Zusammenklang der Fähigkeiten beider Geschlechter ergibt die Voraussetzung für den Aufbau der sozialistischen Gesellschaft."[30]),

- dass sich Mädchen eher zunehmend als abnehmend für so genannte frauentypische Berufe entschieden, denen auch in der DDR ein geringer gesellschaftlicher Wert zugeschrieben wurde und die deshalb schlechter bezahlt wurden,
- dass die Absichten (einiger weniger Forschenden), „Erziehung zur Gleichberechtigung der Geschlechter" in die DDR-Lehrpläne aufzunehmen[31] bzw. überhaupt Geschlechterforschung mit spezifischen, dem Sozialismus gemäßen Hypothesen zu betreiben, ins Leere liefen,
- dass Abtreibung erst 1972 – neun Monate nach der westlichen spektakulären Stern-Aktion „Ich habe abgetrieben" – rechtens wurde, obwohl die DDR-Frauen in Vorbereitung des Ersten Frauenkongresses 1964 massenhaft „das Recht auf bewusste Mutterschaft" gefordert hatten[32] und obwohl Ärztinnen und Ärzte immer wieder auf die gesundheitlichen Risiken illegaler Abtreibungen hinwiesen[33],
- oder dass die hierarchische Sicht auf Öffentlichkeit und Privatheit unangefochten blieb und die Arbeit im Privathaushalt konstant zu 70 bis 80 Prozent Frauensache.

All das hätte es in einer Gesellschaft ohne antagonistische Klassen nicht mehr (oder wenigstens nur noch mit abnehmender Tendenz) geben dürfen. Heute können wir mit der Weisheit einer Niederlage auf die historischen Dokumente schauen, sowohl auf die unübersehbaren Indizien für männliches Dominanzverhalten und patriarchale Strukturen in der Psyche von Männern und Frauen als auch auf die theoretischen Grundlagen der Frauenpolitik im damals existierenden Sozialismus.

Als unumstößlicher theoretischer Ausgangspunkt galt Engels' Auffassung von der Entstehung des Patriarchats, die sich auf die Matriarchatsforschung des 19. Jahrhunderts – vor allem auf die Arbeiten von Bachofen[34] und Mor-

29 Bundesarchiv SAPMO DY 34/5177, Akte Hennigsdorf, S. 8.

30 Ulbricht 1968, S. 312.

31 Scharnhorst 1994, S. 50.

32 Bundesarchiv SAPMO DY 30/IV/A2/17/56 und SAPMO DY 31/042, Bericht: 35–46.

33 Aresin 1993.

34 Bachofen 1861.

gan[35] – bezog. „Der erste Klassengegensatz, der in der Geschichte auftritt, fällt zusammen mit der Entwicklung des Antagonismus zwischen Mann und Weib in der Einzelehe, und die erste Klassenunterdrückung mit der des weiblichen Geschlechts durch das männliche."[36]

Diese Auffassung wird seit vielen Jahren infrage gestellt, etwa durch eine weltweit vernetzte Gruppe von feministisch Forschenden, die die Meinung vertritt, dass matriarchale lebenserhaltende Verhaltensweisen von Anfang an die Menschheitsentwicklung geprägt haben, dass diese „matriarchalen Muster" bis heute wirksam sind und vor allem nach politischen Katastrophen, wenn das von Männern geschaffene Regelwerk zusammengebrochen ist, dafür sorgen, dass das Leben weitergeht. Eine „weltgeschichtliche Niederlage des weiblichen Geschlechts"[37], wie von Engels behauptet, gab es nach dieser Auffassung[38] nie.

Andere Forschungsrichtungen gehen sehr wohl von einer solchen Niederlage aus und deshalb der Frage nach, wie und warum patriarchale gesellschaftliche Strukturen entstanden sind. Vor allem seit den 1970er Jahren liegt zu diesem Thema eine beeindruckende Menge von anthropologischen, ethnographischen, psychoanalytischen, soziologischen, historischen und anderen Studien vor. Die amerikanisch-österreichische Historikerin Gerda Lerner (1920–2013) hat für ihre in den 1980er Jahren veröffentlichte Publikation „Die Entstehung des Patriarchats" solche Studien ausgewertet, sich außerdem auf die Religionsgeschichte und auf andere kulturelle Spuren (Homer) bezogen und eigene Forschungen über das alte Mesopotamien angestellt. Ihr Fazit: „Das System des Patriarchats ist ein historisches Konstrukt. Es hat einen Anfang, und es wird ein Ende haben. Seine Zeit scheint zur Neige zu gehen, denn es dient nicht länger den Bedürfnissen von Männern und Frauen. Und seine unauflösliche Verstrickung mit Militarismus, hierarchischer Struktur und Rassismus ist eine unmittelbare Bedrohung für den Fortbestand des Lebens auf unserem Planeten."[39]

Lerner (sie war Ende der 1940er Jahre der Kommunistenverfolgung in den USA ausgesetzt) beschäftigte sich gründlich mit der Engelsschen Schrift und hält die ethnographischen Befunde, auf die Engels seine Argumentationen stützte, für widerlegt.[40] Als sicher erscheint ihr, dass es ein Matriarchat im Sinne einer Umkehrung des Patriarchats nie gegeben hat. „Es ist keine einzige Gesellschaft

35 Morgan 1877.
36 Engels 1970, S. 205.
37 Ebenda, S. 198.
38 Kuhn 2010.
39 Lerner 1991, S. 283.
40 Ebenda, S. 49.

bekannt, in der Frauen als Gruppe eine Entscheidungsgewalt über Männer hatten oder in der sie die Regeln des Sexualverhaltens bestimmen…"[41]. Sehr wohl hätte es aber, und zwar über Jahrmillionen hinweg, egalitäre Gesellschaften in den Stämmen von Jägern und Sammlern[42] gegeben, die von einer gegenseitigen wirtschaftlichen Abhängigkeit geprägt waren. Vor allem mit Bezug auf Levi-Strauss (1969) und Meillassoux (1972) vertritt sie die Auffassung, dass der so genannte Frauentausch, insofern die Kontrolle und Nutzbarmachung der weiblichen Sexualität, letztlich der Gebärfähigkeit, schließlich zu Gesellschaften führte, die im Zusammenhang mit vielen anderen Einflussfaktoren Männerherrschaft hervorbringen konnte. „Es sei darauf hingewiesen, dass nach Meillassoux' Modell die Kontrolle der Fruchtbarkeit der Frau (ihrer Sexualität) der Inbesitznahme von Eigentum *vorangeht*. So stellt Meillassoux Engels auf die Füße."[43] Ausgangspunkt für den Frauentausch – hier stützt sich Lerner auf Darlington (1969) – sei das instinktive Bestreben der Menschen gewesen, die Bevölkerungsgröße in einem bestimmten Lebensraum optimal zu erhalten, auf diese Weise die Gruppe zu stabilisieren. Das hätte einerseits zu Abtreibungen und Kindstötungen geführt, andererseits zum „Importieren" von Frauen. Die sexuelle und reproduktive Fähigkeit der Frauen sei verdinglicht worden. Das alles hätte in einem langen Zeitraum zwischen Jäger- und Sammlerzeit und Sklavenzeit (die zunächst nur Sklavinnenzeit war) stattgefunden.

Ausdrücklich wendet sich Lerner gegen Auffassungen, die behaupten, dass die Frauen als Ganzes verdinglicht, also einflusslos gemacht wurden. Vielmehr hätten Frauen und Männer in einem fast 2500 Jahre währenden Prozess das Patriarchat gemeinsam geschaffen und Jahrtausende lang gemeinsam erhalten. Heute seien sie aufgefordert, es gemeinsam zu beseitigen.

…

Solche Forschungsergebnisse machen (mir) DDR-Geschlechterpolitik und ihre Ergebnisse, insofern auch den Umgang mit dem Thema Koedukation, im Rückblick erklärlich. Wenn Männerherrschaft sehr viel älter ist als Klassenherrschaft, dann muss sie nicht existenziell ins Wanken geraten, wenn die antagonistische Klassenstruktur infrage gestellt wird. Dann ist „festzuhalten, dass die Engelssche Gleichsetzung der Geschlechterbeziehungen mit einem ‚Klassenantagonismus' eine Sackgasse gewesen ist, die die Theoretiker lange an einem adäquaten Ver-

41 Ebenda, S. 51.

42 Vermutlich aber mit anderer geschlechtsspezifischer Arbeitsteilung, als von Lotte Ulbricht geschildert.

43 Lerner 1991 S. 75.

ständnis der Unterschiede zwischen Klassenbeziehungen und Geschlechterbeziehungen gehindert hat."[44]

Oder anders: Wenn Männerherrschaft sehr viel älter ist als Klassenherrschaft, dann muss von kommenden Generationen ihre Beseitigung – nicht nur im Bildungswesen und nicht nur im Interesse von Frauen – bewusst in Angriff genommen werden.

Literatur

Aresin, Lykke: „Schwangerschaftsabbruch in der DDR". In: Deutsches Hygienemuseum Dresden (Hrsg.): Unter anderen Umständen. Zur Geschichte der Abtreibung. Argon Verlag: Berlin 1993, S. 86–95.

Bachofen, Johann J.: Das Mutterrecht. Eine Untersuchung über die Gyniakokratie der alten Welt nach ihrer religiösen und rechtlichen Natur. Stuttgart 1861.

Bebel, August: Die Frau und der Sozialismus. 58. Auflage. Dietz Verlag: Berlin 1954.

„Bericht über Gleichstellung der Geschlechter im Bildungswesen. Parlamentarische Versammlung am 10. Juni 1994. ADOC7101.1403–8/6/94–1-E". In: Büttner, Ujo/Endrejat, Helga/Naumann, Britta (Hrsg.): GEW-Frauen. Koedukation. Texte zur neuen Koedukationsdebatte. Zweite Auflage. Frankfurt/Main 1994, S. 276–298.

Comenius, Johan Amos: Große Unterrichtslehre. Bearbeitet von Johannes Lindner (Pädagogische Bibliothek), Volk u. Wissen Verlag: Berlin, Leipzig 1947.

Cyba Eva: „Patriarchat: Wandel und Aktualität". In: Becker, Ruth, Kortendiek, Beate (Hrsg.): Handbuch Frauen- und Geschlechterforschung. Theorie, Methoden, Empirie. VS Verlag für Sozialwissenschaften: Wiesbaden 2004, S. 15–20.

Darlington, C. D.: The Evolution of Man and Society, New York 1969 (dt.: Die Entwicklung des Menschen und der Gesellschaft, Düsseldorf 1971).

Das Bild des Mädchens und der Frau in Lesebüchern für Volksschulen und Realschulen. Ergebnisse zweier Untersuchungen in Hessen. In: Informationen für die Frau, Hrsg: Informationsdienst und Aktionskreis deutscher Frauenverbände und Frauengruppen gemischter Verbände e. V. Nr. 11/12 / 1967.

Enders-Dragässer, Uta: „Europarat-Doc. 7101. Gender equality in education. transnationale europäische Bildungspolitik. Geschlechtergleichstellung und feministischer Wissenschaftstransfer". In: Büttner, Ujo/Endrejat, Helga/Naumann, Britta (Hrsg.): GEW-Frauen. Koedukation. Texte zur neuen Koedukationsdebatte. Zweite Auflage. Frankfurt/Main 1994 (a), S. 261–275.

44 Ebenda, S. 43/44.

Enders-Dragässer, Uta: „Schulischer Sexismus in der Bundesrepublik". In: Büttner, Ujo/Endrejat, Helga/Naumann, Britta (Hrsg.): GEW-Frauen. Koedukation. Texte zur neuen Koedukationsdebatte. Zweite Auflage. Frankfurt/Main 1994 (b), S. 11–19.

Engels, Friedrich: „Der Ursprung der Familie, des Privateigentums und des Staates". In: Karl Marx, Friedrich Engels: Ausgewählte Schriften in zwei Bänden, Band II. Dietz Verlag: Berlin 1970.

Europäisches Parlament: Plenarsitzungsdokument A8-0206/2015, Punkt 51. Brüssel 2015.

Faulstich-Wieland, Hannelore: „'Einen Tag in einer Mädchenschule stelle ich mir viel ruhiger und kultivierter vor' – Bilder der Geschlechter in koedukativen und getrennten Schulen". In: Büttner, Ujo/Endrejat, Helga/Naumann, Britta (Hrsg.): GEW-Frauen. Koedukation. Texte zur neuen Koedukationsdebatte. Zweite Auflage. Frankfurt/Main 1994, S. 20–40.

Fichera, Ulrike: Die Schulbuchdiskussion in der BRD. Beiträge zur Neugestaltung des Geschlechterverhältnisses. Europäische Hochschulschriften. Peter Lang Verlag: Frankfurt a. M. et. al. 1996.

Grimm, Elfriede: „Mädchensozialisation". In: Kinder und Jugendliche aus der DDR. Jugendhilfe in den neuen Bundesländern. Reporttexte. Berlin 1991, S. 37–43.

Günther, Karl-Heinz/Hofmann, Franz/Hohendorf, Gerd/König, Helmut/Schuffenhauer, Heinz: Geschichte der Erziehung. 15. Auflage. Verlag Volk und Wissen: Berlin 1987.

Heilhecker, Paul: „Thesen zur Dissertation ‚Zum Problem psychischer Leistungsdifferenzen zwischen Jungen und Mädchen'". In: Informationen des wissenschaftlichen Beirates „Die Frau in der sozialistischen Gesellschaft". Heft 1/1968. Berlin 1968, S. 15–17.

Hempel, Marlies: „Die Koedukationsdebatte – eine nichtwestliche Perspektive". In: Büttner, Ujo/Endrejat, Helga/Naumann, Britta (Hrsg.): GEW-Frauen. Koedukation. Texte zur neuen Koedukationsdebatte. Zweite Auflage. Frankfurt a. M. 1994, S. 41–50.

Jessipow, B. P./Gontscharow, N. K.: Pädagogik. Lehrbuch für pädagogische Lehranstalten. Übersetzt nach der dritten vermehrten und verbesserten Ausgabe. Verlag Volk und Wissen: Berlin 1952.

Kaiser, Astrid: „Kaum etabliert – schon wieder umstritten". In: Büttner, Ujo/Endrejat, Helga/Naumann, Britta (Hrsg.): GEW-Frauen. Koedukation. Texte zur neuen Koedukationsdebatte. Zweite Auflage. Frankfurt/Main 1994, S. 86–88.

Küttler, Wolfgang: „Karl Marx und das Transformationsproblem: Das modifizierte Transformationskonzept im Spätwerk". In: Busch, Ulrich (Hrsg.): Reform –

Revolution – Transformation. Zur Theoriegeschichte des sozialen Wandels. Kolloquium aus Anlass des 80. Geburtstages von Wolfgang Küttler. Abhandlungen der Leibniz-Sozietät, Band 45. trafoVerlag: Berlin 2016.

Kuhn, Annette: Historia. Frauengeschichte in der Spirale der Zeit. Schriften aus dem Haus der FrauenGeschichte Bonn, Band 4. Verlag Barbara Budrich: Opladen, Farmington Hills 2010.

Lerner, Gerda: Die Entstehung des Patriarchats. Campus Verlag: Frankfurt, New York 1991.

Levi-Strauss, Claude: The Elementary Structures of Kinship, Boston 1969 (dt. Die elementaren Strukturen der Verwandtschaft. Frankfurt a. M. 1981).

Meillassoux, Claude: From Reproduction to Production. A Marxist Approach to Economic Anthropologie. In: Economy and Society, No. 1. 1972, S. 93–105.

Morgan, Lewis Henry: Ancient Society, New York 1877.

Müller-Hartmann, Irene/Henneberger, Sabine: „Regionale Bildungsdisparitäten in Ostdeutschland". In: Nauck, Bernhard u. a. (Hrsg.): Kinder in Deutschland. Lebensverhältnisse von Kindern im Regionalvergleich. Verlag Leske & Budrich: Opladen 1995, S. 295–332.

Otto, Karlheinz: Disziplin bei Mädchen und Jungen. Ein Beitrag zur Gleichberechtigung der Geschlechter aus psychologischer, pädagogischer, soziologischer und historischer Sicht. Berlin 1970.

Scharnhorst, Erna: „Die Geschlechterfrage in der Pädagogik der DDR". In: Jahrbuch für Pädagogik 1994: Geschlechterverhältnisse und die Pädagogik. Peter Lang Verlag: Frankfurt a. M. et. al. 1994, S. 43–68.

Schröter, Ursula/Ullrich, Renate: Patriarchat im Sozialismus? Nachträgliche Entdeckungen in Forschungsergebnissen aus der DDR. Karl Dietz Verlag: Berlin 2004.

Schröter, Ursula: „Bilder von DDR-Kindern im Lichte offizieller Dokumente der Bildungs- und Erziehungspolitik". In: Ullrich, Renate/Kaufmann, Eva/Schröter, Ursula. Kinder-Bilder in der DDR. Rosa-Luxemburg-Stiftung, Manuskripte Nr. 13. Berlin 2015, S. 11–89.

Ulbricht, Lotte: „Die Beschlüsse des 6. Gewerkschaftskongresses durchführen". In: Dies.: Reden und Aufsätze 1943–1967. Dietz Verlag: Berlin 1968.

Wandel, Paul: „Zur Demokratisierung der Schule. Rede auf dem I. Pädagogischen Kongress am 15. August 1946". In: Wandel, Paul: Reden zur Kulturpolitik. Berlin 1955, S. 19–46.

Weidig, Rudi (Ltr. des Autorenkollektivs): Sozialstruktur der DDR. Dietz Verlag: Berlin 1988.

Dieter Kirchhöfer

Narrative in der demokratischen Schulreform

Narrative sind in der alltäglichen Kommunikation der Menschen wiederkehrende Themen oder Schwerpunkte des Erzählens. Sie können als Einwortsätze oder auch als langatmige Erklärungen formuliert sein, und manches Mal genügt in einer nonverbalen Kommunikation nur eine zustimmende oder abfällige Geste. Das charakteristisch Gemeinsame des Narrativen ist das Moment des Erzählens eigener Erfahrungen. Wenn man Zeitzeugen hört, wird man unterschiedliche Erfahrungsberichte vernehmen, die ihre jeweiligen Wahrnehmungen wiedergeben: Alltagsgeschichtliche Erfahrungen in Lebensläufen und aus der Kriegsgefangenschaft, in Familienfeiern praktizierte soziale Rituale und Mentalitäten oder Begegnungen mit anderen Menschen. Die Erzählungen vermitteln unterschiedlichste Eindrücke, die für das Subjekt erzählungswürdig sind. Der Zugang zum Narrativen ist insofern das erzählende oder zuhörende Subjekt. Dabei verbinden sich in den Narrativen die Erfahrungen des *vergangenen* Umgangs mit bestimmten Phänomen, die als *gegenwärtige* Situationen und als mögliche Alternativen *künftigen* Handelns auftreten können. In der wertenden Synthese von Vergangenheit, Gegenwart und Zukunft können auch Menschenbilder sichtbar werden. Die Tatsache, dass sie Resultat individueller Wahrnehmung sind, schließt nicht aus, dass sie auch von anderen geteilt werden können. Das Alleinstellungsmerkmal des Erzählens ist aber die individuelle Bindung an das Subjekt. Häufig werden die Wahrnehmungen von Generation zu Generation weitergegeben und prägen die Weltsichten der Nachkommenden. So hatte sich auch mit dem nach 1945 vollzogenen Umwälzungsprozess für den Einzelnen ein Wandel vollzogen, den er auf verschiedene Weise erlebte, eigene Perspektiven auf das historische Geschehen wiedergab und an die Nachkommenden weitergab. Dabei entstanden auch übereinstimmende Sichten auf die historischen Vorgänge und begründeten so oft Grundmuster/-strukturen von Menschenbildern. Die individuell erlebte und erzählte Geschichte bildet zwar eine unzuverlässige, aber notwendige Datenquelle, die uns Bilder vermittelt, die von Menschen über Menschen erzählt wurden. Es sind Bilder, die über die Dokumentation, die fachwissenschaftliche Abhandlung oder den Quellennachweis hinausgehen. Entscheidend für den User als Erzählender und Hörer ist die *Authentizität* des Narrativen. Das Narrative enthält zwar immer auch ein Moment des Fiktiven, aber Kern der Narration bleibt das Authentische, meist gebunden an Ort, Zeit und beteiligte Personen. Diese individuellen Erzählungen werden andere Eindrücke vermitteln als die Aussagen in kollektiv verfassten Parteigeschichten, die wiederum politisch motiviert in unterschiedlichen Parteitraditionen stehen und entsprechend verschiedene Geschichten erzählen. Und solche Sichtweisen werden wiederum eine andere formationsspezifische Bewertung erfahren, wenn geschichtliche Dimensionen sich ändern und national- oder weltgeschichtliche Zusammenhänge einbezogen werden. Insofern sind Narrative und darauf beruhende Menschenbilder historisch bedingt.

Narrative des Umbruchs

Das galt auch für die Veränderungen und Umbrüche nach 1945. Bisherige in Klassenkämpfen erworbene soziale Konstellationen und Einsichten waren radikal erschüttert. Die bisher tragenden sozialen Kräfte waren politisch und moralisch delegitimiert, alternative gesellschaftliche Perspektiven waren nicht erkennbar und in ihrem Mobilisierungsanspruch für die Massen ohne Anziehungskraft. Es schien niemanden und nichts zu geben, der die Massen hätte zu einem aktiven Handeln führen können. Der totale militärisch-politische Zusammenbruch hatte auch zu einem radikalen Umbruch bisheriger Wertvorstellungen geführt, bisherige moralische und soziale Wertzuordnungen schienen fragwürdig geworden, eine allgemeine Apathie schien die Massen erfasst zu haben und deren Interessen auf die Sicherung elementarer Interessen und Bedürfnisse gelenkt zu haben. Angst und Sorge um den Erhalt der physischen Existenz dominierten das Denken, das einer Vielzahl von geistig-kulturellen Strömungen gegenüberstand. Anarchistische, kommunistische, sozialutopische, sozialdemokratische, religiöse und esoterische Anschauungen hatten breite Kreise der Bevölkerung erfasst und erzeugten eine Grundstimmung der weltanschaulichen Ratlosigkeit. Alte Stereotype und Vorurteile wie die Überlegenheit deutscher Kultur und Wissenschaft, ein übersteigertes deutsches Selbstbild, das damit verbundene Ungewohntsein von Toleranz und Pluralität gegenüber einer Vielfalt von Strömungen schienen das Denken zu bestimmen. Eine Massendemokratie zu realisieren, schien undenkbar zu sein. In der „Geschichte der Erziehung" wurde deshalb zutreffend formuliert: *„Die geistige Situation der Jugend, die in den Jahren des Hitlerfaschismus aufgewachsen war, war außerordentlich kompliziert. Viele hatten jegliche Ideale verloren oder waren in dieser oder jener Weise faschistischen Gedankengut verhaftet. Unwissenheit, verfälschte Kenntnisse und nihilistische Stimmungen waren weit verbreitet, die Vorkenntnisse der Schüler unzulänglich und lückenhaft."* (zit. nach Geschichte der Erziehung 1987, S. 693)

Zugleich schien sich für eine Minderheit auch eine Erfüllung ihrer Ideale, Träume, Utopien anzubahnen, in denen jahrhundertelange Vorstellungen einer Volksbildung sich zu realisieren schienen. Und erst und mit dem Scheitern des sozialen Experimentes – erst jetzt – wurde die historische Dimension dieses Gesellschaftsentwurfs sichtbar. Herr oder Frau Niemand agierten nicht in einem Niemandsland, und sie waren auch nicht ein Niemand. Eine sorgfältig differenzierende Betrachtung der Stimmungen und Eindrücke deutet auf die Vielgestaltigkeit und Heterogenität solcher Erzählweisen inmitten einer produktiven Gesellschaft hin. Ich beschränke mich auf einige der Narrative in Erzählströmen, die verschiedene kollektive Wahrnehmungsmuster und wiederkehrende Erzählweisen vermitteln und so Konturen möglicher Menschenbilder andeuten.

Ich kann an dieser Stelle der Versuchung nicht widerstehen, einen Bogen zu den „Großen Erzählungen" (Lyoatard 2009, Fukuyama 1992) und deren vermeintlichem Scheitern zu spannen. Die „Großen Erzählungen" der Moderne wie Vernunft, Rationalität, Fortschritt oder soziale Gerechtigkeit waren offensichtlich im 20. Jahrhundert gescheitert, zerbrochen und durch Beliebigkeit, Offenheit, Zufälligkeit ersetzt. Die „Großen Erzählungen" schienen aufgegeben, zerbröselt zu sein. Aber schien sich nicht eine neue „Erzählung" anzudeuten, eine Erzählung über das Jahr 1946, das die kommenden Jahre bestimmen sollte? Es scheint so, als stünde in den Erzählströmen der Anfangsjahre des neuen Gemeinwesens eine neue „Große Erzählung" bereit. Aber belassen wir diese Vorstellung noch im Bereich des Spekulativen.

Narrative des Friedens

Unabhängig davon, ob selbst erlebt oder nur wiedergegeben, heben alle Erzählenden hervor, wie froh sie sind, dass die Bombenangriffe, die militärischen Auseinandersetzungen, die Kämpfe aufgehört haben und sie und ihre Familien nicht mehr physisch bedroht sind. Es gab keinen Erzählenden, der nicht froh über den nun eingetretenen Frieden gewesen wäre. Es gab zum friedlichen Nebeneinander keine Alternative. Wenn auch verhalten, so wurde erkennbar, dass erst die Kriegserfahrung die Menschen gelehrt hatte, dass der Mensch ein homo paces ist. Der nun eingetretene Frieden offenbarte offensichtlich ein Grundbedürfnis menschlichen Daseins, in einer friedlichen Atmosphäre die Hoffnungen eigener Lebensgestaltung realisieren zu können. Es sei nicht verschwiegen, dass ein solches Grundbedürfnis auch die Haltung eines radikalen, selektiven oder letztlich sogar negierenden Pazifismus hervorbrachte, der sich gegen jegliche Formations- und Ordnungsformen, aber auch gegen militärisches Liedgut oder ein spezifisches Spielrepertoire richtete.

Narrative der Angst und Verdrängung

Auch der unbeteiligte Zivilist, ganz zu schweigen vom Frontsoldaten, wurde von einer Perspektive auf die eigene Verflechtung mit den Verbrechen des untergegangenen Systems geleitet, die man aber verdrängen wollte. Das wahrgenommene Menschenbild war ein Bild der eigenen möglichen Mitschuld. Die Angst, Rechenschaft über das eigene Verhalten leisten zu müssen, ging deshalb mit dem Streben einher, eine mögliche Mitschuld zu verdrängen. Dabei war schon die Einsicht, dass es sich um eine Mitschuld handelte, Resultat einer oft nicht geleisteten Selbsterkenntnis. Häufig war diese Erkenntnis mit dem Wunsch gekoppelt, ein Regime oder einen Regimeträger zu benennen, denen die Schuld oder die Verantwortung zugeschoben werden konnte. „Hitler war schuld", „die Generale waren schlechte Ratgeber" waren oft gebrauchte Formulierungen. Dieses Bild von sich selbst beinhaltete deshalb noch nicht die Bereitschaft, Vergeltung und Wiedergutmachung zu akzeptieren. Im Gegenteil. Oft finden sich in den Erzählungen Hinweise auf die Schuld der Besatzungsmächte, auf die eigene Widerständigkeit oder die selbst praktizierte Menschlichkeit. Oft nehmen die Berichte deshalb Züge der Vereinfachung, der Naivität oder auch „umlügender" Formen an.

Narrative der Existenzsorge

Es liest sich häufig wie eine Abenteuererzählung, wenn in den Erzählungen von Tauschgeschäften, Hamsterfahrten, kriminellen Aktivitäten berichtet wird. In der Regel charakterisiert der Erzählende sich als pfiffiger, mutiger Akteur, der sich für seine Familie ungeachtet möglicher Bedrohungen einsetzte. Der Tausch mit „frei konvertierbarer Währung" in Form von Zigaretten war nur ein beliebig austauschbares Symptom für Geschäftstüchtigkeit. In der Betonung bewältigter Strapazen schimmert ein Bild eigener Leistungsfähigkeit und Cleverness (Nick 1997, S. 148). Da erscheint ein Mensch, der weder defizitär noch kleinmütig ist, sondern sich durchzusetzen vermag. Dieses Bild ist weit entfernt von dem oben wiedergegebenen Bild der Hilflosigkeit und Ohnmacht und trägt zuweilen sogar Relikte eines übersteigerten deutschen Selbstbildes.

Narrative der sozialen Nähe

Auch wenn persönliche Erfahrungen dagegen zu sprechen scheinen, die Jahre des sich wiederholenden Kriegserlebnisses führten zu einer Intensivierung der sozialen Nähe, des wechselseitigen Vertrauens und des Abbaus einer denunzierenden Unverträglichkeit. Das gemeinsame Erlebnis des Luftschutzraumes, der Kriegsgefangenenbaracke, die gemeinsame Sorge um den Wasser- oder Holzvorrat der Wohnung schufen einen neuen Zugang zum Denken des Anderen und öffneten Räume wechselseitiger Empathie. Ich lasse dabei offen, ob sich auch die Bereitschaft herausbildete, einander zuzuhören.

Narrative der Umwertung beruflicher Dispositionen

Der Alltag des Einwohners in der SBZ war nach 1945 auch mit der massenhaften Umwertung bisheriger beruflicher Bildung verbunden. Die Veränderung der Berufsstrukturen mit nachfolgenden Umwälzungen sozialer Lebensverhältnisse führte zu einer massenhaften Abwertung vieler Berufsgruppen, aber auch zur Aufwertung handwerklicher Kompetenzen. Tausende von Behördenangestellten mussten sich Umschulungen ihrer bisherigen Kompetenzen unterziehen, die über Nacht unbrauchbar geworden waren. Sog. Praktische Berufe erhielten dagegen einen neuen Stellenwert. Berufe auf Grund ihrer Zugehörigkeit zu einem privilegierten Versorgungssektor (WISMUT) bekamen einen neuen Anerkennungsstatus. Mit den Neulehrern etablierte sich eine neue soziale Schicht aus Bürgern, die ihren Beruf aufgegeben hatten.

Das moralische Narrativ der Selbstverantwortung

In allen bisher aufgeführten Narrativen fällt auf, dass der Adressat des Narrativs das Selbst ist. Die Umbruchssituation ließ Fragen an das eigene Selbst entstehen, die ohne die Krisenerfahrung sich nicht hätten bilden können, es war eine „Vergangenheitsbewältigung in den Seelen“ (Bahro 1977). Das waren nicht nur die traditionellen Fragen nach eigener Verantwortung und Handlungsmöglichkeit in einer Krise und dem folgenden Umbruch, sondern nach einer entwickelten Moralität. Das Selbst musste sich solche Fragen an das eigene Selbst gefallen lassen oder selbst solche stellen, wie die nach der eigenen Bereitschaft, den Gehorsam zu verweigern, die Bereitschaft, die eigene Aggression bzw. Aggressivität zu zügeln bzw. zu unterdrücken oder den Mitmenschen nicht als potentiellen Feind, sondern als Menschen zu sehen. Das sind noch keine Selbstbilder eigener Opferbereitschaft, aber solche von möglicher Rücksichtnahme, die empfangen und weitergegeben werden konnten. Die Umbruchserfahrung öffnete eine Vielzahl von Fragen nach dem Verhältnis des Einzelnen zu seiner Gemeinschaft und öffnete auch Grenzerfahrungen zu Versagen, Leiden oder Sterben.

Von der Klugheit der Reformer, die vorhandenen Menschenbilder zu beachten

Eine Analyse der Texte des Gesetzes zur Demokratisierung der Schule und der Referate auf dem 1. Pädagogischen Kongress zeigt eine beachtenswerte Zurückhaltung in der Formulierung der Zielstellungen, die sich vor allem auf die Beseitigung aller Erscheinungen des Nationalsozialismus und seiner durch ihn ausgelösten Katastrophe, weniger auf einen bevorstehenden Übergang zum Sozialismus richtete.

1) „Wir verstehen unter Demokratisierung der Schule erstens die Säuberung der deutschen Schule von allen Elementen und Erscheinungsformen der verhängnisvollen Kräfte, die Deutschland beherrschten, seine Entwicklung zu einem Land des Friedens, des Fortschritts und der Freiheit verhinderten und uns schließlich nach zwei Weltkriegen in die nationale Katastrophe stürzten, in der wir uns heute befinden. Demokratisierung der deutschen Schule ist für uns vor allem ein Aufbauwerk." (Wandel 1946, S. 19)
2) Die Texte betonen deshalb den humanistischen Grundinhalt künftiger Erziehung und die Verantwortung des deutschen Volkes für ein friedliches Zusammenleben der Völker. Stellvertretend soll aus dem Manifest der (Gesamt) Berliner pädagogischen Konferenz August 1946 (S. 5/6) zitiert werden:

   > „Wir wollen
   > zur Menschlichkeit,
   > zum Kampf gegen die Feinde der Menschheit,
   > zur Völkerversöhnung, zur Friedensbereitschaft und zum Rechtssinn,
   > zum Bewußtsein der persönlichen Verantwortlichkeit für das öffentliche Leben und zum Kampf für den Fortschritt,
   > zum Zusammenleben in einer freien Gesellschaft,
   > zur echten Arbeitsgesinnung erziehen".

3) Bemerkenswert ist vor allem in den Reden von Wandel und Heise auf dem 1. Pädagogischen Kongress die Betonung von Vernunft und Rationalität. „Denn nur ein denkfähiger und wissender Mensch ist in der Lage, als freier Bürger sein persönliches Glück in Übereinstimmung mit dem Glück seines Volkes zu gestalten." (Wandel 1946, S. 20) Mit der Orientierung auf ein selbständiges vernunftgesteuertes Denken sollte eine kognitive Barriere gegen Irrationalismus und nationalsozialistische Mystik errichtet werden. "Unsere Schüler sollen denken lernen, selbständig werden im Urteilen, sich entscheiden können in geistiger Mündigkeit und Freiheit. Das ist das letzte Ziel aller intellektuellen Schulung und Erziehung und darüber wird kein Streit sein. Aber sie sollen auch etwas wissen lernen, richtig ernsthaft und solide wissen

[...]. Wir wissen das und halten daran fest: heranwachsende Generation muss wieder lernen und muss viel lernen, damit sie erkenne." (Heise 1946, S. 8) Im Einklang mit den Großen Erzählungen und im Gegensatz zu deren Scheitern formuliert Heise "Wir sind überzeugt von der Kraft des Erkennens und der Vernunft." (Ebenda)

4) „Die deutsche Schule bedarf der Besinnung auf die schlichten selbstverständlichen Tugenden, die in allen ethischen und politischen Systemen als Grundbestandteile gelten: Duldsamkeit und Wahrheitsliebe, Gefühl für Menschenwürde und Gerechtigkeit, Mitleid, Güte und Zuverlässigkeit. Das bedeutet nicht eine Unterbewertung der rationalen Mittel der Bildung und des realen Wissens, sondern fordert erst recht eine Wiederherstellung des objektiven und logischen Denkens und die Zurückdrängung der irrationalen Elemente, die uns so verhängnisvoll geworden sind." (Trinks, Pädagogischer Kongress Sachsen, 5.8.1946)
5) In Fortführung dieses Gedankens wird das Engagement des Einzelnen beim Aufbau einer demokratischen Ordnung gefordert. Der künftige Bürger dieses Landes soll sich als aktiver Demokrat erweisen und der Lehrer als Lehrer der Demokratie. „Der Lehrer mit seiner Schule soll zum Kulturmittelpunkt ihres Bezirkes werden... Der künftige Schulmeister des Dorfs muss an die einst so geachtete Stelle des Pfarrers in seiner Gemeinde treten". (Kreuziger 1946, S. 113) „Aber Pädagogik als Wissenschaft ist nicht nur empirische Psychologie, sondern sie ist `Standortkunde` im weitesten Sinne des Wortes. Ich meine das so: Zu erzieherischer Tätigkeit gehört, dass der Lehrer zur Selbstbesinnung über sich, seinen Standort im gesellschaftlichen und geschichtlichen Raum [...] gelangt. [...] Nur wer im Einklang mit sich selbst ist, kann erziehen". (Heise 1946, S. 67)

Der Betrachter als Akteur einer Parahistorie[1]

Die Intentionen der Akteure des Jahres 1946 und die nachfolgenden Reflexionen entfalteten sich in einer medial geplanten und gestalteten Atmosphäre, in der sich Fakten und Fiktionen, Erfahrenes und filmisch Erzähltes untrennbar miteinander verbinden. In Anlehnung an Rainer Gries will ich diese Dynamik mit dem Begriff der *Parahistorie* beschreiben. Häufig sind es fiktive Narrative, die den Anspruch erheben, quellengestützt und faktisch belegt zu agieren.

---

1 Die Wortbildung ist angelehnt an die rezeptionspsychologisch fundierte Theorie der parasozialen Interaktion.

Eine neue Form der Erinnerungskultur scheint sich herauszubilden, in der die Zuschauer die im Film vorgeführte Vergangenheit mit den eigenen Erfahrungen, mit überlieferten Erzählungen und verinnerlichten Bildern verknüpfen sollen. Das nun konstruierte, medial aufbereitete Angebot, wird vom Zuschauer als „authentisch“ gewertet, und er agiert in diesem Feld als sei es eine authentische Gegebenheit. „Produzent und Konsument produzieren über Geschichtsevents eine gemeinsam getragene und ausgestaltete Fiktion von Authentizität.“ (Satjukow/Gries 2016, S. 14) Das Filmbild überlagert das Gedächtnisbild, das schon die Realität subjektiv gefärbt wiedergab, und dieses Gedächtnisbild erfährt ständig neue Bewertungen unter der Sicht der spannungsorientierten Dramaturgie oder des dramaturgisch wirkungsvollen Einsatzes der Schauspieler. Die moralische Integrität der Schauspieler überträgt sich zudem auf die historische Figur. Die Grenzen zwischen Fakten und Fiktionen, zwischen Erfahrenem und mimisch Erzähltem werden verwischt. Viele Zuschauer nehmen die Fiktion eines Dramas für ebenso authentisch wie die Fakten einer Dokumentation. „Aus Geschichte als begrifflich abstrakter Konstruktion wird ein emotional erlebbarer und moralisch klassifizierbarer dynamischer Prozess“. (Kleinhans 2016, S. 23)

Die Geschichtsaneignung findet aber nicht nur über das Fernsehen statt. Eine crossmediale Vielfalt von Userdebatten, Interviews und Video- und PC Spielen erzeugt einen neuen Typ des Users und Gamers, die ein „historisches Geschehen nachspielen und dieses Verständnis der Vergangenheit als ein „homo historicus“ auch verinnerlichen. (Satjukow/Gries 2016, S. 14) Zentrales Moment bildet auch hier die Authentizität, aber diese Authentizität ist hybrid, zusammengesetzt aus fiktiven, erinnernden und überlieferten Momenten. Das Narrativ *erscheint* nur als wahr, aber der individuelle Identitätsentwurf wird neu ausgerichtet oder bestätigt. Dabei vollzieht sich ein Rollenwechsel, nicht mehr der Zeitzeuge, sondern der Schauspieler wird zum Rollenträger und zum Vermittler der als authentisch geltenden Information. Schauspielkunst und historische Vorlage gehen eine Verbindung ein. Rezeptionswissenschaftliche Untersuchungen (S. 18) deuten darauf, dass“ vor allem Angehörige nachrückender Generationen bei der Aneignung von Medienangeboten offenbar dazu neigen, grundstützende Umdeutungen der Geschichte der beiden deutschen Diktaturen vorzunehmen.“ (Ebenda)

Von den Einseitigkeiten der späteren Geschichtsschreibung

Die Geschichtsschreibung der DDR hat über das Wirken der Akteure und die diskutierten Narrative Deutungen und Bewertungen hinterlassen, die zumindest hinterfragt werden sollen. Es geht dabei nicht darum, einen historisch komplexen Prozess neu zu bestimmen, sondern Einschätzungen zu relativieren, historisch neu einzuordnen, auf Akzente aufmerksam zu machen, die vielleicht veränderte Sichtweisen möglich machen.

Die verschiedenen Wahrnehmungen der historischen Prozesse können hier nicht bedient werden, worauf es mir nur ankommt, ist zu zeigen, dass der Zusammenbruch 1945 für die verschiedenen sozialen und politischen Kräfte unterschiedliche Zugänge zu den Veränderungen öffnete. Der reale geschichtliche Verlauf, wie ihn spätere Geschichtsschreibung vermittelt hat oder vermitteln wollte, bildete sich gleichsam erst als historische Resultante in mehrjährigen kollektiven Auseinandersetzungen heraus. Und diese Auseinandersetzungen zeigen bis in die Gegenwart, dass der historische Prozess nicht geradlinig verlief, er wies Rückschläge, Retardierungen, Verzögerungen auf wie auch Phasen der Beschleunigung und des Öffnens neuer Entwicklungsmöglichkeiten. Wenn die Ereignisse 1945 etwas vermittelt haben, dann die Einsicht, dass der geschichtliche Verlauf nicht nach vorbestimmten und vorgedachten Antizipationen und schon gar nicht nach Wünschen und nachträglicher Bewertungen politischer Parteien verläuft. Und hier schließt sich der Bogen zum vermeintlichen Abschied von den „Großen Erzählungen". Das Jahr 1946 läutet keinen Abschied von Vernunft, Zweckrationalität und Fortschrittsglaube ein, aber sehr wohl einen Abschied von einer allgemeinverbindlichen Wahrheit, von eindimensionalen Parteinahmen und unsensibler Intoleranz.

Ich beschränke mich auf wenige Bereiche, deren bisherige Bewertung und Einordnung des „Fragens würdig" sein könnten. Die „Geschichte der Erziehung" formuliert: „Die programmatischen Festlegungen, z. B. im Aufruf vom Juni 1945, orientieren darauf im Einklang mit dem Hauptinhalt unserer Epoche, den Übergang vom Kapitalismus zum Sozialismus zu verwirklichen. Das wurde möglich, weil die Kommunisten in dieser Situation alle fortschrittlichen Kräfte zusammenschlossen und die Massen zu revolutionären Aktionen führten". (Geschichte der Erziehung 1987, S. 694)

Zu überdenken wären folgende Sachverhalte:

- Das mit dem Zusammenbruch des Faschismus veränderte weltpolitische Kräfteverhältnis ermöglichte tatsächlich für die antiimperialistischen Kräfte weiterführende Zielstellungen. Danach zu fragen wäre aber, ob die Reform von 1946 tatsächlich den „Übergang vom Kapitalismus zum Sozialismus" als Aufgabe für die Volksmassen stellte. War es vielmehr nicht der Wunsch nach Frieden, nach Sicherheit, nach materieller Existenz, ansatzweise vielleicht noch der nach Demokratie als Freiheit gegenüber Denunziation und Bevormundung, die zu Triebkräften der Veränderungen wurden.
- Abgesehen von dem teleologischen Tenor der „historischen Gesetzmäßigkeit" werden als entscheidendes historisches Subjekt die Kommunisten genannt. De-

ren strategische Orientierung setzte tatsächlich schon in den Anfangsmonaten der Umwälzung auf deren antiimperialistischen Charakter. Programmatische Unterstützung fanden diese Kräfte in den KOMITERN Beschlüssen von 1935, die in hochentwickelten kapitalistischen Ländern auf eine antiimperialistisch-demokratische Umwälzung orientierten. Und es waren diese Kreise, die auch den Kern der erneuerungswilligen Arbeiter in den Arbeiterparteien bildeten und die klarsten Vorstellungen über die zukünftige Entwicklung vertraten. Aber es gehört mit zu den Legenden dieser Zeit, dass es die klassenbewussten Arbeiter der KPD gewesen seien, die diese Erneuerung leisteten. Dem muss entgegengehalten werden, dass es diese klassenbewussten Arbeiter als Klasse nur noch bedingt gab und deren Interessen durch Führungsschichten der Arbeiterparteien, die sich in der Emigration konstituiert hatten, wahrgenommenen wurden. Repressionen, Wehrmachtsdienst, ideologisch-politische Führungsstrukturen im NS System, zeitweilige Korrumpierung hatten diese Klasse drastisch reduziert. Ihr Klassenbewusstsein musste sich neu herausbilden, und erst die Einbeziehung in die historischen Veränderungsprozesse lösten Prozesse des Nachdenkens über die eigene Mitwirkung an den gegenwärtigen Veränderungsprozessen aus.
- Zudem vollzogen sich in der aufbrechenden Gesellschaft soziale Umbruchprozesse, die oft in ihren Dimensionen nicht plan- und vorhersehbar waren, aber die soziale Struktur entscheidend veränderten. In den ANTIFA-Lagern der Kriegsgefangenschaft, den Schulungen und Diskussionen des NKFD entstanden Gruppen *unabhängig von ihrer Klassenherkunft*, und es waren diese Kriegsgefangenen – wenn sie denn entlassen worden waren –, die nach ihrer Entlassung am energischsten auf die Lösung der Alltagsprobleme drängten. Zu den revolutionären Kräften stießen z. B. auch die sog. Neulehrer, die wiederum unabhängig von ihrer sozialen Herkunft engagiert für demokratische Veränderungen eintraten und wesentlich den Kern einer *demokratischen* Bewegung bildeten. Das Band, das die Massen verband, war weniger der zu erwartende Sozialismus, sondern der Wunsch nach einer demokratischen Gesellschaft, die soziale Sicherheit und Meinungs- und Gedankenfreiheit ermöglichte.
- Sozialstrukturell nicht erforscht und daher in der Aussagekraft nur begrenzt verwertbar, bilden die sog. "Umsiedler", die ihren sozialen Standort erst erwerben mussten, aber eine Existenz und Perspektive benötigten. Mit der Bodenreform hatte sich z. B. ein Eigentümerbewusstsein dieser Schicht herausgebildet, das einer Proletarisierung entgegenstand, aber objektiv diese Proletarisierung trug.

Die „Geschichte der Erziehung" formuliert weiterhin in diesem Zusammenhang: „Deshalb leistete sie (die SMAD, K.) der Arbeiterklasse und ihren Verbündeten allseitig solidarische Hilfe [...]" (1987, S. 696). Zumindest der Begriff der „allseitigen solidarischen Hilfe" bedarf der Nachfrage: Zu den entscheidenden Subjekten dieser Umwälzung gehört ohne Zweifel die nahezu unbegrenzte Verfügungsgewalt der Siegermächte, die mit dem Potsdamer Abkommen sich eine politische Handlungsgrundlage geschaffen hatten, die sie entsprechend ihrer weltpolitischen Interessen interpretierten und umsetzten. Aber es waren nicht die Interessen der „internationalen Arbeiterklasse", sondern die politischen, d. h. Machtinteressen der jeweiligen Siegermächte, in der SBZ die der Sowjetunion. Und es waren diese Interessen, die in Übereinstimmung mit dem Potsdamer Abkommen Sorge trugen, dass die Funktionsträger des Nationalsozialismus interniert wurden. Und es gehört auch zur Geschichtsschreibung, dass die Nachkriegspolitik der Sowjetunion in der SBZ auf Vorbehalte und Misstrauen stieß. Der größere Teil der Bevölkerung stand der sowjetischen Besatzung skeptisch gegenüber und war von einer Bereitschaft und Gutwilligkeit zum Zusammenwirken mit den Besatzungsbehörden weit entfernt. Klischees und Muster der Vergangenheit einschließlich der nationalsozialistischen Propaganda hatten breite Zustimmung hinterlassen. Zudem vollzogen sich in der deutschen Bevölkerung attributierende Zuschreibungen von Eigenschaften der Besatzungsmächte. Der nicht hinterfragte Zivilisationsfortschritt wurde den westlichen Besatzungstruppen, die vermeintliche Primitivität den sowjetischen Truppen zugeordnet. Die zumindest aus weltpolitischer Perspektive wenig sinnvollen Demontagen und Reparationszahlungen Stalinscher Besatzungspolitik führten zu vielfachen ökonomischen und sozialen Retardierungen. Übergriffe einzelner Soldaten oder auch die Selbstghettoisierung der sowjetischen Besatzungstruppen verstärkten vorhandene Ressentiments gegen die Besatzung. Begegnungen in der Veranstaltungsreihe "Über die Russen und über uns" oder auch die Heimkehrerkonferenzen konnten nur ansatzweise Vorbehalte abbauen. Auch nach der Gründung der DDR wirkte die Sowjetunion als Hegemonialmacht mit sehr weitgehenden Befugnissen und scheute sich vor rigiden Eingriffen in binnengesellschaftliche Prozesse nicht zurück. (Badstübner-Peters 1997, S. 258) Dabei muss aber auch eingeräumt werden, dass die Sowjetunion nicht nur als Siegermacht auftrat, sondern auch Opfer deutscher Aggression und Gewalt war und zudem in einem erbittert geführten „Kalten Krieg" agierte.

Literatur

Geschichte der Erziehung. Volk und Wissen: Berlin 1987.

Zur Geschichte der marxistisch-leninistischen Philosophie. Dietz: Berlin 1979.

Badstübner-Peters, Eva-Maria: Über uns und die Russen. Ansichten zur Geschichte der DDR, Bd. VII. Bonn, Berlin 1997.

Bahro, Rudolf: Die Alternative. Zur Kritik des real existierenden Sozialismus. Köln 1977.

Bock, Karin/Fiedler, Werner: Umbruch in Ostdeutschland. Wiesbaden 2001.

Fukuyama, Francis: The End of History an the Last Man. New York 1992.

Heise, Wilhelm: Grundfragen der Pädagogik in der neuen demokratischen Schule. Rede auf dem 1. Pädagogischen Kongreß. 16.8.1946. BBF/DIPF/Archiv: Nachlass Hans Siebert, 1408.

Kleindienst, Jürgen: Nachkriegs-Kinder: Kindheit in Deutschland. JKL-Publikationen. Berlin 1998.

Kleinhans, Bernd: Mehr als Kostüm und Kulisse. Geschichtsphilosophie im Historienfilm. Aus Politik und Zeitgeschichte, Beilage zur Wochenzeitung Das Parlament 51/2016, S. 19–23.

König, Ingelore/Wiedemann, Dieter/Wolf, Lothar (Hrsg.): Alltagsgeschichten. KoPaed-Verlag, München 1998.

Kreuziger, Max: Unser Erziehungsprogramm. Rede auf dem II. Pädagogischen Kongreß im September 1947 in Leipzig. Berlin-Leipzig 1947.

Leideker, Gudrun/Kirchhöfer, Dieter/Güttler, Peter (Hrsg.): Ich weiß nicht, ob ich froh sein soll. Kinder erleben die Wende. Stuttgart 1991.

Lyoatard, Jean-Francois: Das Postmoderne Wissen. Wien 2009.

Nick, Harry: Dauermangel und Alltagsverhalten. Ansichten zur Geschichte der DDR, Bd. VII. Bonn/Berlin 1997.

Satjukow, Silke/Gries, Rainer: Hybride Geschichte und Parahistorische Geschichtsaneignungen. Aus Politik und Zeitgeschichte, Beilage zur Wochenzeitung Das Parlament 51/2016, S. 12–19.

Trinks, Karl: Diskussionsbeitrag auf dem Pädagogischen Kongreß Sachsen. 5.8.1946 BBF/DIPF/Archiv, Nachlass Karl Trinks, 104.

Uhlig, Gottfried: Zur bildungspolitischen und pädagogischen Entwicklung in den Ländern des Sozialismus. Pädagogische Forschung Nr. 3/1979, hrsg. von der Akademie der Pädagogischen Wissenschaften der DDR.

Ullrich, Renate/Kaufmann, Eva/Schröter, Ursula: Kinder-Bilder in der DDR. Manuskripte – Neue Folgen. Hrsg. von der Rosa-Luxemburg-Stiftung. Berlin 2015.

Wandel, Paul: Zur Demokratisierung der Schule. Rede auf dem 1. Pädagogischen Kongreß. 15.8.1946. In: Ders.: Reden zur Kulturpolitik 1955, S. 19–46.

Wald, Renate: Kindheit in der Wende – Wende der Kindheit. Opladen 1998.

Marina Kreisel

Zum Umgang mit dem Lehrplan Deutsch (SBZ, 1946)[1] unter besonderer Betonung der Funktion als Vergleichslehrplan

Einleitende Bemerkungen

Auch zum Deutschunterricht in der Sowjetischen Besatzungszone (SBZ) und DDR und seiner Methodik lassen sich immer wieder Entdeckungen machen – je nachdem, wer sich unter welchen Bedingungen und Forschungsperspektiven, mit welchen Ziel- und Fragestellungen wann und wo auf seine Spuren begibt, ebenso unabhängig davon, ob dieser Teil der Geschichte als ausgeforscht bzw. „mehr oder weniger erledigt" (Mählert 2016, S. 9) gilt oder nicht. Zu denen, die das in jüngerer Vergangenheit taten, gehört Hans-Otto Dill, emeritierter Professor der Humboldt-Universität zu Berlin, kein Fachdidaktiker, sondern auf dem Gebiet der Romanistik zu Hause; er verfolgte sie im Zusammenhang mit seiner Monographie über lateinamerikanische Literatur in Deutschland. Im Ergebnis seiner Analyse gelangte er darin unter dem Aspekt „Lateinamerikanische Texte in der Schule" nach detaillierter Auflistung von Autoren z. B. aus Lateinamerika, Afrika, Asien, Westeuropa, der UdSSR u. a. zu der folgenden zusammenfassenden, manchen vermutlich sehr erstaunenden Feststellung bezüglich des Lektüre-Kanons im Literaturunterricht:

> „[…] Am Ende der DDR war der Schulkanon doppelt erneuert: weltliterarisch, indem er Lateinamerika (und die Dritte Welt), und literarhistorisch, indem er die Moderne und Avantgarde erschloss. Menge und Vielfalt der Literaturen Osteuropas, der Dritten Welt und Lateinamerikas in den ostdeutschen Verlagsprogrammen und Schullehrplänen bedeuteten das Abgehen vom Westeuropazentrismus. Diese Weltoffenheit kontrastierte merkwürdig zum realen Eingesperrtsein in einem Land mit geringen Reisemöglichkeiten in den Westen. […] Verglichen mit diesem Kosmopolitismus war der westdeutsche Literatur-Unterricht lokal-regional, deutschnational borniert und vergangenheitszentriert." (Dill 2009, S. 95)

1 Der genaue Titel lautet „Lehrpläne für die Grund- und Oberschulen in der Sowjetischen Besatzungszone Deutschlands. Deutsch". Wenn ohne Missverständnis möglich, wird im vorliegenden Text fortlaufend vom „LP Deutsch 46" oder vom „Lehrplan" gesprochen.

Als Beleg für den Beginn einer derartigen Entwicklung, eines von Dill bezeichneten „Kosmopolitismus“ (ebd., S. 95) des Literaturunterrichts in der SBZ und DDR, lassen sich nach meiner Kenntnis zwei Dokumente bereits aus den vierziger Jahren des zwanzigsten Jahrhunderts anführen: der unkorrigierte Entwurf des Referats „Ueber Auswahl und Deutung des deutschen Schrifttums in der höheren Schule (Oberklassen) im demokratischen Deutschland [...] abgeschlossen 03.02.1945 “[2] und der Lehrplan Deutsch vom 1. Juli 1946[3] (zudem einzelne Arbeitspapiere, auf dem Wege zwischen diesen beiden Dokumenten in Berlin entstanden)[4]. Die in den beiden o. g. Texten erfolgte Aufnahme ausländischer Autoren wie Walt Whitman, Maxim Gorki, Romain Rolland und Martin Andersen-Nexö in den literarischen Bildungskanon des Deutschunterrichts – später auch einhergehend mit Namen wie Wladimir Majakowski, Ernest Hemingway, Pablo Neruda, Tschingis Aitmatow, Edgar Allan Poe (vgl. Bütow/Scholz 1988) – zielte vorzugsweise darauf, „den Blick der deutschen Jugend schon frühzeitig auch auf bedeutendes Schrifttum fremder, vor allem der benachbarten Völker zu lenken“ (LP 46, S. 3); noch vor dem Ende des 2. Weltkrieges und vor Verabschiedung des „Gesetzes zur Demokratisierung der deutschen Schule“ (1946) wurde sie in Auswertung vorangegangener Entwicklungen in der deutschen Schule u. a. folgendermaßen begründet:

> „Bisher hatte die Schule das Prinzip: fremde Literatur nur im fremdsprachlichen Unterricht, und grundsätzlich nicht in Uebertragung, sondern im Urtext. Eine Ausnahme machte Shakespeare, weil er von grosser Bedeutung für die deutsche Literaturgeschichte

---

2 Dem als Entwurf ausgewiesenen Text, handschriftlich versehen mit dem Namen des deutschen Gymnasiallehrers und Offiziers Ernst Hadermann, sind vom Geistlichen Schröder auf zwei Seiten „Vorschläge zum Referat Dr. Hadermann“ beigefügt, Datum 7.2.1945. Beide Texte entstanden im Rahmen des Nationalkomitees Freies Deutschland (NKFD) in der UdSSR. Zur Entstehung, Situation und Einordnung vgl. auch Hohendorf 1989; Kirchhöfer/Uhlig 2008.

3 Der Lehrplan, dessen Schlussredaktion Ernst Hadermann gemeinsam mit Karl Ellrich verantwortete, wurde nach dem Ende des 2. Weltkrieges in Berlin ausgearbeitet in der Lehrplankommission für den Deutschunterricht (vgl. Rosenow 05.01.1947 in Hohmann 1997, S. 213–214).

4 Vgl. die in Hohmann (1997) dokumentierten Texte aus dem Jahr 1946, S. 88 ff. Auch darin wird beispielsweise zum Deutschunterricht auf der Oberstufe u. a. festgehalten: „Vor allem die Erschließung von Werken der ausländischen Literatur ist von hervorragender Bedeutung [...] Das Verständnis der fremden Dichtung wird die Liebe zur eigenen Dichtung niemals ernsthaft in Frage stellen; der Schüler wird aber vor Enge des Blickfelds geschützt bleiben, wenn er rechtzeitig erfährt, wie gerade in der ausländischen Literatur der Kampf um den Gedanken der Demokratie und der Humanität Niederschlag fand.“ (S. 93)

war, und die antike Tragödie, aus demselben Grunde […] Diese Regelung hat aber einen grossen Nachteil. Die Jugend verlässt die Schule ohne eine auch nur ungefähre Vorstellung von dem grossen Schrifttum der Nachbarvölker, vor allem ohne eine Vorstellung von dem heutigen Schrifttum und Geistesleben der andern Völker zu haben. Gerade das hat dazu beigetragen, in der Jugend ganz falsche, bornierte Vorstellungen von der Welt zu schaffen. Diesem Missstand muss abgeholfen werden." (Hadermann, Referat, Blatt 83)[5]

Der Forderung wird im LP Deutsch 46 entsprochen; so ist in der Oberstufe von Klasse 9 an im Stoffplan der Teil „Weltliteratur" explizit ausgewiesen (S. 50), während in vorangehenden Klassen ausländische Literatur z. B. im Rahmen von Märchen, Sagen, Tier- und Abenteuergeschichten eingebettet erscheint (S. 37–38).[6]

Zum Anliegen

Bereits diese wenigen Hinweise auf das Referat und den LP Deutsch 46 sollen andeuten, was in der Literatur umfänglich dargestellt ist: Das Fach Deutsch, zugleich Kernfach in der deutschen Schule (Hildebrand 1946; Frank 1973; Friedrich/Kreisel 1995), galt in der SBZ als zentraler Bestandteil der Umgestaltung des Schulwesens nach 1945; es besaß den Rang eines besonderen, ja des wichtigsten Unterrichtsfaches (vgl. Lehrplan 1946, 1952).

Nach dem ungeheuren zivilisatorischen Bruch durch den Faschismus[7] war der für den Deutschunterricht in der SBZ verbindliche Lehrplan – erstmals als Bestandteil eines ungegliederten deutschen Schulwesens gefasst – am 1. Juli 1946 erlassen worden: unter sehr komplizierten materiellen, ideellen, politischen, personellen, regionalen Bedingungen und Voraussetzungen usw. (vgl. Geißler 2002)[8] – mit Auswirkungen auf den realen Deutschunterricht in Stadt und Land.[9]

---

5 Eine ausführlichere Darstellung zu beiden Texten und ihrem Verhältnis zueinander ist zu finden in Friedrich/Kreisel/Oehme 2007.

6 Ähnliche Urteile anderer Autoren zum LP Deutsch 46 aufgreifend, hebt Meier (1994) auf der Basis seiner Analyse ausdrücklich „die bedeutende Öffnung des Lehrplans für die Weltliteratur" (ebd., S. 158) hervor.

7 Zu begrifflichen Problemen zwischen „Nationalsozialismus" und „Faschismus" vgl. Pätzold 2012, S. 50–60.

8 Besonderen Aufschluss geben in dieser Zeit verfasste Aufzeichnungen aus der Sicht verschiedener Emigranten, die 1947 bzw. 1945 nach Deutschland zurückkehren (z. B. vgl. Seghers 2000; Wolf 2015).

9 Ausführlich vgl. Arbeiten aus der Reihe „Beiträge zur Geschichte des Deutschunterrichts", so Abels (Hrsg.) 1992 a; Hohmann 1997; Friedrich/Gerlach/Lang (Hrsg.) 1999; Friedrich 2006; Roberg/Susteck/Müller-Michaels (Hrsg.) 2010; ebenso vgl. Untersuchungen von Motzkau-Valeton 1979; Friedrich 1991; Meier 1994; Fronzek 2012.

Besonders auf den in der SBZ gültigen LP Deutsch 46 richtet sich innerhalb und außerhalb der Methodik und Didaktik des Deutschunterrichts immer wieder das Interesse, einmal mehr, einmal weniger, bis in die Gegenwart hinein.[10] Er steht auch im vorliegenden Beitrag im Mittelpunkt. Darin geht es allerdings vorzugsweise um eine Funktion, die mit seinem ursprünglichen Einsatz – so als Steuerungsinstrument des Unterrichts durch die Schulbehörde – nichts zu tun hat: um *seine Funktion als Vergleichslehrplan*. Sie wird in fachmethodischen Arbeiten dort genutzt, wo z. B. Lehrplanentwicklungen verfolgt werden, besonders als *ein* Element der Entwicklung des Deutschunterrichts und seiner Methodik verstanden, und wo die Analyse von Lehrplanveränderungen in diesem Sinne ein wichtiges Mittel darstellt (vgl. Schulz 1986; Göbel 1987; Friedrich 1992; Meier 1994; Jonas/Zech 2006; Bütow 2007; Fronzek 2012); denn Rahmenrichtlinien, Lehrpläne, Rahmenlehrpläne usw. werden in der Deutschmethodik / Deutschdidaktik häufig auch zu einem Gegenstand von Vergleichsuntersuchungen[11], die einen entscheidenden Vorzug bieten: Sie lassen die Herausbildung von Positionen erkennen (vgl. Schulz 1986, Frentz 1994) und – neben dem Ermitteln von Gemeinsamkeiten, Ähnlichkeiten, Besonderheiten, Unterschieden – Entwicklungen meist in ihren vielfältigen Widersprüchen ersichtlich werden (Eckhardt 1979; Müller-Michaels 1990; Friedrich 1991, 2006; Zimmer 1992; Friedrich/Kreisel/Oehme 2007; Wolt 2008). Das trifft auch auf den LP Deutsch 46 zu, sofern er ebenfalls u. a. im Rahmen von Vergleichsuntersuchungen – in verschiedenen Zusammenhängen erfolgend – herangezogen worden ist oder künftig herangezogen würde; denn Entwicklungen von Sprachunterricht und Literaturunterricht (nunmehr in der Bundesrepublik Deutschland nach 1990) verlaufen – wie einst über die in beiden deutschen Staaten von Harro Müller-Michaels in den Blick genommenen Entwicklungen[12] hinaus – bis heute „selten in klar nachzuzeichnenden Linien“ (ebd.

10 Eine systematische Darstellung, warum es so ist und wovon es beeinflusst wird oder abhängt, in welcher Form das geschieht, worauf das jeweilige Interesse zielt und wie sich die jeweiligen, z. T. konträren Wertungen erklären, kann und soll in diesem Beitrag nicht geleistet werden.

11 Aufschlussreiches zu damit verbundenen grundsätzlichen Fragen vgl. Hörner 2001.

12 Dabei erfolgten Lehrplanentwicklungen allerdings wie im Falle der Bundesrepublik Deutschland einerseits und der Deutschen Demokratischen Republik andererseits unter grundsätzlich anderen Rahmenbedingungen: z. B. Föderalismus versus Zentralismus, gegliedertes Schulwesen versus Einheitsschulwesen; diese Unterschiedlichkeit wiederum hatte auch Folgen für die Anzahl von Lehrplänen Deutsch, Rahmenplänen Deutsch usw., die in dem jeweiligen deutschen Staat in Kraft traten. Nach dem Beitritt der DDR zur BRD nahm ihre Anzahl deutlich zu; denn sie wurden nunmehr eigenständig in jedem neuen Bundesland ausgearbeitet und erlassen (als gegenwärtige

2010, S. 27; ebenso vgl. Lecke 2015)[13] – manche der im Zuge von Entwicklungen behaupteten Zäsuren, Innovationen, Verluste scheinen zweifelhaft (vgl. Zimmer 1992; Mieth 1996; Friedrich 2006; Roberg/Susteck/Müller-Michaels 2010; Fronzek 2012). Unter Umständen fordern sie zu erneuter Analyse und veränderten Wertungen heraus, wie auch in diesem Beitrag zu zeigen versucht wird.

Einordnung und Kurzcharakteristik des Lehrplans Deutsch 1946

Der Gesamttext – herausgegeben von der Deutschen Zentralverwaltung für Volksbildung der SBZ und oft als Rahmenlehrplan aufgefasst – ist gültig für den Deutschunterricht aller Schulen in der gesamten SBZ. Er bezieht sich auf die Klassen 1–12 und umfasst drei Stufen: Unterstufe (1.–4. Klasse), Mittelstufe (5.–8. Klasse) und Oberstufe (9.–12. Klasse).

Ein derartiger Lehrplan, der gemeinsam alle Stufen der Grund- und Oberschule beinhaltet und sich auf einen Deutschunterricht vom Schulanfang bis zum Schulende – hier bis zur 12. Klasse – richtet, hat zuvor in der deutschen Schule nicht existiert (vgl. Frank 1973), ihn gibt es später nicht in der deutschen Schule, auch in der DDR wird es ihn nicht mehr geben; in dieser Form bleibt er eine Momentaufnahme. Danach liegen dort – beginnend am Anfang der fünfziger Jahre – Lehrpläne getrennt[14] vor, für den Deutschunterricht in jeweiliger Stufe geltend, zu unterschiedlichen Zeitpunkten ausgearbeitet und eingeführt, mit vielfältigen Abstimmungsproblemen untereinander verbunden (vgl. Wolt 1996, S. 352; 2008).[15] Auf dieser Basis wird – ausgehend vom LP Deutsch 46 – dennoch auch vier Jahrzehnte nach seiner Ablösung u. a. formuliert:

> „[…] daß alle Kinder nach einheitlichen Lehrplänen unterrichtet wurden. Ein solches Herangehen an die Bildung und Erziehung der jungen Generation nach einheitlichen Maßstäben und Richtlinien hob sich gegenüber der Schule der Weimarer Republik ab, war ein großer Vorzug und ist es bis heute als Prinzip der sozialistischen Schule gegenüber den imperialistischen Staaten geblieben." (Schulz 1986, S. 60)

Ausnahmen vgl. gemeinsame Lehrpläne in Berlin und Brandenburg), das geschah zugleich für den Deutschunterricht – trotz einzelner Modifikationen – innerhalb eines gegliederten Schulwesens.

13 Das hat möglicherweise z. T. auch mit Schwierigkeiten zu tun im Zugang zu einzelnen Lehrplänen als Quelle (vgl. Susteck 2010, S. 140–141), ebenso mit Unübersichtlichkeiten angesichts ihrer Fülle (vgl. Hohmann 1997).

14 Zeitweilig entwickeln sich in der Methodik des Faches Deutsch in der DDR Bestrebungen, diese Trennung, die auch institutionell hinsichtlich Ausbildungsstätten, Lehre und Forschung besteht, aufzuheben (vgl. Programm 1989, S. 25).

15 Vgl. detaillierte Übersichten in Hohmann 1997, S. 30 ff., ebenso in Friedrich 2006, S. 326–328.

Und fast zwanzig Jahre nach der erfolgten Einführung eines schulartenspezifischen Deutschunterrichts in den neuen Bundesländern hebt Wilfried Bütow (2007) hervor:

> „[…] Was den Plan aber vor allem auszeichnet, war das Bekenntnis einer literarischen Allgemeinbildung, die auch in der Folgezeit für alle weiteren Lehrpläne richtunggebend blieb. Literatur allen zugänglich zu machen entsprach dem neuen Konzept für eine allgemeinbildende Schule, das den traditionellen Gegensatz zwischen Volksschule und Gymnasium mit der Veränderung und Erweiterung der Bildungsinhalte aufhob. Literatur und Kunst waren nicht mehr Privileg elitärer Schulen.[16] Unter den zu erwerbenden Fähigkeiten erwies sich Lesen in der Alltagspraxis als überlebensnotwendig. Bücherlesen als kulturelle Lebensäußerung. Literarische Bildung für alle als Demokratismus erschien als eine Aufgabe von Dauer und als eine lösbare Aufgabe infolge der sozialen Einebnung und Umschichtung durch Krieg und ihre Kriegsfolgen […]" (ebd., S. 78–79; aber vgl. Meier 1994).[17]

In Wilfried Bütows Aussagen wird zudem erneut jenes Bildungsverständnis bekräftigt, das der Schulreform in der SBZ zugrunde lag, „die soziale und gesellschaftliche Dimension allgemeiner Bildung betonte, die traditionelle Kluft zwischen niederer und höherer Bildung überwinden und eine grundsätzlich gleiche Bildung für alle ermöglichen sollte (Alt 1946)" (Zimmer 1992, S. 31, auch vgl. Rang 1982; Uhlig 2012).[18]

Funktion des LP Deutsch 1946 als Vergleichslehrplan

In Abhängigkeit bestimmter Erkenntnisinteressen wird der LP Deutsch 46 in der Funktion als Vergleichslehrplan im Rahmen verschiedener Arbeiten herangezogen, das vor allem in folgenden Zusammenhängen[19]:

1. Entwicklungen des Deutschunterrichts und seiner Methodik: LP 46 im Vergleich mit LP-Vorläufern[20] (unter ausgewählten Aspekten)
2. Entwicklungen des Deutschunterrichts und seiner Methodik: LP 46 im Vergleich mit dem Referat (unter ausgewählten Aspekten)

---

16 Anm. M. K.: Es betraf in besonderem Maße z. B. die klassische Literatur, das auch bis zum Ende der DDR (vgl. Fronzek 2012, S. 448; ebenso vgl. Kurz/Vollmer 2013).

17 Meier kritisiert „sozialistische ‚All'seitigkeit" (S. 269), d. h. „partielle ‚All'seitigkeit: ein Widerspruch in sich selbst" (ebd.).

18 In der Belletristik vgl. H. Kants (1965) Roman „Die Aula".

19 Die Nummerierung ist kein Ausdruck einer Rangfolge.

20 Konkrete Nennung einzelner Erlasse usw. auch aus der Zeit von 1933–1945 vgl. Gutachten in Hohmann 1997, S. 204. Auf sie bezieht sich Hadermann im Referat z. T. ebenfalls.

3. Entwicklungen des Deutschunterrichts und seiner Methodik: Referat im Vergleich mit Lesestoff am Wilhelmsgymnasium in Kassel
4. Entwicklungen des Deutschunterrichts und seiner Methodik: LP 46 im Vergleich mit zeitgleich verwendeten Unterrichtsmaterialien und anderen Dokumenten (unter ausgewählten Aspekten)
5. Entwicklungen des Deutschunterrichts und seiner Methodik: LP 46 im Vergleich mit Lehrplänen in der DDR (unter ausgewählten Aspekten)
6. Entwicklungen des Deutschunterrichts und seiner Methodik: LP 46 im Vergleich mit Lehrplänen in der DDR und Lehrplänen aus den Westzonen /BRD bzw. aus anderen Ländern (unter ausgewählten Aspekten)
7. Entwicklung des Deutschunterrichts und seiner Methodik / Didaktik: LP 46 im Vergleich mit Lehrplänen in der Bundesrepublik Deutschland nach 1990 (unter ausgewählten Aspekten)[21]

Einige der angeführten Zusammenhänge, in denen Vergleiche mit Hilfe des LP Deutsch 46 vollzogen worden sind – das nicht nur methodisch kontrolliert[22] –, seien im folgenden Teil an einzelnen Beispielen skizziert.

Mit der *unter (1) genannten Herangehensweise* wird bereits im Jahre 1946 begonnen. Der Vergleich des LP Deutsch 46 mit LP-Vorgängern unter speziellen Aspekten erfolgt auch im Rahmen von Gutachten, die im Zuge der Lehrplanausarbeitung entstanden sind, aber nach meiner Kenntnis als Archivmaterial erstmals fünfzig Jahre später in einer Veröffentlichung zum Deutschunterricht in der SBZ und DDR zugänglich werden (vgl. Hohmann 1997, S. 200–213).

Im Ergebnis eines derartigen Vergleichs heißt es zum damaligen Zeitpunkt:[23]

> „Die Weimarer-Schule ist eine treue Anhängerin des Gesamtunterrichts und will ihn auch auf der Oberstufe nicht entbehren. […] Der Plan von 1946 ist ein Fachplan. Der Gesamtunterricht hat nur noch in den beiden Schuljahren Raum. Vom 3. Schuljahr an tritt der Fachlehrer dem Klassenlehrer zur Seite, um ihn vom 5. Schuljahr ab immer mehr zu verdrängen.“ (Gutachten im Herbst 1946, in Hohmann 1997, S. 206)

> „Die Sprachlehre ist in der Schule von 1946 stärker ausgebaut als in den Richtlinien von 1925 und 1937/1939. Er [sie – M. K] soll dem Fremdsprachenunterricht vorarbeiten.

---

21 Die in der Übersicht vorgenommene Separierung der Zusammenhänge dient dem besseren Verständnis. In realen Untersuchungsprozessen haben wir es oft mit mehreren von ihnen, auch in ihrem Zusammenwirken, zu tun.

22 Schritte zum methodisch kontrollierten Vergleich vgl. Hörner 2001. Siehe Anm. 12.

23 Die folgenden, von mir besonders mit Blick auf die Sprachlehre ausgewählten, ausführlicher zitierten Aussagen bilden einen geringen Teil unterschiedlich umfangreicher Texte, in denen der LP Deutsch 46 unter zahlreichen Aspekten von damaligen Gutachtern betrachtet und gewertet wird.

Sogar die lateinischen Bezeichnungen werden verlangt. Damit wird ein wichtiges Mittel zum Denkenlernen wieder eingeführt. Die Sprachlehre war auf sprachkundliche Gelegenheitsbeschäftigung herabgesunken." (Gutachten im April 1946, in Hohmann 1997, S. 207)

„Der Lehrplan ist in seinen Hauptteilen von unterschiedlichem Wert. [...] Das Unbefriedigende in den genannten Teilen liegt m. E. darin, dass in diesen die ältere rationalistische Art der Sprachbetrachtung nicht hinreichend überwunden worden ist." (Gutachten 1946 in Hohmann 1997, S. 207–208)

„Der Stoffplan aller Schuljahre zeigt eine große Stofffülle, die, wenn sie bewältigt werden will, Stoffangst erzeugt. Der junge, unerfahrene Lehrer wird ihr gegenüber in steter Abwehrbereitschaft sein und mechanisieren, um das Schülerwissen bereit zu machen. Die natürlich und organisch sich entwickelnde Kraft der Schüler leidet darunter. Das ist nicht gut. [...] Eine Durchsicht des Sprachlehrestoffes zeigt eine schnelle Steigerung der Leistungs- und Wissensanforderungen, die nur mit großem Aufwand an Zeit und Kraft zu erfüllen ist. Es gehört viel pädagogisches Geschick und eine sprachwissenschaftlich vertiefte Arbeit des Lehrers dazu, hier den rechten Weg zu finden. Es besteht die Gefahr einer schnellen Systematisierung und einer Überbewertung der Sprachform gegenüber dem Sprachinhalt, die wiederum zu einer Minderung des Sprachdenkens führt. Zwar betont der Lehrplan, daß Grammatik im wesentlichen Aufgabe der mündlichen Klassenarbeit sein soll und daß zur Niederschrift die Wandtafel und das Nachschreiben der dort gegebenen Muster in ein Hausheft während der Unterrichtsstunde genügt. Es ist aber zu bezweifeln, ob mit durchschnittlich begabten Schülern ohne intensive Übung auch in Form von Hausaufgaben die Beherrschung des vorgeschriebenen Sprachlehrestoffes und eine gleichmäßige Förderung aller Schüler zu erreichen ist." (Beilke 1946[24], in Hohmann 1997, S. 203)

Hätten spätere Untersuchungen auch diese und weitere derartige Aussagen berücksichtigt oder berücksichtigen können, wäre manche Aussage darin etwa über den reformpädagogischen Charakter des LP Deutsch 46, über das dabei erreichte Ausmaß[25] und über die immer wieder betonte Zäsur zwischen dem LP 46 und dem LP 51, 52 vermutlich anders, mindestens differenzierter formuliert worden. Das trifft ebenso auf die Beachtung von Ergebnissen zu, die sich mit Hilfe eines *unter (4) genannten Vergleichs* gewinnen lassen. Auf deren Basis hat in jüngerer Zeit z. B. Marina Kreisel (2010) Präzisierungen und Korrekturen versucht und angemahnt; sie beziehen sich auf Aussagen zum Deutschunterricht, zum Grammatikunterricht, zu stofflichen Überlastungen,

---

24 Zeitgleich widerspiegeln Aussagen von Hadermann seine Befürwortung einer „leistungsorientierte[n] allgemeinbildende[n] Schule als ‚geistige Leistungsschule', die zur Achtung geistiger Arbeit erzieht und an humanistische Bildungswerte anschließt" (Uhlig 2008, S. 39).

25 Hierzu werden von Anfang an unterschiedliche Wertungen getroffen, zumindest bezüglich der Akzentuierung (vgl. Alt 1947; Rang 1982, S. 124; Zimmer 1992, S. 31; Meier 1994; Fronzek 2012, S. 66).

zu Einflüssen Stalinscher Sprachauffassung, zu Methoden, zur Wissenschaftlichkeit, zur Begrifflichkeit, hier z. B. auf das Verzeichnis grammatischer Bezeichnungen in deutscher und lateinischer Sprache (vgl. Fienhold/Pusch 1994; Oehme 1994). Letzteres ist schon im LP Deutsch 46 und in dazu bereitgestellten „Schülerheften" enthalten, nicht erst im später folgenden Sprachbuch „Unsere Muttersprache. Arbeitsstoffe für den Deutschunterricht". Als unzutreffend zu werten ist in diesem Zusammenhang folglich u. a. die Aussage: „Erste Ansätze auf dem Weg zur Wissenschaftlichkeit lassen sich bereits in den Arbeitsstoffen von 1949 feststellen, in denen die bisher verwendeten deutschen Bezeichnungen in der Grammatik durch lateinische Bezeichnungen ersetzt wurden (vgl. Arbeitsstoffe 7/8 1949)" (Fienhold/Pusch 1994).[26] Ebenso halten Aussagen über die großen Freiräume, die der LP Deutsch 46 den Lehrern ermögliche, jüngeren Analyseergebnissen nicht immer stand.[27] Letztere tragen vielmehr u. a. die von Bodo Friedrich (2006) getroffene Feststellung: „Im Methodischen war er mit seiner Verpflichtung auf den ‚Arbeitsunterricht' rigoroser als alle folgenden." (Ebd., S. 150) Henrik Fronzek (2012), der seiner Analyse sowohl den LP Deutsch 46 als auch dessen überarbeitete Fassung aus dem Jahre 1947 zugrunde legt, sieht zwar – zumindest für die oberen Klassenstufen – „die didaktische Entscheidungsfreiheit der Lehrer hinsichtlich der Auswahl und Gewichtung der Unterrichtsinhalte" (ebd., S. 80) beschnitten, „eine Verengung des individuellen Gestaltungsspielraums" (ebd., S. 78) vorliegen, das jedoch erst in der jüngeren Fassung. „Die Ausgabe von 1947 kennzeichnet in diesem Bereich" – so Henrik Fronzeks Wertung auf der Basis seiner Untersuchungsergebnisse – „eine neue strukturelle Qualität, durch die sie in die Nähe eines geschlossenen Curriculums rückt" (ebd., S. 78).

Was die immer wieder ins Feld geführten Einflüsse Stalinscher Sprachauffassungen angeht, auf die insbesondere das Übergewicht des grammatischen Stoffs im LP 52 zurückgeführt wird, bleibt zu prüfen, inwieweit wir es hier mit tatsächlichen oder postulierten Einflüssen zu tun haben (vgl. Baumbach 1951; Zaisser 1952 a, b; Ziechert /Donath 1952; Friedrich 1991; Hackel 1994; Oehme 1994, Wolt 2008); denn ein solches Übergewicht tritt außerhalb der DDR ebenfalls auf, wie die Analyse von Sprachbüchern für den Deutschunterricht 1945–1965 ergibt (vgl. Abels 1992 b). Dort aber kann von o. g. Einflüssen Stalinscher Sprachauffassung wohl kaum die Rede sein.

Schließlich wirkt angesichts o. g. Ergebnisse zum LP Deutsch 46 – so zur problematisierten Stofffülle (trotz seines als Rahmenlehrplan aufgefassten Charakters) – so

26 Vgl. ausführliche Darstellung in Kreisel 2010.

27 Eine ähnliche Situation lässt sich für Lehrpläne feststellen, die nach dem Jahre 1990 in Berlin und den neuen Bundesländern im Deutschunterricht eingeführt worden sind; sie ist aber kaum thematisiert, geschweige denn kritisiert worden (vgl. Kreisel 1996).

manche spätere Aussage über Lehrpläne (DDR) aus den achtziger Jahren fragwürdig, monokausal, konstruiert, z. B. Bernhard Meiers (2007) Vermutung, eine im Lehrplan des Literaturunterrichts von ihm festgestellte Stofffülle sei möglicherweise „gewollt, um Spielräume der Lehrer einzuengen" (ebd., S. 27). Fragwürdig bleibt diese Vermutung selbst ohne einen Bezug zu Ergebnissen zum LP Deutsch 46; denn stoffliche Überlastungen und damit verbundene Probleme bezüglich der Unterrichtsgestaltung – hier im Deutschunterricht – sowie Versuche zur Überwindung oder Verbesserung dieser Situation waren nicht nur in der SBZ /DDR ein immer wieder diskutiertes Thema. Davon zeugt jüngst erst die Entwicklung von Rahmenlehrplänen (RLP) in Berlin und Brandenburg (vgl. RLP 2015; Dragendorf 2016, S. 8).

Die *unter (2) genannte Herangehensweise* erfolgt erstmals (?) in dem Beitrag „Quellen des Literaturunterrichts in der SBZ /DDR" (vgl. Friedrich/Kreisel/Oehme 2007). Im Ergebnis ihres Vergleichs von Referat und LP Deutsch 46 unter ausgewählten Aspekten gelangten die Autoren zu der Auffassung, es handele sich beim Referat wahrscheinlich „um eine der wichtigsten Arbeitsgrundlagen, möglicherweise sogar um die wichtigste Arbeitsgrundlage. In Analysen und Interpretationen zum LP Deutsch 46, aber auch in bezug auf Fragen zu seiner Entstehung wird die Deutschdidaktik künftig wohl kaum an dem Referat und seinem Verfasser, Ernst Hadermann, vorbeigehen können." (Friedrich/Kreisel/Oehme 2007, S. 47).[28] Sie tut es – so mein Überblick – jedoch noch immer fast unverdrossen weiter:[29] abgesehen von Bodo Friedrichs Versuch, sich intensiv mit „Ernst Hadermanns Konzept zum Literaturunterricht und seine Wirkung" (Kreisel 2008, S. 57) zu befassen. Es ist anzunehmen, dass Friedrich mit der *unter (3) genannten Herangehensweise* angestrebt hat, sich dem Hadermannschen Konzept über grundsätzliche Fragen zu nähern: z. B. über die Fragen, worin das Konzept für den Literaturunterricht der Oberstufe besteht und aus welchen Quellen es gespeist wird, aber auch, wie sich bezüglich der dort ausgewiesenen Werke das Verhältnis von Kontinuität und Diskontinuität darstellt, das nicht nur zwischen Referat und LP Deutsch 46, sondern ebenso über einen längeren Untersuchungszeitraum (vgl. Kreisel 2008, S. 64; auch Friedrich 2006).

28 Inwieweit Ernst Wildangel, Leiter des Hauptschulamtes Berlin, seine generalisierende Entschuldigung hinsichtlich der Qualität der Lehrpläne (vgl. Geißler 2002, S. 120) auch auf den LP Deutsch 46 bezieht, bleibt hier offen. Dass er laut Wildangels Angabe von nicht qualifizierten Mitarbeitern erarbeitet werden musste, scheint im Falle des LP Deutsch 46 – nach heutiger Kenntnis über Referat, Gutachter und Kommissionsmitglieder – nicht zuzutreffen.

29 So spielt das Verhältnis zwischen Referat und LP Deutsch 46 in der detaillierten Arbeit von Fronzek (2012), in der er sich dem LP Deutsch 46 ausführlich zuwendet, erstaunlicherweise keine Rolle, obwohl der o. g. Beitrag Erwähnung findet. Allerdings: Das Referat ist bis heute nicht veröffentlicht.

Bodo Friedrichs Antworten darauf, die er wahrscheinlich hat geben wollen mit Hilfe der Analyse des Lesestoffs aus dem Wilhelmsgymnasium Kassel[30] sowie über den Vergleich zwischen dem Referat, dem LP Deutsch 46 und weiteren Lehrplänen bzw. anderen Quellen (bis zum Jahre 1808 zurück), sind ausgeblieben – der Versuch ist aufgrund seines plötzlichen Todes im Jahre 2007 beendet. Doch die Fragen, die mit Ursachen, Voraussetzungen, Verständnis und der konkreten inhaltlichen Entwicklung des jeweiligen Lektüre-Kanons, auch im LP Deutsch 46, zu tun haben, bestehen weiter; denn fundierte Urteile – hier über den Literaturunterricht – „brauchen den historischen Blick, der die Totale mit der Tiefenschärfe verbindet. Dann erst kann das Weiterwirkende von dem geschieden werden, was ausschließlich dem Zeitgeist diente" (Bütow 2007, S. 76). Das erfordert Untersuchungen mit erheblichem Aufwand und Qualitätsanspruch, die auch angesichts z. T. fragwürdiger Beschleunigungsprozesse in Lehre und Forschung oft nur schwer zu realisieren sind (vgl. Lenzen 2014).

Wie bereits im vorangegangenen Teil des Beitrages deutlich wird, sind seit dem Jahre 1990 mehrere Arbeiten auf der Grundlage der *unter (6) genannten Herangehensweise* entstanden, *ggf. im Zusammenwirken mit unter 1–6 aufgeführten Herangehensweisen.* Hervorgehoben sei von den hier interessierenden Veröffentlichungen zunächst der Tagungsband „Deutschunterricht in der DDR 1949–1989. Beiträge zu einem Symposion in der Pädagogischen Hochschule Freiburg"[31], hrsg. v. Kurt Abels (1992 a). Dieser Band 8 ist in der Reihe „Beiträge zur Geschichte des Deutschunterrichts" der erste, der sich nach 1990 in ihr mit dem Deutschunterricht der DDR in Theorie und Praxis befasst.[32] Dabei wenden sich – ungeachtet der im Tagungsthema genannten zeitlichen Begrenzung – Autoren in einzelnen Beiträgen dem LP Deutsch 46 zu, nutzen ihn unter ausgewählten Aspekten als Vergleichslehrplan und bringen diesen Bezug bereits im Thema ihres Beitrages explizit zum Ausdruck.[33] Ihr Interesse am LP Deutsch 46 fällt nun in eine besondere Situation; die Schule in der DDR wird öffentlich häufig als „ge-

---

30 Dieser Aspekt ergibt sich aus Hadermanns dortiger, mehrjähriger Tätigkeit als Lehrer (vgl. Uhlig 2008).

31 Das genaue Thema, zu dem von Prof. Dr. Abels eingeladen worden war, lautete: Deutschunterricht in der DDR 1949–1989 – ein abgeschlossenes Thema in der Geschichte des Deutschunterrichts?

32 Später folgen weitere Bände, in denen es um Deutschunterricht und Deutschmethodik in der SBZ/DDR geht, z. B. Band 16, 23, 29, 30, 31, 32, 58, 59, 65, 67. Angesichts unterschiedlicher Aspekte, die dort verfolgt werden, findet der LP Deutsch 46 in ihnen Berücksichtigung oder nicht.

33 Auf die Auflistung von Autor und Beitragsthema wird hier aus Platzgründen verzichtet.

scheitert" (Schiller 1990, S. 1) bezeichnet, Ministerpräsident Lothar de Maizière betont in seiner Regierungserklärung vom 19. April 1990 „[e]in katastrophales Erbe […] von der SED-Herrschaft auch im Bildungswesen" (ebd., S. 6) und nicht nur gegenüber bzw. unter Deutschmethodikern und Deutschlehrern machen sich oft „übersteigerte Selbstkritik" (ebd., S. 1) und vielfältige Schuldzuweisungen bemerkbar.[34] Das lässt mancher Beitrag – auch im o. g. Tagungsband – erkennen.

Im Band ist es allein Hasko Zimmers Text, der sich unter verschiedenen Aspekten auf den LP Deutsch 46 als Vergleichslehrplan konzentriert und grundsätzliche Vorzüge, aber auch Widersprüche an ihm selbst deutlich macht: eine große Ausstrahlung reformpädagogischer Ansätze auf den Deutschunterricht – einhergehend mit einer bereits in der SBZ erfolgten Kritik z. B. von Deiters und Alt – (vgl. ebd., S. 31), „Diskrepanzen zwischen äußerer und innerer Reform" (ebd.), „zahlreiche Übereinstimmungen mit den westdeutschen Lehrplänen" (ebd.). Im Ergebnis seiner Analyse gelangt Zimmer z. B. zu folgender Aussage:

> „[…] Angesichts des vorherrschenden Anschlusses an Weimarer Richtlinien und fachdidaktische Konzepte kann im Deutschunterricht der SBZ von einem Neuansatz im Sinne der antifaschistischen und demokratischen Reformintentionen kaum die Rede sein." (Ebd.; aber vgl. Referat 1945; Meier 1994; Bütow 2007; Friedrich/Kreisel/Oehme 2007)

Als später entstandene Veröffentlichungen auf der Grundlage der *unter (6) genannten Herangehensweise, ggf. im Zusammenwirken mit unter 1–6 aufgeführten Herangehensweisen*, seien hier lediglich jene erwähnt, die im Rahmen bzw. im Umfeld des DFG-Forschungsprojektes „Geschichte des Deutschunterrichts in beiden deutschen Staaten von 1945 bis 1989"[35] angesiedelt sind. Dabei gewonnene Ergebnisse, die in mehreren Einzelbeiträgen auf einen impliziten oder einen expliziten Systemvergleich zwischen Deutschunterricht im Osten und Deutschunterricht im Westen zurückgehen (vgl. Roberg/Susteck/Müller-Michaels 2010, S. 7) sowie auf eine Analyse von „Lehrpläne[n] als Bezugsgrößen für das Handeln von Lehrern" (Friedrich 2006, S. 15) – einschließlich LP Deutsch 46 –, stehen ausführlich besonders in zwei Sammelbänden[36] zur Verfügung.

---

34 Erinnert sei in diesem Zusammenhang an Veröffentlichungen besonders von Christa Wolf, Freya Klier und Hans-Joachim Maaz, die in relativ hoher Auflage erschienen und mit auch überzogenen, rhetorisch wirksamen Vorwürfen öffentliche Diskussionen z. T. stark beeinflussten.

35 Das Projekt ist von Friedrich (Humboldt-Universität zu Berlin) und Müller-Michaels (Ruhr-Universität Bochum) geleitet worden.

36 Hier sind zu nennen Friedrich (Hrsg.) (2006); Roberg/Susteck/Müller-Michaels (Hrsg.) (2010).

Bereits mehr als ein Jahrzehnt früher liegt die nach 1990 entstandene erste größere Studie zum Lese- und Literaturunterricht in der SBZ/DDR unter historischem Aspekt vor: „Literaturunterricht nach Plan. Zum Lehrplan für den Lese- und Literaturunterricht in der SBZ/DDR (1945–1990) " (vgl. Meier 1994).[37] Darin wird der LP 46 als Teil dieser Entwicklung ausführlich analysiert – auch in der Funktion als Vergleichslehrplan genutzt – und gewertet. Die Habilitationsschrift, die eine Vielzahl von Detailergebnissen – einschließlich negative, aber ebenso positive Wertungen zum Literaturunterricht in der DDR – ausweist, die z. T. zunächst besonders für damalige fachdidaktische Diskussionen hätten ergiebig sein können, dann aber auch darüber hinaus, ist bis heute unveröffentlicht geblieben; das dürfte ihre Bekanntheit und den Zugang zu ihr erschwert haben. Vor allem sind dadurch – so mein Überblick – ihre Potenzen zur Einflussnahme auf Diskurse in der Deutschdidaktik über längere Zeit kaum wirksam geworden.[38] Über inzwischen erfolgte Untersuchungen, die sie anzuregen vermochte bzw. in denen sie u. a. eine kritische Beachtung fand (vgl. Friedrich 2006; Fronzek 2012), erhält sie vermutlich weitere Aufmerksamkeit innerhalb und außerhalb der Deutschdidaktik.

Hervorgehoben werden soll im Rahmen der *unter (5) genannten Herangehensweise* die Publikation „Klassik-Rezeption und Literaturunterricht in der SBZ/DDR 1945–1965" (Fronzek, 2012)[39]; denn in dieser materialreichen, quellengesättigten, umfänglichen Untersuchung spielt u. a. der LP Deutsch 46 als Vergleichslehrplan unter o. g. Aspekt eine zentrale Rolle. Zudem nimmt in ihm die deutsche Klassik eine besondere Stellung ein, die – Modifizierungen eingeschlossen – bis zum Ende der DDR im Lehrplan für den Literaturunterricht beibehalten wird; sie gehört nach Angaben aus Friedrichs Untersuchung (2006) zu den „von den Lehrern immer wieder präferierten Stoffen" (ebd., S. 118–119), für deren Hochschätzung interviewte Lehrerinnen und Lehrer mehrere Gründe anführen (vgl. ebd., S. 244)[40]. Henrik Fronzeks Versuch, die Entwicklung in diesem Bereich

37 Der Autor befasste sich schon vor 1990 mit dem Literaturunterricht in der DDR; hierzu liegen mehrere Veröffentlichungen von ihm vor (zsfd. Meier 1994; Fronzek 2012).

38 In der Bibliothek der Technischen Universität Berlin existiert sie in Gestalt von drei Exemplaren. Dort sind sie laut schriftlicher Auskunft seit Einführung des gegenwärtigen Bibliothekssystems im Jahre 1999 fünfmal ausgeliehen worden: 1999, 2008, 2012, 2014, 2016.

39 Dissertationsschrift, für die Drucklegung leicht verändert. Meier ist Fronzeks Doktorvater (vgl. ebd., S. 9).

40 Sehr prononciert: „Früher hatten wir eben andere Vorbilder als diese Big-Brother-Idioten." (Friedrich 2006, S. 244).

bis Mitte der sechziger Jahre detailliert zu verfolgen und zu erhellen hinsichtlich des Verlaufs, seiner Ursachen, Akteure, Ergebnisse und Widersprüche, schließt die zugrunde liegende Erberezeption der Klassik ein, verbunden mit einer kritischen Bestandsaufnahme von Forschungsliteratur vor und nach 1990.[41] Ob bzw. wann Fronzeks Arbeit Untersuchungen folgen, die sich z. B. befassen könnten mit „Klassik-Rezeption und Literaturunterricht in der DDR 1966–1990", mit der „diachronen Rekonstruktion der bis 1990 in der ‚alten' Bundesrepublik kursierenden Klassikbilder" (Fronzek 2012, S. 458), ebenso mit einer vergleichenden Lehrplananalyse zum Stellenwert der Klassik – besonders der Weimarer Klassik – im gegenwärtigen Literaturunterricht (vgl. ebd., S. 458–459), bleibt ungewiss: vor allem deshalb, weil bzw. wenn andere Aspekte die Diskussionen in der Fachdidaktik dominieren und die „Beschäftigung mit historischen Kanonkonzepten prima vista antiquiert und wenig relevant" (Fronzek 2012, S. 459) erscheint. Letzteres mit zahlreichen Argumenten (vgl. Kepser 2013, S. 63–64), die sich z. T. widersprechen bzw. denen selbst teilweise grundsätzlich zu widersprechen ist: etwa einer in Erziehungswissenschaften verbreiteten, immer wieder problematisierten, stark linear-(mono)kausalen Ableitung von Positionen z. B. in Bezug auf Ziele, Methoden, Inhalte (vgl. Herrmann/Friedrich 1988, S. 10–11; Klingberg 1997, S. 6).

Seit dem Jahre 1990 ist in der neu entstandenen Bundesrepublik Deutschland eine Vielzahl an Lehrplänen, Rahmenlehrplänen, Übergangsplänen usw. in Kraft getreten, auch für den Deutschunterricht. Davon soll hier lediglich der neue Rahmenlehrplan für Berlin und Brandenburg interessieren, der zum Schuljahr 2017/2018 gültig wird; mit seiner Veröffentlichung am 18.11.2015 begann die Implementierung. Mit Blick auf die *unter (7) genannte Herangehensweise* scheint ein noch ausstehender, hier nicht vorgenommener Vergleich des LP Deutsch 46 mit diesem Rahmenlehrplan besonders ergiebig und sinnvoll zu sein; denn meines Wissens liegt nun erstmals in der Schulgeschichte der Bundesrepublik Deutschland ein Plan vor, der „für die Jahrgangsstufen 1 bis 10 aller Schulstufen und -arten und für den sonderpädagogischen Förderschwerpunkt ‚Lernen' in Berlin und Brandenburg" (Zacher 2016, S. 6) gilt. Der Plan erfüllt – so Juliane Zacher, Leiterin des Vorstandsbereichs Schule (GEW) – die „Forderung nach dem längeren gemeinsamen Lernen" (ebd.) und wird als eine Grundlage einer inklusiven Schule verstanden: im Sinne des gleichen Rechts auf gute Bildung

41 Aber ist dabei die Wucht des zivilisatorischen Bruchs 1945 nicht mehr ausreichend bewusst, scheint ein wesentliches Moment für das Verständnis dieser Entwicklung, besonders mit Blick auf die erfolgte „Neuordnung des Erbe- und Traditionsverständnisses nach 1945" (Uhlig 2011, S. 38), reduziert zu sein.

für alle Kinder und Jugendliche – auch unabhängig von ihrer Herkunft, ihrer Hautfarbe oder ihres Geschlechts (vgl. Dragendorf 2016, S. 30; aber vgl. Martens 2016[42]). Allerdings ist auch dieser Rahmenlehrplan – anders als alle Lehrpläne in der SBZ und DDR – Bestandteil einer trotz ihrer Veränderungen weiterhin nach Schularten gegliederten Schule[43]: in dieser Gestalt einerseits gewertet als Ausdruck eines weitgehenden Festhaltens „an der Dreigliedrigkeit des Systems" (Hanisch/Muñoz del Rio 2016, S. 22), andererseits als eine Lösung, noch „konsensfähig in unserer Gesellschaft" (Arnz 2016, S. 22).[44]

Fazit

Der LP Deutsch 46 war, ist und bleibt in der Geschichte von Deutschmethodik/Deutschdidaktik sowie in der deutschen Schulgeschichte ein besonderer Plan.

Ungeachtet der jeweiligen Wertung, die er bisher unter verschiedenen Aspekten erfahren hat oder künftig erführe: Seine kurzzeitige Existenz und Gültigkeit sind ein Ausdruck und ein Beispiel dafür, was unter realen, komplizierten Bedingungen und unter maßgeblichem Einfluss gesellschaftlicher Kräfte – damals besonders in Form der sowjetischen Besatzungsmacht – sowie engagierter, prominenter Personen verschiedener politischer und pädagogischer Richtungen erreicht werden kann. Der Plan selbst – Widersprüche, Probleme, Defizite einschließend – erscheint geeignet, das Verständnis von Funktionen und Strukturen des Unterrichtsfaches zu erleichtern, „die in den nachfolgenden

---

42 Martens Kritik berührt letztlich das seit Jahrzehnten in der Bundesrepublik Deutschland diskutierte und sich weiter verschärfende Problem, wie z. B. Sprachunterricht in einer vielsprachigen Gesellschaft wissenschaftlich fundiert erfolgreich gestaltet werden kann (vgl. Haueis 1994, 2016; Belke 2012, 2015).

43 Sie existiert z. B. in Berlin in Gestalt von Zweigliedrigkeit (Gymnasium und integrierte Sekundarschule /ISS) plus Gemeinschaftsschule, die ISS wiederum mit eigener „Oberstufe und die ISS ohne Oberstufe" (Hanisch/Muñoz del Rio 2016, S. 22). Letztere wird von Kritikern als „neue Restschule" (ebd.) betrachtet, mit deutlichen Problemen einer guten Durchmischung der Schülerschaft und Klassen, im „Vergleich zur Hauptschule [...] noch größer geworden" (ebd.).

44 Arnz (2016), vor seiner Pensionierung zuletzt als ranghoher Vertreter der Berliner Schulverwaltung tätig, befürwortet eine Schule für alle bis Klasse 10, schätzt jedoch ein, dass sie bis heute in der Bundesrepublik Deutschland – anders als im Ausland (die DDR lässt er unerwähnt) – nicht durchsetzbar sei. „Wenn wir die eine Schule für alle als Weg weiter verfolgt hätten [...] [d]ann hätten wir zwar eine Gemeinschaftsschule als Modell, aber daneben die zersplitterte Struktur mit Haupt- und Realschule [...] über die die Selektion und Segration funktionierte." (Ebd., S. 22)

Lehrplänen [in der DDR SBZ / DDR – M. K.] weiter ausgebaut und verändert, aber nie grundlegend aufgegeben wurden: die angestrebte direkte Einflussnahme auf die (später so bezeichnete sozialistische) Persönlichkeitsentwicklung der SchülerInnen durch den Lernprozess, die Orientierung auf die Systematik der Kenntnisvermittlung und Könnensentwicklung, die Grundstrukturen des Unterrichtsstoffs, einschließlich des literarischen Kanons " (Jonas/Zech 2006, S. 184). Der Plan bildet zugleich einen Anzeiger dafür, was bis heute in der Bundesrepublik Deutschland im hier interessierenden Bereich unerledigt geblieben bzw. neu aufgetreten ist. In diesem Sinne erweist sich der LP Deutsch 46 nicht nur als ein geschichtliches Dokument – an die Nachkriegszeit in den Besatzungszonen erinnernd –, sondern vor allem als ein Vergleichslehrplan mit der Potenz zu dauerhafter Herausforderung, nunmehr besonders unter sich gravierend veränderten und sich weiter verändernden inneren und äußeren Bedingungen des Faches Deutsch: in einem Staat, der Jahrzehnte nach dem 2. Weltkrieg, von Deutschland verursacht, auf unterschiedliche Weise an Militarisierung und neuen Kriegen in der Welt – oft sprachlich so nicht bezeichnet – beteiligt ist (vgl. Verteidigungspolitische Richtlinien 2011; Weißbuch 2016;); in einer öffentlichen Schule mit deutlichen Schwierigkeiten, „ihr Angebot ‚verlässlich' zu halten, ihren Unterricht ‚fachgerecht' zu erteilen, allen dazu fähigen Kindern hinreichend Lesen, Schreiben und Rechnen [und mehr – M. K.] beizubringen, die ‚Schulpflicht' durchzusetzen"(Geißler 2013, S. 1042), während „Eltern, die es sich leisten können, zusehends zu privaten Alternativen greifen"(ebd.); in einem Deutschunterricht, der in der Bundesrepublik Deutschland in einer vielsprachigen Gesellschaft gekennzeichnet ist von Verunsicherung und theoretischen Defiziten bezüglich Stellung, Funktion, Gegenstand, bildungspolitischer Lösungen, sprachdidaktischer Konzepte, häufig von Aktionismus bestimmt – das alles mit Auswirkungen auf das Sprachniveau von Kindern und Jugendlichen.

Nicht zuletzt in einer solchen Situation die genannte Funktion des LP Deutsch 46 als Vergleichslehrplan bewusst zu halten oder erneut bewusst zu machen und zu nutzen – darin vor allem besteht ein Ziel des vorliegenden Beitrags; denn eine sich wissenschaftlich verstehende Disziplin wie die Didaktik der deutschen Sprache und Literatur „tut gut daran, sich der historischen Dimension und ihrer Bearbeitung nicht zu entziehen, auch um sich in der Gegenwart und Zukunft klar positionieren zu können" (Karg 2012, S. 5; auch vgl. Ivo 1999).

Literatur

Abels, Kurt (Hrsg.): Deutschunterricht in der DDR. 1949–1989. Frankfurt a. M. u. a. 1992 a.

Abels, Kurt: Sprachbücher für den Deutschunterricht 1945–1965. In: Hohmann, Joachim S.: Deutschunterricht zwischen Bildungsnot und Bildungskrise. Rückblicke auf die Zeit von 1945/46 bis 1968. Frankfurt a. M. u. a. 1992 b, S. 141–197.

Alt, Robert: Zum Problem der Unterrichtsmethode in der demokratischen Schule (1947). In: Erziehung und Gesellschaft. Pädagogische Schriften. Ausgewählt, eingeleitet und erläutert von Karl-Heinz Günther, Helmut König und Rudi Schulz. Berlin 1975, S. 86–108.

Arnz, Siegfried (im Interview mit Markus Hanisch und Caroline Muñoz del Rio): „Auch mit fünf Prozent mehr Lehrkräften würde sich nichts ändern". In: bbz. Berliner Bildungszeitschrift Juli/August 2016, 69. (84.) Jahrgang. GEW Berlin, S. 20–22.

Baumbach, Charlotte: Zur Arbeit mit dem neuen Lehrplan. In: Deutschunterricht 4 (1951) 5, S. 26–45.

Beilke: Unveröffentlichtes Gutachten vom 17.11.1946. In: Hohmann, Joachim S.: Deutschunterricht in SBZ und DDR 1945–1962. Frankfurt a. M. u. a. 1997, S. 200–204.

Belke, Gerlind. Mehr Sprachen für alle: Sprachunterricht in einer vielsprachigen Gesellschaft. Baltmannsweiler 2012.

Belke, Gerlind: Die Fachdidaktik Deutsch im Kontext einer Didaktik der Mehrsprachigkeit. In: Jonas, Hartmut/Kreisel, Marina: Fachdidaktik Deutsch – Rückblicke und Ausblicke. Frankfurt a. M. u. a. 2015, S. 295–322.

Bundesministerium für Verteidigung. Der Bundesminister: Verteidigungspolitische Richtlinien. Berlin 2011. URL: https://www.bmvg.de/resource/resource/Verteidigungspolitische Richtlinien (27.05.11).pdf (Stand: 27.11.2016).

Bütow, Wilfried: Kanon und Literaturunterricht in der DDR. In: Czech, Gabriele: „Geteilter" deutscher Himmel. Literaturunterricht in Ost und West von 1945 bis zur Gegenwart. Frankfurt a. M. u. a. 2007, S. 71–93.

Bütow, Wilfried/Scholz, Werner: Der Lehrplan Deutsche Sprache und Literatur. Teil Literatur der zehnklassigen allgemeinbildenden polytechnischen Oberschule. Inhaltliche und didaktisch-methodische Erläuterungen. Berlin 1988.

de Maizière, Lothar: Regierungserklärung vom 19.04.1990. URL: http://deutsche-einheit-1990.de/wp-content/uploads/BArch-DC20-1-3-2944_Regerkl.pdf (Stand 27.11.2016).

Deutsche Zentralverwaltung in der Sowjetischen Besatzungszone Deutschlands: Lehrpläne für die Grund- und Oberschulen in der Sowjetischen Besatzungszone Deutschlands. Deutsch. Berlin, Leipzig 1946.

Die Bundesregierung: Weißbuch 2016. Zur Sicherheitspolitik und zur Zukunft der Bundeswehr. Berlin 2016.

Dill, Hans-Otto: Die lateinamerikanische Literatur in Deutschland. Bausteine zur Geschichte ihrer Rezeption. Frankfurt a. M. u. a. 2009.

Dragendorf, Elke (im Interview mit Rolf Schiweck): Viele Standpunkte = Rahmenlehrplan. In: bbz. Berliner Bildungszeitschrift Juli/August 2016, 69. (84.) Jahrgang. GEW Berlin, S. 8–9.

Eckhardt, Juliane: Der Lehrplan des Deutschunterrichts. Lernbereichskonstruktion und Lernzielbestimmung unter gesellschaftlich-historischem Aspekt. Weinheim und Basel 1979.

Frank, Horst Joachim: Geschichte des Deutschunterrichts von den Anfängen bis 1945. München 1973.

Frentz, Hartmut: Zur Entwicklung des Verhältnisses zwischen Mündlichkeit und Schriftlichkeit im Ausdrucksunterricht der ostdeutschen Schule (1946–1990). In: Ehrhardt, Horst (Hrsg.): Linguistik, Sprachunterricht und Sprachlehrerstudium in Ostdeutschland (1946–1990). Frankfurt a. M. u. a. 1994, S. 241–269.

Fienhold, Renate/Pusch, Birgit: Sprachhistorische Stoffe im Muttersprachunterricht der ostdeutschen Schule (1946–1990). In: Ehrhardt, Horst (Hrsg.): Linguistik 1994, S. 109–128.

Friedrich, Bodo/Herrmann, Hartmut: Der Lehrplan Deutsche Sprache und Literatur – Teil Muttersprachunterricht – der zehnklassigen allgemeinbildenden polytechnischen Oberschule. Inhaltliche und didaktisch-methodische Erläuterungen. Hrsg.: Akademie der Wissenschaften der Deutschen Demokratischen Republik. Berlin 1988.

Friedrich, Bodo: Die Entwicklung des Muttersprachunterrichts in der DDR – dargestellt an Lehrplanveränderungen von 1946–1982. In: Diskussion Deutsch 22 (1991) 122, S. 565–593.

Friedrich, Bodo (Hrsg.): Geschichte des Deutschunterrichts von 1945 bis 1989 (Teil 1). Unterricht nach Plan? Untersuchungen zur Schule in der SBZ/DDR. Frankfurt a. M. u. a. 2006.

Friedrich, Bodo/Gerlach, Robert/Lang, Patrick (Hrsg.): Geschichte der Deutschmethodik in der SBZ und DDR in Biographien. Frankfurt a. M. u. a. 1999.

Friedrich, Bodo/Kreisel, Marina: Die Entwicklung des Muttersprachunterrichts in der DDR – dargestellt an den Lehrplanveränderungen von 1946–1982. In: Delnoy, Resy/Herrlitz, Wolfgang/Kroon, Sjaak (eds.): European Education in

Mother Tongue. A Second Survey of Standard Language Teaching in Eight European Countries. Nijmegen 1995, S. 53–121.

Friedrich, Bodo/Kreisel, Marina/Oehme, Viola: Quellen des Literaturunterrichts in der SBZ/DDR. In: Czech, Gabriele: „Geteilter" deutscher Himmel. Literaturunterricht in Ost und West von 1945 bis zur Gegenwart. Frankfurt a. M. u. a. 2007, S. 35–47.

Fronzek, Henrik: Klassik-Rezeption und Literaturunterricht in der SBZ/DDR 1945–1965. Zur Konstruktion eines pädagogischen Deutungskanons. Würzburg 2012 (zugl. Leipzig, Univ., Diss., 2011).

Geißler, Gert: Schulreform und Schulverwaltung in Berlin. Die Protokolle der Gesamtkonferenzen der Schulräte von Groß-Berlin. Juni 1945 bis November 1948. Frankfurt a. M. u. a. 2002.

Geißler, Gert: Schulgeschichte in Deutschland. Von den Anfängen bis in die Gegenwart. 2. aktualisierte und erweiterte Auflage. Frankfurt a. M. u. a. 2013.

Göbel, Reinhard: Muttersprachliche Bildung und Erziehung im Literaturunterricht: ein Beitrag zur Bestimmung der Wechselbeziehungen zwischen Literatur- und Mutterspracheunterricht. Berlin, Akad. d. Pädag. Wiss. d. DDR, Diss. B, 1987.

Gutachten vom Herbst 1946, unveröff., aus Privatbesitz. In: Hohmann, Joachim S.: Deutschunterricht 1997, S. 200–207.

Gutachten zu dem Lehrplan für den Deutschunterricht. April 1946 […] In: Hohmann, Joachim S.: Deutschunterricht 1997, S. 207–211.

Hadermann, Ernst: Ueber Auswahl und Deutung des deutschen Schrifttums in der höheren Schule (Oberklassen) im demokratischen Deutschland. Referat. Entwurf vom 3.2.1945. Landesarchiv Merseburg. SED-Sammlungsgut, V/611/1.

Hackel, Werner: Grammatikforschung und -lehre im muttersprachlichen Bereich Ostdeutschlands (1946–1990), In: Ehrhardt, Horst (Hrsg.): Linguistik 1994, S. 129–182.

Hanisch, Markus/Muñoz del Rio, Caroline (im Interview mit Siegfried Arnz): „Auch mit fünf Prozent mehr Lehrkräften würde sich nichts ändern" 2016.

Haueis, Eduard (Hrsg.): Muttersprachlicher Unterricht an Europas Schulen. OBST 48 1994.

Haueis, Eduard: Ausbau von Sprachpotenzialen. Sozio- und Ontogenese in einer didaktischen Perspektive. Duisburg 2016.

Hildebrand, Rudolf: Vom deutschen Sprachunterricht und von deutscher Erziehung und Bildung überhaupt – Über die Fremdwörter und das Altdeutsche in der Schule. Berlin/ Leipzig 1947.

Hohendorf, Gerd: Ernst Hadermann – 1896 bis 1968. Streitbarer Humanist, kämpferischer Demokrat. In: Wegbereiter der neuen Schule. Hrsg. v. Gerd Hohendorf/Helmut König/Eberhard Meumann. Berlin 1989, S. 98–105.

Hohmann, Joachim S.: Deutschunterricht in SBZ und DDR 1945–1962. Zur Geschichte und Soziologie sozialistischer Erziehung. Frankfurt a. M. u. a.1997.

Hörner, Wolfgang: Methodologische Probleme des ‚intersystemaren Vergleichs'. Vortrag am 04.09.2001 auf dem Arbeitstreffen zum DFG-Projektes „Geschichte des Deutschunterrichts in beiden deutschen Staaten von 1945 bis 1989" an der Ruhr-Universität Bochum (unveröff. Manuskript).

Ivo, Hubert: Deutschdidaktik: Die Sprachlichkeit des Menschen als Bildungsaufgabe in der Zeit. Baltmannsweiler 1999.

Jonas, Hartmut/Zech, Johannes: Geschichte des Deutschunterrichts (II/2: Geschichte des Deutschunterrichts in der SBZ/DDR). In: Kliewer, Heinz-Jürgen/ Pohl, Inge (Hrsg.): Lexikon Deutschdidaktik. Bd. 1: A–L. Baltmannsweiler 2006, S. 184–188.

Karg, Ina: Rezension von: Zech, Johannes: Systemfragen der muttersprachlichen Bildung und Erziehung in der sozialistischen Schule, Sprachliche Bildung und Erziehung in der DDR-Schule. Frankfurt a. M. u. a. 2011. In: EWR 11 (2012) 4 (veröffentlicht am 02.08.2012), URL: http://www.klinkhardt.de.

Kepser, Matthis: Deutschdidaktik als eingreifende Kulturwissenschaft. Ein Positionierungsversuch im wissenschaftlichen Feld. In: Didaktik Deutsch 18 (2013) 34, S. 52–68.

Klingberg, Lothar: Lernen – Lehren – Unterricht. Über den Eigensinn des Didaktischen. LLF-Berichte Nr. 17. April 1997. Interdisziplinäres Zentrum für Lern- und Lehrforschung Universität Potsdam 1997.

Kirchhöfer, Dieter/Uhlig, Christa (Hrsg.): Ernst Hadermann. Bildungsdenken zwischen Tradition und Neubeginn. Frankfurt a. M. u. a. 2008.

Kreisel, Marina: Deutschunterricht in den neuen Bundesländern zwischen Projektemachen und Abschreibübungen. In: Rudolph, Günter/Schäfer, Jürgen: Deutschunterricht in den neuen Bundesländern seit 1990. Frankfurt a. M. u. a. 1996, S. 111–125.

Kreisel, Marina: „Bodo Friedrich: Ernst Hadermanns Konzept für den Literaturunterricht der Oberstufe und seine Wirkung". Anmerkungen zu einem ungeschriebenen Beitrag. In: Kirchhöfer, Dieter/Uhlig, Christa: Ernst Hadermann. Bildungsdenken zwischen Tradition und Neubeginn. Frankfurt a. M. u. a. 2008, S. 57–74.

Kreisel, Marina: Tendenzen unterrichtlichen Handelns von Deutschlehrern in der SBZ/DDR (Anfangsjahre). In: Roberg, Thomas/Sebastian Susteck/Harro Müller-Michaels (Hrsg.): Geschichte des Deutschunterrichts von 1945 bis 1989

(Teil 2). Deutschunterricht im Widerstreit der Systeme. Frankfurt a. M. u. a. 2010, S. 191–268.

Kutz, Björn/Vollmer; Gesa: Zum Zusammenhang von sozialistischem Erbebegriff und schöpferischer Literaturaneignung im Deutschunterricht der DDR am Beispiel von Lessings „Nathan der Weise". In: Cölln, Jan/Holznagel, Franz-Josef (Hrsg.): Positionen der Germanistik in der DDR. Personen – Forschungsfelder – Organisationsformen. Berlin, Boston S. 324–334.

Lecke, Bodo: Positionen, Probleme und Tendenzen der BRD-Deutschdidaktik (1945–1990). In: Jonas, Hartmut/Kreisel, Marina: Fachdidaktik Deutsch 2015, S. 35–59.

Lenzen, Dieter: Bildung statt Bologna. Berlin 2014.

Martens, Lilo: Aus dem Rahmen. In: bbz. Berliner Bildungszeitschrift Juli/August 2016, 69. (84.) Jahrgang. GEW Berlin, S. 11–12.

Mählert, Ulrich: Totgesagte leben länger. Oder: Konjunkturen der DDR-Forschung vor und nach 1989. In: Mählert, Ulrich (Hrsg.): Die DDR als Chance. Neue Perspektiven auf ein altes Thema. Berlin 2016, S. 9–21.

Meier, Bernhard: Literaturunterricht nach Plan. Zum Lehrplan für den Lese- und Literaturunterricht in der SBZ/DDR (1945–1990). Habilitationsschrift, eingereicht am FB 2 (Erziehungs- und Unterrichtswissenschaften) der Technischen Universität Berlin 1994.

Meier, Bernhard: Von der Notwendigkeit, sich mit der Geschichte des Literaturunterrichts in der DDR zu beschäftigen. In: Czech, Gabriele (Hrsg.): „Geteilter" deutscher Himmel. Literaturunterricht in Ost und West von 1945 bis zur Gegenwart. Frankfurt a. M. u. a. 2007, S. 19–34.

Mieth, Annemarie: Literatur und Sprache im Deutschunterricht der Reformpädagogik. Eine problemgeschichtliche Untersuchung. Frankfurt a. M. u. a. 1994.

Ministerium für Volksbildung der Deutschen Demokratischen Republik: Lehrplan für Grundschulen. Deutsch. 1. bis 8. Schuljahr. Berlin 1951.

Ministerium für Volksbildung der Deutschen Demokratischen Republik: Lehrplan für Grundschulen. Deutsch. 5. bis 8. Schuljahr. Berlin 1952.

Motzkau-Valeton, Wolfgang: Literaturunterricht in der DDR. Theoretische Grundlagen und didaktische Prinzipien. Paderborn 1979.

Müller-Michaels, Harro: Deutschunterricht. In: Anweiler, Oskar (Hrsg,): Vergleich von Bildung und Erziehung in der BRD und DDR. Köln 1990, S. 236–253.

Müller-Michaels, Harro: Anfänge und Entwicklung des Literaturunterrichts in den beiden deutschen Staaten. In: Roberg, Thomas/Susteck, Sebastian/Müller-Michaels, Harro (Hrsg.) 2010, S. 27–44.

Oehme, Viola: Stalins Schrift „Der Marxismus und die Fragen der Sprachwissenschaft" und ihre Bedeutung für den Grammatikunterricht der DDR in den 50er Jahren. In: Ehrhardt, Horst (Hrsg.): Linguistik 1994, S. 183–196.

Pätzold, Kurt: Der Vergangenheit entgeht niemand. Berlin 2012, S. 50–60.

Programm der Disziplin- und Kaderentwicklung der Methodik des Muttersprachunterrichts. Ausgearbeitet von der FG Muttersprachunterricht der Akad. d. Päd. Wiss. d. DDR / Institut für Gesellschaftswissenschaftlichen Unterricht. Berlin 1989 (Manuskriptfassung) Privatarchiv M. K.

Rang, Brita: Pädagogische Geschichtsschreibung in der DDR. Entwicklung und Entwicklungsbedingungen der pädagogischen Historiographie 1945–1965. Frankfurt a. M., New York 1982.

Rahmenlehrplan (RLP). URL: http://bildungsserver.berlin-brandenburg.de/fileadmin/bbb/unterricht/rahmenlehrplaene/Rahmenlehrplanprojekt/amtliche_Fassung/Teil_C_Deutsch_ 2015_11_10_WEB.pdf (Stand: 27.11.2016).

Roberg, Thomas/Susteck, Sebastian/Müller-Michaels, Harro (Hrsg.): Geschichte des Deutschunterrichts von 1945 bis 1989 (Teil 2). Deutschunterricht im Widerstreit der Systeme. Frankfurt a. M. u. a. 2010.

Rosenow, Gertrud: Schreiben (Entwurf) an SMA Karlshorst, Prof. Mitropolsky. Berlin 5. Januar 1947. In Hohmann, Joachim S.: Deutschunterricht 1997, S. 213–214.

Schiller, Joachim: Zwischen Stagnation und Reform: Schule in der DDR. Nicht alles war schlecht. Aber: keine Reform ohne Enthusiasmus von Lehrern. In: Sonntagsbeilage des Tagesspiegels vom 3. Juni 1990, S. 1.

Schulz, Gudrun: Zur Ausbildung des Lesens im Leseunterricht der Klassen 2 bis 4 und im Lese- und Literaturunterricht der Klassen 5 und 6 in der Schule der DDR. Berlin, Akad. d. Pädag. Wiss. d. DDR, Diss. B, 1986.

Seghers, Anna: Hier im Volk der kalten Herzen. Briefwechsel 1947. Hrsg. Christel Berger. Berlin 2000.

Susteck, Sebastian: Abendland. Didaktische, pädagogische und schulpolitische Ansichten 1945–1960. In: Roberg, Thomas/Susteck, Sebastian/Müller-Michaels, Harro (Hrsg.) 2010, S. 45–77.

Uhlig, Christa: Ernst Hadermann – Bildungsbiographie und Bildungsverständnis. In: Kirchhöfer, Dieter/Uhlig, Christa (Hrsg.): Ernst Hadermann. Bildungsdenken zwischen Tradition und Neubeginn. Frankfurt a. M. u. a. 2008, S. 29–43.

Uhlig, Christa: Das pädagogische Erbe- und Traditionsverständnis in der DDR – Bezugsrahmen für die Entwicklung der Erziehungswissenschaften. In: Kirchhöfer, Dieter/Uhlig, Christa (Hrsg.): „Verordnete" Einheit versus realisierte Vielfalt. Wissenschaftliche Schulenbildung in der Pädagogik der DDR. Frankfurt a. M. u. a. 2011, S. 37–57.

Uhlig, Christa: Tradierung historischer Argumentationsmuster im Streit um eine stärkere Vereinheitlichung der Schule. In: Kirchhöfer, Dieter/Uhlig, Christa: Bildung und soziale Differenzierung in der Gesellschaft. Frankfurt a. M. u. a. 2012, S. 145–165.

Wolf, Konrad: Aber ich sah selbst, das war der Krieg. Kriegstagebuch und Briefe 1942–1945. Hrsg.: Paul Werner Wagner. Berlin 2015.

Wolt, Ruth: Interview. 1996. In: Friedrich, Bodo/Gerlach, Robert/Lang, Patrick (Hrsg.): Frankfurt a. M. u. a. 1999, S. 341–371.

Wolt, Ruth: Entwicklungslinien in den Lehrplänen für das Fach Deutsch (Klassen 1 bis 4). Unveröff. Fassung von 2007/2008; nicht abgeschlossen.

Zacher, Juliane: Ein Rahmen für die Zukunft. In: bbz. Berliner Bildungszeitschrift Juli/August 2016, 69. (84.) Jahrgang. GEW Berlin 2016, S. 6–7.

Zaisser, Else: Zur Vorbereitung der Theoretischen Konferenz der deutschen Pädagogen im Herbst 1952. In: Deutschunterricht 5 (1952 a) 7, S. 338–342.

Zaisser, Else: Vorwort. In: Lehrplan für Grundschulen. Deutsch 5.–8. Schuljahr. Berlin 1952 b.

Ziechert, Lothar/Donath, Rudolf: Die Bildungs- und Erziehungsziele im Deutschunterricht des 5. bis 8. Schuljahres. In: Deutschunterricht 5 (1952) 9, S. 469–476.

Zimmer, Hasko: Zweierlei Neubeginn. Entwicklungsdeterminanten in Ost und West zwischen 1945–1989. In: Abels, Kurt (Hrsg.): Deutschunterricht in der DDR 1949–1989. Beiträge zu einem Symposion in der Pädagogischen Hochschule Freiburg. Frankfurt a. M. u. a. 1992, S. 23–41.

Dietrich Hoffmann

Optionen und Realitäten der schulpolitischen und pädagogischen Nachkriegsentwicklung in den westlichen Besatzungszonen und der BRD

Im Herbst 1993 fand im Erich-Weniger-Haus in Steinhorst bei Gifhorn ein Symposium von ost- und westdeutschen Pädagoginnen und Pädagogen zum Thema „Erziehung und Erziehungswissenschaft in der BRD und der DDR" statt. Der Diskurs wurde auf die zwei Jahrzehnte nach dem Zweiten Weltkrieg beschränkt und seine Ergebnisse ein Jahr später unter dem Titel „Die Teilung der Pädagogik (1945–1965)" veröffentlicht (Hoffmann/Neumann 1994). Von den 14 Vorträgen des Bandes stammen acht von Autoren bzw. einer Autorin aus Ostdeutschland.[1] Zu dieser Gruppe gehört Gert Geißler, der in seinem Abriss der Schulpolitik zwischen 1945 und 1965 „drei tiefgehende Einschnitte in der Schulpolitik von SBZ und DDR" unterschied. Mit der ‚Innovationszäsur' entstand aus seiner Sicht 1958 „sowohl der Bundesrepublik als auch der UdSSR gegenüber ein eigenständiges deutsches Schulwesen" (Geißler 1994, S. 41).[2] Mit der Annahme von bedeutsamen Zäsuren in dem betreffenden Zeitabschnitt umging der Autor die Schwierigkeit, auf die offiziellen Periodisierungen des historischen Ablaufs einzugehen (etwa: 1945–1949 Antifaschistisch-demokratische Schulreform, 1949–1955 Sozialisti-

---

1 Mit ‚Teilung' wurde von den Herausgebern – auf die Erzählung ‚Der geteilte Himmel' von Christa Wolf aus dem Jahre 1963 angespielt. Immerhin endet diese damit, dass Manfred die DDR verlässt – und Rita sich für sie entscheidet.
Auf den ersten Sammelband folgten zwei weitere: 1995 ‚Divergenzen und Konvergenzen' und 1996 ‚Die Vereinigung der Pädagogiken'. Dieser Titel wurde gewählt, weil der Prozess sich im Rahmen der ‚Vereinigung' beider deutscher Staaten abspielte. Bei genauer Betrachtung handelte es sich um eine Art ‚feindlicher Übernahme' und damit um eine ‚Transformation'.

2 Gert Geißler hat inzwischen eine umfangreiche Monographie zum Thema vorgelegt (Geißler 2000). Die ersten vier Kapitel des Buches (S. 9–60) sind auch für das Verständnis der Anfangsprobleme in den Westsektoren Berlins und in ähnlich strukturierten Teilen der westlichen Besatzungszonen von Interesse. Die Darstellungen von Karl-Heinz Günther und Gottfried Uhlig in ‚Zur Entwicklung des Volksbildungswesens' und der ‚Geschichte der Schule' von 1968 bzw. 1969 sollten zum Vergleich der Darstellungsperspektiven herangezogen werden (Günther/Uhlig 1968, 1969).

sche Schulreform, 1955–1962 Einheitliches sozialistisches Schulwesen etc.), die innerhalb des finalen Geschichtsverständnisses „des historischen Materialismus mit seiner Formationslehre" (Anweiler 1994, S. 18) von hoher Bedeutung waren (Lange 1956, S. 36 f.).[3] Mit den in Westdeutschland üblichen Periodisierungen, von denen einige innerhalb des Konkurrenzdenkens zwischen West und Ost ideologische Absichten verfolgten, war nicht davon abzulenken, dass dort bis 1958 kein ‚eigenständiges' oder gar ‚einheitliches Schulwesen' entwickelt worden war, im Gegenteil. Die Gründung der Ständigen Konferenz der Kultusminister der Länder im Jahre 1948, an der die Erziehungsminister der SBZ informell teilgenommen hatten (Februar 1948 in Stuttgart-Hohenheim), führten zu der Einsicht, dass die sowohl durch die Besatzungsmächte als auch durch die Länderministerien geschaffenen Verhältnisse dringend vereinheitlicht werden mussten und 1953 zur Schaffung des Deutschen Ausschusses für das Erziehungs- und Bildungswesen. Dieses Gremium, das aus meiner Sicht aufgrund seiner Zusammensetzung in fachlicher Hinsicht durchaus ‚demokratisch' legitimiert war (vgl. Reybrouck 2016), legte 1959 einen ‚Rahmenplan zur Umgestaltung und Vereinheitlichung des allgemeinbildenden öffentlichen Schulwesens' vor. Da von den vorgeschlagenen Reformen nur wenige geeignet waren, die schulpolitischen Verwerfungen zu beseitigen, – und diese nur unvollständig durchgesetzt wurden, blieb das Chaos erhalten. Nach dem ‚Hamburger Abkommen zur Vereinheitlichung des Schulwesens' von 1964 wurde 1965 der Deutsche Bildungsrat eingerichtet. Wie Oskar Anweiler angesichts dieses Verlaufs zu dem Schluss kommen konnte, die Jahre 1948/49 und 1965 seien „‚Schlüsseljahre' der bildungspolitischen Entwicklung in Deutschland" gewesen (Anweiler 1994, S. 21), lässt sich nicht nachvollziehen. Der Bildungsrat, der mit der Mehrheit seiner ‚pädagogischen Expertise' – wie man den entsprechenden realistischen Sachverstand heute nennen würde – für die generelle Einführung von Gesamtschulen warb, konnte sich 1970 damit nicht durchsetzen.[4] Wegen der Begrenzung des Betrachtungszeitraums innerhalb der

---

3 Fritz Lange fasste die Situation vor den Verhandlungen des V. Pädagogischen Kongresses u. a. so zusammen: „Vor nunmehr zehn Jahren, im August 1946, gab der I. Pädagogische Kongreß der deutschen demokratischen Schule die grundsätzliche neue Orientierung ... Wir haben in den folgenden Jahren die Aufgaben der bürgerlich-demokratischen Schulreform vollendet ... Gleichzeitig aber haben wir auch den theoretischen und schulpolitischen Auffassungen der deutschen Arbeiterklasse ... zum ersten Male in der deutschen Schulgeschichte Wirksamkeit verschafft ..." (Lange 1956, S. 34).

4 Die ‚Bildungskommission' des Rates, die für die Begründung des von ihr erwarteten Reformkonzeptes zuständig war, scheiterte an der vom Bund und den Ländern besetzten ‚Verwaltungskommission'. Das Gremium wurde 1975 ersatzlos aufgelöst, die Anstrengungen einer ‚Bildungsreform' eingestellt.

erwähnten Tagung wurden die Unterschiede der Reformintentionen auf ihr nicht diskutiert. Sie bestanden in der Hauptsache darin, dass man – im Anschluss an die obsolet gewordene faschistisch-autoritäre und die zumindest teilweise in Vergessenheit geratene republikanisch-liberale Schule der Weimarer Zeit – im Osten eine sozialistische und im Westen eine kapitalistische Schule schaffen wollte bzw. musste.

Unter den Bedingungen der unmittelbaren Nachkriegszeit handelt es sich um ein administratives Wunder, dass Überlebende von Krieg und Verfolgung, die bis zur Machtergreifung der Nationalsozialisten in Schulfragen parteipolitisch und weltanschaulich höchst zerstritten waren, in Ostdeutschland innerhalb eines Jahres ein in sich schlüssiges Konzept in juristisch akzeptable Form bringen konnten. Dass es wegen der erst später stattfindenden Wahlen in den Ländern der SBZ durch Befehl der sowjetischen Militäradministration eingeführt wurde, macht es nicht ‚undemokratisch'. Aber in Westdeutschland war dergleichen nicht durchzusetzen. Die Interessen aller nach dem Grundsatz der Verhältnismäßigkeit zu beteiligenden Institutionen waren so heterogen, dass weder Einheit noch Gemeinsamkeit zu erreichen gewesen wären, insbesondere die Einrichtung einer ‚Einheitsschule' war von Anfang an pädagogisches Schreckgespenst und ist es bis heute geblieben.[5]

Die Unterschiede der sich in Ost- und Westdeutschland gegenüberstehenden Grundauffassungen lassen sich – sehr verkürzt, aber für die Zwecke einer Antwort auf die im Thema gestellte Frage – so zusammenfassen: In der ‚sozialistischen Gesellschaft' musste die Schule befähigt werden, „umfassende gesellschaftliche Erziehungsprozesse in Gang zu setzen und zu fördern", um „günstige Bedingungen für die Entwicklung und Erziehung sozialistischer Persönlichkeiten zu schaffen" (Neuner 1973, S. 16).[6] In Westdeutschland setzte das ein, was man als ‚Demokratisierung der Gesellschaft' verstand, bis in die 1960er Jahre hinein scheinbar unabhängig von den wirtschaftlichen Bedingungen. Nur wenige waren sich bewusst, dass eine kapitalistische Gesellschaft entstand, mit in ständi-

5 Gerhart Neuner hat Jahrzehnte später darauf hingewiesen, an welcher Stelle das Gesetz aus seiner Sicht unzureichend, gleichsam sachlich undemokratisch war: „Dazu hätte gehört, progressive Momente und Erfahrungen der traditionellen Reformpädagogik seit der Jahrhundertwende entschlossener zu adaptieren". Sie sei schließlich noch weiter zurückgedrängt worden, obschon sie „nahezu über das gesamte politische Spektrum verteilt" gewesen sei (Neuner 1999, S. 33).

6 Zur Charakterisierung der ‚sozialistischen Persönlichkeit' vgl. Neuner 1975, zur Tradition und Kontinuität des ‚neuen Menschen' auch 1996, S. 308 ff. Kritisch dazu Hoffmann 2000, Kirchhöfer 2007.

ger Veränderung befindlichen ökonomischen Strukturen, die die Entwicklung ‚kapitalistischer Persönlichkeiten' bewirkten. Ein solches ‚Ziel' hätte Ablehnung und Empörung hervorgerufen. Man verlegte sich offiziell auf die einer der ‚demokratischen' Persönlichkeit, die das Ideal des liberalen Individualismus verkörperte, im Gegensatz zum autoritären Kollektivismus. Erleichtert wurde diese Sicht durch den faktischen Zerfall der Klassen und damit des Klassenmodells der Gesellschaft, an dessen Stelle ein Schichtenmodell trat, das die Veränderungen zutreffend abbildete.

Die Optionen und Realitäten der Bildungspolitik in Westdeutschland hingen von Anfang an und hängen bis heute von den Zwängen der Wirtschaftsform ab, in der die Produktionsmittel Privateigentum sind und durch die Mechanismen des Marktes auf individuellen Profit ausgerichtet werden. Auch in diesem System werden Menschen und Bürgerrechte im Zweifel verkürzt – und insbesondere ökonomischen Interessen untergeordnet. Die Slogans ‚Soziale Marktwirtschaft', ‚formierte Gesellschaft', ‚Marktkonforme Demokratie'[7] deuten das Ranking der Entscheidungsebenen an, die inzwischen auch deshalb aus der Balance geraten sind, da die inzwischen auch politische Macht verstärkt ‚kapitalisiert' wird, also Regulierung bzw. Deregulierung von Angehörigen der ‚politischen Klasse' für sich selbst profitabel gemacht werden. „Die Nachkriegsentwicklung … war wesentlich bestimmt durch das extensive Wirtschaftswachstum im Gefolge der Restauration der kapitalistischen Wirtschaftsordnung" (Arnold/Marz 1979, S. 116). Die Restauration des Schulwesens in den verschiedenen Phasen der ‚bildungspolitischen Entwicklung' von 1945 bis 1969 hängt in der Hauptsache von der Reindustrialisierung und der damit verbundenen Remilitarisierung ab.[8]

Bewirkten die Unterschiede der politischen oder der wirtschaftlichen Ziele der zwei großen Lager der Anti-Hitler-Koalition den aufkommenden Ost-West-

---

7 Die ersten beiden Slogans wurden von Ludwig Erhard (CDU) geprägt bzw. durchgesetzt, schon ab 1948, also bereits vor der Gründung der BRD 1949, der dritte wird seit 2011 Angela Merkel zugeschrieben. Sie hat (lediglich?) darauf hingewiesen, dass in der parlamentarischen Demokratie die Mitbestimmung (sic!) der Parlamente marktkonform gestaltet werden muss.

8 Rolf Arnold und Fritz Marz haben für Westdeutschland folgenden Einteilung vorgenommen:
1. Restauration und Improvisation (1945–1948)
2. Vereinheitlichung und Koordinierung (1949–1955)
3. Effektivierung des Bestehenden (1956–1962)
4. Mobilisierung der Bildungschancen (1963–1969)
5. Die große Bildungsreform (1970–1973) (vgl. Arnold/Marz 1979, S. 16).

Gegensatz? Ich nehme an, dass die USA den Kapitalismus ebenso ‚ohne Verzug' durchsetzen wollten wie die SU den Sozialismus.[9] Nachdem sich herausgestellt hatte, dass die Industrie in Westdeutschland durch den Krieg nicht annähernd so viel Schaden genommen hatte, wie zunächst vermutet worden war, dass die Rüstungsanstrengungen der Kriegswirtschaft im ‚Dritten Reich' sogar „einen neuen Schub zur vollen Industrialisierung" mit sich gebracht hatten (Arnold/Marz 1979, S. 13), wurde der Morgenthauplan (1944) durch den Marschallplan (1947) ersetzt. „Marschallplan und andere Hilfen sollten … zum Wiederaufbau einer privatkapitalistischen Wirtschaftsordnung beitragen. Antikapitalistische Grundstimmungen, wie sie bei fast allen Parteien anzutreffen waren, … wurden … abgebaut und dort, wo sie sich in breiteren Bevölkerungskreisen manifestierten, wie bei den Volksabstimmungen in einzelnen Ländern über die Vergesellschaftung von Schlüsselindustrien, durch alliierte Intervention unterdrückt" (S. 14).

Da von den westlichen Besatzungsmächten nur an wenigen Stellen Absichten nach der Erziehung eines ‚neuen Menschen' artikuliert wurden, gab es keine Diskussion um eine dezidiert kapitalistische Erziehung und Bildung. Das ‚Wirtschaftswunder' sprach für sich – und bestätigte den Weg der Restauration; die Besatzungsmächte ließen ihre unterschiedlichen Umerziehungskonzepte ruhen. „Der ideologische Reflex auf diese Entwicklung war eine stärkere Identifizierung der Bevölkerung mit dem ‚Erreichten', mit staatlicher und wirtschaftlicher Organisation, die dazu führte, dass ursprünglich vorhandene antikapitalistische Stimmungen verschwanden und durch neue Ideologismen wie ‚Soziale Marktwirtschaft' … oder ‚Formierte Gesellschaft' ersetzt werden konnten" (Arnold/Marz 1979, S. 14).

Das dreigliedrige deutsche Schulwesen, dem die Trias von ‚volkstümlicher Bildung' für die Volksschule, der ‚mittleren' bzw. ‚realen' Bildung für die Realschule und der ‚höheren Bildung' für das Gymnasium Legitimation verlieh, wurde auf der 1948 stattfindenden (s. o.) ‚Konferenz deutscher Erziehungsminister' aus-

9 Zu einer Studie über den Beitrag der amerikanischen Bildungstheorie zu den Reformbestrebungen in Westdeutschland nach 1945 hat Jürgen Herbst, Emeritus der University of Wisconsin-Madison auf das aus seiner Sicht in den USA vorliegende Bedürfnis hingewiesen, ‚reeducation' mit ‚conversion' und ‚colonisation' zu verbinden. Diese Neigung führt zwangsläufig zu dem Bestreben, das amerikanische Demokratieverständnis – einschließlich seiner ökonomischen Grundlagen im Kapitalismus – zu exportieren (Hoffmann 1997, S. 280). Heinrich Roth erlebte einen längeren Amerikaaufenthalt im Jahre 1950, der im Rahmen der ‚Umerziehung' stattfand, als ‚Bekehrung' (Roth 1976, S. 152, s. auch Füssl 1994.

drücklich bestätigt. Im Norden Westdeutschlands, in dem die Protestanten eine christliche Mehrheit repräsentierten, war in Schleswig-Holstein, Berlin, Hamburg, Bremen und Hamburg die sechsjährige Grundschule eingeführt worden und zunächst erhalten geblieben, aber damit war der Reformwille auch schon erschöpft. Im Westen Deutschlands, in dem sich mit der Industrie des Ruhrgebiets noch am ehesten ein proletarisches Potential erhalten hatte, verhinderte der katholische Konservatismus ein Umdenken. Konrad Adenauer, der erste Kanzler der BRD, verstand Demokratie und Kapitalismus – und damit auf gewisse Weise negativ konnotiert – synonym. Er suchte deshalb für den neuen Staat nach einem ‚dritten Weg', sozusagen zwischen Kapitalismus und Kommunismus. Im Ahlener Programm der CDU von 1947 war deshalb von einer Verstaatlichung der Großindustrie die Rede: „Das kapitalistische Wirtschaftssystem ist den staatlichen und sozialen Lebensinteressen des deutschen Volkes nicht gerecht geworden". Und weiter: Das Ziel der notwenigen Neuordnung „kann nicht mehr das kapitalistische Gewinn- und Machtstreben, sondern nur das Wohlergehen unseres Volkes sein."[10]

Im Zusammenhang mit der auf den Marschallplan folgenden Westintegration hieß es wenig später, dass die ‚freiheitliche Demokratie' nur gemeinsam und mit allen internationalen Verflechtungen der Industrie, des Kapitals etc. organisiert werden könne.[11]

Wie brutal missliebige Stimmen unterdrückt wurden, lässt sich unter pädagogischem Aspekt an Beispiel Fritz Hellings und des Schwelmer Kreises erkennen (Dietz 2003).[12]

---

10 Ahlener Programm (vgl. www.kritisches netzwerk.de/17.07.2011)

11 Küsters www.konrad-adenauer.de Westintegration/31.07.2016.

12 Fritz Helling trug als Vorsitzender des sogenannten Schwelmer Kreises bei der Eröffnung des V. Pädagogischen Kongresses in Leipzig eine Grußadresse vor, die allerdings im Bericht unter den Diskussionsbeiträgen veröffentlicht wurde. Fritz Lange war auf Probleme im anderen Teil Deutschlands eingegangen. „Wir haben den Kampf um die demokratische Schulreform nicht nur im Interesse der Bevölkerung der Deutschen Demokratischen Republik, sondern auch im Interesse der Werktätigen und ihrer Kinder in Westdeutschland geführt. Das wird auch in Zukunft so sein" (Lange 1956, S. 47). Er berichtete in seinem Referat zum V. Pädagogischen Kongreß über einen Kommentar des Kölner Erzbischofs Frings zum ‚Ersten Gesetz zur Ordnung des Schulwesens in NRW' aus dem Jahre 1952. Der „Kirchenfürst" habe gesagt: „Die Schule gehört der Kirche, der Kirche ganz allein." Und zum Inhalt des Unterrichts habe er hinzugesetzt: „Es kommt nicht darauf an, was die Kinder wissen, sondern darauf, was sie glauben" (S. 40). Zur Charakterisierung des damaligen Klimas in den betreffenden Teilen Westdeutschlands können die Zitate ohne Weiteres verwendet werden.

Der Bundestag lehnte im Jahre 1949 trotz des Drängens der westlichen Besatzungsmächte, vor allem der Amerikaner, die Übernahme der Gesamtverantwortung für das Schulwesen ab. Sie blieb bei den Ländern. Als sich der Ost-West-Konflikt durch den Koreakrieg verschärfte, trat die Bundesrepublik der Europäischen Verteidigungsgemeinschaft (EVG) bei, die 1955 durch die NATO abgelöst wurde. Die vollständige Demilitarisierung Deutschlands, die der Sache nach zu den Zielen und Inhalten des 1946er Schulgesetzes gehörte, war zu diesem Zeitpunkt in West und Ost ‚überholt'. Immerhin versuchte man eine demokratische Legitimation zu schaffen: in der Bundeswehr mit dem Leitbild des Soldaten als ‚Staatsbürger in Uniform' und dem Prinzip der ‚Inneren Führung'. Die DDR schloss 1955 mit sieben weiteren Staaten den Warschauer Pakt und überführte sowohl Teile der Volks- als auch der Grenzpolizei 1956 in die Nationale Volksarmee. Dafür wurden in beiden Staaten ganz offen auf traditionelle Ausbildungsziele gerichtete Rituale der Preußischen Armee sowie der Wehrmacht übernommen.

Das Ziel, die Soldaten durch eine veränderte Ausbildung zu selbstständigerem Verhalten und die Offiziere zu einem demokratischen Führungsstil anzuhalten, das in Westdeutschland durchgesetzt wurde, war politisch und pädagogisch motiviert: es sollte zu einer ‚Kongruenz der Ordnungen' führen. Die Orientierung am Individuum statt am Kollektiv ließ sich aber nicht durch unmittelbaren Rückgriff auf das Ideal der ‚Freiheit der Rücken' begründen, das in der Zeit der preußischen Reformen am Anfang des 19. Jahrhunderts eine Rolle gespielt hatte. Sie musste auf die Empirie des kapitalistischen Erfolgsverständnisses gegründet werden, nach dem der auf sich gestellte Einzelne mehr und Besseres zu erreichen vermag als der Untergebene im Sozium (Baudissin 1992).[13]

Es liegt auf der Hand, dass die Gründung der Bundeswehr neue Anforderungen an die Wirtschaft, insbesondere an die Industrie stellte. Vor ihr wurden Forderungen nach einer Expansion des Bildungswesens erhoben, vor allem auf eine Erweiterung der höheren Fachschulen und Technischen Hochschulen, – deren Erfüllung zunächst einmal zu einer erneuten Vernachlässigung des allgemeinbildenden Schulwesens führte. So lange, wie der Fachkräftemangel durch Repu-

13 Das Konzept entwickelte sich aus gemeinsamen Überlegungen von Erich Weniger und Wolf Graf von Baudissin. Der Pädagoge Weniger war Mitglied des Personalgutachterausschusses, der über die Einstellung von ehemaligen Offizieren in die Bundeswehr entschied, von Baudissin seit 1951 Referatsleiter im Amt Blank. Zur Ergänzung vgl. Gaßen 1992. Weniger war – mit seinem Lehrer Herman Nohl – der Auffassung, dass die ‚Wehrmacht' jedes Staates diesen verpflichtet, Ausbildung und Bildung pädagogisch zu gestalten, allerdings durch ‚eigenständige', d.h. unabhängige Pädagoginnen und Pädagogen.

blikflüchtlinge ausgeglichen werden konnte[14], wurden die daraus resultierenden Probleme ignoriert.

Der Umfang der Reformziele war nicht nur deshalb bescheiden. Dem Deutschen Ausschuss hätte es genügt, wenn die bei ca. 5 % liegende Abschlussquote von Abiturienten und (wenigen) Abiturientinnen auf 8 bis 9 gestiegen wäre, und der 1963 unter stärkerem öffentlichen Druck etablierte Bildungsrat strebte ca. 12 % an. Das hatte allerdings auch damit zu tun, dass man noch von ererbten Bildungsfähigkeiten und beschränkten Bildungsreserven ausging, die durch pädagogische Bemühungen lediglich besser ‚ausgeschöpft' werden sollten. Da noch der alte, statische Begabungsbegriff zugrunde gelegt wurde, glaubten weder Friedrich Edding noch Georg Picht an größere Zuwachsraten. Erst als die kapitalistische Stimmung sozusagen Fahrt aufgenommen hatte und die Eltern zu Schmieden des Glücks ihrer Kinder zu werden begannen, stieg der Anteil der Hochschulabschlüsse[15], wohlgemerkt: auch ohne nennenswerte pädagogisch begründete Veränderungen. Was die Mitglieder des Deutschen Ausschusses vorgefunden hatten, diagnostizierten sie folgendermaßen: „Das westdeutsche Schulwesen bleibt einer Vielzahl sich widersprechender Forderungen ausgesetzt, die vonseiten der Elternschaft, der Hochschulen, der Wirtschaft, der Berufs- und Fachverbände, der Standesorganisationen und anderer Mächte in Staat und Gesellschaft geltend gemacht werden. Jede Institution und jede gesellschaftliche Gruppe ist verständlicherweise bemüht, die ihren Interessen entsprechenden Bildungsansprüche bei der erstrebten oder befürchteten Reform durchzusetzen" (Deutscher Ausschuss 1959, S. 1). Sie hätten hinzusetzen können, dass die ‚Eliten', die in Ost bzw. West unterschiedliche Veränderungen herbeigeführt haben (Hearnden 1973), für eine strikte Teilung der Umstände gesorgt hatten, unter denen Schule und Unterricht organisiert werden mussten. Die „historischen und ökonomischen Bedingungsfaktoren", die „zur Entstehung von Systemstrukturen" und den „Kompetenzordnungen beitrugen" (Arnold/Marz 1979, S. 13), führten

14 Es gab zu dieser Zeit unter ‚pädagogischem' Aspekt für Westdeutschland ‚nützliche' Fluchtbewegungen. Als ich 1955 ein Lehrerstudium an der Pädagogischen Hochschule in Braunschweig begann, in der die Studierenden die notwendigen sechs Semester bis zur 1. Lehrerprüfung jahrgangsweise (nach meiner Erinnerung jeweils ca. 200) durchliefen, gab es auch beachtlich große ‚Zwischensemester' (von bis zu 100 Studierenden), deren Teilnehmerinnen und Teilnehmer aus der DDR stammten. Geißler macht in seiner Geschichte des Schulwesens für die Zeit bis 1962 präzise Angaben zum Umfang, die zeigen, dass die notwendige Modernisierung auf Kosten des ostdeutschen Staates ‚vernachlässigt' werden konnte (Geißler 2000, S. 503 ff.).

15 2014 nach Statistischem Bundesamt 33 %.

im Osten schneller zu einem neuen Entscheidungsrahmen als im Westen, da sich deduktives und induktives Denken sowie dogmatisches und empirisches Handeln gegenüberstanden. Den Mitgliedern des Deutschen Ausschusses ist der entsprechende Wandel nur teilweise bewusst geworden. In seinem Rahmenplan heißt es: „An der Dreigliedrigkeit im Aufbau unseres Schulwesens (nach den bisherigen Bezeichnungen Volksschulen, Mittlere und Höhere Schulen) hält der Ausschuss grundsätzlich fest" (Deutscher Ausschuss 1959, S. 2). Ihre Unterschiede, die bisher „bestimmten Lebenskreisen und kulturell-sozialen Schichten zugeordnet" (S. 5) waren, wurden nun mit der „Differenzierung und Stufung der Bildungsanforderungen begründet, die eine arbeitsteilige Gesellschaft an ihren Nachwuchs stellt" (S. 7). Aus der sozialen wird eine ökonomische Begründung, weil es unter den Bedingungen des Kapitalismus nützlich war, an der Trinität von volkstümlicher, mittlerer und höherer Bildung festzuhalten. Gegen den Anschluss an die Berufsstruktur war – wenn sich keine Änderung durchsetzen ließ – schon deshalb nichts zu sagen, weil sie sich in der Schulhierarchie seit dem 19. Jahrhundert entwickelt und die Zeit des Nationalsozialismus überdauert hatte. Die ursprünglichen Stände und die daraus abgeleiteten Klassen dagegen waren mehr Theorie als Praxis. Es konnte zwar sein, dass die allgemeine Restauration sie wieder zum Vorschein kommen ließ, aber diejenigen, die vom ‚Wirtschaftswunder' profitierten (sic!), waren – jedenfalls in Westdeutschland – nicht mehr als Bürger oder Proletarier zu unterscheiden, sondern eher als Gewinner und Verlierer im ‚bundesrepublikanischen' Kapitalismus. Tatsächlich mehrte sich die Zahl der Stimmen, die in der Entscheidung des Ausschusses eine Kapitulation gegenüber ökonomischen Interessen sah, zumal seither alles, was Ziele und Inhalte, Mittel und Wege des Bildungswesens betrifft, von lobbyistischen Umtrieben der ‚Wirtschaft' geleitet, d. h. unter den Gesichtspunkten des Profits und nach den Zwängen des Marktes bestimmt wird (vgl. Malkowa et al. 1986, Hoffmann/Maack-Rheinländer 2001a), wenn auch weiterhin vom Staat organisiert und von der Gemeinschaft finanziert (Sennet 1998). Sorgte früher das Institut der Deutschen Wirtschaft in Köln dafür, tut es heute europaweit die OECD.

Die skizzierte Entscheidung wurde übrigens damit begründet, dass es bisher nicht gelungen sei, „zwischen Bildungsstufen und Schulformen einen überzeugenden Zusammenhang zu schaffen" (Deutscher Ausschuss 1959, S. 7). Das war fadenscheinig – und offenbar für diejenigen gedacht, die an der Auffassung festhalten wollten, dass die intellektuelle Kapazität von Schülerinnen bzw. Schülern genetisch unterschiedlich sei – und auch unterschiedlich bleibe, so dass man beide Gruppen vor falschen Anforderungen schützen müsse. Weniger kann diese Auffassung nicht gewesen sein, denn die historischen Vorbemerkungen zum Rahmenplan enden mit einem Satz Wilhelm Diltheys, einem eindeutig ‚bürgerlichen' Philosophen und Pädagogen, der von Weniger angefügt wurde: „Man braucht kein Prophet zu sein, um vorauszusagen: Jede einseitige Regelung wird … nicht ruhen, bis … in einer planmäßigen Reorganisation des gesamten Schulwesens als eines unteilbaren Ganzen Genüge geschehen ist" (Deutscher Ausschuss 1959, S. 7).[16] Anders gesagt: Die Schule wird schließlich und endlich eine Einheitsschule sein, ob ihr wollt oder nicht. Das zu erreichen erwarteten viele auch vom Deutschen Bildungsrat, der – wie gesagt – 1965 gegründet wurde. Nach Lage der Dinge konnte ihm dies nur dann gelingen, wenn die ‚gesellschaftlichen Mächte', allen voran die Wirtschaft, zu der Einsicht kommen würden, dass es in ihrem wohlverstandenen Interesse läge, das Gleichheitsprinzip auf die Bildungsangebote auszudehnen. Dafür wiederum musste Evidenz darüber herrschen, dass Begabung nicht endlich und statisch, sondern offen und dynamisch gedacht und als Möglichkeit des lebenslangen Lernens verstanden werden kann.

Es galt, das archaische Menschenbild abzulösen, mit dem vor allem die Vorstellung einer genetisch bedingten statischen Begabung tradiert wurde. Bei ihm bestand die Hauptaufgabe eines gegliederten Schulsystems in der Auslese des Guten, Besseren und Besten aus der Masse der Kinder und Jugendlichen. Deshalb versuchte man noch weitere zehn Jahre die ‚Bildungsreserven' – mit Hilfe einer unscheinbar modernisierten Bildungspolitik – zu mobilisierten, vor allem durch eine veränderte Didaktik bzw. Methodik und im Zusammenhang der ‚Curriculumtheorie'. Erst danach erweiterte sich der Diskurs auf die Anthropologie, die im Schnittbereich von Philosophie, Psychologie und Soziologie sehr bald nach dem Ende des Krieges an die Stelle des Rassismus getreten war, der unter dem Nationalsozialismus die Grundlage der verordneten politischen Weltanschauung gebildet hatte.[17] In einem langen Prozess der Anpassung an den wissenschaftlichen Wandel entstand Ende der 1960er Jahre sozusagen ‚rechtzeitig' eine Pädagogische Anthropologie, die die Lücke zu füllen imstande war, die zwischen den Natur-, Geistes- und Sozialwissenschaften existierte und sowohl in West- als auch Ostdeutschland die pädagogische Verständigung erschwert hatte.

16 Die Herkunft des Zitats ist im Text nicht vermerkt.

17 Im Kontext der vorliegenden Darstellung kann nicht auf die Breite der Diskussion eingegangen werden. Ich verweise deshalb auf den ersten Band der Pädagogischen Anthropologie von Heinrich Roth und auf dessen Kapitel I (Roth 1966, S. 19–105). Die Unterschiede der Auffassungen u. a. zwischen Arnold Gehlen und Helmuth Plessner, Konrad Lorenz und Max Horkheimer machten die Restitution einer allgemeinen und zugleich einheitlichen Vorstellung unmöglich.

Aus meiner Sicht war dabei entscheidend, dass mit der Erinnerung an die Wurzeln der neueren anthropologischen Auffassungen auch die an die Psychoanalyse Sigmund Freuds einherging[18], ohne die eine wissenschaftliche Betrachtung des Menschen ebenso unvollständig bleiben muss wie die Analyse seines Verhaltens ohne eine Vergewisserung bei den Einsichten von Karl Marx.

Das, was man in diesem Zusammenhang leichthin ‚Modernisierung' nennt, wurde allerdings dadurch behindert, dass die gleichen Barrieren, die dem Umdenken im Bereich der Pädagogik entgegenstanden, auch innerhalb des ‚anthropologischen Diskurses' wirkten, und dass die tonangebend werdende amerikanische Auffassung – insbesondere von Arthur Robert Jensen – aufgrund des in den Vereinigten Staaten bestehenden Rassismus forsche Versuche der Durchsetzung eines gegensatzfreien Menschenbildes behinderten (vgl. Depaepe 1997, S. 13 ff.). Zudem waren die Anteile pädagogischer Überlegungen in den meisten Anthropologien meist zu knapp, um daraus Folgerungen für Reformentscheidungen im Bildungswesen ableiten zu können.

Das wurde erst durch die Kombination der entsprechenden Einzelkonzepte durch Heinrich Roths Pädagogische Anthropologie möglich, insbesondere durch den darin sorgfältig begründeten Wechsel von dem statischen zu einem dynamischen Begabungsbegriff. Roth wurde 1965 in den Bildungsrat berufen und erarbeitete mit einer interdisziplinären Gruppe von Experten 1969 den Gutachtenband ‚Begabung und Lernen', in dem dargestellt wurde, dass Begabung – allgemein und bezüglich spezieller Fähigkeitsbereiche – eine Folge intentional organisierter Lernprozesse ist und nicht ihre Voraussetzung. Es musste – in Roths Worten – „erst nachgewiesen werden, ja es mußte zunächst sogar erst die aus 18 Mitgliedern bestehende Bildungskommission selbst davon überzeugt werden, dass Schulen und ihr Ausbau, dass eine bessere Schulausbildung sich für den einzelnen und die Gesellschaft rentieren würde" (Roth 1976, S. 70).[19] Es lag für ihn „an der Kurzsichtigkeit der Gegenreform, die sozialistische Einbrüche in das Schulwesen befürchtete, und an der Phantasielosigkeit der Bildungspolitik" (S. 72), dass sich die Bildungskommission des Bildungsrates am Ende nicht gegen die Regierungskommission und ihre ökonomische Argumentation durchsetzen konnte, in der sogar Gegenargumente ‚rechter Leute von links' aufgegriffen wurden, die glaubten, die gewünschten gesellschaftlichen Veränderungen seien nur

---

18 Zur Integration der Psychoanalyse in die Anthropologie vgl. Roth 1971, S. 408.

19 Es handelt sich zwar um einen für alle Gesellschaftsformen verwendbaren Ansatz, doch bedeutet der ausdrückliche Hinweis im vorliegenden Falle die Bindung an die kapitalistische und die dafür notwendige Bildungsökonomie, die zur gleichen Zeit von Friedrich Edding geliefert worden war (Edding 1963).

mit Hilfe des eindeutig bürgerlich geprägten altsprachlichen Gymnasiums zu erreichen (vgl. Koneffke 1969, S. 410).

Es war bereits zu erkennen, dass die Entwicklung der Gesellschaft auf eine Sozialisation von ‚kapitalistischen Individuen' und durch die Fragmentierung des Ganzen auf entsprechende Sozien – im Sinne von mehr oder weniger selbstständigen ‚Milieus' – hinauslaufen würde, indem anstelle der Produzenten die ‚Konsumenten' sich – um mit Theodor W. Adorno zu sprechen – selbst das antun, was ihnen früher angetan wurde (Hoffmann 2001b), und zwar nicht nur physisch, sondern auch psychisch, vor allem im ‚mentalen Kapitalismus' (Franck 2009). Der Kampf um die Bildungsreform wurde eingestellt, die Epoche der ‚Restriktion' begann. Von denen, die nach Profit und im Zusammenhang damit nach Besitz und Macht strebten, war vor allem die Auffassung störend, dass „wir den Erziehungsprozess zwar als einen der Sozialisierung des Einzelnen verstehen dürfen … anthropologisch", aber ausschlaggebend ist, dass „der Einzelne sich gegen die gesellschaftlichen Ansprüche behauptet" (Dahrendorf 1965, S. 87).[20]

Roths Auffassung nach ist der Mensch zu selbstständigem Verhalten fähig, also muss das Ziel von Erziehung und Bildung ‚Mündigkeit' sein. Doch wieviel Freiheit bleibt ihm im Kapitalismus „was sein konkretes gesellschaftliches Verhalten anbelangt", wenn er „von seiner spezifischen sozialen und kulturellen Umwelt, seiner Gesellschaft und seiner Lebensgeschichte abhängig" wird, „d.h. zuletzt von den Lernprozessen, die ihm möglich waren und ermöglicht wurden oder nicht" (Roth 1971, S. 399)?

Da es in dem vorliegenden Zusammenhang auch darum geht, Übereinstimmungen und Unterschiede der pädagogischen und schulpolitischen Entwicklung in Ost- und Westdeutschland herauszuarbeiten (vgl. u.a. Hoffmann 1995), gehe ich im Folgenden kurz auf die Anfänge in SBZ und DDR ein. Gerhart Neuner hat auf dem zweiten der oben erwähnten Symposien unter dem Titel „Anthropologische Wende in der DDR" einen Vortrag gehalten, in dem er darstellte, warum deren Pädagogik zunächst von einer auf das allgemeine Wesen des Menschen gerichteten Anthropologie nichts hielt (Neuner 1995, S. 142), in den 1960er Jahren – also nahezu parallel zu der geschilderten Erweiterung des pädagogischen Blicks in der BRD – aber doch einen ‚persönlichkeitstheoretischen Ansatz' zu verfolgen begann (S. 146 ff.). In der historiologisch orientierten Formationslehre des Historisch-dialektischen Materialismus war eine gesonderte Anthropologie nicht nötig, denn die Erscheinung der (sic!) Menschen wird durch ihren Klassencharakter bestimmt. Die Menschenbilder der Klassengesellschaft können

20 Ralf Dahrendorf zitiert bei Roth 1971, S. 17.

aus dem Verlauf des historischen Prozesses deduziert werden (Anweiler 1994, S. 18). Neuner erwähnt in diesem Zusammenhang seinen akademischen Lehrer Hans Herbert Becker, der – vielleicht zur Lösung des Problems[21] – bezüglich der Pädagogik ‚implizite' und ‚explizite Anthropologien' unterschied (Neuner 1995, S. 142; Becker 1971, S. 171), wobei „die ‚anthropologischen' Ansätze in der DDR-Pädagogik … der … implizierten Anthropologie zugerechnet werden" müssen (Neuner 1996, S. 167). Der Autor betont ausdrücklich, dass seine Bemühung um eine ‚marxistisch-leninistische Persönlichkeitstheorie' im Lehrplanwerk und in seiner (in Westdeutschland 1973 veröffentlichten) Theorie der Sozialistischen Allgemeinbildung noch keine wirkliche Wende zum Schließen der betreffenden Lücke im Marxismus gewesen sei (Neuner 1995, S. 145).[22] Ob es ihm in dem der ‚Allgemeinbildung' gewidmeten Buche (Neuner 1989) gelungen ist, muss an dieser Stelle dahingestellt bleiben. Es scheint ein generelles Problem anthropologischen Denkens zu sein, dass es in der Regel weder realistisch noch pessimistisch genug ist, um den Menschen in seiner Wirklichkeit zu erfassen. Es gibt nur eine einigermaßen problembewusste Darstellung: Siegfried Bernfelds ‚Sisyphos oder die Grenzen der Erziehung' von 1925 (Bernfeld 1967).[23] Sie ist es deshalb, weil sie sich nicht darauf beschränkt, einige Charakterzüge des ‚Mängelwesens' Mensch zu beschreiben, sondern die einbezieht, die in seinem Verhalten wirksam werden, wenn sie als Pädagoginnen und Pädagogen zu handeln beginnen. Was Neuner bezüglich des ‚bürgerlichen Bildungsverständnisses' dazu äußert (Neuner 1989,

---

21 Er gab in den 1970er Jahren in Klinkhardts Pädagogischen Quellentexten einen Sammelband zur Anthropologie heraus. Becker gehörte bis zu seinem Weggang nach Westdeutschland zum Lehrerkörper der Universität Halle-Wittenberg, Neuner war bei ihm Hilfsassistent (Neuner 1996, S. 62).

22 Neuner ging Anfang der 1970er Jahre auf die „anthropologische Tendenz in der bürgerlichen Ideologie unserer Tage" ein, die sich für ihn „aus dem Scheitern der alten ideologischen und geistigen Werte unter den Bedingungen der Vertiefung der allgemeinen Krise des Kapitalismus" erklärte (Neuner 1973, S. 17). An einer Stelle irrt Neuner allerdings, wenn er argumentiert, die westdeutsche Pädagogische Anthropologie sei entwickelt worden, um der marxistisch-leninistischen Persönlichkeitstheorie als Alternative entgegengestellt zu werden (Neuner 1973, S. 17). Wäre dies so gewesen, hätte die BRD-Pädagogik nicht bereits Ende der 1970er Jahre das Interesse an ihr wieder verloren, als sich herausstellte, dass man im kapitalistischen System mit dem Status quo der fortdauernden Unmündigkeit besser zurechtkam, als man Ende der 1960er Jahre angenommen hatte.

23 Die erste ernsthafte Argumentation gegen den penetranten Optimismus der Pädagogik stammt von Jürgen Habermas: ‚Pädagogischer „Optimismus" vor Gericht einer pessimistischen Anthropologie' (Habermas 1961).

S. 62), ist korrekt, es trifft aber ebenso für die „umfassende Lernbewegung des ganzen Volkes" auf „dem Weg zur gebildeten, sozialistischen Nation" zu (S. 52): Die Realitäten der existierenden sozialistischen Gesellschaft in Konkurrenz zur kapitalistischen machten auch sein Konzept zur Illusion.

Zurück zur Entwicklung der Schule in Westdeutschland. Im Zusammenspiel zwischen der zunächst akademischen, danach aber zunehmend universitären Ausbildung der Volksschullehrer und -lehrerinnen und der Praxis in den entsprechenden Schulen entstand eine auf die Verbesserung des Unterrichts gerichtete Theorie der Ziele und Inhalte (Didaktik) bzw. der Mittel und Wege (Methodik), zunächst geprägt durch die Geisteswissenschaftliche Pädagogik (Bönsch 1994).[24]

Dass auch in diesem Bereich im Laufe der Zeit von der ‚bildungstheoretischen' Argumentation abgegangen und zunehmend kapitalismuspraktisch diskutiert wurde, vor allem in der sogenannten Curriculumtheorie, wurde erst spät kritisiert, vor allem, da sich die Veränderungen zunächst ideologisch legitimieren ließen, nämlich als Betonung der Ost-West-Unterschiede.

Im Jahre 1971 erschien die Untersuchung „Zur Kritik bürgerlicher Dialektik und Bildungsökonomie" von Freerk Huisken, – zu einem Zeitpunkt, als die kapitalistische Schule und die kapitalistische Persönlichkeit sich als funktionale Produkte der ökonomischen Entwicklung der BRD durchgesetzt hatten, gegen den geringen und allenfalls partiellen Widerstand des Deutschen Ausschusses und des Deutschen Bildungsrates. Zur Charakterisierung zitiert er Erich Weniger, der in seiner Schrift über die ‚Theorie der Bildungsinhalte' zur Unterscheidung von der ‚östlichen Pädagogik' geschrieben hatte, dass die ‚westliche' sich „nicht für eine Schicht der Gesellschaft als die allein berechtigte zu entscheiden" vermöge. „Vielleicht hat sich", fährt Weniger fort, „das Bildungsdenken allzu abhängig von der bürgerlichen Gesellschaft gemacht. Aber dann wäre es genau falsch, nun alle geistigen Inhalte und die Bildungsform künftig allein auf das Proletariat zu beziehen. Das wäre eine Parteinahme, die praktisch gewiß möglich, theoretisch aber unhaltbar ist" (Weniger 1956, S. 38). Er sieht die Lösung in der Vermittlung unter den Ansprüchen der ‚Bildungsmächte' durch die ‚relativ autonome' Erziehungswissenschaft, in die – mit Berufung

---

24 Manfred Bönsch hat auf der eingangs erwähnten ersten Tagung einen Rückblick auf die Anfänge der Schulpädagogik, d.h. auf die der Organisation der Lernprozesse in West- und Ostdeutschland vorgestellt. Der Philosoph Dilthey hatte Ende des 19. Jahrhunderts wissenschaftstheoretisch die Geisteswissenschaften und darunter die entsprechende Erziehungswissenschaft begründet, die in der Weimarer Republik und in den ersten zwei Jahrzehnten nach dem Zweiten Weltkrieg in Westdeutschland besonders wirkungsvoll vertreten wurde.

auf Wilhelm Dilthey –[25], „die scheinlose Macht des Geistes … auf die Gesellschaft" einzuwirken vermag (ebenda), als ‚Zeitgeist', und damit wohl allenfalls als ‚Teil' des ganzen Seins, von dem nach Karl Marx das Bewusstsein bestimmt wird.[26] Die Rolle der Pädagogik bzw. der Erziehungswissenschaft als Mittler oder Moderator bei der Durchsetzung z. B. von Bildungszielen macht sie teils mächtig, teils ohnmächtig, aus dem Streit um Kapitalismus oder Sozialismus soll sie sich aber offenbar heraushalten. Obwohl abzusehen war, dass damit in Westdeutschland der Kapitalismus die Oberhand gewinnen würde, blieb Weniger bei dieser Position, die ihm und der Pädagogik im Dritten Reich bereits einmal schlecht bekommen war, auf Grund deren er allerdings – anders als z. B. Werner Dorst (Dorst 1961) – den ‚Gegner' im anderen deutschen Staat tolerieren konnte (Hoffmann 1994, S. 344 ff., Huisken 1971, S. 51).

In der kritischen Perspektive Huiskens wird deutlich, was im Zusammenhang meiner Argumentation nicht weiter erläutert oder gar detailliert begründet werden kann: Sowohl der Verzicht auf genaue gesetzliche Festlegung als auch der auf die präzise Diskussion der Ziele und Inhalte gab jedem in der ‚offenen Gesellschaft' die Möglichkeit, im eigenen Einflussbereich ‚Bildung' zu definieren. Am Beispiel der ‚Bildungsplanung', deren Trends in Westdeutschland allerdings erst mit Veröffentlichungen vom Beginn der 1960er Jahre erkennbar wurden, beschreibt Huisken sowohl den Beginn des neuen Diskurses als auch die latenten Prinzipien, nach denen bis dahin über die Erweiterung und Verbesserung der Bildungsmöglichkeiten diskutiert worden war. Zum Ideal wurde „das Postulat der wachstumstheoretischen Bildungsökonomie … zum stetigen und störungsfreien Wachstum der Volkswirtschaft durch optimale Ausrichtung der ‚Produktion' von Qualifikationen", mit dem dem jeweiligen Bedarf Rechnung getragen werden soll (Huisken 1971, S. 155).[27] Die Wendung von der bildungstheoretisch

25 „Beispielsweise", schreibt Huisken, „ging es nach 1945 in der Diskussion um den Aufbau des Schulwesens in Deutschland weniger um Lehrpläne als vielmehr um die Struktur des Bildungswesens" (Huisken 1971, S. 44 f.).

26 Weniger war als Mitglied des Deutschen Ausschusses eine Schlüsselfigur der ersten Etappe der sogenannten Bildungsreform. Wie sein zum 80. Geburtstag Herman Nohls verfasster Aufsatz ‚Über die Epoche der Bildungsreform' (Weniger 1959 u. 1960) zeigt, glaubte er bis zu seinem Tode im Jahre 1961 an die eine Wiedervereinigung beider deutscher Staaten und die Wiederherstellung einer einheitlichen Pädagogik.

27 Auf die Tatsache der zyklischen Wirtschaftsentwicklung im Kapitalismus, die das ‚nachfrageorientierte' Modell problematisch macht, gehe ich nicht weiter ein. Es ist aber wichtig zu erkennen, dass jede zukunftsorientierte Planung die betroffenen (‚verplanten') Menschen instrumentalisiert. Pädagogisch betrachtet sind ‚angebotsorientierte' Konzepte gerechter.

zur bildungsökonomisch orientierten Didaktik führt eindeutig und vollständig zu kapitalistischen Ausbildungsverhältnissen. Gleichgültig, ob man das Lernen als (produktive oder unproduktive) Arbeit oder als entsprechende Konsumtion ansieht (S. 282): sie ist eine Investition in die Zukunft der zu Bildenden oder Auszubildenden, „deren Resultate" aber „nicht ihnen, sondern letztlich dem Kapital zugute kommen" (S. 284) und damit entfremdenden Charakter haben: „Nicht das ausgebildete Individuum bereichert sich bzw. erhält mit steigendem" Bildungs- oder „Ausbildungsgrad höhere Zinsen, sondern das Kapital bereichert sich" (S. 283).

Die damit festgesetzte ‚Erziehungswirklichkeit' wurde – wie bereits gesagt – erst Anfang der 1970er Jahre eindeutig sichtbar, ohne dass man argumentieren könnte, dass der Prozess absichtlich verschleiert worden wäre. Die Bemühungen um eine ‚angemessene' Bildungsreform entfalteten ihre ideologische Wirkung in der von Jürgen Habermas für das ‚falsche Bewusstsein' beschriebenen Weise (Habermas 1968, S. 146 ff.).

Die rückwärts gewandten ‚Klassenkampfprojektionen' (vgl. Beck et al. 1970), gingen vorher und nachher an der betreffenden Wirklichkeit vorbei, weil es längst keine homogenen Klassen von Bürgern und Proletariern mehr gab. Diese hatte der neue Industriekapitalismus, der im Verkennen seiner ‚Nachhaltigkeit' als ‚Spätkapitalismus' bezeichnet wurde, zuerst beseitigt, wo die betreffenden Strukturen nicht bereits durch den Zweiten Weltkrieg zerstört worden waren. Wie verbreitet dieser dogmatische Irrtum unter den westdeutschen Linken war, kann man an einem Satz des im Übrigen überaus klar denkenden Pädagogen Ernest Jouhy erkennen. Zur Beschreibung konservativer Gruppen, die über ihre Zukunft spekulierten, urteilte er: „Diese Gruppen entwerfen Programme der Zukunft, die nicht nur ihre eigene Existenz und Macht aufrechterhalten sollen, sondern gleichzeitig eine Einschätzung der Existenzbedingungen aller anderen Gruppen einschließen, die von ihnen gegenwärtig abhängig sind" (Jouhy 1970, S. 234). Er hätte bei Bernfeld lesen können, dass dieses Verhalten zum Repertoire aller politisch-pädagogischen Gruppen gehört, so dass die verspätete Kapitalismuskritik von dieser Seite keine Lösungen für die schulpolitischen Probleme Westdeutschlands in der Nachkriegszeit erbringen konnte.

Literaturverzeichnis

Arnold, R./Marz, F.: Einführung in die Bildungspolitik. Grundlagen, Entwicklungen, Probleme. Stuttgart 1979.

Anweiler, O.: Bildungspolitik in Deutschland 1945–1965. Aspekte und Probleme eines Vergleiches zwischen der Bundesrepublik Deutschland und der Deutschen Demokratischen Republik in historischer und aktueller Sicht. In: Hoffmann, D./Neumann, K. (Hrsg.): Erziehung und Erziehungswissenschaft in der BRD und der DDR. Band 1: Die Teilung der Pädagogik (1945–1965). Weinheim 1994, S. 15–40.

Baudissin, Graf v.: Zum Konzept der Inneren Führung – in dankbarer Erinnerung an Erich Weniger. In: Hoffmann, D./Neumann, K. (Hrsg.): Bildung und Soldatentum. Die Militärpädagogik Erich Wenigers und die Tradition der Erziehung zum Kriege. Weinheim 1992, S. 163–171.

Becker, H.-H.: Anthropologie und Pädagogik. Bad Heilbrunn ^{2}1971.

Bernfeld, S.: Sisyphos oder die Grenzen der Erziehung (1925). Frankfurt am Main ^{2}1967.

Bönsch, M.: Von der Unterrichtslehre zur wissenschaftlichen Didaktik und deren Ausdifferenzierung. Die Entwicklung der Allgemeinen Didaktik in der BRD und der DDR. In: Hoffmann, D./Neumann, K. (Hrsg.) 1994, S. 196–219.

Breitenstein, D.: Die Sozialistische Erziehungsbewegung. Freiburg i. B. 1930.

Daepape, M.: Differences and similarities in the Development of Educational Psychology in Germany and the United States before 1945. In: Heideking et al. (eds.) 1997, p. 69–97.

Dahrendorf, R.: Homo sociologicus. Köln/Opladen 1965.

Dietz, B.: Fritz Helling – ein Aufklärer und politischer Pädagoge im 20. Jahrhundert. Frankfurt am Main 2003.

Dorst, W.: Menschenerziehung in Westdeutschland. Berlin 1961.

Edding, F.: Ökonomie des Bildungswesens. Lehren und Lernen als Haushalt und als Investition. Freiburg im Breisgau 1963.

Franck, G.: Mentaler Kapitalismus. München 2005.

Füssl, K.-H.: Die Umerziehung der Deutschen. Jugend und Schule unter den Siegermächten des Zweiten Weltkriegs 1945–1955. Paderborn 1994.

Deutscher Ausschuß für das Erziehungs- und Bildungswesen: Rahmenplan zur Umgestaltung und Vereinheitlichung des allgemeinbildenden öffentlichen Schulwesens. Empfehlungen und Gutachten. Folge 3. Stuttgart 1959.

Gaßen, H.: Die Dauerkrise der Inneren Führung und wir ‚wehrhaften Demokraten'. In: Hoffmann, D./Neumann, K. (Hrsg.). 1992, S. 173–193.

Geißler, G.: Zäsuren in der Schulpolitik der SBZ und der DDR 1945–1965. In: Hoffmann/Neumann (Hrsg.) 1994, S. 41–55.

Geißler, G.: Geschichte des Schulwesens in der Sowjetischen Besatzungszone und in der Deutschen Demokratischen Republik 1945–1962. Frankfurt am Main 2000.

Günther, K.-H./Uhlig, G.: Entwicklung des Volksbildungswesens auf dem Gebiet der deutschen Demokratischen Republik 1946–1949. Monumenta Paedagogica III/C. Berlin 1968.

Günther, K.-H./Uhlig, G.: Geschichte der Schule in der Deutschen Demokratischen Republik 1945–1968. Berlin 1969.

Habermas, J.: Technik und Wissenschaft als ‚Ideologie'. Frankfurt am Main 1968.

Habermas, J.: Pädagogischer ‚Optimismus' vor Gericht einer pessimistischen Anthropologie. In: Neue Sammlung 1961 (1), S. 251–278.

Hearnden, A.: Bildungspolitik in der BRD und der DDR. Düsseldorf 1973.

Helling, F.: Diskussionsbeitrag V. Pädagogischer Kongreß. In: Aufgaben und Probleme der deutschen Pädagogik. Berlin 1956, S. 281–283.

Hoffmann, D.: The Adoption of American Educational Theory in West Germany after 1945 – Heinrich Roth. In: Heideking, J./Depaepe, M./Herbst, J. (eds.): Mutnal Influences on Education: Germany and the United States in the Twentieth Century. Paedagogica Historica XXXIII. 1997. 1. p. 277–290.

Hoffmann, D.: Unübersehbare Gegensätze der Pädagogiken in Ost- und Westdeutschland. In: Hoffmann/Neumann (Hrsg.) 1995, S. 373–391.

Hoffmann, D.: Die Auswirkungen der ‚unsozialen Marktwirtschaft' auf den pädagogischen Zeitgeist. In: Hoffmann/Maack-Rheinländer 2001a, S. 23–48.

Hoffmann, D.: Die Instrumentalisierung des Kindes zum Zwecke der Gesellschaftsveränderung in der Epoche der Bildungsreform. In: Friedrich, B./Kirchhöfer, D./Neuner, G./Uhlig, Ch.: Soziale Befreiung – Emanzipation – Bildung. ‚Das Jahrhundert des Kindes' zwischen Hoffnung und Resignation. Abhandlungen der Leibniz-Sozietät. Band 5. Berlin 2001b, S. 65–80.

Hoffmann, D./Neumann, K. (Hrsg.): Erziehung und Erziehungswissenschaft in der BRD und der DDR. Band 1: Die Teilung der Pädagogik (1945–1965). Weinheim 1994. Band II: Divergenzen und Konvergenzen (1965–1989). Weinheim 1995.

Hoffmann, D./Maack-Rheinländer, K. (Hrsg.): Ökonomisierung der Bildung. Weinheim 2001.

Huisken, F.: Zur Kritik bürgerlicher Didaktik und Bildungsökonomie. München 1972.

Jouhy, E.: Die antagonistische Rolle des Lehrers im Prozess der Reform. In: Beck, J. et al. (Hrsg.): Erziehung in der Klassengesellschaft. Einführung in die Soziologie der Erziehung. München 1970.

Keim, W.: Reformpädagogik als restaurative Kraft. Zur Problematik der Reformpädagogik-Rezeption in Westdeutschland zwischen 1945 und 1965. In: Hoffmann, D./Neumann, K. (Hrsg.) 1994, S. 221–249.

Kirchhöfer, D.: Der Mythos der allseitig entwickelten Persönlichkeit. In: Hoffmann, D./Gaus, D./Uhle, R.: Mythen und Metaphern. Slogans und Signets. Erziehungswissenschaft zwischen literarischem und journalistischem Jargon. Hamburg 2007, S. 39–48.

Koneffke, G.: Integration und Subversion. Zur Funktion des Bildungswesens in der spätkapitalistischen Gesellschaft. In: Das Argument. 11. Jg. 1969, H. 5/6, S. 389–430.

Lange, F.: Die Aufgaben und Probleme der deutschen Pädagogik. In: Aus den Verhandlungen des V. Pädagogischen Kongresses Leipzig 1956. Berlin 1956, S. 35–119.

Malkowa et al. (Hrsg.): Die Bildungspolitik kapitalistischer Staaten. Berlin 1986.

Neuner, G.: Zur Theorie der sozialistischen Allgemeinbildung. Köln 1973.

Neuner, G.: Sozialistische Persönlichkeit – ihr Werden, ihre Erziehung. Berlin 1975.

Neuner, G.: Allgemeinbildung. Konzeption – Inhalt – Prozess. Berlin 1989.

Neuner, G.: ‚Anthropologische Wende' in der DDR-Pädagogik. In: Hoffmann, D./Neumann, K. (Hrsg.) 1995. S. 140–164.

Neuner, G.: Zwischen Wissenschaft und Politik. Ein Rückblick aus lebensgeschichtlicher Perspektive. Studien und Dokumentationen zur deutschen Bildungsgeschichte. Band 61. Köln 1996.

Neuner, G.: Bildung in der DDR-Schule. In: Bildung. Topos. Internationale Beiträge zur dialektischen Theorie. Hrsg. v. H. H. Holz/D. Losurdo. Heft 12. 1999. S. 11–41.

Oelkers, J.: Das Ende der sozialistischen Erziehung? Bemerkungen zum Verhältnis von Utopie und Wirklichkeit in der Pädagogik. In: ZfPäd. (37) 1991. S. 31–452.

Reybrouck, D.: Gegen Wahlen. Warum Abstimmen nicht demokratisch ist. Göttingen 2016.

Roth, H.: Pädagogische Anthropologie. Band I: Bildsamkeit und Bestimmung. Hannover 1966. Band II. Entwicklung und Erziehung. Grundlagen einer Entwicklungspädagogik. Hannover 1971.

Roth, H. (Hrsg.): Begabung und Lernen. Ergebnisse und Folgerungen neuerer Forschungen. Stuttgart 1969.

Roth, H.: Der Lehrer und seine Wissenschaft. Erinnertes und Aktuelles. Hannover 1976.

Sennett, R.: Der flexible Mensch. Die Kultur des neuen Kapitalismus. Berlin 1998.

Weniger, E.: Theorie der Bildungsinhalte und des Lehrplans. Didaktik als Bildungslehre. Teil 1. Weinheim ^{2}1952.

Weniger, E.: Die Epoche der Umerziehung 1945–1949. Herman Nohl zum 80. Geburtstag (Teile I–V). In: Westermanns Pädagogische Beiträge 11. Jg. (1959), S. 403–410, S. 517–525; 12. Jg. (1960), S. 9–13, S. 74–75.

Franz Prüß

Die Schule der Zukunft wird eine Gemeinschaftsschule sein

Umbrüche als Chancen

Es gibt drei Wege klug zu werden, so sagt ein chinesisches Sprichwort, erstens durch Nachahmen, das ist der einfachste, zweitens durch Erfahrung, das ist der bitterste, und drittens durch Nachdenken, das ist der edelste. Dieser ist in Deutschland bei der Gestaltung des Bildungs- und Erziehungswesens nie konsequent wie in Schweden oder Finnland gegangen worden. Wir quälen uns zum Fortschritt. Chancen in Zeiten der Umbrüche wurden nur teilweise oder gar nicht für progressive Veränderungen genutzt. Solche besonderen Situationen hatten wir in der deutschen Bildungsgeschichte in den letzten 100 Jahren mehrfach, so Möglichkeiten der grundlegenden Veränderung nach dem 1., dann nach dem 2. Weltkrieg, nach dem Beitritt der DDR zur Bundesrepublik Deutschland 1990 und nicht zuletzt für Ganzdeutschland 2015 zur Gestaltung einer zukunftsorientierten Bildung bei anhaltenden Zuwanderungsbewegungen. Immer erst bittere Erfahrungen zwingen die deutsche Bildungspolitik (s. PISA-Studien) zu ernsthaften Reformen und schaffen einen größeren Konsens für grundlegende und weitreichende Veränderungen.

Jan Amos Komensky (1592–1670) war es bereits, der als *der* Pädagoge des 17. Jahrhunderts gilt, der eine allgemeine Schulreform mit der Schulpflicht für Jungen und Mädchen aller Stände mit einer einheitlichen Schulbildung bis zum 12. Lebensjahr und dann eine differenziert weiterzuführende Ausbildung forderte. In seinen beiden Hauptwerken „Pampaedia" (Allerziehung) und der „Didactica magna" (Große Unterrichtslehre) ging es ihm um die sittliche (mores) und die wissenschaftliche (eruditio) Ausbildung: „Allen alles ganz zu lehren" oder „Allen alles in Rücksicht auf das Ganze zu lehren".[1] Doch dieser humanistische Gedanke sollte dann erst nach dem 1. Weltkrieg in einer möglichen großen Schulreform wieder aufgegriffen werden.

Obwohl auf der Reichsschulkonferenz vom 11. bis 19. Juni 1920 die „Vielseitigkeit der Entwicklungsmöglichkeiten" der Heranwachsenden und „Übergänge nach allen Seiten" (S. 133), jedem die Möglichkeit offen zu halten, „bis zur höchs-

1 https://de.wikipedia.org/wiki/Didactica_magna; eingesehen am 01.10.16.

ten Entwicklungsstufe emporsteigen zu können" (S. 134), die Sicherung der Einheitlichkeit des deutschen Erziehungswesens (S. 157), die Trennung von Schule und Kirche (S. 106; 147), Pflicht und Wahlunterricht, Schulgeldfreiheit (S. 115; 151), Schule als soziales Gemeinschaftsleben (S. 107; 108), kein Unterschied des Geschlechts (S. 106) und vieles andere mehr begründet gefordert wurde, wurde letztlich nur die gemeinsame Beschulung bis Klasse 4 im Grundschulgesetz verankert und am 19.4.1920 von der Nationalversammlung beschlossen.[2]

Auch die nächste Chance zur Schaffung einer einheitlichen, bildungsgerechten, koedukativen und übergangsoffenen Schule 1945 für Gesamtdeutschland wurde nicht in allen Teilen des Landes genutzt. Obwohl nach den politischen Grundsätzen des Potsdamer Abkommens der gemeinsame Wille der – sonst in vielem divergierende Auffassungen vertretenden – Regierungschefs der UdSSR, der USA und Großbritannien nach dem gemeinsamen Sieg über Hitlerdeutschland eindeutig war und Übereinstimmung bestand:

> „Es ist nicht die Absicht der Alliierten, das deutsche Volk zu vernichten oder zu versklaven. Die Alliierten wollen dem deutschen Volk die Möglichkeit geben, sich darauf vorzubereiten, sein Leben auf einer demokratischen und friedlichen Grundlage von neuem wieder aufzubauen." (III. Deutschland – Potsdamer Konferenz der Regierungschefs der UdSSR, der USA und Großbritannien, 2. August 1945), wurde dieser in den einzelnen Besatzungszonen unterschiedlich umgesetzt. Dazu gehörte dann auch die Schaffung einer neuen Schule, die „… die nazistischen und militaristischen Lehren völlig entfernt…und eine erfolgreiche Entwicklung der demokratischen Ideen…" möglich macht[3]. (Punkt 7)

Das zielte vor allem auf *inhaltliche* Veränderungen von Schule, aber nicht auf *strukturelle*. Beides hatte sich als gesellschaftlich notwendig erwiesen und war bereits auf der Reichsschulkonferenz 1920 gefordert worden, doch nur in der SBZ wurden Bedingungen zu inhaltlichen *und* strukturellen Veränderungen der Schule eingeleitet. Maßnahmen dazu waren beispielsweise schon am 3.8.1945 in der „Verordnung der Provinzialverwaltung Sachsen zur Säuberung der Schulen und zum Schulbeginn" getroffen und im „Befehl Nr. 40 des Obersten Chefs der Sowjetischen Militäradministration in Deutschland über die Vorbereitung der Schulen auf den Schulbetrieb" vom 25.8.1945 angewiesen und im „Aufruf des

---

2 Die Reichsschulkonferenz 1920 – Ihre Vorgeschichte und Vorbereitung und ihre Verhandlungen: Amtlicher Bericht, erstattet vom Reichsministerium des Innern, Verlag von Quelle & Meyer: Leipzig 1921.

3 http://www.documentarchiv.de/in/1945/potsdamer-abkommen.html, zuletzt gesehen am 4.10.2016

Zentralkomitees der KPD und des Zentralausschusses der SPD zur demokratischen Schulreform" am 18.10.1945 gefordert worden. Hierin heißt es:

> „Alle Bildungsprivilegien einzelner Schichten müssen fallen. Das Ziel der demokratischen Schulreform ist die Schaffung eines einheitlichen Schulsystems, in dem die geistigen, moralischen und physischen Fähigkeiten der Jugend allseitig entwickelt, ihr eine hohe Bildung vermittelt und allen Befähigten ohne Rücksicht auf Herkunft, Stellung und Vermögen der Eltern der Weg zu den höchsten Bildungsstätten des Landes frei gemacht wird... Sie (die Schule) darf nicht mehr durch Glaubensbekenntnisse und Weltanschauungen zerrissen werden. Darum fordern wir bei voller Anerkennung der Glaubens- und Gewissensfreiheit die klare Trennung von Kirche und Schule. Die religiöse Erziehung der Kinder ist nicht Sache der Schule, sondern Angelegenheit des Elternhauses und der Glaubensgemeinschaften."[4]

Das „Gesetz zur Demokratisierung der deutschen Schule" trat am 12.6.1946 in der SBZ in Kraft und sollte die Grundlage für die Bildungsarbeit in allen Ländern des Hoheitsgebietes der sowjetischen Besatzungsmacht sein.[5] Es bot die Option der grundlegenden Reform der deutschen Schule und der konsequenten Verwirklichung von Bildungsgerechtigkeit, Chancengleichheit und Friedenserziehung.

Aus dieser Sicht hat dieses bedeutende Gesetz auch heute eine hohe Relevanz, da die weitere Schulentwicklung in der sowjetisch besetzten und in den amerikanisch, englisch und französisch besetzten Zonen eine unterschiedliche Entwicklung genommen hat.

Auch die Chance, nach dem Beitritt der DDR am 3.10.1990 zur BRD das Schulsystem gesamtdeutsch zu reformieren, wurde nicht genutzt. Vielmehr wurden bereits in der Bundesrepublik vor 1990 überholte, von vielen abgelehnte und wissenschaftlich nicht tragbare Positionen in den neuen Bundesländern implementiert.

Die Gestaltung der Bildung – strukturell und inhaltlich – steht heute national und international aufgrund der Bildungsnotwendigkeit für alle, der bestehenden Konflikte weltweit und der Wanderungs- bzw. Fluchtbewegungen auf fast allen Kontinenten vor großen Herausforderungen. Deshalb sind Reformen in den Bildungssystemen vieler Länder angesagt, worauf die ökonomisch starken Länder, die Europäische Union und ganz besonders die Vereinten Nationen Einfluss nehmen müssen. Das von den Vereinten Nationen beschlossene und von Deutschland am 24.02.2009 ratifizierte Übereinkommen über die Rechte von

---

4 www.dhm.de/ datenbank/dhm, eingesehen am 01.10.2016.

5 Gesetz zur Demokratisierung der deutschen Schule. In: Günther, Karl-Heinz/Hofmann, Franz/König, Helmut/Schuffenhauer, Heinz: Quellen zur Geschichte der Erziehung. Verlag Volk und Wissen: Berlin 1978, S. 518–521.

Menschen mit Behinderungen[6], die Ansprüche der Wirtschaft an Bildung und Erziehung, die individuellen Entwicklungsbedürfnisse der Einzelnen, die Zuwanderungen nach Deutschland einerseits und die Flexibilitätsanforderungen an alle in Deutschland andererseits sowie die unabdingbare Notwendigkeit des friedlichen Zusammenlebens der Menschen in einer sich weiter verändernden Welt machen eine Schule notwendig, die dafür die strukturellen und inhaltlichen Voraussetzungen bietet.

Errungenschaften des „Gesetzes zur Demokratisierung der deutschen Schule“

Das „Gesetz zur Demokratisierung der deutschen Schule“ von 1946 bietet Ansätze zur Lösung dieser Probleme. Es enthält grundlegende Positionen für die Schaffung einer modernen, zukunftsorientierten, entwicklungsoffenen und Bildungsgerechtigkeit sichernden Schule. Gedacht wird eine Bildung vom Kindergarten bis zur Hochschule, eine Schule für alle „ohne Unterschied des Besitzes, des Glaubens oder seiner Abstammung“, Schule als „Angelegenheit des Staates“ und Religionsunterricht als „Angelegenheit der Religionsgemeinschaften“.[7] Das „Gesetz zur Demokratisierung der deutschen Schule“ beinhaltet die Realisierung der pädagogischen Grundsätze nach Einheitlichkeit, nach Allseitigkeit, nach Durchlässigkeit, nach Weltlichkeit, nach Staatlichkeit, nach Wissenschaftlichkeit und antifaschistisch- demokratischer Erziehung und nach Schulgeldfreiheit. Besonders hervorzuheben ist die Beseitigung der Differenzierung der Schüler nach der Religionszugehörigkeit und die Verwirklichung der Trennung von Kirche und Staat. Der Religionsunterricht wurde den Religionsgemeinschaften zugeordnet, wobei sie die Räumlichkeiten der Schulen nutzen durften, was entsprechend in den Landesverfassungen gesetzlich verankert war.[8]

Es werden aber auch noch für heutige Zwecke Begrenzungen sichtbar. Mit der Einheitlichkeit ist nicht Gleichheit gemeint, wobei diese Unterschiede bereits in den Dokumenten der Reichsschulkonferenz von 1920 gesehen und kritisch vermerkt werden[9]. Einheitlichkeit ist zu verstehen als eine strukturelle Einheit im Aufbau des Schulsystems und inhaltliche Einheit als Forderung nach bundesweit

---

6 Übereinkommen der Vereinten Nationen über die Rechte von Menschen mit Behinderungen (Ratifizierung: 24.02.2009; Verbindlichkeit seit dem 26.03.2009).

7 Gesetz §§ 1,2,3.

8 Vgl. Verfassung des Landes Sachsen vom 28.2.1947, Art. 93; Verfassung des Landes Mecklenburg vom 16.1.1947, Art. 93, u.a.

9 Binder, S. 85; Kerschensteiner, S. 117 f.; Voß, S. 133; Koch, S. 443 ff. u.a.

geltenden curricularen Anforderungen und Bewertungen. Schulen müssen in der Grundverantwortung des Staates liegen. Auch die antifaschistisch-demokratische Erziehung ist in der sich rasant verändernden Welt und bei den zunehmenden Weltordnungserschütterungen sowie der Zunahme von zu beschulenden Kindern aus Fluchtfamilien nicht hinreichend, eine humanistische Grundausbildung mit der Entwicklung von belastbarem Gemeinsinn ist notwendig und unabdingbar. Auch mit dem am 24.02.2009 vom Bundestag ratifizierten Übereinkommen über die Rechte von Menschen mit Behinderungen (Inklusion) und die Zunahme von Schülerinnen und Schülern mit Migrationshintergrund (Integration) steht die Realisierung der Einheitlichkeit vor neuen Herausforderungen.

Wir brauchen heute national und international Bildungskonzepte, die Chancengleichheit sichern, wissenschaftliche Bildung und humanistische Erziehung für alle garantieren und eigenverantwortliche und gemeinschaftsfördernde Persönlichkeiten hervorbringen. Grundlagen dafür sind im „Gesetz zur Demokratisierung der deutschen Schule“ gegeben. Da auch weiterhin – und vor allem nach der letzten Föderalismusreform – alle Entscheidungen zur Bildungsentwicklung in den Bundesländern liegen, gibt es keine konstruktive *bundes*deutsche Bildungspolitik, die Entwicklungen nachhaltig befördern könnte. Nach dem Wortlaut des „Gesetzes zur Demokratisierung der deutschen Schule“ soll die Schule „... so aufgebaut sein, dass sie allen Jugendlichen, Mädchen und Jungen, Stadt- und Landkindern, ohne Unterschiede des Vermögens ihrer Eltern das gleiche Recht auf Bildung und seine Verwirklichung entsprechend ihren Anlagen und Fähigkeiten garantiert“. (§1) Insofern besitzt dieses historisch gefasste Gesetz auch heute noch eine aktuelle Bedeutung.

Außerordentlich bedeutsam ist, dass sowohl der Entwicklung der Individualität als auch der Erziehung, „sich voll in den Dienst der Gemeinschaft“ zu stellen (§1), entsprochen wird und ein „...für Jungen und Mädchen gleiches, organisch gegliedertes, demokratisches Schulsystem – die demokratische Einheitsschule“ (§2) – aufgebaut werden sollte. Die demokratische Einheitsschule sollte „...die gesamte Erziehung vom Kindergarten bis zur Hochschule“ (§3) umfassen, eine achtjährige Grundschule für alle garantieren und eine dreijährige Berufsschule, wenn keine andere Schule besucht wird, für obligatorisch erklären. Ab der 7. Klasse sollten bis zur 12. Klasse Kurse eingeführt werden, die eine Differenzierung des Unterrichts ermöglichen.[10] Der gesamte Unterricht in der Grundschule und in der dreijährigen Berufsschule sollte unentgeltlich sein und auf allen Stufen nach Lehrplänen erteilt werden, die seine *Systematik und Wissenschaftlichkeit* gewähr-

10 Gesetz, S. 518–521.

leisten. In vielem wurden erst durch *dieses* Gesetz Forderungen der Reichsschulkonferenz von 1920 erfüllt.

Dieses Gesetz erfüllt solche Voraussetzungen, die für die Gestaltung eines modernen, zukunftsorientierten, entwicklungsoffenen und Bildungsgerechtigkeit sichernden Schulsystems notwendig sind. Dennoch sind Präzisierungen erforderlich, da auch in diesem Gesetz Formulierungen zu Fehlinterpretationen oder einseitigen Auslegungen geführt haben, was die weitere Entwicklung in der SBZ auch gezeigt hat (siehe 4. Pädagogischer Kongress 1949), wobei die fehlerhaften Weichenstellungen des IV. Pädagogischen Kongresses auf die Einflüsse der Sowjetpädagogik zurückzuführen sind.

Die ausschließliche Orientierung der Erziehung der Jugend, die fähig und bereit sein soll, „...sich voll in den Dienst der Gemeinschaft des Volkes zu stellen", hat später zu einer Hypertrophierung des Kollektivs geführt und nicht in hinreichendem Maße die Individualität des Einzelnen berücksichtigt.[11] Außerdem hat die Orientierung, „...jedem Kind und Jugendlichen ...die seinen Neigungen und Fähigkeiten entsprechende vollwertige Ausbildung", „...ausgehend von den gesellschaftlichen Bedürfnissen"[12], zu geben, zu einer starken „Entwicklungssteuerung" des Einzelnen geführt, indem Ausbildungs- und Studienplätze in dem Umfange des festgestellten gesellschaftlichen Bedarfs zur Verfügung gestellt wurden, was nicht in hinreichendem Maße die Entwicklung der Individualität und des potenziell Möglichen für den Einzelnen berücksichtigt hat und zu Bildungsunterlassungen führen konnte. Aus gesellschaftlicher Sicht ist es verständlich, wenn die prognostizierten Bedarfe zur Festlegung von Ausbildungskennziffern genommen werden, doch aus individueller Sicht bedeutete das für die Entfaltung des Einzelnen oft eine Einschränkung der Entwicklungsoptionen.

Chancen und Gefahrenmomente

In meinem Beitrag kann ich leider nur auf einige aus meiner Sicht wichtige und für die Zukunft *bedeutsame Aspekte* eingehen. Das ist der Aspekt der *Eliminierung des Religionsunterrichts aus der Schule*, der *Wissenschaftlichkeit* und der Meisterung der *Dialektik von Individuum und Gemeinschaft.*

---

11 Prüß, Franz: Individuum und Gemeinschaft – Gegensatz oder Bedingung? In: Müller, Siegfried/Sünker, Heinz/Olk, Thomas/Böllert, Karin (Hrsg.): Soziale Arbeit – gesellschaftliche Bedingungen und professionelle Perspektiven. Hermann Luchterhand Verlag: Neuwied, Kriftel 2000, S. 119–135.

12 Gesetz, §1.

Den *Religionsunterricht* als Angelegenheit der Eltern und der Religionsgemeinschaften zu betrachten, ist konsequent und entspricht einer wissenschaftsorientierten Schule. Diese Trennung vorgenommen zu haben, ist eine historische und perspektivisch wichtige Leistung des „Gesetzes zur Demokratisierung der deutschen Schule". Deshalb ist es problematisch, dass weiterhin in den Bundesländern katholischer und/oder evangelischer Religionsunterricht erteilt und nun gegenwärtig auch Islamunterricht *in der Schule* gefordert wird. In der Schule müssen eine wissenschaftliche Bildung *und* eine humanistische Werteorientierung erfolgen. Eine Trennung der Schülerinnen und Schüler nach weltanschaulicher Bildung und die Erteilung des Religionsunterrichts in der Schule für bestimmte Schülergruppen führt auch zu sozialen Gruppierungen und sehr unterschiedlichen weltanschaulichen Positionen, die nicht darauf beruhen, dass man sich mit Unterrichtsgegenständen gemeinsam auseinandersetzt, sondern innerhalb der Schülergemeinschaft sogar die gemeinsame Wissensbasis verringert und verhindert, mehr über die weltanschauliche Position des anderen lernend zu erfahren. Deshalb sollten „alle alles ganz gelehrt" bekommen, das heißt dann auch eine wissenschaftliche Bildung im Sinne der Vermittlung von gesicherten Erkenntnissen zu den Weltreligionen, zu philosophischen Grundfragen, zur Ethik und Moral.

Daraus leite ich ab, dass sich unmittelbare Konsequenzen für den Fächerkanon und die Fächerinhalte in der Schule ergeben müssen. Darauf werde ich später eingehen.

Nun zur *Wissenschaftsorientierung des Unterrichts*. Ein wissenschaftlich geführter Unterricht ist Friedenserziehung. Er setzt auf Dialog, führt den Diskurs und führt vollständige Lernprozesse. Die Fragen von Kindern und Jugendlichen werden ernst genommen und sind Gegenstand einer gemeinsamen Bearbeitung. Nicht die Mehrheit hat immer Recht, was sich gerade bei weltanschaulichen Fragen in der Geschichte gezeigt hat – es sei hier nur an Galilei, Kopernikus oder Darwin u. a. erinnert, die als Individuen den jeweiligen Mehrheitsmeinungen gegenüberstanden. Mit Stimmenmehrheiten lassen sich keine wissenschaftlichen Wahrheiten festlegen. Die Wahrheit wird nicht dadurch erreicht, weil viele der gleichen Auffassung sind; vielmehr kann ein Einziger Recht haben, da sein Erkenntnisstand weiter ist als der der anderen und seine Gedanken neue, bisher nicht betretene Wege gegangen sind. So kann er auch neue Ideen entwickeln, neue Wege beschreiten und zu anderen Lösungen kommen. Deshalb sind alle Vorschläge, verschiedene Optionen und alle Argumente zu prüfen. Die Prüfung erst erweist ihre Richtigkeit oder Falschheit, ihre Zweckmäßigkeit oder Unzweckmäßigkeit, ihre Berechtigung oder Nichtberechtigung und ihre Gültigkeit oder Ungültigkeit. Der Lernprozess sollte erst dann abgeschlossen werden, wenn individuell oder gemeinschaftlich die Erkenntnisse auf ihre Richtigkeit hin geprüft worden sind. Auf dieser Basis können dann alle das Erarbeitete akzeptieren und zu ihrer Handlungsgrundlage machen.

Der Unterricht muss entsprechend den lernpsychologischen Erkenntnissen Struktur aufweisen und bei den Schülerinnen und Schülern die individuellen Erkenntnisprozesse und Gestaltungsprozesse führen. Dabei hilft uns die Didaktik als Wissenschaft vom Lehren und Lernen.[13]

Anknüpfend an das Erkenntnisinteresse junger Menschen, an ihre Neugierde und ihren Drang, Unbekanntes zu erforschen, Neues zu entdecken, das Wesen einer Sache ans Licht zu bringen und die Ursachen von Erscheinungen zu erklären, muss der Prozess der Erkenntnisgewinnung auch wissenschaftlich geführt werden. Das soll im Unterricht schrittweise und didaktisch vollständig mit Hilfe Didaktischer Funktionen, also wissenschaftlich begründeter Lehr-Lern-Schritte erfolgen. Dieser Erkenntnisprozess muss vollständig geführt werden. Deshalb stehen am Anfang Fragen, die zzt. noch nicht beantwortet werden können und zu denen erst die Antworten erarbeitet und in einem Bearbeitungsprozess gewonnen werden müssen.

Die zu bearbeitenden Fragen stellen die Schülerinnen und Schüler selbst, sie werden an sie gestellt oder sie werden gemeinsam entwickelt. Das setzt zwei Dinge voraus: die Erziehung zum Fragen und die Erziehung zum Zweifel (Bezweifeln, Anzweifeln, Hinterfragen, Widersprüche aufdecken u. a.). Damit ist nicht die vorsätzliche oder die generelle Ablehnung von Standpunkten, Erkenntnissen oder Sachlagen gemeint, sondern der Versuch, die besten und zweckmäßigsten Lösungen zu finden. Was sich bisher als richtig, zweckmäßig, berechtigt oder nützlich erwiesen hat, muss nicht immer richtig, zweckmäßig, berechtigt oder nützlich bleiben, wenn sich die Bedingungen verändert oder wir neue Erkenntnisse über bessere Verfahren gewonnen haben. Diese Erziehung zum Fragen und zum Zweifeln hat die einzige Funktion: nach der Wahrheit, nach der zweckmäßigsten Methode, nach einem berechtigten Werturteil oder/und nach der Gültigkeit einer Norm zu suchen. Diese gewonnene Erkenntnis muss dann jedoch auch auf ihre Richtigkeit hin überprüft werden. Wir müssen uns vergewissern.[14] Erst dann sollte

---

13 Liimets/Naumann 1982; Bönsch 1986; Klingberg 1989; Glöckel 2003; Hallitzky/ Seibert 2005; Jank/Meyer 2006; Becker 2007a, b, c; Gutjons 2008; Kron 2008; Naumann 2011; 2015, S. 139 u. a.

14 Prüß, Franz: Das Vergewissern als didaktische Funktion: ihre theoretischen Grundlagen und praktischen Realisierungsmöglichkeiten. Güstrow 1981; Prüß, Franz: Die Bedeutung der Sprachkritik bei der Gestaltung des Erkenntnisprozesses: Pädagogische Prinzipien und didaktische Funktionen als Grundlage der optimalen Unterrichts-

eine verbindliche Entscheidung getroffen werden und so lange Bestand haben, bis sich eine neue Situation oder ein neuer Sachverhalt oder neue Argumente ergeben. Die Fragen sind der Ausgangspunkt des gemeinsamen Lernprozesses, dann muss der Erkenntnisprozess ein Ergebnis produzieren, das auf seine Richtigkeit hin geprüft wird.

Selbständiges Denken und eigenverantwortliches Handeln setzen die sachliche Verarbeitung von Informationen durch die Schüler voraus. Sie müssen deshalb auch lernen, sich mit wissenschaftlichen Methoden Gewissheit über die Richtigkeit des Erkannten erarbeiten zu können. Gerade dann, wenn Behauptungen aufgestellt werden, muss deren Wahrheitswert geprüft werden. Genauso ist es bei der Anwendung unterschiedlicher Vorgehensweisen oder Methoden. Hier ist die Zweckmäßigkeit zu prüfen. Und gerade bei der Erarbeitung von Werturteilen kommt der Prüfung große Bedeutung zu, ob diese berechtigt oder nicht berechtigt sind, da Werturteilen wie auch den Normen kein Wahrheitswert zukommt. Gerade beim „Zusammenprall" vieler unterschiedlicher Wertvorstellungen und mitgebrachter Normen bedarf es einer kritischen Auseinandersetzung und der Orientierung an den curricularen Festlegungen in den Rahmenplänen der Schule und basalen Positionen des Grundgesetzes. In der Schule gewonnene, also gemeinsam erarbeitete Erkenntnisse, oder auch Darstellungen von Lehrerinnen und Lehrern und Schülerinnen und Schülern oder in Texten und Büchern und anderen Lehr- und Lernmaterialien vertretene Positionen, deren Richtigkeit bisher nicht nachgewiesen ist bzw. auch angezweifelt wird, bedürfen der Prüfung. Dabei gilt, dass nur Aussagen wahr oder falsch, aber die Anwendung der Methode nur zweckmäßig oder nicht zweckmäßig, das Werturteil nur berechtigt oder nicht berechtigt und eine Norm nur gültig oder ungültig, jedoch nie wahr oder falsch sein kann. Dieser Umgang mit dem Erarbeiteten führt dann dazu, dass jeder berechtigte Zweifel ausgeräumt und – soweit es der aktuelle Erkenntnisstand ermöglicht – die Gewissheit geschaffen wird, dass sich etwas so und nicht anders verhält. Diese Forderung nach Wissenschaftlichkeit wurde im „Gesetz zur Demokratisierung der deutschen Schule" bereits verbindlich festgelegt.

Nun zum *dritten Aspekt*, dem *Zusammenhang von Individuum und Gruppe*. Das „Gesetz zur Demokratisierung der deutschen Schule" geht nicht direkt auf die Schulgemeinschaft und die Klassengemeinschaften ein. Sie sind aber die sozialen Verbände, in denen die Schülerinnen und Schüler viel Zeit verbringen

---

gestaltung. In: Arendt, Birte/Kiesendahl, Jana (Hrsg.): Sprachkritik in der Schule – Theoretische Grundlagen und ihre praktische *Relevanz*. V&R unipress: Göttingen 2011b, S. 51–69.

und vieles gemeinsam gestalten und die Lernfelder für ein humanistisches Verhalten darstellen. Der §6, Abs. f formuliert, dass „bis zur endgültigen Regelung der Teilnahme von Schülern an der Gestaltung des Schullebens … Vertretern der demokratischen Jugendorganisationen Gelegenheit gegeben werden (soll), gemeinsam mit den Elternausschüssen beratend im Schulleben mitzuwirken." Diese Schülermitwirkung ist hier unzureichend gesetzlich geregelt worden und hat später auch zur alleinigen Einflussnahme der Kinder- und Jugendorganisation (Pionierorganisation und Freie Deutsche Jugend) und damit zu starken politischen Einflüssen auf die Schule geführt. Die gegenwärtige Entwicklung – auch in anderen Ländern wie Polen und Russland, wo der Autor mit den dortigen Kollegen Untersuchungen geführt hat, – zeigt sich die Zunahme eines rücksichtslosen Verhaltens und des egoistischen Individualismus ohne die Entwicklung eines hinreichenden Gemeinsinns. Deshalb möchte ich auf diesen Aspekt des Zusammenhangs von Individuum und Gruppe auch besonders eingehen, da die Schule ein Übungsfeld humanistischen Verhaltens sein muss.

Die Gemeinschaft kann höhergestellt werden – das hat auch die Erziehung in den Ländern des Ostblocks gezeigt – als die freie Entfaltung des Individuums[15]. So bleibt das Spannungsverhältnis zwischen Individuum und Gemeinschaft bestehen und bedarf seiner pädagogischen Ausklärung[16], weil weder die ungebundene Freiheit des Einzelnen möglich, noch die kritiklose Bindung des Einzelnen an Gemeinschaften vertretbar erscheinen. Solche amplitudenhaften Denkweisen verhindern rationale Lösungen für die zweckmäßige Gestaltung (sozial-)pädagogischer Prozesse und die Bestimmung der Funktionalität und Organisation von Gemeinschaften für die Entwicklung Heranwachsender. Ziel pädagogischer Tätigkeit ist nicht der homo kollectivus und damit die Produktion der „Gemeinschaft" an sich, sondern die volle Entfaltung der Individualität jedes Einzelnen (Individualität als Ausprägung der Eigen- und Einzigartigkeit des Einzelnen mit seinen spezifischen Merkmalen) mit dem *habituellen* Merkmal der Kooperations- und Gemeinschaftsfähigkeit, die sich wiederum nur durch die grundlegenden Handlungsebenen Arbeit, Interaktion und Kommunikation nach Habermas als

---

15 Trommsdorff, Gisela: Autonomie und Verbundenheit im kulturellen Vergleich von Sozialisationsbedingungen. In: Leu, Hans Rudolf/Krappmann, Lothar (Hrsg.): Zwischen Autonomie und Verbundenheit. Frankfurt a. M. 1999, S. 404.

16 Wessel, Karl-Friedrich: Souveränität und Mündigkeit. In: Gamm, Hans-Jochen/Koneffke, Gernot (Hrsg.): Jahrbuch für Pädagogik. Peter Lang: Frankfurt a. M. 1997, S. 99–104; Gamm, Hans-Jochen: „Erziehung und Mündigkeit". In: Gamm, Hans-Jochen/Koneffke, Gernot (Hrsg.): Jahrbuch für Pädagogik. Peter Lang: Frankfurt a. M. et al. 1997, S. 115–128.

konstituierende Elemente der menschlichen Entwicklung[17] verwirklichen lassen. Damit wird der Zusammenhang zwischen dem Ziel und den einzusetzenden Mitteln und Wegen zu seiner Erreichung öffentlich, worüber sorgfältig reflektiert und dann auch bedingungsadäquat entschieden werden muss.

Wenn das Subjekt nicht Ursprung der Erkenntnis ist, sondern der Andere, ergibt sich das Selbstbewusstsein und die Identität des Einzelnen aus der Erfahrung der Interaktion, in der er sich mit den Augen des Anderen sehen lernt, und aus dem gesamten Sozialisationsprozess. Insofern erscheint die Gemeinschaft ein unerlässlicher Entwicklungs- und Entfaltungsfaktor für den Einzelnen zu sein, nämlich immer wieder in seiner Rückbindung an eine solche Entwicklungs-Gemeinschaft, womit die Schulklasse und die sozialpädagogische Gruppenarbeit gemeint ist, die sich als (sozial-)pädagogische Lern- und Handlungsfelder zur Entfaltung der Individualität unter der fachkundigen individuum- und gemeinschaftsbezogenen pädagogischen Leitung erweisen sollen. Individuum und Gemeinschaft scheinen zwei Pole in einer dialektischen Beziehung zu sein[18], die auf dem Kontinuum zwischen Individualisierung und Vergemeinschaftung durch Rückbindung an die Gemeinschaft in einer unmittelbar auf den Einzelnen bezogenen Balance gehalten werden muss und pädagogisch als Maßverhältnis gefasst werden kann. Hieraus ergeben sich Fragen, worin denn das primäre pädagogische Ziel bestehen muss und wie dieses dann zu erreichen ist, um die eingangs skizzierten Persönlichkeitsideale annäherungsweise realisieren zu können.

Es gibt eine Reihe von Begrenzungen und Konstitutionsbedingungen für das Individuum, die eben im pädagogischen Prozess berücksichtigt bzw. auch erst geschaffen werden müssen, wozu auch der Andere in Form der Anderen, die Gemeinschaft, gehört. Die individuelle Entfaltung des Einzelnen findet ihre Grenze an der individuellen Entfaltung des Anderen, so dass der Wert *des* Einzelnen als Wert *jedes* Einzelnen zu verstehen ist. Durch die Orientierung an der Gemeinschaft enthält diese auch eine Perspektive zur Überwindung des egoistischen Individualismus.

Gegenwärtig wird verstärkt auf den Gedanken der Gemeinschaft zurückgegriffen, da in den individualisierten Gesellschaften eine individuell erlebte Gemeinschaftlichkeit immer mehr fehlt. Aufgrund der falschen Gemeinschaftlichkeit im Nationalsozialismus und der Einseitigkeit der Kollektiverziehung in der DDR ist der Gemeinschaftsgedanke in der Bundesrepublik diskreditiert gewesen, in Miss-

---

17 Habermas, Jürgen: Arbeit und Interaktion – Bemerkungen zu Hegels Jenenser „Philosophie des Geistes“. In: Ders.: Technik und Wissenschaft als „Ideologie“. Frankfurt a. M. 1969, S. 13 ff.

18 Trommsdorff 1999, S. 396, 397.

kredit geraten. Trotz dieser Erfahrungen muss man objektiv bedenken, dass eine „gelungene Gemeinschaftlichkeit auch in der Lebensperspektive des Einzelnen seine Berechtigung hat“[19].

Gerade der Kollektivbegriff hat wie kein anderer in der Pädagogik inhaltlich eine diametral entgegengesetzte Wertung in West und Ost erfahren, hier in einer positiven Kennzeichnung, dort in einer negativen Besetzung, da mit dem Kollektiv immer ein direkter Bezug zum Gesamtkollektiv der sozialistischen Gesellschaft und zu ihrem Wertesystem hergestellt wurde. Trotz aller Vorbehalte muss ein begrifflicher Konsens für den Umgang mit „pädagogischen Gruppen“ und ein allgemein akzeptierter Gegenbegriff zum Individuum und zur Individualisierung auf dem genannten Kontinuum gefunden werden. Daraus ergeben sich dann auch ganz praktische Konsequenzen für die Anlage und Gestaltung pädagogischer Prozesse. Der Aufruf zur sozialen Verantwortlichkeit reicht in der Tat in einer sich weiter plural ausprägenden differenzierten Gesellschaft nicht mehr aus, vielmehr müssen pädagogische Bedingungen für einen „reversiblen Individualismus“[20] geschaffen werden. Zu einer solchen Bedingung gehört die Schaffung von Entwicklungs-Gemeinschaften als ein Medium in der Erziehung, als „pädagogische Institution“, in der die Dinge gelernt werden, die zur Gestaltung der Gesellschaft unter demokratischen Aspekten gehören. Zur Ausprägung des habituellen Persönlichkeitsmerkmals „Gemeinschaftsfähigkeit“ erweist sich die Rückbindung des Individuums an die Gemeinschaft als unabdingbar, also muss die Frage nach dem Wie und Wo beantwortet werden. Nicht die Erziehung *in* der und *für* die Gemeinschaft steht im Mittelpunkt, sondern die Entfaltung jedes Einzelnen *mit* der Gemeinschaft zur Erhöhung des Wertes des Einzelnen.

Mit Recht wird darauf verwiesen, dass die Erziehung zur Gemeinschaft „ein gefährliches Konzept“ ist[21], weil es immer wieder missbraucht werden konnte und kann und „ebenso zum Medium der Befreiung wie zum Mittel der Unterdrückung“[22] benutzt werden kann. Deshalb ist zu klären, wie der Missbrauch der

---

19 Hastedt, Heiner: Der Wert des Einzelnen – Eine Verteidigung des Individualismus. Suhrkamp: Frankfurt a. M. 1998, S. 79.

20 Zirfas, Jörg: Die Suche nach dem richtigen Leben – Individualpädagogik oder kommunitaristische Erziehung. In: Zeitschrift für Erziehungswissenschaft. Leverkusen 1999/3, S. 431.

21 Oelkers, Jürgen: Erziehung und Gemeinschaft: Eine historische Analyse reformpädagogischer Optionen. In: Berg, Christa/Eller-Rüttgardt, Sieglind (Hrsg.): Du bist nichts, Dein Volk ist alles. Weinheim 1991, S. 36.

22 Liegle, Ludwig: Kollektiverziehung. In: Wulf, Christoph (Hrsg.): Wörterbuch der Erziehung. München 1989, S. 332.

Gemeinschaft einerseits verhindert und die Gemeinschaft andererseits zu einem Mittel optimaler Entwicklung eines jeden Individuums werden kann.

Die Ich-Dominanz ohne Rückbindungsmöglichkeit an die Gemeinschaft kann zur Auflösung der individuellen sozialen Verankerung, zur Gleichgültigkeit in sozialen Beziehungen, zur ausschließlichen Orientierung auf die Verwertbarkeit und Effizienzsteigerung im ökonomischen System führen und damit die Selbstdurchsetzung bis hin zur Freisetzung zerstörerischer Potentiale befördern.

Wenn Individualisierung so weit vorangetrieben wird, dass Individuum und Gemeinschaft in eine Senkrechtlage geraten, in der die Gemeinwohlinteressen missachtet, Individualismus und Egoismus bis auf die Spitze getrieben werden oder andererseits der Einzelne sich absolut den Gemeinschaftsinteressen willenlos unterordnen soll, dann ist das soziale Miteinander aus dem Ruder geraten. Die Selbstdurchsetzung als das individuelle Bestreben verstanden, die eigenen Positionen gegen andere Auffassungen umzusetzen und mit allen zur Verfügung stehenden Mitteln zu realisieren, bedeutet die Gefährdung des sozialen Friedens und die Beeinträchtigung der Freiheit der Anderen. Heranwachsende lernen dabei nicht Demokratie, sondern Selbstdurchsetzung.

Das amplitudenhafte pädagogische Verhalten, eine Überbetonung des Individuums ohne hinreichende Berücksichtigung der Gemeinschaft ist genauso problematisch wie die Überbetonung der Gemeinschaft ohne hinreichende Entwicklung der Selbstbestimmung und Autonomie des Individuums.

Die ausschließliche Orientierung auf die Gemeinschaft erzeugt ein „untertäniges“ Verhalten und ist auf Gruppenanpassung ausgerichtet, die expressive Orientierung auf die Autonomie des Individuums erzeugt wiederum ein „obertäniges“ Verhalten und lässt nur schwer die angemessene Einordnung des Einzelnen in Gemeinschaften zu. Die Gemeinschaft stellt dann für den Einzelnen eine Gefahr dar, wenn er nicht hinreichend in seiner Eigenverantwortlichkeit und Selbstbestimmung entwickelt wird und Minderwertigkeitsgefühle erzeugt werden.

Konsequenzen für die Schulentwicklung

Schule soll und muss von allen Heranwachsenden besucht werden. Im Rahmen der institutionellen Bildung erweist sich die Schule deshalb als die zentrale Institution, in der curricular all das an die heranwachsende Generation herangetragen wird, was für eine sich anschließende berufliche Qualifizierung, für die gleichberechtigte, verantwortungsvolle und aktive Teilnahme am gesellschaftlichen Leben und für eine selbstständige, eigenverantwortliche und kulturvolle individuelle Lebensgestaltung notwendig ist. Schule ist ein aufsteigend angelegter, langfristiger Lern-, Lebens- und Erfahrungsraum über 9 bis 12 Jahre und verfügt damit über ein umfassendes zeitliches Potenzial an Entwicklungschancen, das von allen Kindern und Jugendlichen genutzt werden kann und auch genutzt werden muss. Schule ist aber auch die einzige Institution, die noch von allen gemeinsam besucht wird. Daraus ergeben sich dann auch gesellschaftliche Handlungsnotwendigkeiten und Handlungsmöglichkeiten hinsichtlich der Werteorientierungen und der Wertevermittlung.

Die Schule ist organisatorisch und inhaltlich heute nicht so aufgestellt, dass sie problemlos die anstehenden Herausforderungen mit sicherem Erfolg meistern kann. Schule ist zwar seit langem keine „Standeseinrichtung" mehr, aber sie ist auch noch weit von einer „Landeseinrichtung" im Sinne der Gesamtrepublik Deutschland entfernt. Schule ist eine Ausbildungsstätte für alle.

Nach dem Grundgesetz[23] ist die Würde des Menschen unantastbar (Art. 1.1), hat jeder das Recht auf freie Entfaltung der Persönlichkeit (Art. 2.1), sind alle vor dem Gesetz gleich (Art. 3.1), sind Männer und Frauen gleichberechtigt (Art. 3.2) und niemand darf wegen seines Geschlechts, seiner Abstammung, seiner Rasse, seiner Heimat und Herkunft, seines Glaubens, seiner religiösen oder politischen Anschauungen benachteiligt oder bevorzugt werden (Art. 3.3). Deshalb wäre es selbstverständlich und angemessen, Gemeinschaftsschulen zu haben, in denen allen alles Notwendige und viel vom Möglichen gelehrt wird. Die exponierte Stellung, die Schulen in der biographischen Entwicklung der Kinder und Jugendlichen einnehmen, fordert direkt heraus, sie als besondere Entwicklungsorte junger Menschen zielgerichtet zu nutzen. Gemeinsames schulisches Lernen und Leben sind eine Chance, alle mit den verfassungsmäßig gesicherten Werten der Bundesrepublik Deutschland vertraut zu machen und sie individuell und gemeinschaftlich danach handeln zu lassen. Wenn die Annahme akzeptiert wird, dass in der Schule alle gleichermaßen alles erfahren und alles kennenlernen, um entsprechend dem Grundgesetz der Bundesrepublik Deutschland bewusst handeln zu können, ergeben sich Konsequenzen in dreierlei Hinsicht: in Bezug auf die zu vermittelnden Inhalte, auf die Lernorganisation und schließlich auf die Lerngestaltung. Auf diese bin ich bereits unter dem Aspekt „Wissenschaftlichkeit" eingegangen.

Die Aufgabe der Schule muss es sein, die nachwachsende Generation so zu bilden und zu erziehen, dass sie

1. die erforderlichen kognitiven und sozialen Qualifikationen erwerben kann, um die gesellschaftliche und ökonomische Entwicklung des jeweiligen Landes konstruktiv voranzubringen,

---

23 Grundgesetz der Bundesrepublik Deutschland: https://www.bundestag.de.Grundgesetz (1949), zuletzt eingesehen am 04.10 2016.

2. ein aktives und gemeinschaftsfähiges Mitglied der Gesellschaft werden und
3. ein selbstbestimmtes und sinnerfülltes Leben auf der Grundlage der Achtung der anderen und eigener Leistungsintentionen führen kann.

Somit muss die Institution Schule auch die Einheit von Bildung und Erziehung realisieren.[24]

Grundlage der pädagogischen Arbeit sind in Deutschland die Allgemeine Erklärung der Menschenrechte der Generalversammlung der Vereinten Nationen (verkündet am 10.12.1948), die Konvention der Mitglieder des Europarates zum Schutze der Menschenrechte und Grundfreiheiten (Rom 4.5.1950), das Grundgesetz der Bundesrepublik Deutschland (vom 23.5.1949) und neuerdings auch das Übereinkommen über die Rechte von Menschen mit Behinderungen (Convention on the Rights of Persons with Disabilities – CRPD, beschlossen am 13.12.2006 von der Generalversammlung der Vereinten Nationen, in Kraft gesetzt am 3. Mai 2008) der Vereinten Nationen[25][26]. Die Verfassung der Bundesrepublik heißt nicht umsonst „Grundgesetz". Es ist die verbindliche Grundlage unseres Zusammenlebens und enthält die wesentlichen staatlichen System- und Werteentscheidungen. Sie sind damit unsere höchsten Rechtsnormen und die Artikel 1 bis 20, also die Grundrechte und die Staatsprinzipien, unabänderbar. Damit haben sich die Deutschen zu Werten wie Freiheit, Gleichheit, Gleichberechtigung von Mann und Frau, zur Gewaltfreiheit, zum Schutz Bedürftiger, gegen Diskriminierung, zur freien Entfaltung der Persönlichkeit, zur freien Berufswahl u. a. bekannt und im Artikel 19 festgeschrieben „In keinem Falle darf ein Grundrecht in seinem Wesensgehalt angetastet werden."

Diese Rechte schließen aber auch ein, dass jeder, der diese für sich beansprucht, seinen Beitrag für das Gemeinwesen leisten muss. Das Nehmen und Geben sind die zwei Seiten der „humanistischen Medaille". Die Nutzung der Rechte ist grundsätzlich mit der Wahrnehmung von Pflichten entsprechend den individuellen Voraussetzungen und Möglichkeiten des Einzelnen verbunden. Notwendig ist,

---

24 Kiper, Hanna: Lehrziele/Lernziele. In: Arnold, Karl-Heinz/Sandfuchs, Uwe/Wiechmann, Jürgen (Hrsg.): Handbuch Unterricht. Bad Heilbrunn 2006. S. 186–195. u. a.

25 Übereinkommen der Vereinten Nationen über die Rechte von Menschen mit Behinderungen (Ratifizierung: 24.02.2009; Verbindlichkeit seit dem 26.03.2009) http://www.bmas.de/DE/Themen/Teilhabe-behinderter-Menschen/Politik-fuer-behinderte-Menschen/Uebereinkommen-der-Vereinten-Nationen/rechte-von-menschen-mit-behinderungenlangtext.html [Stand: 19.06.2013].

26 Sekretariat der Ständigen Konferenz der Kultusminister der Länder in der Bundesrepublik Deutschland: Ländergemeinsame inhaltliche Anforderungen für die Fachwissenschaften und Fachdidaktiken in der Lehrerbildung. Beschluss der Kultusministerkonferenz vom 16.10.2008 i.d.F. vom 16.09.2010.

dass alle, die sich „deutsch" nennen, sich diesen Werten verpflichtet fühlen und dementsprechend handeln, und diejenigen, die mit diesen Personen umgehen, sie kennenlernen und akzeptieren. Diese wechselseitige Akzeptanz und die dafür notwendige individuelle Toleranz sind die Voraussetzung für ein friedliches Zusammenleben. Deshalb ist es wichtig, das die deutschen Staatsbürger generell nach den Maßstäben des Grundgesetzes handeln und die sich in Deutschland Aufhaltenden diese Werte und Normen umgehend kennenlernen und die Bereitschaft entwickeln, danach handeln zu wollen.

In der Schule besteht die pädagogische Aufgabe für alle Lehrerinnen und Lehrer, Haltungen zu entwickeln und Verhaltensweisen herauszubilden, die unseren Grundwerten entsprechen und einer entwickelten Demokratie würdig sind. Der Bildungsauftrag schließt deshalb die Werteerziehung auf wissenschaftlicher Grundlage ein. Es ist aber auch an der Zeit, unser Grundgesetz fortzuschreiben und den historischen Entwicklungen anzupassen und nicht nur Rechte zu formulieren, sondern auch Pflichten im Sinne des Artikel 29, Abs. 1 der UN-Resolution zur Allgemeinen Erklärung der Menschenrechte („Jeder hat Pflichten gegenüber der Gemeinschaft, in der allein die freie und volle Entfaltung seiner Persönlichkeit möglich ist.") zu formulieren.

Eine solche Wertevermittlung erfordert Konsequenzen auf verschiedenen Ebenen. Ich hatte bereits verwiesen

- auf die Bestimmung der Lerninhalte,
- auf die Lernorganisation und
- auf die Lerngestaltung.

Bei der Bestimmung der Lerninhalte geht es um den Fächerkanon und die sich daraus ergebenden zu vermittelnden Fachinhalte. Alle Schüler und Schülerinnen besuchen die Regelschule, deshalb sollten auch alle in gleicher Weise über alle Religionen, über Religionsgeschichte, über philosophisches Denken, die Evolution u.a. unterrichtet werden. Sie erfahren dazu Grundlegendes und aus allen Bereichen, so dass jeder ebenfalls das Fundamentale aller Religionen zur Kenntnis nehmen kann und muss. Der heutige Mangel an schulischer Bildung besteht darin, dass – bezogen auf den Religionsunterricht – nur bestimmte Schüler zu ihrer gewählten Religion systematisch Kenntnisse erwerben können. Das ist eine ungerechtfertigte Ungleichbehandlung von Schülern. Bildungsgerechtigkeit bedeutet, dass alle alles Fundamentale und für das friedliche Zusammenleben Wichtige kennenlernen und bereits dadurch Verständnis für die differenzierten weltanschaulichen Entwicklungen erreicht wird. Nur dadurch, dass jeder Kenntnisse über die anderen weltanschaulichen Orientierungen und ihre Entstehungsgeschichte erwirbt, werden weltanschauliche Positionen versachlicht und wird jedem freigestellt, seine Weltanschauung zu entwickeln. Es gibt keine richtige/wahre oder falsche Weltanschauung. Nur für denjenigen, der sie akzeptiert, ist sie gültig, aber nicht für die anderen. Da es vielfältige Weltanschauungen gibt, ist eine Reduzierung auf eine oder zwei und diese für alle zu lehren, nicht gerechtfertigt. Für ihre Vermittlung darf Schule nicht zuständig sein, das ist das Entscheidungsrecht der Eltern und private Angelegenheit. Schule hat eine wissenschaftliche Bildung zu organisieren. Dieses ist im „Gesetz zur Demokratisierung der deutschen Schule" bereits eindeutig formuliert und hat Mustercharakter.

Die Fächerinhalte müssen sich am historischen, literarischen, kulturellen und wissenschaftlichen Erbe und am aktuellen Erkenntnisstand der Wissenschaftsdisziplinen orientieren. Daraus ergeben sich dann Konsequenzen für den Fächerkanon und die Fächerinhalte.

Der Fächerkanon sollte einschließen:

- mathematisch-naturwissenschaftliche Fächer,
- gesellschaftswissenschaftliche Fächer,
- künstlerisch-musische Fächer und
- Sport und Bewegung,
- das Fach Weltreligionen, Ethik, Grundfragen der Philosophie, aber kein einseitiges weltanschauliches Fach.

Die Bestimmung der Ziele und die Auswahl der Inhalte für den Unterricht wird nach folgenden Prinzipien getroffen[27]:

1. Prinzip der Lernzielbündelung und Situationsbezogenheit
(Ziele festlegen entsprechend der Zieltaxonomie – also kognitive, affektive und psychomotorische Ziele oder nach Fach-, Methoden-, Sozial- und Selbstkompetenz – und alle Bereiche berücksichtigen, ausgehend von der aktuellen Situation)

2. Prinzip der Wissenschaftsorientierung und der humanistischen Werteorientierung
(Auswahl von Inhalten und Methoden zur Vermittlung bzw. Gestaltung und Orientierung dieser an den dafür zuständigen Wissenschaften und ihren neuesten Erkenntnissen)

---

27 Kaiser, Armin/Kaiser, Ruth: Studienbuch Pädagogik. Frankfurt a. M. 1998; Sandfuchs, Uwe: Ebenen, Prinzipien und Situationen der Planung. In: Arnold, Karl-Heinz/Sandfuchs, Uwe/Wiechmann, Jürgen (Hrsg.): Handbuch Unterricht. Bad Heilbrunn 2006, S. 695–701; Seibert, Norbert: Unterrichtsprinzipien. In: Ebenda, S. 251–260; Wiater, Werner: Didaktische Theoriemodelle und Unterrichtsplanung. In: Ebenda, S. 675–685; Naumann, Werner: Sozialpädagogik – Umriss einer erziehungswissenschaftlichen Disziplin und Prinzipien ihrer praktischen Anwendung. Berlin 2011; Prüß, 2011b u. a.

3. Prinzip des Exemplarischen
(aus der Vielzahl Wichtiges, Typisches auswählen, da es beispielhaft für Anderes ist)

4. Prinzip der Struktur
(Lernprozess so planen und vorbereiten, dass gegliedert, geordnet, strukturiert eine logische Linie sichtbar wird)

Einige Fächer sind für die Kenntnisvermittlung im Bereich der Werteorientierung prädestiniert, so besonders die Fächer Sozialkunde, Literatur, Kunst; aber an der Wertevermittlung arbeiten alle Lehrerinnen und Lehrer. Es gibt keine „wertfreien" Fächer. Leider werden an vielen Hochschulen und Universitäten immer noch vorwiegend Lehrer für Fächer ausgebildet und nicht in erster Linie für Kinder und Jugendliche. Dass Lehrerinnen und Lehrer Experten ihres Faches sein müssen, ist selbstverständlich, aber primär müssen sie Experten für Kinder und Jugendliche sein, dann gelingt auch eine bessere Werteerziehung.

Die bisher gewonnenen wissenschaftlichen Erkenntnisse zeigen, dass nicht der *Bildungsort* primär für die kognitive Entwicklung der Schülerinnen und Schüler bedeutsam ist, sondern die Art der pädagogischen Arbeit und die Lehrer-Schüler-Beziehungen[28] und ob ein Schüler dort abgeholt wird, wo er steht und dann zur Zone der nächsten Entwicklung geführt wird. Heute ist vielmehr problematisch, dass in der schulischen und gesellschaftlichen Entwicklung Tendenzen des egoistischen Individualismus zunehmen und eine weiterhin „nachlassende Bereitschaft Jugendlicher, sich systematisch und dauerhaft freiwillig zu engagieren und Verantwortung zu übernehmen" festzustellen ist[29].

In keiner der mir vorliegenden wissenschaftlichen Arbeiten oder amtlichen Orientierungen wird deutlich, dass Inklusion ein grundlegendes Umdenken im Hinblick auf die *Rolle von Gemeinschaften* und die Gestaltung von Gemeinschaftsbeziehungen erfordert, wenn das Hauptanliegen der Inklusion über den Rahmen von Schülerbiographien hinaus gelingen soll.

Die Forderung nach Differenzierung lässt zwei grundlegende Lösungsmöglichkeiten zu. Schüler werden bis zu einem bestimmten Zeitpunkt gemeinsam beschult und dann auf ein verzweigtes, aber in alle Richtungen offenes System

---

28 http://www.bmas.de/DE/Themen/Teilhabe-behinderter-Menschen/Politik-fuer-behinderte-Menschen/Uebereinkommen-der-Vereinten-Nationen/rechte-von-menschen-mit-behinderungenlangtext.html [Stand: 19.06.2013].

29 Bundesministerium für Familie, Senioren, Frauen und Jugend (BMFSFJ)(Hrsg.): 14. Kinder- und Jugendbericht. Bericht über die Lebenssituation junger Menschen und die Leistungen der Kinder- und Jugendhilfe in Deutschland. Berlin 2013, S. 408.

verteilt, wobei die Übergänge von einer Schule zur anderen problemlos möglich sein müssen. Oder aber alle lernen in einem Haus und erhalten in diesem (Grundgedanke der Inklusion) die für sie erforderliche Förderung entsprechend ihren Voraussetzungen, Interessen, Neigungen und individuellen Zielsetzungen. Beides wäre für die optimale kognitive Entwicklung akzeptabel und die Entscheidung nur abhängig von den finanziellen Möglichkeiten der Gesellschaften. Für das soziale Miteinander käme nur die letztgenannte Variante in Frage, die auch von der UNO gefordert wird. Gemeinschaftsschule bedeutet nicht, dass es keine Differenzierung gibt, sie ist ein sozialer Ort, an dem der sozialen, kulturellen, weltanschaulichen, der physischen und psychischen, politischen und Geschlechterheterogenität der gesamten Schülerschaft entsprochen wird. Ich weiß, dass diese Schule gegenwärtig eine Idealvorstellung ist und nur schrittweise entwickelt werden kann, aber schrittweise heißt, einzelne Schritte müssen auch tatsächlich nacheinander gegangen werden. Ich weiß, dass diese Schule nicht so leicht zu realisieren ist und viel Kraft und Mut und auch gezielte Forschung verlangt, damit sie in einem Langzeitprozess erfolgreich gestaltet werden kann. Die Entscheidung dafür bedarf des politischen Willens und der wissenschaftlichen Dauerbegleitung.

Auf der Grundlage bisheriger wissenschaftlicher Erkenntnisse und unserer angestrebten Bildungs- und Erziehungsziele sowie der Weltumbrüche wird die Schule der Zukunft

- eine Stufenschule,
- eine gebundene Ganztagsschule,
- eine selbstständigere Schule,
- eine genderorientierte Schule,
- eine inklusive Schule,
- eine Schule mit flexibler Differenzierung,
- eine unter staatlicher Aufsicht stehende Schule

sein müssen, wenn die Bildungs- und Chancengerechtigkeit weiter erreicht werden soll und wir auf der Welt einerseits friedvoll miteinander leben und andererseits alle individuellen Ressourcen entwickeln wollen. Auf die Staatlichkeit der Schulen – auch darin ist das „Gesetz zur Demokratisierung der deutschen Schule" konsequent – möchte ich noch in Anbetracht der gegenwärtigen Zunahme von Schulen in freier Trägerschaft besonders verweisen. Eine solche Entwicklung führt zur Manifestierung von Privilegierungen der Schüler dieser Schulen und zu Bevorzugungen, die dazu führen, dass alte strukturelle Gliederungen des alten deutschen Schulwesens wieder eingeführt und damit Restauration ermöglicht und wirklicher Fortschritt verhindert wird.

„Es widerspricht dem Geiste des Rechts- und Kulturstaates, parallel zu den Pflichtschulen andere Schulen unter dem Vorwand einer erweiterten Bildung zu unterhalten, die nur Einzelne nach Maßgabe ihrer besseren wirtschaftlichen Lage auf Grund besonderen Schulgeldes an Stelle der Pflichtschule besuchen können. Jede Differenzierung der öffentlichen Schule nach ökonomischen oder sozialen Rücksichten ist eine Verletzung des Rechts- und Kulturstaates", urteilt bereits Kerschensteiner 1920 (S. 115).

Schulen sind Entwicklungsorte für alle Kinder und Jugendlichen und bedürfen der vorurteilsfreien Zuwendung der ganzen Gesellschaft und müssen deshalb unsere ganze Aufmerksamkeit erhalten. Komensky urteilt in seiner „Didactica magna": „Schulen sind Produktionsstätten der Menschlichkeit, sofern sie bewirken, dass aus Menschen wirklich Menschen werden."[30] Vor uns stehen große Aufgaben, die ein mutiges und zielorientiertes Handeln verlangen. Die Nutzung des „Gesetzes zur Demokratisierung der deutschen Schule" ist ein solcher erster Schritt. Vieles ist darin progressiv angelegt (die Stufenschule, die genderorientierte Schule, die staatliche Schule, die Trennung von Kirche und Schule) und vieles kann weiterentwickelt und ergänzt werden (die Ganztagsschule, die selbstständigere Schule, die inklusive Schule mit flexiblen Differenzierungen und die Schule als Bestandteil kommunaler bzw. regionaler Bildungslandschaften)[31].

Literatur- und Quellenverzeichnis

Becker, Georg E.: *Planung von Unterricht. Handlungsorientierte Didaktik*, Teil I. Weinheim und Basel 2007a.

Becker, Georg E.: *Durchführung von Unterricht. Handlungsorientierte Didaktik*, Teil II. Weinheim und Basel 2007b.

Becker, Georg E.: *Auswertung und Beurteilung von Unterricht. Handlungsorientierte Didaktik*, Teil III. Weinheim und Basel 2007c.

Befehl Nr. 40 des Obersten Chefs der Sowjetischen Militäradministration in Deutschland über die Vorbereitung der Schulen auf den Schulbetrieb. In: Günther, Karl-Heinz/Hofmann, Franz/König, Helmut/Schuffenhauer, Heinz: *Quellen zur Geschichte der Erziehung*. Verlag Volk und Wissen: Berlin 1978, S. 514–515.

30 https://de.wikipedia.org/wiki/Didactica_magna, eingesehen am 01.10.2016.

31 Prüß, Franz: Kommunale Bildungslandschaften – Die Möglichkeit des Einzelnen, einen Platz zu erhalten und seinen Platz zu finden. In: Bollweg, Petra/Otto, Hans-Uwe (Hrsg.): Räume flexibler Bildung – Bildungslandschaft in der Diskussion. Wiesbaden 2011a, S. 223–238.

Beschluss der Kultusministerkonferenz vom 18.11.2010: *Pädagogische und rechtliche Aspekte der Umsetzung des Übereinkommens der Vereinten Nationen vom 13. Dez. 2006 über die Rechte von Menschen mit Behinderungen (Behindertenrechtskonvention – VN-BRK) in der schulischen Bildung*. 2010.

Beschluss der Kultusministerkonferenz vom 20.10.2011: *Inklusive Bildung von Kindern und Jugendlichen mit Behinderungen in Schulen*. 2011.

Binder, Hermann: Berichterstatter – Leitsätze und Vorberichte. Einheitsschule. In: *Die Reichsschulkonferenz 1920*. Verlag von Quelle & Meyer: Leipzig 1921, S. 81–98.

Bönsch, Manfred: *Unterrichtskonzepte – Studien zur Allgemeinen Didaktik*. Baltmannsweiler 1986.

Bundesministerium für Familie, Senioren, Frauen und Jugend (BMFSFJ)(Hrsg.): *14. Kinder- und Jugendbericht. Bericht über die Lebenssituation junger Menschen und die Leistungen der Kinder- und Jugendhilfe in Deutschland*. Berlin 2013.

Die Reichsschulkonferenz 1920 – Ihre Vorgeschichte und Vorbereitung und ihre Verhandlungen: Amtlicher Bericht, erstattet vom Reichsministerium des Innern, Verlag von Quelle & Meyer: Leipzig 1921.

Gamm, Hans-Jochen: „Erziehung und Mündigkeit". In: Gamm, Hans-Jochen/ Koneffke, Gernot (Hrsg.): *Jahrbuch für Pädagogik*. Peter Lang: Frankfurt a. M. et al. 1997, S. 115–128.

Gesetz zur Demokratisierung der deutschen Schule. In: Günther, Karl-Heinz/ Hofmann, Franz/König, Helmut/Schuffenhauer, Heinz: *Quellen zur Geschichte der Erziehung*. Verlag Volk und Wissen: Berlin 1978, S. 518–521.

Glöckel, Hans: *Vom Unterricht*. Bad Heilbrunn 2003.

Grundgesetz der Bundesrepublik Deutschland: https://www.bundestag.de.Grundgesetz (1949), zuletzt eingesehen am 04.10 2016.

Gudjons, Herbert: *Pädagogisches Grundwissen*. Bad Heilbrunn 2008.

Habermas, Jürgen: Arbeit und Interaktion – Bemerkungen zu Hegels Jenenser „Philosophie des Geistes". In: Ders.: *Technik und Wissenschaft als „Ideologie"*. Frankfurt a. M. 1969.

Hallitzky, Maria/Seibert, Norbert: Didaktische Konzepte und Modelle. In: Apel, Jürgen/Sacher, Werner (Hrsg.): *Studienbuch Schulpädagogik*. Bad Heilbrunn 2005. S. 205–229.

Hastedt, Heiner: *Der Wert des Einzelnen – Eine Verteidigung des Individualismus*. Suhrkamp: Frankfurt a. M. 1998.

Jank, Werner/Meyer, Hilbert: *Didaktische Modelle*. Frankfurt a. M. 2006.

Kaiser, Armin/Kaiser, Ruth: *Studienbuch Pädagogik*. Frankfurt a. M. 1998.

Karsen, Fritz: Berichterstatter – Leitsätze und Bericht. Einheitsschule. In: *Die Reichsschulkonferenz 1920*. Verlag von Quelle & Meyer: Leipzig 1921, S. 98–113.

Kerschensteiner, Georg: Berichterstatter – Leitsätze und Bericht. Einheitsschule. In: *Die Reichsschulkonferenz 1920*. Verlag von Quelle & Meyer: Leipzig 1921, S. 114–129.

Kiper, Hanna: Lehrziele/Lernziele. In: Arnold, Karl-Heinz/Sandfuchs, Uwe/ Wiechmann, Jürgen (Hrsg.): *Handbuch Unterricht*. Bad Heilbrunn 2006. S. 186–195.

Klingberg, Lothar: *Einführung in die Allgemeine Didaktik*. Berlin 1989.

Koch, Reichsminister: Vollsitzung am Freitag, dem 11. Juni 1920, Einführungsrede. In: *Die Reichsschulkonferenz 1920*. Verlag von Quelle & Meyer: Leipzig 1921, S. 441–444.

Komensky, Jam Amos: Große Didaktik. https://de.wikipedia.org/wiki/Didactica_magna; eingesehen am 1.10.16.

Kron, Friedrich W.: *Grundwissen Didaktik*. München und Basel 2008.

Liegle, Ludwig: Kollektiverziehung. In: Wulf, Christoph (Hrsg.): *Wörterbuch der Erziehung*. München 1989.

Liimets, Heino/Naumann, Werner: *Didaktik*. Berlin 1982.

Naumann, Werner: *Sozialpädagogik – Umriss einer erziehungswissenschaftlichen Disziplin und Prinzipien ihrer praktischen Anwendung*. Berlin 2011.

Naumann, Werner: *Erwachsenenbildung in der Erziehungswissenschaft im 20. Jahrhundert*. Frankfurt a. M. et al. 2015.

Oelkers, Jürgen: Erziehung und Gemeinschaft: Eine historische Analyse reformpädagogischer Optionen. In: Berg, Christa/Eller-Rüttgardt, Sieglind (Hrsg.): *Du bist nichts, Dein Volk ist alles*. Weinheim 1991, S. 22–45.

Prüß, Franz: *Das Vergewissern als didaktische Funktion: ihre theoretischen Grundlagen und praktischen Realisierungsmöglichkeiten*. Güstrow 1981.

Prüß, Franz: *Zur Notwendigkeit und Möglichkeit einer synthetisierend-funktionalen Betrachtungsweise des Erziehungsprozesses: untersucht und dargestellt aus der Sicht der Erziehungstheorie*. M, Dissertation B. Erfurt 1987, 270 S.

Prüß, Franz: Individuum und Gemeinschaft – Gegensatz oder Bedingung? In: Müller, Siegfried/ Sünker, Heinz/Olk, Thomas/Böllert, Karin (Hrsg.): *Soziale Arbeit – gesellschaftliche Bedingungen und professionelle Perspektiven*. Hermann Luchterhand Verlag: Neuwied, Kriftel 2000, S. 119–135.

Prüß, Franz: Kommunale Bildungslandschaften – Die Möglichkeit des Einzelnen, einen Platz zu erhalten und seinen Platz zu finden. In: Bollweg, Petra/Otto,

Hans-Uwe (Hrsg.): *Räume flexibler Bildung – Bildungslandschaft in der Diskussion.* Wiesbaden 2011a, S. 223–238.

Prüß, Franz: Die Bedeutung der Sprachkritik bei der Gestaltung des Erkenntnisprozesses: Pädagogische Prinzipien und didaktische Funktionen als Grundlage der optimalen Unterrichtsgestaltung. In: Arendt, Birte/Kiesendahl, Jana (Hrsg.): *Sprachkritik in der Schule – Theoretische Grundlagen und ihre praktische Relevanz.* V&R unipress: Göttingen 2011b, S. 51–69.

Sandfuchs, Uwe: Ebenen, Prinzipien und Situationen der Planung. In: Arnold, Karl-Heinz/Sandfuchs, Uwe/Wiechmann, Jürgen (Hrsg.): *Handbuch Unterricht.* Bad Heilbrunn 2006, S. 695–701.

Seibert, Norbert: Unterrichtsprinzipien. In: Arnold, Karl-Heinz/Sandfuchs, Uwe/Wiechmann, Jürgen (Hrsg.): *Handbuch Unterricht.* Bad Heilbrunn 2006, S. 251–260.

Sekretariat der Ständigen Konferenz der Kultusminister der Länder in der Bundesrepublik Deutschland: *Ländergemeinsame inhaltliche Anforderungen für die Fachwissenschaften und Fachdidaktiken in der Lehrerbildung.* Beschluss der Kultusministerkonferenz vom 16.10.2008 i.d.F. vom 16.09.2010.

Trommsdorff, Gisela: Autonomie und Verbundenheit im kulturellen Vergleich von Sozialisationsbedingungen. In: Leu, Hans Rudolf/Krappmann, Lothar (Hrsg.): *Zwischen Autonomie und Verbundenheit.* Frankfurt a. M. 1999.

Übereinkommen der Vereinten Nationen über die Rechte von Menschen mit Behinderungen. http://www.bmas.de/DE/Themen/Teilhabe-behinderter-Menschen/Politik-fuer-behinderte-Menschen/Uebereinkommen-der-Vereinten-Nationen/rechte-von-menschen-mit-behinderungenlangtext.htm. *[Stand: 19.06.2013].*

Uhle, Reinhard: *Individualpädagogik oder Sozialerziehung.* Julius-Klinkhardt-Verlag: Bad Heilbrunn 1995.

Voß, Ludwig: Berichterstatter – Leitsätze und Bericht. Einheitsschule. In: *Die Reichsschulkonferenz 1920.* Verlag von Quelle & Meyer: Leipzig 1921, S. 129–147.

Wessel, Karl-Friedrich: Souveränität und Mündigkeit. In: Gamm, Hans-Jochen/Koneffke, Gernot (Hrsg.): *Jahrbuch für Pädagogik.* Peter Lang: Frankfurt a. M. 1997, S. 99–104.

Wiater, Werner: Didaktische Theoriemodelle und Unterrichtsplanung. In: Arnold, Karl-Heinz/Sandfuchs, Uwe/Wiechmann, Jürgen (Hrsg.): *Handbuch Unterricht.* Bad Heilbrunn 2006, S. 675–685.

Zirfas, Jörg: Die Suche nach dem richtigen Leben – Individualpädagogik oder kommunitaristische Erziehung. In: *Zeitschrift für Erziehungswissenschaft.* Leverkusen 1999/3, S. 431–448.

Herbert Hörz

Bildungsdebatte: Erfahrungen, Probleme, Aufgaben (Resümee)

Gegenwärtig findet eine umfangreiche öffentliche Diskussion zum Verhältnis von Bildung und Gesellschaft statt, in der auch die verschiedenen „Baustellen" in den Schulen und in der Bildungspolitik thematisiert werden. Bundesministerin Johanna Wanka kündigte eine Strategie „Bildungsoffensive für die digitale Wissensgesellschaft" mit einem Digital-Pakt zwischen Bund und Ländern an. Danach will der Bund in den kommenden fünf Jahren fünf Milliarden Euro zur Verfügung stellen. Schülerinnen und Schüler sollen digital lernen und arbeiten können. Doch was nützen, zugespitzt formuliert, Computer in maroden Gebäuden und hohem Unterrichtsausfall wegen erschreckendem und selbstverschuldetem Lehrermangel? Außerdem steht wieder der Föderalismus in der Bildungspolitik der BRD auf dem Prüfstand. In dieser Tagung ging es darum, die gesellschaftlichen Rahmenbedingungen für die vor 70 Jahren erlassenen Gesetze zur Demokratisierung der Schule in der SBZ, einschließlich der besonderen Stellung Berlins, zu charakterisieren, das Recht auf Bildung, festgeschrieben in Konventionen, Gesetzen und Verordnungen, als Menschenrecht zu begründen, Unterschiede in der Bildungspolitik der BRD und der DDR zu analysieren und aktuelle Herausforderungen zu bestimmen. Das ist gelungen.

Es war eine interessante und anregende Tagung mit vielen Informationen über historische Erfahrungen, aktuelle Probleme und Aufgaben. Verdeutlicht wurden dabei an konkreten Maßnahmen wichtige Zusammenhänge zwischen gesellschaftlichen Rahmenbedingungen, Bildungsanforderungen und erziehungswissenschaftlich begründeten Zielstellungen. Dank gebührt dafür allen Vortragenden und Diskutanten. Wir erhielten heute Antworten auf die Frage: Was wurde wie unter konkret-historischen Bedingungen in Deutschland, erst noch in Besatzungszonen gegliedert, dann staatlich geteilt, und mit negativen Folgen für die Demokratisierung der Schule wieder vereinigt, realisiert?

Die Initiatoren der Tagung, Christa Uhlig, Dieter Kirchhöfer und Bernd Meier, nahmen den vor 70 Jahren mit den Gesetzen zur Demokratisierung der deutschen Schule in Gang gesetzten Reformprozess in der SBZ und dann in der DDR zum Anlass, damit die Leibniz-Sozietät sich mit dieser Tagung konstruktiv-kritisch zur Bildungsdebatte positioniert. Sie betonten zu den Gesetzen: „Intendiert war ein demokratisch strukturiertes, soziale Chancengleichheit anstrebendes und wissenschaftlich begründetes Schulkonzept, das ungeachtet seiner widersprüchlichen Realisierungs- und Entwicklungsgeschichte Anregungspotentiale für gegenwärtige Bildungsdebatten enthält." Dazu wurden heute Traditionen, Geschichte, Generationsprobleme, Vorhaben, Auswirkungen gesellschaftlicher Umwälzungen, Schwierigkeiten mit der Demokratisierung, Hemmnisse, die zu überwinden waren und sind, umfassend dargelegt und diskutiert. Für die Publikation sind weitere ergänzende Ausführungen zu wesentlichen Aspekten des Verhältnisses von Bildung und Gesellschaft sowie Zeitzeugenberichte zu den Auswirkungen des Gesetzes vorgesehen. Das Resümee ist also: Wir haben wichtige Schritte auf dem Weg zu einer allgemeinbildenden demokratisch strukturierten Schule in Deutschland analysiert, Anzeichen einer Bildungsmisere charakterisiert und Problemlösungen aufgedeckt. Die Bildungsdebatte wird uns weiter beschäftigen.

Ich möchte einige Überlegungen zu Erfahrungen, Problemen und Aufgaben vortragen, die sich meines Erachtens aus der heutigen Tagung und aus den vielen Diskussionen in Gremien, unter Spezialisten und in der Öffentlichkeit ergeben, denen wir kaum ausweichen können. Das wollen und werden wir auch nicht, wie die heutige Tagung und andere Veranstaltungen der Sozietät zur Bildung und zur Schule zeigen. Die Reaktion von Verantwortlichen auf Kritik und Vorschläge reicht dabei von Zurückhaltung bis zur Prüfung und eventuellen daraus sich ergebenden Maßnahmen. Wir werden weiter unsere Stimme erheben, um Probleme aufzudecken und Lösungen anzubieten.

Kommen wir zuerst zu den Erfahrungen, die wir alle in unterschiedlichen Schulen, Regionen, zwei deutschen Staaten und nun in verschiedenen Bundesländern als Betroffene, Akteure und wissenschaftlich damit Befasste gemacht haben.

Erfahrungen

Erfahrungen mit der Umsetzung des demokratisch strukturierten, soziale Chancengleichheit anstrebenden und wissenschaftlich begründeten Schulkonzepts haben mehrere Generationen in der SBZ und DDR gesammelt. Ich gehörte zu denen, die mit dem zweiten Weltkrieg Angst, Bombenhagel und Leichen erlebten, Schulausfall verkrafteten und mit Hoffnung dem Neuanfang nach 1946 begegneten. Die gegenwärtig politisch Herrschenden kennen die Schrecken eines Weltkriegs nicht mehr. Man erschrickt über die Leichtfertigkeit von Maßnahmen, mit denen militärische Auseinandersetzungen geführt und gefördert werden, die einen globalen Krieg auslösen könnten. Er wäre in den Folgen auf Mensch, Kultur und Natur weit schlimmer als der letzte Weltkrieg. Massenvernichtungskapazitäten, Waffen zur gezielten Tötung von Personen und Gruppen, autonome Systeme mit angeblich eigener Moral zur Zerstörung von Leben und Kulturgütern stehen zum Einsatz bereit. Manche davon sind in lokalen und regionalen Konflikten schon eingesetzt. Da wir in einer Welt militärischer Auseinandersetzungen mit wenigen Friedensoasen leben, ist *Friedenserziehung* dringend gefordert. Wir brauchen mehr Kooperation statt Konfrontation, wenn die Menschheit überleben will (Hörz, H. 2010).

Als Vertrauensschüler an der Oberschule und dann als gewählter FDJ-Sekretär unserer Schulgruppe, als Junghelfer und Helfer in der Kindervereinigung der FDJ und dann als Pionierleiter lernte ich, wie wichtig es ist, *Interessenvertreter* der Schülerinnen und Schüler gegenüber Ungerechtigkeiten der verschiedensten Art zu sein. Es war mit Schulleitung und den Lehrerinnen und Lehrern zusammenzuarbeiten, um Fehlbeurteilungen und Maßnahmen zurückzuweisen, die sich demotivierend auswirken. Zu einem demokratisch strukturierten Schulwesen gehört für mich auch heute eine wirksame Interessenvertretung, die von den entsprechenden Gremien ernst genommen wird.

Nun ergeben Gespräche zur aktuellen Situation mit Lehrenden und Lernenden ein sehr differenziertes Bild für die Bildungspolitik in den Bundesländern in ihren Auswirkungen auf die Schulen, die selbst unterschiedliche Träger und Konzepte haben. Es gibt Lernunwillige und Demotivierte unter den Lernenden und Quereinsteiger bei Lehrenden, die manchmal erfolgreich sind, doch nicht selten an den pädagogischen Herausforderungen scheitern, aufgebrachte Eltern mit manchmal unsinnigen Forderungen usw. Über persönliche Erfahrungen wird berichtet: Sie reichen von Klagen über eine unzureichende Förderung mancher Schüler in der Klasse sowie über Meinungen, dass Mädchen nichts von Mathematik verstünden, bis zu unpädagogischem Verhalten von Lehrenden, was zu der Frage führt: Wie steht es mit der *Lehrerbildung*?

Damit verbunden ist die Frage: Haben wir für Deutschland überhaupt ein *landesweites Schulkonzept,* demokratisch strukturiert, soziale Chancengleichheit anstrebend und wissenschaftlich begründet? Wird es in der Ausbildung der Lehrenden als praktisch realisierbares Anliegen vermittelt? Heute wurden auch dazu Probleme und Forderungen vorgetragen.

Man kann nur hoffen, dass die gesammelten Erfahrungen in der DDR, positive wie negative, sachlich analysiert, auf ihre Tragfähigkeit zur Überwindung der Bildungsmisere geprüft und wichtige Ansätze weiterentwickelt werden. Die Sozietät hat, auf Anregung des Arbeitskreises Pädagogik, wichtige Beiträge zur Bildungsdebatte geleistet. Schon im Bericht des Präsidenten an den Leibniz-Tag 2002 konnte festgehalten werden: „Die vom Programme for International Student Assessment vorgelegte, kurz PISA genannte Studie, nach der sich die Leistungen deutscher Schüler unter dem internationalen Durchschnitt befanden, bekräftigten die Forderungen nach einer prinzipiellen Reform des deutschen Bildungssystems, wie sie in der Stellungnahme unserer Experten zum Forum Bildung und in der kritischen Begleitung dieses Forums durch weitere Debatten in der Sozietät zum Ausdruck kamen" (Bericht des Präsidenten 2002, S. 13). Sicher ist zu beachten, wie heute formuliert wurde, dass manche Studien auf dem beruhen, was *messbar* ist und deshalb kein umfassendes Bild der komplexen Problemlage geben. Doch Anregungen zum Nachdenken über fördernde oder hemmende Faktoren in der Bildungspolitik liefern auch sie.

Unser Arbeitskreis Pädagogik ist seit Jahren sehr aktiv. Er hat sich zu vielen wesentlichen Themen geäußert. Mehrmals ging es um „Allgemeinbildung". So wurden Erfahrungen und neue Herausforderungen im Zusammenhang mit der naturwissenschaftlichen Bildung analysiert und Aufgaben formuliert (Kirchhöfer/ Uhlig 2009). Später ging es um die technische Bildung. Viele Probleme sind dabei nicht neu. In seinem „Rückblick", 2002 von Gert Geißler herausgegeben, erinnerte unser früheres Mitglied Karl-Heinz Günther (1926–2010) an „das nach wie vor ungelöste Problem" der Allgemeinbildung. Er äußerte sich zu Diskussionen in der DDR: „Nicht so sehr um Detailwissen, vielmehr um den Willen und die Fähigkeit zu lernen, um Kreativität des Denkens müsse die Schule bemüht sein. Allgemeinbildung nach dem Verständnis der Pädagogik der DDR sei einseitig an Wissensvermittlung orientiert, zu wenig auf allgemeine Dispositionen der jungen Menschen, Entscheidungen sachkundig vorzubereiten und zu treffen ..." (Günther, K.-H. 2002, S. 582). Das alte Problem ist also immer wieder von Neuem mit den Erfahrungen der jetzigen Generationen zu lösen. Doch welche Lösungen gibt es? Am 25.08.2016 konstatierte „DIE WELT KOMPAKT": „Sachsen-Anhalt hat einen neuen Geschichtslehrplan eingeführt. Darin wird wenig Faktenwissen vermittelt – ein bundesweiter Trend." Statt Wissen sollen bundesweit in allen Fächern Kompetenzen entwickelt und eine narrative Komponente in den Geschichtsunterricht eingeführt werden (ebenda). Als ob das ohne Wissen möglich wäre? Wie bei einem Pendel geht es mal in das eine, mal in das andere Extrem, mal wird mehr Wissen gefordert und mal mehr Wert auf die Herausbildung von Kompetenzen gelegt. Doch das komplexe Hauptproblem bleibt: Wird Wissensvermittlung mit Aufklärung im Sinne des Selbstdenkens verbunden? Die Individualität ist ebenso zu beachten wie die soziale Differenzierung. Individualität erfordert notwendig Bildungsdifferenzierung – aber in welchen institutionellen Formen, mit welchen Inhalten und Methoden? Meine Antwort auf diese Frage zielt vor allem auf Zusammenhänge von Wissensvermittlung und Denken in Zusammenhängen, Entwicklung von Kompetenzen mit Charakterbildung, auf Lernunwilligkeit und Elternkompetenz (Hörz 2012). Faktenwissen allein reicht als Bildungsgebot nicht aus, wenn keine Zusammenhänge erkannt werden. Verantwortung als Pflicht zur Beförderung der Humanität kann sich nur entwickeln, wenn Vorbilder ernst genommen, der Wille zum Lernen gefördert, humane Werte vorgelebt und Charaktere geformt werden, die nicht vom Egozentrismus allein geprägt sind.

Es gibt also eine Reihe aktueller Probleme, die zu lösen sind. Unsere Tagung hat weitere wichtige Schritte aufgezeigt, die auf diesem Weg zu gehen sind.

Probleme

Die Öffentlichkeit hat sich in Print- und Online-Medien, sozialen Netzwerken und Foren der verschiedensten Art mit aktuellen Problemen der Schulbildung beschäftigt. Eine kleine Auswahl von Meldungen in der Presse in der letzten Zeit zeigt ihre Vielfalt: Am 4./5. September befasste sich die „Berliner Zeitung" auf einer ¾ Seite mit dem Lehrerberuf. Unter der Überschrift „Lehrer gesucht" heißt es: „Berlin braucht Lehrkräfte": „Ein guter Lehrer kann einem helfen herauszufinden, wo man hin will im Leben oder Leidenschaften wecken: für Physik, Shakespeare oder Endmoränen. Ein schlechter kann an lebenslanger Abneigung gegen die gleichen Dinge schuld sein" (Kopf & Zahl 2016).

Über den Inhalt der Lehre schrieb die „Süddeutsche Zeitung" am 29.8.2016 unter dem Titel „Den Leerplan füllen" „Die Klagen von Eltern, Schülern und Lehrern wurden erhört: Bald dürfen bayrische Schulen wieder neun Jahre bis zum Abitur anbieten. Das ist die beste Gelegenheit, verloren gegangene Themen wieder aufzunehmen. Das Ministerium muss diese Chance nur nutzen." Für Deutsch beklagen Lehrer „einen Bedeutungsverlust an Literatur". In Mathematik würden „die Ingenieure der Zukunft nicht mehr aufs Studium vorbereitet." „Auch in den Fremdsprachen wird weniger gelesen als früher." „Die Französische Revolution, deutsche Außenpolitik von Bismarck bis Hitler und die Deutsche Einheit werden in der Oberstufe derzeit nicht thematisiert." Es fehle ein chronologisches Grundgerüst. Historische Zusammenhänge würden nicht aufgedeckt. Unter einem Bild von Karl Marx steht: „Die Schriften von Karl Marx kommen zu kurz." Im Kunstunterricht würden Kunstgeschichte und die auch vom IS genutzte Macht der Bilder kaum behandelt (Günther, A. 2016). Das sind sicher berechtigte Kritiken, doch die Entscheidung, ob 2018 acht oder neun Jahre zum Abitur führen, ist den Schulen überlassen.

Drei Anmerkungen dazu:

Erstens: Die zur Hochschulreife führende Schuldauer kann nicht davon abhängig gemacht werden, in welcher Zeit man meint, den in *Jahrzehnten angehäuften Un-*

terrichtsstoff vermitteln zu können. Vielmehr müssen Kriterien der Studierfähigkeit erarbeitet und darauf basierende Lehrpläne hinsichtlich ihrer Realisierbarkeit bzw. des damit verbundenen Aufwandes empirisch erprobt werden. Dabei kann von Erfahrungen und aktuellen Modellversuchen ausgegangen werden, dass es sehr wohl möglich ist, in zwölf Jahren studierfähige Studienwerber heranzubilden. Auf der Grundlage des Gesetzes zur Demokratisierung der deutschen Schule wurde über Jahrzehnte der Nachweis dafür erbracht, u. a. auch dadurch, dass die Lehrer für Mathematik und naturwissenschaftliche Fächer, die vor Jahrzehnten in der DDR ihr Abitur gemacht haben und gegenwärtig noch unterrichten, mit ihren Schülern bessere Lernergebnisse erzielen als Lehrer in den alten Bundesländern (siehe IQB-Ländervergleich 2012, Spiewak 2013 bzw. Zeitzeugenbericht von Naumann in diesem Band).

Zweitens: Wenn in Deutschland rund 1,2 Millionen Schüler im Alter zwischen sechs und 16 Jahren Nachhilfeunterricht bekommen (vgl. Klemm/Hollenbach-Biele 2016) und dafür pro Jahr fast 679 Mio. Euro ausgegeben werden (ebenda – andere Quellen sprechen von über einer Milliarde), dann werden damit eklatante Disfunktionen der Schule und der Lehrerbildung dokumentiert. Notwendig sind *realisierbare Lehrpläne* in Verbindung mit geeigneten Lehrbüchern und vor allem eine praxisbezogene und *professionelle Lehrerbildung*.

Drittens: Bei der Erarbeitung der Lehrpläne ist zu beachten,

- dass es um die Vermittlung von Weltwissen für das Abitur in Deutschland geht, was für das ganze Land zu regeln ist und wobei allgemeine Wissensstandards mit regionalen Bildungsangeboten zu verbinden sind.
- Spezialwissen, wie eine Chronologie in der Geschichte oder die Formelsprache der Mathematik, nicht weiterhilft, wenn keine Kompetenz im Umgang mit dem Wissen auf der Basis von Einsicht in historische und systematische Zusammenhänge, auch zwischen den Fächern, erreicht wird.

Viel diskutiert wird inzwischen über die Schulbildung von Kindern und Jugendlichen, die als Geflüchtete nun hier leben. In einer Masterarbeit „Vorbereitungsklassen aus Sicht der Lehrerinnen und Lehrer: Ein Vergleich zweier Berliner Gymnasien" vom Sommersemester 2015 am Institut für Erziehungswissenschaften der Humboldt-Universität Berlin wird über die „Willkommensklassen" festgestellt: „Die groben rechtlichen und organisatorischen Rahmenbedingungen der Willkommensklassen sind zwar durch den Leitfaden in Ansätzen geklärt, keine Erwähnung finden darin aber zum Beispiel Angaben zu Unterrichtsinhalten oder zur Aufteilung der Wochenstunden. So obliegt [es] der Schule im Rahmen ihres schuleigenen Sprachbildungskonzepts, geeignete Maßnahmen festzulegen und Neuzugänge ohne Deutschkenntnisse entsprechend ihren Vorkenntnissen zu unterrichten. … Die Schulen haben somit bei der Beschulung in den Willkommensklassen sehr viel Gestaltungsfreiraum und es wird eine große Bedeutung informeller Praktiken bei der Organisation der Willkommensklassen angenommen" (Hentschel, Franke 2015, S. 3). Manches wird also den Lehrerinnen und Lehrern überlassen, wo Hilfe möglich und notwendig wäre. Vielleicht entspricht das auch dem heute erwähnten Trend, Fachdidaktik zu reduzieren statt zu fördern. Noch sehe ich kein brauchbares Konzept für die neuen Herausforderungen durch die Flüchtlingskrise. Es müsste Teil eines Gesamtkonzepts sein.

In Vorbereitung auf diese Tagung stellte ich dazu folgende Fragen an die Veranstalter:

> „1. In der BRD gab es eine umfangreiche theoretische Debatte um Bildung und Migration, die dazu führte, dass die ‚Ausländerpädagogik' durch eine ‚interkulturelle Pädagogik' ersetzt wurde. Wie hat sich die Pädagogik der DDR zum Problem des Unterrichts für Kinder mit nicht-deutschen Sprachkenntnissen verhalten? Sollten sie vor allem eingegliedert werden, oder nur temporär bleiben, was sicher bei bestimmten Gruppen der Fall war?
> 2. In der Vermittlung der deutschen Sprache wird zwischen ‚Deutsch als Fremdsprache' und ‚Deutsch als Zweitsprache' unterschieden und auf unterschiedliche methodische Ansätze verwiesen. Gab es darüber auch in der DDR Diskussionen oder ist das ein aktuelles Problem wachsender Migration?
> 3. In den Interviews mit Lehrenden in Willkommensklassen wird u. a. festgestellt: „Die Schulabwesenheit kann … kaum verhindert werden und hält meist die Entwicklung der ganzen Lerngruppe auf." (Hentschel, Franke 2015, S. 12) Schulschwänzen scheint ein generelles Problem zu sein. Was ist zu tun?
> 4. Lehrende haben unterschiedliche Auffassungen, wie der Kontakt zu Eltern sein soll. Sie berichten von Schwierigkeiten, mit Eltern über ihre Kinder reden zu können. Wie seht ihr das Problem?
> 5. In Gesprächen werden mir viele Beispiele von Sittenverfall, wie Respektlosigkeit, gefährliche Schlägereien (manchmal mit Messern), Disziplinlosigkeit, arrogantes Verhalten von Eltern gegenüber Lehrern und Beschwerden bei Vorgesetzten usw. genannt. Wie wird darauf reagiert? Wie seht ihr das Verhältnis von antiautoritärer und disziplinorientierter Erziehung?
> 6. Bei der berechtigten Verantwortung, die den Schulen übertragen wurde, höre ich doch immer wieder Klagen über wenig präzise Vorgaben. Lehrende müssen sich oft selbst helfen, wo methodische Hilfe wichtig wäre. Wir seht ihr das Verhältnis von KMK, Landesbehörden, Schulaufsicht, Ausbildung der Lehrkräfte, pädagogische Hilfsmittel usw.?" (Email vom 04.06.2016)

Ich bedanke mich für die direkten Antworten und vor allem für die wichtigen Ergänzungen dazu, die sich aus der heutigen Tagung ergeben. Die Probleme bleiben. Lösungen wurden vorgeschlagen.

Aufgaben

Die Analyse des historischen Prozesses und der aktuellen Situation hat gezeigt, wie weit wir im vereinten Deutschland mit dem Anspruch gekommen sind, ein demokratisch strukturiertes, soziale Chancengleichheit anstrebendes und wissenschaftlich begründetes Schulkonzept zu erreichen. Es ist schon interessant, wenn im Grundgesetz der BRD in Artikel 7, der sich mit dem Schulwesen befasst, die Aufsicht des Staates betont und dann sofort Religionsunterricht als ordentliches Lehrfach und das Recht zur Einrichtung von Privatschulen genannt werden, wobei „eine Sonderung der Schüler nach den Besitzverhältnissen der Eltern nicht gefördert wird." (GG 1949) Das macht klar, welche gesellschaftlichen Zielstellungen der Bildung in der BRD vorrangig zu regeln waren. Immerhin erfolgten diese rechtlichen Normierungen nach den Gesetzen zur Demokratisierung der deutschen Schule in der SBZ. Privatschulen fördern nicht gerade die soziale Chancengleichheit, wenn sie vor allem für begüterte Eltern offenstehen. Zum Religionsunterricht wurde heute der begründete Vorschlag gemacht, dass alle Lernenden kompetent mit Erkenntnissen vergleichender Religionswissenschaft vertraut gemacht werden, während der weltanschaulich geprägte Unterricht durch eine bestimmte Religionsgemeinschaft, der bis zur Indoktrination gehen kann, der Trennung von Staat und Kirche widerspricht.

Eine ganze Reihe von Aufgaben ist zu lösen, wie heute verdeutlicht und in der öffentlichen Debatte gefordert wird. Für Berlin, das inzwischen gewählt hat, berichtete am 1. September 2016 die „Berliner Zeitung" im Artikel „Immer mehr Quereinsteiger im Lehrerzimmer" über „Baustellen des neuen Schuljahres" und formuliert dann, was zu tun ist: „*Schulsanierung:* [...] Klar ist, dass mehr Geld in die bauliche Erhaltung der Gebäude fließen sowie insgesamt schneller und eher zentral verwaltet gebaut werden muss. [...] *Grundschulen:* Hier ist der Personalmangel besonders groß. [...] *Lehrpläne:* Die Schulen müssen sich auf die neuen Rahmenlehrpläne in Berlin und Brandenburg vorbereiten. *Schulabbrecher:* Zuletzt schafften elf Prozent der Zehntklässler keinen Schulabschluss, ein viel zu hoher Wert. [...] *Digitalisierung:* eine zeitgemäße IT-Infrastruktur an allen Schulen ... Zudem müssen die Lehrer hier fortgebildet werden. [...] *Flüchtlinge:* Möglichst viele Kinder und Jugendliche aus Flüchtlingsfamilien müssen einen passenden Schulabschluss machen." (Klesmann 2016)

Halten wir als Resümee der heutigen Tagung also kurz als Aufgaben fest:

Erstens: Wir brauchen ausreichend gut ausgestattete sanierte und neue Schulgebäude, die auch den neuen Herausforderungen durch die Digitalisierung mit

Geräten und Lehrkräften entsprechen. Die Gesamtschule ist als Schule der Zukunft, auch gegen Widerstände und Standesdünkel, vorzubereiten.

Zweitens: Die Ausbildung der Lehrenden ist so zu verbessern, dass sie sowohl inhaltlichen als auch erziehungswissenschaftlichen Anforderungen gerecht werden können.

Drittens: Die frühkindliche Bildung ist auszubauen und die Vorbereitung auf Beruf und Studium in der Schule ist zu gewährleisten.

Viertens: Es geht um die Einheit von Wissensvermittlung, Kompetenzerwerb und Charakterbildung. Alle Menschen verhalten sich moralisch, ob gut oder böse, indem sie zu anderen Menschen soziale Bindungen aufbauen. Ohne die Gemeinschaft sind Menschen nicht überlebensfähig, doch sie sind lernfähig. Ihr Charakter als persönliches Verantwortungsbewusstsein mit ihrem Gewissen als Messinstrument für moralisches Verhalten ist formbar (Hörz, H. E./Hörz, H. 2013). Das in der Schule zu versäumen, rächt sich später.

Fünftens: Die Lehrinhalte sind zu überprüfen, ob sie den Anforderungen an eine begründete Allgemeinbildung entsprechen, Zusammenhänge verdeutlichen, das kreative Denken fördern und Grundlage verantwortungsbewusster Entscheidungen sein können.

Die Diskussion geht weiter, wobei die normative Kraft des Faktischen manche Reform und Verbesserung auch gegen Widerstände erzwingen wird. Besser wäre es, rechtzeitig als Staat der Verantwortung für ein persönlichkeitsförderndes Bildungssystem mit Analysen und Prognosen als Grundlage von Maßnahmen gerecht zu werden.

Literatur

Großmutter erzählt vom Mauerfall. In: DIE WELT KOMPAKT vom 23.08. 2016, S. 5.

Grundgesetz für die Bundesrepublik Deutschland (GG) vom 23. Mai 1949 (BGBl. I S. 1), http://www.artikel5.de/gesetze/gg.html#art7.

Günther, Anna: Den Leerplan füllen. In: Süddeutsche Zeitung, Nr. 199, vom 29.8.2016, S. 32.

Günther, Karl-Heinz: Rückblick. Nach Tagebuchnotizen von 1938–1990. Von Gert Geißler zur Drucklegung ausgewählt und bearbeitet. (Studien zur Bildungsreform, Bd. 41, hrsg. von Wolfgang Keim), Peter Lang: Frankfurt a. M. u. a. 2002.

Hentschel, Lucie Christine/Franke, Elisabeth: Vorbereitungsklassen aus Sicht der Lehrerinnen und Lehrer: Ein Vergleich zweier Berliner Gymnasien. Humboldt-Universität zu Berlin, Kultur-, Sozial- und Bildungswissenschaftliche Fakultät, Institut für Erziehungswissenschaften, Abteilung Vergleichende Erziehungswissenschaft, Masterarbeit Sommersemester 2015.

Hörz, Helga E./Hörz, Herbert: Ist Egoismus unmoralisch? Grundzüge einer neomodernen Ethik. trafo Verlag: Berlin 2013.

Hörz, Herbert: Erfordert Individualität notwendig Bildungsdifferenzierung? Anmerkungen aus philosophischer Sicht. In: Kirchhöfer, Dieter/Uhlig, Christa (Hrsg.): Bildung und soziale Differenzierung in der Gesellschaft. (Gesellschaft und Erziehung. Historische und Systematische Perspektiven, Bd. 9), Peter Lang: Frankfurt a. M. u. a. 2012, S. 23–46.

Hörz, Herbert: Sind Kriege gesetzmäßig? Standpunkte, Hoffnungen, Handlungsorientierungen. Berlin: Forschungsinstitut der Internationalen Wissenschaftlichen Vereinigung Weltwirtschaft und Weltpolitik e. V. Reihe: Europäische Integration. Grundfragen der Theorie und Politik, Nr. 23/2010.

IQB-Ländervergleich (2012). Mathematische und naturwissenschaftliche Kompetenzen am Ende der Sekundarstufe I. http.www.iqb.hu-berlin.de.laendervergleich (Zugriff: 08.07.2014).

Kirchhöfer, Dieter/Uhlig, Christa (Hrsg.): Naturwissenschaftliche Bildung im Gesamtkonzept von schulischer Allgemeinbildung. (Gesellschaft und Erziehung. Historische und systematische Perspektiven, Bd. 6) Peter Lang: Frankfurt a. M. u. a. 2009.

Klesmann, Martin: Immer mehr Quereinsteiger im Lehrerzimmer. In: Berliner Zeitung, Nr. 205 vom 1. September 2016, S. 9.

Kopf & Zahl: Lehrer gesucht. In: Berliner Zeitung, Nr. 207 vom 4./5. September 2016, S. 10.

Spiewak, Martin: Mit dem Osten ist zu rechnen. In: Die Zeit, Nr. 43 vom 17.10. 2013, S. 71.

Klemm, Klaus/Hollenbach-Biele, Nicole: Nachhilfeunterricht in Deutschland. Ausmaß – Wirkung – Kosten. Studie der Bertelsmannstiftung (Hrsg.), 2016. https://www.bertelsmann-stiftung.de/de/publikationen/publikation/did/nachhilfeunterricht-in-deutschland.

Traditionspflege und neue Herausforderungen – Bericht des Präsidenten zum Leibniztag 2002. Sitzungsberichte der Leibniz-Sozietät, Bd. 54, Jg. 2002. Berlin 2002, S. 13–26.

Anhang:
Ausgewählte Quellentexte

Gesetz zur Demokratisierung der deutschen Schule (Grundlage für gemeinsame Gesetzesvorlage)

Veröffentlicht in: *Richtlinien für das Schulwesen in der deutschen Verwaltung für Volksbildung in der Sowjetischen Besatzungszone Deutschlands. Stand vom 1. März 1948. Berlin 1948, S. 14–17.*

Dieser Gesetzestext bildete die Grundlage der jeweiligen Ländergesetzgebung. Er wurde von der Deutschen Verwaltung für Volksbildung am 9. April 1946 bei der Sowjetischen Militäradministration zur Genehmigung eingereicht, wenig später bestätigt und blieb nach Auflösung der Länder 1952 formal bis zum „Gesetz über die sozialistische Entwicklung des Schulwesens in der Deutschen Demokratischen Republik“ vom 2. Dezember 1959 in Kraft. Zum Gesetzgebungsprozess im Detail siehe den Beitrag von Gert Geißler in diesem Band.

RICHTLINIEN

1. Verwaltung

Gesetz zur Demokratisierung der deutschen Schule

(Grundlage für gemeinsame Gesetzesvorlage)

Vorbemerkung

Dieses Gesetz wurde von den Landes- und Provinzialverwaltungen der sowjetischen Besatzungszone in fast gleichlautendem Text beschlossen und veröffentlicht*.

Gesetz zur Demokratisierung der deutschen Schule

Die deutsche Schule war — trotz ihrer beachtlichen Höhe vor 1933 — nie eine Stätte wirklich demokratischer Erziehung der Jugend zu verantwortungs- und selbstbewußten freien Bürgern. Sie war eine Standesschule. Für die Söhne und Töchter des einfachen Volkes waren die Tore der höheren Schule und der Hochschule in der Regel verschlossen, weil nicht die Fähigkeit der Kinder, sondern die Vermögenslage der Eltern über deren Bildungsgang bestimmte.

Bereits früher mißbraucht als Mittel der Vergötterung selbstbeschränkter reaktionärer Fürsten und Könige, zur Verherrlichung des Militarismus und Eroberungskrieges, zur Erziehung blinder Untertanen in einem reaktionären Staat, wurde sie unter dem Nazismus zu einer Stätte des Rassenhasses und der Völkerverhetzung, der Vorbereitung unserer Jugend zum Werkzeug in einem volksfremden, antinationalen Eroberungskrieg und der Mißachtung der Menschen und der Menschlichkeit.

Der Aufbau eines neuen friedlichen demokratischen Deutschlands — der einzige Weg zur nationalen Wiedergeburt und Einheit unserer Heimat — erfordert eine grundlegende Demokratisierung der deutschen Schule. Die neue demokratische Schule muß frei sein von allen Elementen des Militarismus, des Imperialismus, der Völkerverhetzung und des Rassenhasses. Sie muß so aufgebaut sein, daß sie allen Jugendlichen, Mädchen und Jungen, Stadt- und Landkindern, ohne Unterschied des Vermögens ihrer Eltern das gleiche Recht auf Bildung und seine Verwirklichung entsprechend ihren Anlagen und Fähigkeiten garantiert.

§ 1

Ziel und Aufgaben der deutschen Schule

Die deutsche demokratische Schule soll die Jugend zu selbständig denkenden und verantwortungsbewußt handelnden Menschen erziehen, die fähig und bereit sind,

* Land Thüringen .... 2. Juni 1946
Land Mecklenburg-Vorpommern (später Mecklenburg) . 23. Mai 1946
Provinz Mark Brandenburg (später Land Brandenburg) 31. Mai 1946
Provinz Sachsen (später Land Sachsen-Anhalt) .... 22. Mai 1946
Land Sachsen .... 31. Mai 1946

sich voll in den Dienst der Gemeinschaft des Volkes zu stellen. Als Mittlerin der Kultur hat sie die Aufgabe, die Jugend frei von nazistischen und militaristischen Auffassungen im Geiste des friedlichen und freundschaftlichen Zusammenlebens der Völker und einer echten Demokratie zu wahrer Humanität zu erziehen. Sie wird, ausgehend von den gesellschaftlichen Bedürfnissen, jedem Kind und Jugendlichen ohne Unterschied des Besitzes, des Glaubens oder seiner Abstammung die seinen Neigungen und Fähigkeiten entsprechende vollwertige Ausbildung geben.

§ 2

Schulträger und Schulform

Die schulische Erziehung der Jugend ist ausschließlich Angelegenheit des Staates. Der Religionsunterricht ist Angelegenheit der Religionsgemeinschaften; das Nähere wird durch Ausführungsbestimmungen geregelt.

Die Form des öffentlichen Erziehungswesens ist ein für Jungen und Mädchen gleiches, organisch gegliedertes, demokratisches Schulsystem — die demokratische Einheitsschule.

§ 3

Aufbau und Gliederung der demokratischen Einheitsschule

Die demokratische Einheitsschule umfaßt die gesamte Erziehung vom Kindergarten bis zur Hochschule und gliedert sich nach den Aufgaben, die aus den gesellschaftlichen Bedürfnissen erwachsen. Sie baut sich nach folgenden Grundsätzen auf:

a) **Vorstufe (Kindergarten):**

Der Kindergarten gilt als vorschulische Erziehungseinrichtung. Er hat die Aufgabe, die Kinder zur Schulreife zu führen.

b) **Grundstufe (Grundschule):**

Bei vorhandener Schulreife treten alle Kinder, die drei Monate vor Beginn des Schuljahres das 6. Lebensjahr vollendet haben, in die Grundschule ein.

Die Grundschule ist obligatorisch. Sie umfaßt acht Klassen, in denen Deutsch, Geschichte, Heimatkunde, Geographie, Biologie, Physik, Chemie, Mathematik, Fremdsprachen, Kunst- und Werkunterricht, Musik und Leibesübungen unterrichtet werden. Im 5. Schuljahr beginnt für alle Schüler der Unterricht in einer modernen Fremdsprache.

Im 7. und 8. Schuljahr werden überall zusätzlich Kurse eingerichtet, vor allem in einer zweiten Fremdsprache, in Mathematik und in naturwissenschaftlichen Fächern.

Um den Landkindern die gleiche Bildungsmöglichkeit wie den Kindern in der Stadt zu geben, werden die nichtvollstufigen Schulen ausgebaut sowie Zentralschulen und Schülerheime eingerichtet.

c) **Oberstufe:**

Nach Beendigung der Grundschule erfolgt die systematische Weiterbildung in der Berufsschule und Fachschule, in der Oberschule und in anderen Bildungseinrichtungen (Abendschulen, Kurse an Volkshochschulen u. ä.).

Die Berufsschule umfaßt drei Jahre; sie ist obligatorisch für alle Jugendlichen im Alter von 14 bis 18 Jahren, welche die Grundschule beendet haben und keine andere Schule besuchen.

Die Berufsschule baut sich auf der Grundschule auf und gibt dem im Arbeitsprozeß stehenden Jugendlichen die Möglichkeit, neben einer berufstheoretischen Ausbildung seine Allgemeinbildung zu erweitern.

Die Fachschulen führen den Unterricht der Berufsschulen systematisch weiter. In ihnen erhalten die Besucher neben der Ausbildung in den dem Beruf dienenden Fächern eine Bildung, die derjenigen gleichwertig ist, die auf der Oberschule vermittelt wird. Der erfolgreiche Besuch einer Fachschule ermöglicht die Aufnahme in eine Hochschule.

Die Oberschule umfaßt vier Jahre. Sie vermittelt Wissen und entwickelt Fähigkeiten, die den Besuch der Hochschule ermöglichen.

In der Oberschule werden neben dem für alle Schüler verbindlichen Kernunterricht, ausgehend von den Erfordernissen des wirtschaftlichen und kulturellen Lebens und der hochschulmäßigen Weiterbildung, Kurse eingerichtet, welche die Differenzierung, die im 7. Jahr der Grundschule begann, systematisch fortsetzen.

Durch ein breites Netz von Bildungseinrichtungen (Abendschulen, Sonderkurse bei den Volkshochschulen u. a.) ist den Angehörigen aller Schichten des Volkes die Möglichkeit zu geben, auch ohne Unterbrechung der Berufstätigkeit die zum Studium an einer Hochschule erforderlichen Kenntnisse zu erwerben.

d) Hochschule (Universität):

Darüber ergeht ein besonderes Gesetz.

§ 4

Der gesamte Unterricht wird auf allen Stufen nach Lehrplänen erteilt, welche die Systematik und Wissenschaftlichkeit des Unterrichts gewährleisten und von der Deutschen Verwaltung für Volksbildung in der Sowjetischen Zone zu genehmigen sind.

§ 5

Schulgeld und Erziehungsbeihilfen

Der Unterricht in der Grundschule und der dreijährigen Berufsschule ist unentgeltlich.

Kindern minderbemittelter Eltern wird die weitere Bildung in der Oberschule und Hochschule durch Schulgeldfreiheit, Stipendien, Beihilfen und andere Maßnahmen ermöglicht.

§ 6

Schulverwaltung und Schulaufsicht

a) Die Leitung und Aufsicht über alle Arten von Schulen und Erziehungsanstalten (Kindergärten, Kinderheime, Sonderschulen für Blinde, Taube, Körperbehinderte, Schwererziehbare u. a) wird nach Richtlinien der Deutschen Verwaltung für Volksbildung in der Sowjetischen Besatzungszone durch den Präsidenten des Landes ausgeübt.

b) Im Auftrage und nach den Weisungen des Präsidenten des Landes üben die Volksbildungsämter der Kreise oder der kreisfreien Städte die Leitung und Aufsicht des Schulwesens aus. Ihnen unterstehen alle Erziehungsanstalten ihres Gebietes außer den Universitäten und Hochschulen, die der Abteilung Volksbildung des Landes unmittelbar unterstellt sind.

c) Die Verantwortung für die einzelne Schule trägt deren Leiter. Er wird vom Präsidenten des Landes ernannt.

Die Lehrerkonferenz ist beratendes Organ des Leiters. Sie soll in allen wesentlichen Entscheidungen über äußere und innere Schulangelegenheiten gehört werden.

d) In den Jahren des Neuaufbaues der Einheitsschule werden zur Unterstützung der Schulbehörden Vertreter der demokratischen Parteien und Organisationen im weitesten Umfange herangezogen.

e) Um die Verbindung der Schule mit der Elternschaft zu fördern, werden an den einzelnen Schulen Ausschüsse der Eltern gebildet, die der Schulleitung in allen wichtigen Fragen beratend zur Seite stehen.

f) Bis zur endgültigen Regelung der Teilnahme von Schülern an der Gestaltung des Schullebens soll Vertretern der demokratischen Jugendorganisationen Gelegenheit gegeben werden, gemeinsam mit den Elternausschüssen beratend im Schulleben mitzuwirken.

§ 7

Die Lehrerausbildung wird entsprechend den grundsätzlichen Forderungen dieses Gesetzes neu geregelt. Darüber ergeht ein besonderes Gesetz.

Stundentafeln für die Grund- und Oberschule

Grundschule

	1. Klasse	2. Klasse	3. Klasse	4. Klasse	5. Klasse	6. Klasse	7. Klasse	8. Klasse
Deutsch	8	12	13	14	6	6	6	6
Geschichte					2	2	3	3
Erdkunde					2	2	2	2
Fremdsprache					6	6	5	5
Biologie					3	2	1	—
Physik					—	1	2	1
Chemie					—	—	—	2
Rechnen/Mathematik	4	4	6	6	6	6	5	5
Musik	2	2	2	2	2	2	2	2
Werkunterricht / Handarbeit / Zeichnen			3	3	3	3	4	4
Körperliche Erziehung	2	2	2	2	2	2	2	2
Insgesamt:	16	20	26	27	32	32	32	32

Bemerkungen:

1. Die in der 5. Klasse beginnende Fremdsprache kann Russisch, Englisch oder Französisch sein.
2. Zu den obigen Stundenzahlen kommen in der 7. und 8. Klasse für die sprachlich Begabten (Gruppe A) je 6 Stunden in der zweiten Fremdsprache. Es fallen dafür 2 Stunden Deutsch und 2 Stunden Werkunterricht fort, so daß die Gesamtwochenstundenzahl 34 beträgt.
3. Die zweite Fremdsprache kann auch Latein sein; für die Schüler, die zur Gruppe C streben, muß sie Latein sein.
4. Die mathematisch-naturwissenschaftlich Begabten (Gruppe B) erhalten in den Klassen 7 und 8 statt der 5 Stunden Mathematik des Kernunterrichts 5 Stunden Mathematik im Kursunterricht nach besonderem Lehrplan, in der Klasse 7 zusätzlich 2 Stunden Physik und in der Klasse 8 zusätzlich 2 Stunden Chemie. Die Gesamtwochenstundenzahl dieser Gruppe beträgt gleichfalls 34 Stunden.

Liselotte Richter: Leibniz und die Pädagogik

Veröffentlicht in: *pädagogik, Jg. 1(1946), Nr. 2, S. 80–84.*

Liselotte Richter (1906–1968) studierte Philosophie, Theologie und Germanistik in Berlin, Freiburg und Marburg, hier promovierte sie 1934 über Sören Kierkegaard. Als Mitglied linker Studentengruppen und Gegnerin des Nazi-Regimes war sie nach 1933 Repressionen ausgesetzt. 1936 fand sie eine Anstellung als wissenschaftliche Mitarbeiterin der Leibniz-Edition der Preußischen Akademie der Wissenschaften, 1943 bis 1945 war sie in der Verwundetenfürsorge des DRK tätig. Nach dem Ende des Krieges trat sie der KPD bei und arbeitete zunächst als Stadträtin für Bildung und Kultur in Berlin-Charlottenburg, habilitierte sich an der Berliner Universität und erhielt hier 1948 als erste Frau in Deutschland eine Professur für Philosophie. 1951 wechselte sie an die Theologische Fakultät der Humboldt-Universität. 1965 wurde ihr dort die Ehrendoktorwürde verliehen. Zu ihren wissenschaftlichen Arbeitsgebieten gehörten neben Leibniz u. a. Descartes, Jaspers, Rilke, Camus, Sartre, Gandhi.[1]

---

1 *Quellen:* Bundesstiftung zur Aufarbeitung der SED-Diktatur, Biographische Datenbank (22.01.2017); Rauh, Hans-Christoph: Richter, Liselotte. In: Wer war wer in der DDR? 5. Ausgabe, Bd. 2. Ch. Links: Berlin 2010; Schröder, Richard/Wenzel, Catherina/Weichenhan, Michael: „Nach jedem Sonnenuntergange bin ich verwundet und verwaist." Für Liselotte Richter zum 100. Geburtstag. Frank & Timme: Berlin 2006.

Liselotte Richter

Leibniz und die pädagogik

Der 300. geburtstag von Leibniz kann nicht anlaß zu lediglich rückwärts gewendeten historischen betrachtungen sein. Er wäre nicht der universalste denker des neuzeitlichen Europa, wenn sein werk uns nicht etwas zu sagen hätte für die brennenden fragen unserer gegenwart. Unter ihnen steht das problem der erziehung obenan, denn sie hat die aufgabe, den neuen menschen zu formen, die lehren zu ziehen aus den verhängnisvollen fehlern der vergangenheit und deren wiederholung für die zukunft unmöglich zu machen. Für Leibniz trat die erziehung in gleicher weise in den mittelpunkt seiner geistigen bemühungen: „Die erste grundlage des menschlichen glücks ist die gute erziehung der jugend, welche auch die regelung der studien in sich schließt. Nichts ist wichtiger für den staat überhaupt und das wohl der menschen im einzelnen, als sowohl dem geiste wie auch dem körper die rechte richtung zu geben." Könnten wir Leibniz heute um sein urteil befragen über die pädagogik der verflossenen ära, so würde er mit seinen eigenen worten von 1697 erwidern: „Es ist ein altes wort, daß die schulen des staates pflanzstätten seien; aber nie behandelte ein gärtner die jungen pflänzchen so nachlässig, wie wir jene zarten, für gut und böse gleich empfänglichen sprossen!"

Als antwort auf die frage, wie es nun besser gemacht werden könne, kann uns Leibniz das ergebnis einer fast fünfzigjährigen lebenserfahrung zur verfügung stellen. Bereits als 21jähriger verfaßte er seine erste pädagogische schrift „Neue Methode des juristischen Lehrens und Lernens". Ganz modern stellt er hier die realien in den vordergrund: mathematik, physik und neue sprachen sollten gegenüber der bisherigen überbetonung des lateinischen mehr beachtet werden. Er fordert schon für die frühen jugendjahre beschäftigung mit arithmetik, geometrie, optik, statik, astronomie, physik, tier-, pflanzen- und gesteinskunde. Bis zum 18. lebensjahre soll der zukünftige junge jurist elementarkenntnisse der handwerke, der werkzeuge und preise sowie des handels und verkehrs sich aneignen. Von gleicher wichtigkeit sind die grundlagen der medizin und chemie, damit er in seiner späteren arbeit als richter auch sachkundig im praktischen leben stehe. Die notwendige ergänzung alles lernens bildete für ihn planvolles und durchdachtes reisen, um den horizont und das feld der erfahrungen zu erweitern. 1672 konnte Leibniz diese pädagogischen grundsätze in die praxis umsetzen, als er während seines Pariser aufenthaltes den jungen Boineburg erzog, worüber interessante schriftliche ausarbeitungen vorliegen.

Oberstes ziel der erziehung sollte aber nach Leibniz nicht die aneignung von kenntnissen und praktischen fertigkeiten allein sein. Alles kommt darauf an, in welchem geiste die jungen menschen erzogen werden, um von dem erlernten den rechten gebrauch zu machen und um unter der fülle des erlernbaren die richtige wahl zu treffen. Darum ist pädagogik ihm in erster linie die kunst des erziehens, nicht nur des lehrens. Die bildung der gesinnung, des charakters, der moralischen urteilsfähigkeit und die schulung des willens, durch planmäßige gewöhnung an das gute sich in der unbeirrbaren ausübung der tugend zu kräftigen, dies wurde dem philosophen das hauptanliegen seiner pädagogischen bemühungen. Das zeigt sich bereits in der 1693 verfaßten «Education d'un prince». Es werden dort drei grade der menschlichen vollkommenheit ins auge gefaßt als ziel aller erziehung: Die stufen der erziehung bauen sich auf nach dem grundsatz des notwendigen, des nützlichen und des angenehmen. Unter dem „notwendigen" gibt Leibniz eine nähere umschreibung dessen, was er mit „erziehung zur tugend" meint. Es ist notwendig, daß man „ein guter mensch sei, ein mann von herz, ein mann von urteil, und dies allein bedeutet, ein gebildeter mensch. Der gute mensch hegt starke und lebhafte gefühle für ehrfurcht, gerechtigkeit und menschenliebe und ist eifrig bemüht, seine pflicht zu tun. Der mann von herz läßt sich nicht leicht erschüttern und bewahrt in allen lagen des lebens seine freiheit und geistesgegenwart. Der mann von urteil denkt und urteilt richtig über alles, ohne sich durch den schein blenden zu lassen. Und der gebildete mensch weiß stets den anstand zu wahren und alles anstößige zu vermeiden."

Es ist kennzeichnend, daß diese darstellung des erziehungszieles, das Leibniz hier für einen fürsten aufstellt, ihm unmerklich zum allgemeinen menschheitsleitbild geworden ist. Hier ist keine tugend, kein wesenszug, der nicht für jede sittliche persönlichkeit gültig ist. Wenn man diese darstellung als heutiger mensch liest, merkt man gar nicht, daß solche grundsätze für einen fürsten bestimmt sind. Es ist das ideal der allverbindlichen humanitas, das Leibniz hier aufstellt, und das im humanitätszeitalter seine uns heute geläufige gestalt erhielt. Wir selbst empfinden uns beim lesen dieser gedanken als modernste vertreter einer entwicklungsreihe des soziologisch-humanitären denkens, das mit Leibniz begonnen hat.

Aus diesem geiste heraus wollen die entwürfe verstanden sein, die er in den jahren 1697 bis 1716 für das russische schulwesen und den aufbau des dortigen universitätsstudiums ausgearbeitet hat. Soll erziehung innerhalb der ethischen maßstäbe des philosophen sich bewegen, so darf sie nicht den schulbetrieb zur formalistischen wissensanhäufung mit dem egoistischen zwecke des machtgewinnes absinken lassen. Es ist das gute, daß Leibniz in Rußland solche überalterungserscheinungen wie in Europa noch nicht antrifft, sondern daß er dort planen und gründen darf auf einem jungfräulichen boden. Rußland ist „wie ein neuer topf, der noch keinen fremden geschmack angenommen hat", und daher das gute unverfälscht und unverdorben aufnehmen kann. Deshalb wollte der philosoph das beste geben, das ihm in lebenslangem bemühen an pädagogischen grundsätzen und einsichten herangereift war. Der planmäßige neuaufbau des erziehungs- und studienwesens in Rußland gleicht der vollständigen neugründung einer stadt, im gegensatz zu einem mehr willkürlichen allmählichen anwachsen durch die jahrhunderte hindurch. So wie Peter der Große Petersburg von grund auf nach einem einheitlichen bauwillen anlegte, so will auch Leibniz in planender vernunft das schul- und universitätswesen aufgebaut sehen „gleich einer auf einmal und nach einem eigenen riß neu erbauten stadt, dahingegen die alten städte so allmählich anwachsen, insgemein unordentlich gebauet werden", schreibt er in einer denkschrift für Peter den Großen im dezember 1708.

Zeitgebunden im ausdruck, aber überzeitlich in seinen gedanken ist das, was er in diesem memorandum an grundsätzlichem über den zweck der erziehung zu sagen hat: „Der wahre zweck der studien ist die menschliche glückseligkeit, das ist zu sagen eine beständige vergnügung, soviel bei menschen tunlich, und zwar also, daß sie nicht in müßiggang und üppigkeit leben, sondern durch eine ungefärbte tugend und rechtschaffene erkenntnis zum gemeinen nutzen das ihrige nach eines jeden talent beitragen. Das mittel, die menschen auf diesen tugend- und glücksweg zu bringen, ist eine gute erziehung der jugend; inmaßen man durch die erziehung bei tieren selbst wunder tun kann. Und kann man die jugend also gewöhnen, daß sie selbst freude und lust bei tugend und wissenschaft empfindet; dahingegen die alten, die dergestalt nicht erzogen, durch furcht der strafe vom bösen abgehalten werden müssen, und man viel geduld mit ihnen haben, auch manches übersehen muß."

„Tugend-, sprach- und kunstschulen", das ist der plan, den Leibnitz für das russische schulwesen im jahre 1716 in seiner ausführlichsten denkschrift über diesen gegenstand darlegt, in der er alles früher nur kurz angedeutete eingehend auseinandersetzt. Darin mißbilligte er die gesichtspunkte der damals herrschenden pädagogik, für welche eine rein formale bildung im vordergrunde stand, und die deshalb auch die lateinische sprache wie eine lebende sprache behandelte. Als bahnbrecher der modernen europäischen bildungsbewegung suchte der philosoph überall die engste verbindung zwischen theorie und praxis, zwischen lehre und leben. Vor allem bestand er auf einer steigerung des bloßen wissens zum schaffenden können, zum praktischen ausüben des erlernten in einer „kunst" (dieses wort ganz weit in seiner ursprünglichen herkunftsbedeutung von „können" gefaßt). Wir sahen solche bestrebungen schon in seiner schrift über die neue juristenausbildung. Er stellte solche forderungen aber nicht allein an die universität, sondern verlangte schon in der schule für die realen wissenschaften wie die kunstfertigkeiten einen größeren raum. Außerdem sollten volksschulen wie gelehrtenschulen mehr als bisher für die körperliche ertüchtigung sorgen.

Das gesamte schulwesen sollte einem dreifachen ziele dienen: der moralischen erziehung und charakterbildung, dem unterricht in den sprachen und der erlangung von „wissenschaften und künsten". Unter den letzteren verstand Leibniz im engeren sinne kunstfertigkeiten, wie zeichnen, schnitzen, drechseln, teils allgemeine fähigkeit in der anwendung aller physischen anlagen und kräfte. Als lehrgegenstände dieser abteilung „wissenschaften und künste" nennt Leibniz die anfangsgründe der logik, musik, arithmetik, geometrie, zeichnen, handfertigkeiten (werkunterricht), allgemeine kenntnisse der landwirtschaft sowie übungen im fechten und reiten. Alle diese fächer sollen in der schule, je nach den eigenschaften und neigungen der zöglinge, getrieben werden.

Von besonderem interesse ist, daß Leibniz eine art einheitsschule in seinen russischen vorschlägen geplant hat. Je nach den fähigkeiten und berufszielen sollten die schüler sonderkurse besuchen. Knaben, welche für das gewerbe und den handel bestimmt waren, sollten bis zum 12. und 14. jahre, die übrigen bis zum 18. jahre auf der schule bleiben. Der sprachunterricht sollte nach den verschiedenen bildungszielen abgestuft werden. Kinder, die für ein handwerk berufen seien, sollten sich mit dem unterricht in der russischen sprache begnügen; diejenigen, welche sich dem handel zuwendeten, sollten außerdem deutsch und lateinisch erlernen. Wer höheren bildungszielen zustrebte, sollte griechisch, französisch oder italienisch hinzunehmen.

Im gleichen geiste denkt er sich die fortsetzung dieses bildungs- und erziehungswerkes durch ein planvolles studium. Um übelstände und auswüchse zu vermeiden, schlägt er vor, den studenten nicht die volle freiheit zu geben, sondern sie in kollegien unter erfahrener anleitung schrittweise zur selbständigkeit zu führen. Die erste zeit des akademischen lebens hat der erwerbung einer allgemeinbildung, der entwicklung des verstandes und der beredsamkeit zu dienen. Da aber nichts der entwicklung des verstandes so förderlich ist, wie mathematik, sollte jeder studierende vorlesungen über mathematik und mechanik besuchen. Außerdem soll jede universität einen lehrstuhl für landwirtschaft besitzen.

Auf die ausbildung der hochschullehrer weist Leibniz besonders hin. Die werdenden hochschullehrer sollten nicht, wie es oft bei den deutschen universitäten geschieht, in armut und verachtung leben, sondern sollten sowohl hinsichtlich ihres ansehens wie ihrer wirtschaftlichen lebensgrundlagen ihrer zukünftigen verantwortung entsprechend gehalten werden. Nicht zu übersehen ist in einem solchen programm die bewertung der bildungsmittel. Auf konkrete anschauung wird vor allem größtes gewicht gelegt. Darum wird in allen einschlägigen denkschriften die errichtung von museen und naturwissenschaftlichen sammlungen, von laboratorien und kunstkammern ausführlich dargelegt. Die praktische anschauung ist zu ergänzen durch ein sorgfältig vorbereitetes lehrbuchmaterial. Lexika, kompendien wie systematische übersichten müssen zusammengestellt werden, namentlich auch für die technischen wissenschaften. Dies ist nur durch die kollektive arbeit einer gut eingerichteten akademie zu erreichen. Die akademie bildet gleichsam die spitze der bildungspyramide. Sie ist das zentralinstitut aller kultureinrichtungen. Alles lernen, studieren und kulturelle streben gipfelt in der forschung und planmäßigen sammlung der forschungsergebnisse zu lehrzwecken. Für die

Berliner akademie schlug Leibniz sogar die zentrale leitung des gesamten schulbuchwesens vor. Schule, universität und akademie sind so aufs engste verknüpft. Alles lernen und erziehen strebt so höchsten zielen zu: der selbständigen geistigen leistung in der forschung. Und alles forschen erhält seine verbindung mit dem leben durch den dienst in der heranbildung einer neuen kulturgeneration.

Alles dies ist nur durch sozialethische gesinnung, eben das, was Leibniz „tugend" nennt, erreichbar. Darum ist die „tugendschule" eine grundforderung aller erziehung und ausbildung, der höchsten wie der elementarsten. Auch der akademiegedanke ist ein glied in der kette der verantwortung für das „gemeine beste". Die „sozietät" ist die sichtbarste form der hingabe an das allgemeine wohl als letztes erziehungsziel. „Unendlich mehr kann durch eine sozietät geleistet werden als durch die unzusammenhängenden arbeiten einzelner, die sandkörnern ohne kalk zu vergleichen sind." Der sozialethische gedanke der assoziation wurde durch ihn zur leitenden idee seines zeitalters: «Rien plus fort que la société!» „Es scheint, daß anjetzo ein säculum sei, da man zu sozietäten lust hat." Und dieser sozialgedanke war es, der die richtschnur aller erziehung bilden sollte. Der junge mensch sollte zum wesen mit sozialem verantwortungsgefühl erzogen werden.

Das war es, was Leibniz in erster linie unter tugend (ein uns heute so altväterlich klingendes wort) verstand: denk- und willensschulung in richtung auf die tätige ausübung der grundsätze des „allgemeinen wohles". Man kommt zu seiner daseinsbestimmung nur in der charakterlichen und geistigen ausbildung zu berufen, die dem allgemeinen wohl dienen. Man muß dazu erzogen werden, daß man als triebkraft aller seiner bestrebungen dies allgemeine wohl erkennt. Nichts ist großer seelen würdiger als die erkenntnis und ausführung dessen, was das glück der menschlichen gemeinschaft ausmacht: „Ich glaube, daß das größte glück, das jemand in den äußeren dingen dieser welt haben kann, darin besteht, das gemeinwohl zu seinem eigenen zu machen." Von sich selbst bekennt er: „Mein prinzip ist, für das allgemeine beste zu arbeiten, ohne mich darum zu kümmern, ob mir jemand dafür dank weiß."

Worin besteht aber nach Leibniz das allgemeine wohl? In der förderung der menschlichen vollkommenheit in jeder beziehung. „Um in wahrheit zum glück der menschen beizutragen, muß man ihren verstand aufklären und ihren willen festigen in der übung der tugend. Tugend aber ist die gewohnheit, der vernunftgemäßen erkenntnis des guten entsprechend zu handeln." Logik und ethik sind für Leibniz aufs engste verknüpft: Um den verstand aufzuklären, bedarf es der vervollkommnung unseres urteilsvermögens und förderung der erfindungskraft logischen denkens als der quelle aller erkenntnis.

Es könnte scheinen, als ob die erziehungsidee des philosophen an diesem punkte in gefahr sei, in einen einseitigen intellektualismus zu münden, da die denkschulung so stark in den mittelpunkt der charakterbildung gerückt wird. Allein die verflossenen 12 jahre haben bewiesen, daß tatsächlich die schulung des kritischen urteilsvermögens und des selbständigen denkens in der heranbildung sittlich gereifter persönlichkeiten nicht außer acht gelassen werden darf, damit der leicht beeindruckbare jugendliche nicht das opfer einer blinden massensuggestion wird. Es ist ein ernstes stück arbeit, sich darin zu schulen, das mit nüchternem urteil als richtig erkannte in den entscheidenden situationen des lebens eher zu erstreben als das in blinder leidenschaft des augenblicks begehrte. Und eben hierin besteht das erziehungsziel von Leibniz' „tugendschule". „Man sollte bei der erziehung damit anfangen, daß man die wahren güter so fühlbar macht als möglich." Nicht nur in bezug auf die kenntnisse und wissenschaften, sondern auch für die sittliche urteilsreife gilt der kluge rat des philosophen: „Was man mit vergnügen und aus gründen lernt, entschwindet nicht so leicht dem gedächtnisse."

Darin beruht nach Leibniz die menschenwürde, daß man jeden einzelnen in seiner sittlichen urteilsfähigkeit zur selbständigkeit erzieht. Nicht umsonst wird Leibniz von Herder in den humanitätsbriefen zitiert, denn sein ziel sittlicher erziehung ist die humanität, die sich in klarer einstellung von gesinnung und handeln auf die soziale verantwortlichkeit beweist. Unser vernunftgelenktes glücksstreben ist kein egoistisches, sondern richtet sich auf die gesellschaft: „Gerechtigkeit ist die liebe des weisen. Liebe ist ein allgemeines wohlwollen. Wer weise ist, liebt alle. Jeder weise sucht allen zu nützen."

In aller zeitgebundenheit des ausdrucks, deren starke betonung von tugend und vernunft für den frührationalismus charakteristisch ist, spricht Leibniz als pädagoge doch unmittelbar zu uns in seinen grundgedanken der erziehung zur humanität einer echten sozialgesinnung als oberstem ziel aller bildung. Alles, was er an heute ganz modern erscheinenden einzelvorschlägen für die schul- und universitätsausbildung vorlegt, fließt aus diesem zentralgedanken, persönlichkeiten zu erziehen, die imstande sind von ihren gaben und kenntnissen den besten gebrauch zu machen für das allgemeine wohl, das ihnen ein selbständiges sittliches urteilsvermögen stets gegenwärtig hält.

Ziehen wir das fazit dessen, was uns der pädagoge Leibniz für unsere gegenwärtigen aufgaben zu sagen hat, so ergeben sich drei wesentliche grundideen: Eine hinwendung zum realistischen in den lehrzielen und wissensgebieten, eine einheitsschulartige erziehungsgrundlage für breiteste schichten der bevölkerung mit elastischen möglichkeiten für lebensverbundene sonderausbildung und schließlich als oberstes erziehungsziel die planmäßige heranbildung einer selbständigen kritischen vernunft in der erkenntnis der richtigen wertmaßstäbe und der übung im selbstbeherrschten handeln nach diesen eigenen erkenntnissen. Würde Leibniz heute unsere sprache sprechen, so würde er uns zurufen: Alles lernen hat dem leben zu dienen. Aber auch das leben muß erst gelernt werden, das ein solches lerngut sinnvoll in echter sozialgesinnung zu verwenden weiß. Schule, universität und akademie haben, jede in ihrem bereich, ein gemeinsames erziehungsziel zu verwirklichen: den geistigen fortschritt der menschheit in gang zu erhalten unter der gesamtidee der sittlichen verantwortung der humanitas.

Heinz Falkowski

Zur neuorganisation des berufsschulwesens

In der gesamten deutschen presse aller besatzungszonen werden seit wochen die verschiedenen lösungen der schul- und erziehungsfragen diskutiert. Überall ist man bemüht, das gesamte schulsystem der veränderten lage und den veränderten seelischen und weltanschaulichen bedingungen anzupassen. In der sowjetischen besatzungszone Deutschlands wird noch in diesem jahr im rahmen der einheitsschule eine neuorganisation des gesamten schulwesens durchgeführt. Das erstrebenswerte ziel wäre die einheitliche volksbildung in allen zonen. Zur zeit scheinen aber die westzonen von einem einheitlichen schulplan weiter entfernt zu sein als je zuvor. Die kommenden jahre werden daher den beweis erbringen müssen, welcher weg der jugendbildung der segensreichste für unsere junge heranwachsende generation ist.

Die eingangs erwähnten diskussionen über schul- und erziehungsfragen beschäftigen sich hauptsächlich mit den problemen der bisher nebeneinanderstehenden einzelnen schulsysteme der volks-, mittel- und höheren schule. Die in ihren möglichkeiten aber bedeutend erweiterte berufsschule findet leider immer noch zu wenig beachtung, obwohl gerade dieses schulsystem für die heranbildung unseres zukünftigen facharbeiternachwuchses von entscheidender bedeutung für die arbeitsleistung unseres volkes ist.

Autorinnen und Autoren dieses Bandes

Gerhard Banse, Jg. 1946; Prof. Dr. sc. phil. Prof. e.h.; Technikphilosoph, Studium der Chemie, Biologie und Pädagogik an der Pädagogischen Hochschule Potsdam, 1971 bis 2011 wissenschaftliche Tätigkeit, insbesondere an der Akademie der Wissenschaften der DDR, der Brandenburgischen Technischen Universität Cottbus und dem jetzigen Karlsruher Institut für Technologie mit den thematischen Schwerpunkten Technikphilosophie, Allgemeine Technikwissenschaft und Technikfolgenabschätzung, 2009–2012 Vizepräsident, seit 2012 Präsident der Leibniz-Sozietät der Wissenschaften zu Berlin e. V.

Günter Benser, Jg. 1931; Prof. Dr.; Studium der Geschichte an der Universität Leipzig, ab 1955 Historiker am Institut für Marxismus-Leninismus beim ZK der SED, bei Umbildung zum Institut für Geschichte der Arbeiterbewegung 1990 zu dessen Direktor gewählt, Forschungsschwerpunkte: Geschichte der Arbeiterbewegung, Geschichte der DDR, Mitglied der Leibniz-Sozietät der Wissenschaften e. V.

Gert Geißler, Jg. 1948; Dr. paed., PD, apl. Prof.; Studium Geschichte/Deutsch an der Pädagogischen Hochschule Leipzig, Aspirantur und wissenschaftlicher Mitarbeiter für Geschichte der Erziehung an der Akademie der Pädagogischen Wissenschaften der DDR, 1988 Habilitation, 1991 bis 2013 wissenschaftlicher Mitarbeiter, seit 2013 assoziierter Mitarbeiter am Deutschen Institut für Internationale Pädagogische Forschung (DIPF) Frankfurt am Main/Berlin, von 2000 bis 2013 apl. Professor an der Humboldt Universität zu Berlin; Forschungsgebiete: Bildungsgeschichte, u. a. F.A.W. Diesterweg, sowjetische Schule, deutsche Schulgeschichte, insbesondere SBZ/DDR.

Herbert Hörz, Prof. Dr. phil. habil. Dr. h.c.; Wissenschaftsphilosoph und -historiker; Studium der Philosophie und Physik in Jena und Berlin; 1965–1972 Professur für philosophische Probleme der Naturwissenschaften an der Humboldt-Universität Berlin, 1972–1989 Leiter des Bereichs „Philosophische Fragen der Wissenschaftsentwicklung" an der Akademie der Wissenschaften der DDR, 1989–1992 Vizepräsident für Plenum und Klassen, 1999–2006 Präsident, seit 2009 Ehrenpräsident der Leibniz-Sozietät der Wissenschaften zu Berlin.

Dietrich Hoffmann, Prof. em., Dr. phil.; 1961–1969 Lehrer an berufsbildenden Schulen, 1969–1973 Assistent und Akademischer Rat an der Universität Göttingen, danach Hochschullehrer für Allgemeine Pädagogik an der Pädagogischen Hochschule bzw. der Universität Göttingen; 1988–1990 Vizepräsident der Universität, 1979–1983 und 1994–1999 Dekan der Erziehungswissenschaftlichen Fakultät, 2002 emeritiert. Mitglied der Leibniz-Sozietät seit 1998. Arbeitsgebiete: Theorie der Erziehung, Geschichte der Pädagogik, Wissenschaftsforschung.

Dieter Kirchhöfer, Jg. 1936; Prof. Dr. phil.; Bildungsphilosoph, Hochschullehrer in Dresden, Zwickau, Berlin und Potsdam, Vizepräsident der Akademie der Pädagogischen Wissenschaften der DDR, Mitglied der Leitung des Projektes Humanontogenese und der Leibniz-Sozietät der Wissenschaften e. V.; Forschungen zur Kindheitsgenese und zu bildungsphilosophischen, erziehungssoziologischen und anthropologischen Fragen.

Hermann Klenner, Jg. 1926; Prof. Dr. jur. habil.; Mitglied der Leibniz-Sozietät, zuvor DDR-Akademie der Wissenschaften, zuvor Humboldt-Universität zu Berlin, Gastprofessuren in USA, Australien, Japan, Mitglied des Ehrenpräsidiums der Internationalen Vereinigung für Rechts- und Sozialphilosophie, *Autor* u. a. von: Marxismus und Menschenrechte (1982), Vom Recht der Natur zur Natur des Rechts (1984), Deutsche Rechtsphilosophie im 19. Jahrhundert (1991), Die Emanzipation des Bürgers (2002), Recht und Unrecht (2004), Historisierende Rechtsphilosophie (2009), Recht, Rechtsstaat und Gerechtigkeit (2016), Kritik am Recht (2016); *Herausgeber* einschlägiger Werke u. a. von Bacon, Hobbes, Locke, Spinoza, Godwin, Wollstonecraft, Kant, Humboldt, Hegel, Paschukanis.

Marina Kreisel, Dr. paed. habil.; mehrjährige Tätigkeit als Lehrerin im Fach Deutsche Sprache und Literatur sowie als Mitarbeiterin in der Akademie der Pädagogischen Wissenschaften der DDR, Abteilung Deutsche Sprache und Literatur. Autorin und Herausgeberin fachdidaktischer Veröffentlichungen, insbesondere zur Geschichte des Deutschunterrichts und seiner Methodik in der SBZ /DDR. Mitarbeit an DFG-Projekten, Lehrplänen zum Muttersprachunterricht und an Schulbüchern.

Werner Naumann, Jg. 1935; Prof. Dr. paed. habil.; 1953 bis 1957 Studium der Geschichte und Erwachsenenpädagogik an der Universität Leipzig, danach wissenschaftlicher Assistent bzw. Oberassistent im Institut für Erwachsenenbildung und nebenberufliche Lehrkraft (Betriebsschulen, Abendoberschule), 1969 bis 1991 Hochschullehrer für Allgemeine Pädagogik und Didaktik an der Pädagogischen Hochschule Güstrow, 1991 bis 1998 Leiter der Sozialakademie in Güstrow. Seit 2010 Mitglied der Leibniz-Sozietät der Wissenschaften zu Berlin e. V.

Franz Prüß, Jg. 1945; Prof. em. Dr. paed. habil.; Lehrstuhl Schulpädagogik und schulbezogene Bereiche der Sozialpädagogik an der Ernst-Moritz-Arndt-Universität Greifswald, Forschungen zur Schulsozialarbeit, zur Ganztagsschule und zum Zusammenhang von Individuum und Gruppe in Mittel- und Osteuropa, Mitglied der Leibniz-Sozietät der Wissenschaften zu Berlin und des Präsidiums des Internationalen Bundes.

Ursula Schröter, Jg. 1941; Dr. phil.; Mathematikerin, Soziologin; Arbeitsgebiete: DDR-Frauenpolitik, DDR-Kinderpolitik, Geschichte des Demokratischen Frauenbundes Deutschlands (DFD/dfb), DDR-Spuren im gegenwärtigen Deutschland; Mitglied im Demokratischen Frauenbund e. V. (Stellvertretende Vorsitzende), in der Frauenbrücke Ost-West e. V. sowie in der Rosa-Luxemburg-Stiftung.

Christa Uhlig, Jg. 1947; Dr. paed. habil.; wissenschaftliche Tätigkeit, zuletzt als Professorin für Geschichte der Erziehung an der Pädagogischen Hochschule Leipzig, ab 1986 an der Akademie der Pädagogischen Wissenschaften der DDR; nach 1990 Lehrbeauftragte an verschiedenen Universitäten sowie Mitarbeit in bildungshistorischen Forschungsprojekten, Arbeitsgebiete: Reformpädagogik, Emigrationsforschung, proletarische Pädagogik.

Gesellschaft und Erziehung

Historische und systematische Perspektiven

Herausgegeben von Dieter Kirchhöfer und Christa Uhlig
Mitbegründet von Bodo Friedrich †

Band 10 Dieter Kirchhöfer: Entwicklung des Individuums. Gegenstand der Pädagogik. Ein human-ontogenetischer Ansatz. 2012.

Band 11 Andreas Tietze: Die theoretische Aneignung der Produktionsmittel. Gegenstand, Struktur und gesellschaftstheoretische Begründung der polytechnischen Bildung in der DDR. 2012.

Band 12 Bernd Meier (Hrsg.): Arbeit und Technik in der Bildung. Modelle arbeitsorientierter technischer Bildung im internationalen Kontext. 2012.

Band 13 Gerhard Banse/Bernd Meier (Hrsg.): Inklusion und Integration. Theoretische Grundfragen und Fragen der praktischen Umsetzung im Bildungsbereich. 2013.

Band 14 Werner Naumann: Erwachsenenpädagogik in der Erziehungswissenschaft im 20. Jahrhundert. 2015.

Band 15 Bernd Meier/Gerhard Banse (Hrsg.): Allgemeinbildung und Curriculumentwicklung. Herausforderungen an das Fach Wirtschaft – Arbeit – Technik. 2015.

Band 16 Hartmut Jonas/Marina Kreisel (Hrsg.): Fachdidaktik Deutsch – Rückblicke und Ausblicke. 2015.

Band 17 Gerhard Banse/Dieter Kirchhöfer/Christa Uhlig (Hrsg.): Schulreform 1946 in der Sowjetischen Besatzungszone Deutschlands. 2017.

www.peterlang.com